Im Glanz des Heiligen

Im Glanz des Heiligen

Heilige, Selige und verehrungswürdige Personen
aus dem Bistum Eichstätt

Festgabe des Domkapitels Eichstätt
für Dompropst und Generalvikar Johann Limbacher
mit Beiträgen von Mitarbeiterinnen und Mitarbeitern
des Bischöflichen Ordinariats.

Impressum

Bibliografische Information der Deutschen Nationalbibliothek
Die Deutsche Nationalbibliothek verzeichnet diese Publikation in der Deutschen
Nationalbibliografie; detaillierte bibliografische Angaben sind im Internet unter
http://dnb.ddb.de abrufbar.

© 2010 Willibaldverlag Eichstätt GmbH, Sollnau 2, 85072 Eichstätt
Umschlagmotiv/Umschlaggestaltung: Stefan Weyergraf-Streit
Bildbearbeitung/Layout/Gestaltung:
Josef Marschalek, Egweil, www.egweiler-werbeagentur.de
Druck: Aumüller, Regensburg
ISBN 978-3-9813219-1-3

Alle Rechte vorbehalten. Ohne ausdrückliche Genehmigung des Verlags ist es nicht gestattet,
dieses Buch oder Teile daraus auf fototechnischem oder elektronischem Weg zu vervielfältigen.

Inhalt

9 **Vorwort**

Bistumspatrone

15 *Barbara Bagorski*
Willibald (700–787)
Mönch, Bischof, Glaubensbote

23 *Bruno Lengenfelder*
Walburga (ca. 710–790)
Äbtissin von Heidenheim

Heilige und Selige

33 *Markus Oelsmann*
Bonifatius (ca. 675–754/755)
Der mutige Wohltäter

43 *Richard Baumeister*
Richard und Wuna (7./8. Jh.)
Die Eltern der Bistumspatrone

53 *Klaus Schimmöller*
Wunibald (ca. 701–761)
Der erste „offizielle" Heilige des Bistums

63 *Franz Josef Hausmann*
Sola († 794)
Lichtgestalt des Bistums Eichstätt

69 *Gerhard Rott*
Cadolt (8. Jh.)
Der stille fränkische Macher

79 *Georg Härteis*
Deocar (ca. 738–824)
Ein Patron der Menschenführung

83 *Josef Kraus*
Wiltrud (Biletrud)
Weltliche (Ohn-)Macht und spirituelle Energie

89 *Christoph Wölfle*
Irmingard von Roßtal (9./10. Jh.)
Vergessene Heilige im Norden der Diözese Eichstätt

95 *Reinhard Kürzinger*
Gunthildis
Ökumenische Wallfahrt zum Schneckenhaus Gottes

105 *Leo Hintermayr*
Gundekar II. (1019–1075)
Bischof von Eichstätt

115 *Bernd Dennemarck*
Sebald (11. Jh.)
Der Nürnberger Stadtpatron

121 *Willibald Harrer*
Die Drei Elenden Heiligen von Etting
Glaubensboten aus einem fremden Land

127 *Claudia Schäble*
Stilla von Abenberg (ca. 1100–1150)
Die wohltätige Grafentochter

133 *Emanuel Braun*
Achahildis von Wendelstein (ca. 1269–1329)
Ein Leben nach dem franziskanischen Armutsideal

141 *Ludwig Brandl*
Reymot (13./14. Jh.)
Der großherzige Kastner von Holnstein

147 *Bertram Blum*
Petrus Canisius SJ (1521–1597)
Eine zentrale Gestalt der Kirchenreform

Verehrungswürdige Personen

159 *Stefan Killermann*
Papst Viktor II. (ca. 1020–1057)
Ein Eichstätter Bischof auf dem Stuhl Petri

167 *Claudia Grund*
Leodegar von Lechsgemünd (ca. 1005–1074)
Der Stifter des Benediktinerinnenklosters St. Walburg

175 *Gabriele Siegert*
Christina Ebner OP (1277–1356)
Mystikerin im Kloster Engelthal

183 *Thomas Henke*
Johannes von Kastl OSB (ca. 1370–nach 1426)
Einheit von Theologie und Glaube im Licht der Tradition

195	*Barbara Buckl* **Agnes Aislinger († 1504)** Leben vor Gott in Heiligkeit
201	*Stefan Janson* **Caritas Pirckheimer OSCI (1467–1532)** Im Dienst der Wahrheit, in Treue zum Glauben
209	*Bernhard Löhlein* **Pater Jakob Rem SJ (1546–1618)** Erzieher – Marienverehrer – Mystiker
219	*Martin Swientek* **Pater Simon Elperle OFMCap († 1631)** Ein Märtyrer aus dem Dreißigjährigen Krieg
223	*Norbert Staudt* **Michael Weigmann († 1643)** Der fromme Schuster von Ingolstadt
229	*Peter Neumann* **Pater Philipp Jeningen SJ (1642–1704)** Ein gehorsamer Diener Gottes
237	*Werner J. Hentschel* **Maurus Xaverius Herbst OSB (1701–1757)** Abt des Klosters Plankstetten
247	*Maria Ludden* **Bruder Fidel Kircher OP (1625–1646)** Ein jung verstorbener Dominikanernovize im Ruf der Heiligkeit
255	*Franz Heiler* **Pater Apollinar Nittermaier OP (1745–1820)** Mönch, Seelsorger und Gelehrter
265	*Peter Ulrich* **Pater Viktrizius Weiß OFMCap (1842–1924)** Ein Leben für den Orden: Gott im Herzen – das Ohr am Menschen
269	*Maria Hauk-Rakos* **Bruder Balthasar Werner OFM (1887–1943)** Ein „Heiliger des Alltags"
277	*Peter Nothaft* **Bruder Gottlieb (Johann Baptist) Auer OSB (1887–1952)** Ein Glaubenszeuge in Tat und Leben
281	**Autorenverzeichnis/Herausgeber**
283	**Abbildungsverzeichnis**

Vorwort

Das vorliegende Buch trägt in mancher Hinsicht besondere Züge. Da ist zunächst der Anlass: Der langjährige Eichstätter Dompropst Johann Limbacher feiert am 11. Februar 2010 seinen 70. Geburtstag. Das Domkapitel Eichstätt nimmt diesen Jubiläumstag seines hochgeschätzten Dignitärs zum Anlass, ihm als Festgabe dieses Buch zu widmen. Dompropst Limbacher wirkt seit seiner Priesterweihe im Jahr 1965 mit beispielhaftem pastoralen Engagement in der Diözese Eichstätt. Von 1989 an bis heute stand und steht er mit kurzen Unterbrechungen, die mit dem Wechsel im Bischofsamt zusammenhingen, als Generalvikar an der Seite von bisher drei Bischöfen.

Wegen dieser intensiven Verwurzelung von Dompropst Limbacher in der Diözese Eichstätt kam den Verantwortlichen die Idee zum Thema der Festgabe: Erstmals – und darin liegt die zweite Besonderheit – sollten Beiträge erstellt und zusammengetragen werden, die all diejenigen Personen vorstellen, welche in der Diözese als Heilige, Selige oder besonders Verehrungswürdige bekannt sind und damit den „Glanz des Heiligen" an sich tragen. Die Auswahl gestaltete sich nicht ganz einfach. Als Kriterium für die Aufnahme in diese Festschrift wurden festgelegt: 1. Herkunft aus der Diözese oder 2. Wirken in der Diözese. So werden in unserem Buch 34 Personen aus dem gesamten Diözesangebiet vorgestellt – von Ingolstadt bis Nürnberg, von Kastl in der Oberpfalz bis Heidenheim am Hahnenkamm in Mittelfranken. Nur wenige Personen stammen direkt aus der Diözese. Zu ihnen gehören beispielsweise Pater Philipp Jeningen, Simon Elperle, Caritas Pirckheimer, Gottlieb Auer und Balthasar Werner. Bei einigen besonders wichtigen Personen der Diözesangeschichte wurden mit guten Gründen Ausnahmen von den oben genannten Kriterien gemacht. Hier sind zu nennen: der hl. Bonifatius, dessen Wirken das Bistum zu einem guten Teil seine Entstehung verdankt und der sich in diesem Zusammenhang wenigstens kurz im Bereich der späteren Diözese aufgehalten hat. Auch Richard und Wuna, die Eltern von Willibald, Walburga und Wunibald, gehören zu den Heiligen bzw. Seligen der Diözese, obwohl sie nie in Eichstätt gewirkt haben und obwohl wir kaum etwas über sie wissen.

Im Eigenteil des „Gotteslobes" für die Diözese Eichstätt werden unter dem Titel „Das Bistum Eichstätt und seine Heiligen" einige Personen genannt, die wir nicht in das vorliegende Buch aufgenommen haben; beispielsweise der hl. Emmeram, von dem wir nicht wissen, ob er je in der Diözese war, oder der selige Pater Rupert Mayer SJ, der zwar in Eichstätt war und hier gepredigt hat, der jedoch unter den angegebenen Kriterien nicht als Heiliger oder Seliger der Diözese gesehen werden kann. In früheren Zusammenstellungen beziehungsweise auch im liturgischen Diözesanproprium werden Heilige aufgeführt, die im Blick auf unsere Kriterien nicht in die vorliegende Publikation aufgenommen werden konnten; zum Beispiel der hl. Benno, der hl. Johannes Nepomuk, der hl. Mauritius, der hl. Bischof Ulrich und der hl. Bischof Otto von Bamberg.

Für die Entstehung und für die Geschichte der Diözese Eichstätt ist sicher der hl. Willibald die herausragendste Gestalt. Er war nicht nur der erste Bischof und zugleich der erste Abt des benediktinischen Missionsklosters am Bischofssitz Eichstätt. Sein bewundernswertes, jahrzehntelanges Wirken in den Gründungsjahren der Diözese hat das Bistum tiefgreifend und nachhaltig geprägt. Sein Grab wird von Anfang an in der Eichstätter Bischofskirche gehütet. Die hl. Walburga, Schwester Willibalds und Äbtissin im zweiten Missionskloster des Bistums in Heidenheim, wurde in manchen Zeiten fast wie eine „Reichsheilige" in ganz Europa verehrt. Ihr Grab in der Eichstätter Benediktinerinnenabtei gilt bis heute als herausragender und viel besuchter Wallfahrtsort. Zu den beiden Hauptpatronen der Diözese kommt noch der Bruder hinzu, der hl. Wunibald, der als erster Abt des Klosters Heidenheim wirkte. Seine Gebeine wurden im September 777 in Heidenheim feierlich durch Bischof Willibald im Beisein Walburgas „erhoben". Damit kann der hl. Wunibald als erster „Heiliggesprochener" im Bistum gelten.

In einzigartiger Weise prägt die „heilige Familie" aus Angelsachsen nicht nur den Anfang des Bistums Eichstätt, sondern auch das religiöse Leben bis heute. Zahllose Spuren erinnern an die „Gründungsgestalten": Im Hochaltar des Domes, im Gruftaltar von St. Walburg, beim Hauptportal und auf der Westfassade der Kathedrale findet sich die Figurengruppe mit Willibald, Walburga, Wunibald und Richard. In der Bischofsstadt tragen viele Gebäude und Institutionen den Namen des ersten Bischofs: das Priesterseminar der Diözese (Collegium Willibaldinum), der Willibaldsbrunnen, eine Willibaldsbrücke, die Willibaldsburg, das Willibald-Gymnasium… Die heilige Schwester ist mit der Abtei St. Walburg, der Walburgiskirche und dem Walburgi-Berg vertreten. Sogar eine Willibalds- und eine Walburgis-Dult haben ihren Platz im Jahresablauf der Bischofsstadt. Nach wie vor tragen Gläubige den Vornamen der beiden Hauptpatrone. Auffallend und zugleich ein wenig bedauerlich ist die Tatsache, dass kein einziger Bischof von Eichstätt nach dem Gründerbischof den Namen Willibald trug.

Die meisten Heiligen und Seligen unseres Bistums lebten und wirkten in den ersten Jahrhunderten nach der Bistumsgründung. Aber auch das 20. Jahrhundert ist vertreten: mit Bruder Gottlieb Auer OSB, der zu den Märtyrern von Tokwon gehört, und dem Franziskanerbruder Balthasar Werner aus Dietfurt an der Altmühl.

Eine besondere Bedeutung für die Frömmigkeitsgeschichte des Bistums hat bis heute Pater Jakob Rem SJ († 1618), der im Ingolstädter Canisiuskonvikt gewirkt hat und auf den die Verehrung der „Dreimal wunderbaren Mutter" in Ingolstadt zurückgeht. 1942 wurde die Diözese erstmals der „Dreimal wunderbaren Mutter" geweiht. Im Jahr 2009 wurde diese Weihe feierlich erneuert. Das Bild der „Dreimal Wunderbaren" hat seinen Platz auf den ersten Seiten des „Gebet- und Gesangbuches für das Bistum Eichstätt". Übrigens wurde der Seligsprechungsprozess für Pater Jakob Rem SJ am 17. Januar 2010 mit einem feierlichen Vespergottesdienst im Ingolstädter Liebfrauenmünster neu vorangebracht.

Bei manchen Persönlichkeiten unseres Buches ist nur wenig über ihr Leben bekannt, wie z. B. bei Agnes Aislinger, Gunthildis oder Achahildis. Manche werden nur regional oder lokal verehrt, wie Achahildis in Wendelstein bei Nürnberg oder die Drei Elenden Heiligen in Ingolstadt-Etting.

Ein besonderer Reiz unserer Publikation liegt darin, dass Personen aufgenommen wurden, deren Namen heute weithin unbekannt sind wie z. B. Wiltrudis, Reymotus, Simon Elperle, Michael Weigmann, Fidelis Kircher, Balthasar Werner und Gottlieb Auer.

Eine weitere Besonderheit bietet das Titelbild des Buches: Der Eichstätter Künstler Stefan Weyergraf-Streit hat es eigens für die vorliegende Publikation geschaffen. Auf künstlerische Weise setzt er den Titel des Buches um und zeigt, wie ganz verschiedenartige Persönlichkeiten aus dem Bereich der Diözese zu ganz unterschiedlichen Zeiten sich vom „Glanz des Heiligen" ansprechen ließen und ihr Leben auf das göttliche Mysterium ausrichteten.

Einen letzten Hinweis auf den besonderen Charakter unseres Buches will ich geben: Die Autorinnen und Autoren der einzelnen Beiträge sind ausschließlich Mitarbeiterinnen und Mitarbeiter im Bischöflichen Ordinariat der Diözese Eichstätt. Sie bringen nicht nur dem amtierenden Generalvikar als dem Amts-Chef des Bischöflichen Ordinariates ihren Respekt und ihre loyale Solidarität zum Ausdruck. Durch die Vielfalt der Beiträge, die jeweils durchaus die Handschrift der Autorin bzw. des Autors sichtbar werden lassen, zeigen sie, auf welche vielfältige und faszinierende Weise sich der „Glanz des Heiligen" in Menschen aus dem Leben des Bistums Eichstätt widerspiegelt.

Abschließend möchte ich einen herzlichen Dank an Frau Gabriele Naunheim aussprechen, die den Textentwurf der Autorinnen und Autoren mit hoher Sachkompetenz und spürbarem Einfühlungsvermögen betreut hat.

Nicht zuletzt gilt der Dank des Domkapitels Eichstätt unserer Eichstätter Willibaldverlag GmbH. Geschäftsführer Rainer Kastl hat mit seinen Mitarbeiterinnen und Mitarbeitern die Gedanken des Buches engagiert aufgegriffen, das verlegerische Risiko getragen und den Betrieb organisiert. Aus dem Team der Kirchenzeitung ist besonders Herrn Klaus Kreitmeir, der Bilder zur Verfügung gestellt hat, und Frau Barbara Karl zu danken, die bei der Beschaffung und Bearbeitung von Bildern mitgewirkt hat. Bei der Bildrecherche und Klärung von Sachfragen waren Frau Dr. Claudia Grund und Herr Dr. Emanuel Braun sowie Herr Diözesanarchivar Dr. Bruno Lengenfelder mit seinen Mitarbeiterinnen und Mitarbeitern sehr behilflich. Vielmals danke ich auch Herrn Josef Marschalek, der mit hoher Kompetenz für die Produktion und Herstellung des Buches verantwortlich gezeichnet hat.

Mit sehr herzlichem Dank an die Autorinnen und Autoren sowie an das sachkundige und äußerst engagierte Herausgeberteam verbinde ich den Wunsch, dass viele Leserinnen und Leser unseres Buches auf ihre eigene Weise der Frage nachspüren, wie sie ganz persönlich den Glanz des Heiligen in ihr Leben einlassen können.

Klaus Schimmöller
Domdekan

Bistumspatrone

Barbara Bagorski

Willibald (700–787)
Mönch, Bischof, Glaubensbote

Willibald – der für die Geschichte des Bistums Eichstätt wohl bedeutendste Heilige – ist der Gründungsvater dieser kleinen bayerischen Diözese und ein bis heute aktuell gebliebener Impulsgeber für die Frage, wie Pastoral so gestaltet werden kann, dass die Botschaft des Evangeliums die Fragen der Menschen aufgreift und ernst nimmt.

Lebensweg

Die Nonne Hugeburc, deren Viten zur ältesten Literatur Bayerns gehören und darüber hinaus die frühesten Werke sind, die von einer Frau verfasst wurden, beschreibt in der Vita Willibaldi episcopi Eichstetensis das Leben des hl. Willibald besonders für Priester, Diakone und alle Edlen, die zur Leitung der Kirche gehören, wie sie in ihrer Hinführung betont. Hugeburc beginnt ihre Niederschrift, die sich vor allem auf das mündliche Zeugnis Willibalds und ihre persönliche Erfahrung stützt, mit Geburt und Kindheit der wagemutigen und verehrungswürdigen Persönlichkeit und endet mit einer Beschreibung des alt gewordenen Bischofs.

Der Überlieferung nach wurde Willibald im Jahr 700 als Sohn einer adligen Gutsfamilie in Südengland, dem damaligen Königreich Wessex, das nach dem Zeugnis des Mönches Beda Venerabilis (672–735) zu den angelsächsischen Machtschwerpunkten zählte, geboren. Die Eltern wurden einer späteren Überlieferung zufolge mit den Namen Richard und Wuna bezeichnet. Die Familie hatte insgesamt sechs Kinder, von denen neben Willibald auch Walburga und Wunibald namentlich bekannt sind.

Mit drei Jahren erkrankte Willibald so schwer, dass die Eltern um sein Leben fürchteten. Hugeburc berichtet, dass sie, die „voll Zweifel waren und um das ungewisse Ende ihres Sohnes bangten", das Kind vor das Kreuz, das nach damaligem angelsächsischen Brauch in der Hofmitte aufgerichtet war, brachten, um es dort dem Erlöser darzubringen. „Dort […] flehten sie innig zu Gott dem Herrn, dem Schöpfer des Alls," heißt es bei Hugeburc, „er möge sie trösten und ihren Sohn, der ihnen in der Geburt geschenkt wurde, durch seine Wundermacht am Leben erhalten. Und so gelobten sie mit ihren heißen Bitten, es dem Herrn zu danken. Sie versprachen nämlich, falls die frühere Gesundheit des Kindes wiederhergestellt werde, ihm sogleich für den Eintritt in den heiligen Dienst die Tonsur erteilen zu lassen und ihn der Zucht des monastischen Lebens und den Weisungen des göttlichen Gesetzes im Kriegsdienst Christi zu unterstellen. Und sogleich, nachdem sie das Gelübde gemacht, die Worte gesprochen und ihren Sohn dem himmlischen Kriegsherrn empfohlen hatten, erlangten sie sofort danach gnädige Erlösung der Bitten vom Herrn.

Bischof Willibald, Missale secundum Chorum et Ritum Eystetensis Ecclesia, 1517

Und die frühere Gesundheit wurde dem Knaben alsdann wieder zurückgegeben."

Mit fünf Jahren wurde Willibald von seinen Eltern in die Obhut des Klosters Waldheim gegeben. Die angelsächsischen Klöster waren in der damaligen Zeit nicht nur Zentren des religiösen Lebens, sondern gleichzeitig Orte, an denen die Wissenschaften gepflegt wurden. Unter Abt Egwald erhielt Willibald eine fundierte Ausbildung, die alle Fächer des klassischen Bildungskanons umfasste. Daneben lernte er das klösterliche Leben wertzuschätzen und erlebte die Verbundenheit der angelsächsischen Kirche mit Rom. Während der Studienzeit wuchs in ihm das Verlangen, sein Leben noch intensiver in die Nachfolge Jesu zu stellen und durch eine Pilgerschaft persönliche Heiligkeit zu erwerben.

Die Tradition der Peregrinatio ging auf die iroschottischen Mönche zurück. Aus asketischem Eifer nahmen sie bewusst den Verlust der Heimat auf sich und verließen, wie einst Abraham (Gen 12,1), auf den Ruf Gottes hin alle festen Bindungen und Sicherheiten. Das Ziel einer solchen Pilgerschaft war in erster Linie das eigene Seelenheil. Bei dem Wunsch, eine vergleichbare Pilgerreise zu machen, ging es Willibald nicht so sehr um das damit verbundene Abenteuer, sondern um eine intensive Suche nach gelebter Askese in einem aktiven Handeln. Für die Pilgerfahrt bat Willibald den Vater und seinen Bruder Wunibald um Begleitung. Während Wunibald sofort von der Idee begeistert war, verlangte sein Vater aufgrund seiner Familienverantwortung eine Bedenkzeit. Erst dann stimmte er einer Mitreise zu. Im Jahr 720 oder 721 brachen sie auf. Für Willibald und seine Begleiter stand fest, dass ihr Ziel die Gräber der Apostelfürsten in Rom waren.

In Lucca wurde der Vater von einer schweren Krankheit befallen und starb. Seine Söhne begruben ihn an Ort und Stelle in San Frediano, wo sein Grab noch heute erhalten ist. Nach kurzer Trauerzeit setzten die beiden Brüder ihren Weg nach Rom fort. Dort angekommen besuchten sie nach der Überlieferung Hugeburcs „zugleich die berühmte Grabstätte und flehten um den mächtigen Schutz des Apostelfürsten Petrus und statteten daselbst Gott dem Allmächten innigen und freudigen Dank ab, weil sie nach den überstandenen großen Gefahren zur See und nach mannigfaltigen Kränkungen, die sie auf der Pilgerreise von Freunden erfuhren, in allem glücklich, die Stufenleiter der Jüngerschaft bestiegen und die herrliche Basilika des hl. Petrus betreten durften."

Die Brüder blieben zunächst in Rom, wo sie nach den Regeln der klösterlichen Zucht lebten. Nacheinander erkrankten beide in dieser Zeit, so dass sie sich gegenseitig pflegen konnten. Trotz der schweren Krankheit wichen sie nicht von der von ihnen gewählten Lebensform ab.

Nach zwei Jahren fasste Willibald den Entschluss, seine Pilgerreise bis nach Jerusalem fortzusetzen. Zusammen mit zwei Weggefährten brach er zunächst auf dem Seeweg über Sizilien und vorbei an Kleinasien nach Palästina auf. Hugeburc gibt in ihrer Vita den Verlauf dieser Pilgerreise, wie er ihr von Willibald am 23. Juni 778 persönlich diktiert wurde, wieder. Danach erreichte er Jerusalem erstmals im Sommer 724. Nach seinen Worten wurden die Jahre, die er im Heiligen Land verbrachte, zu einem der wichtigsten Abschnitte in seinem Leben. Die Reisen führten ihn kreuz und quer ausschließlich zu Orten, die für ihn in besonderer Weise mit dem biblischen Geschehen in Verbindung gebracht werden konnten. So besuchte er u.a. Tiberias, Kapharnaum, den Berg Tabor, Jericho und Kana. Außerdem hielt er sich noch dreimal in Jerusalem auf, wo er an allen heiligen Stätten betete. Von hier aus trat er im Winter 726/727 die Reise nach Konstantinopel an.

Auf seinem Weg zur Küste wurde er in der Hafenstadt Tyros von den dortigen Bewohnern ergriffen, die sein Gepäck auf verborgene Wertsachen durchsuchten. Sie fanden jedoch nur einen Kürbis. Diesen hatte Willibald bereits in Jerusalem gekauft und mit kostbarem Balsam gefüllt. Um den wertvollen Inhalt zu verbergen, „nahm er ein Rohr, das hohl war und einen Boden hatte. Dieses füllte er mit Steinöl und steckte es in den Kürbis hinein. Und er schnitt das Rohr gleichmäßig mit dem Kürbis ab, so dass am Rande beide völlig eben waren. Und so verschloss er die Öffnung des Kürbisses." Dieser Kunstgriff verhinderte, dass die Verantwortlichen von Tyrus den Balsam entdeckten und ermöglichte ihm, das wartende Schiff für die Überfahrt zu besteigen. Vielleicht ist diese Geschichte der Grund, warum bei den Menschen im Raum Eichstätt Willibald gern als „Patron der Schmuggler" bezeichnet wurde.

In Konstantinopel, das er eine Woche vor dem Osterfest erreichte, lebte er zwei Jahre als Rekluse. Seinen Wohnort hatte er dabei so gewählt, dass er von seinem Zimmer aus einen Blick auf das Grab des hl. Johannes Chrysostomos (ca. 350–407) hatte. Im Jahr 729, die genauen Gründe für seine Abreise sind nicht bekannt, segelte er zusammen mit einem Gesandten Papst Gregors II. (715–731) und einem Beauftragten des Kaisers nach Italien. Sein Ziel war das Kloster Monte Cassino, um dort noch tiefer in ein Leben, das sich an der Regel des hl. Benedikt orientierte, hineinzuwachsen. Während der nächsten zehn Jahre, die er in diesem Kloster verblieb, wurde er ein wichtiges Mitglied dieses Konvents, der sich nach der Zerstörung durch die Langobarden unter Abt Petronax gerade wieder im Aufbau befand. Willibald übte im Kloster unterschiedliche Funktionen aus: „… im ersten Jahr nach seiner Ankunft war er Küster der Kirche. Und im zweiten Jahr war er Dekan im Kloster. Und danach war er acht Jahre lang Pförtner…".

Mit Zustimmung des Abtes begleitete Willibald 739 einen spanischen Priester, der sich im Kloster aufgehalten hatte, nach Rom. Dort kam es zu einer Begegnung mit Papst Gregor III. (731–741), der von Willibalds Anwesenheit erfahren und ihn zu einer Audienz geladen hatte. Bei diesem Zusammentreffen berichtete Willibald von den Erlebnissen seiner Pilgerfahrt. Papst Gregor III. teilte ihm im Verlauf des Gespräches mit, dass ihn der hl. Bonifatius für seine Missionstätigkeit als Mitarbeiter angefordert habe; „… da versprach Willibald, der berühmte Streiter Christi, er werde den Bitten und zugleich den Befehlen des Papstes willig und unverzüglich nachkommen und Gehorsam leisten, wenn dieser ihm gemäß den Vorschriften des Ordenslebens die Erlaubnis von seinem Abt erwirke. Und sogleich antwortete in seiner heiligen Machtfülle der oberste Bischof und befahl ihm, ohne ängstliches Schwanken und unbesorgt, kraft der mit seinem Befehl gegebenen Erlaubnis, im Gehorsam die Reise anzutreten …".

Mit der Bereitschaft, sich senden zu lassen, endete und begann ein weiterer Lebensabschnitt Willibalds, der ihn 740 bis in die „regio Eihstat" führte. Er reiste zunächst zu Herzog Odilo (735–748), bei dem er eine Woche verbrachte und von dort weiter zu Suidger, einem reich begüterten baierischen Adligen, mit dem zusammen er zum hl. Bonifatius aufbrach. „Und es sandte sie der hl. Bonifatius nach Eihstat, damit er sehe, wie es ihnen gefalle. Jenes Gebiet Eihstat übergab Suidger dem hl. Bonifatius zu seinem Seelenheil. Und der hl. Bonifatius übergab unserem Bischof Willibald das Gebiet, das noch ganz verwüstet war, so dass kein Haus daselbst war, außer jener Kirche der hl. Maria, die dort noch steht. Sie ist kleiner als die andere Kirche, die Willibald dort später errichtet hat. Und als sie dort beide zugleich in Eihstat eine kleine Weile sich aufhielten, Willibald und Suidger, und als sie einen schönen Platz zum Wohnen ausfindig und ausgewählt hatten, reisten sie danach abermals zum hl. Bonifatius nach Freising. Und dort waren sie bei ihm, bis alle zugleich wieder nach Eihstat kamen. Und dort erhob sodann der hl. Bonifatius Willibald zur Würde des Priestertums."

Im Herbst 741 rief Bonifatius Willibald – der inzwischen in Eichstätt ein Kloster aufgebaut hatte – nach Thüringen. In Sülzenbrücken bei Erfurt wurde er am 21. Oktober 741 von Bonifatius, dem die Bischöfe Burkhard von Würzburg (741–754) und Witta von Büraburg (741–ca.747) assistierten, im Alter von 41 Jahren zum Bischof geweiht. Ob diese Weihe für Eichstätt oder für Erfurt erfolgte ist bis heute, da es keine eindeutige Quellenlage gibt, in der Forschung umstritten. Die Mehrzahl der Historiker geht von einer Ernennung für Erfurt aus. Fest steht, dass Willibald nie in Erfurt tätig geworden ist, so dass es weder für Eichstätt noch für Erfurt einen zwingenden Beweis gibt. Hugeburc berichtet dazu nur: „Und hierauf kehrte er wieder an den für seinen Wohnsitz vorbestimmten Ort zurück."

Nach seiner Rückkehr nach Eichstätt baute Willibald das von ihm gegründete Kloster weiter aus. Sein Wirkungsbereich hörte jedoch nicht an den Klostermauern auf. Im Einverständnis mit Bonifatius nutzte er die politischen Gegebenheiten geschickt dazu aus, um „Bischof im Kloster" zu werden. So konnte 744, nach dem Sieg der Franken über die Baiern, die Diözese Eichstätt praktisch „von selbst" entstehen; für das Jahr 745 ist sie im Pontifikalbuch Gundekars II. (1057–1075) benannt.

Im Jahr 752 gründete Willibald das Doppelkloster Heidenheim, dessen Leitung er seinem Bruder Wunibald übertrug. Nach dessen Tod beauftragte er 761 seine Schwester Walburga, die Nachfolge Wunibalds anzutreten. Durch die Berufung Walburgas sicherte Willibald die kontinuierliche Weiterführung der Missionsarbeit und die Anbindung des Klosters Heidenheim an seine Familie. 777 ließ er die Gebeine Wunibalds erheben, was nach dem damaligen kirchlichen Recht die Heiligsprechung bedeutete.

Hugeburcs Vita endet mit einem Hymnus auf Willibald, der zu dieser Zeit bereits ein hohes Alter erreicht hatte. Er starb vermutlich am 7. Juli 787 und wurde im Chor der von ihm erbauten Domkirche begraben. Am 22. April 989 wurden unter Bischof Reginold (966–991) die Gebeine des hl. Willibald erhoben und damit de facto die Heiligsprechung vollzogen. Die sterblichen Überreste wurden in der von Reginold erbauten Grabkapelle erneut beigesetzt. Eine weitere Umbettung erfolgte 1269. Die Reliquien wurden in einem Sarkophag, der an einen gotischen Kirchenchor erinnert, im neugebauten Willibaldschor aufgestellt. Eine letzte Umbettung erfolgte 1745 anlässlich der 1000-Jahr-Feier des Bistums Eichstätt. Seitdem befinden sich die Gebeine des hl. Willibald in einem Marmorsarkophag des Willibaldaltars.

Besonderheiten seines Wirkens

Willibald suchte zeitlebens eine Antwort auf die Frage, wie sich die Nachfolge Christi mit letzter Konsequenz leben lässt. Am Anfang dieser Suche stand für ihn, ganz der angelsächsischen Tradition verpflichtet, das Ideal der Pilgerschaft. Hugeburc schreibt: „In der Verborgenheit und in der Ruhe des Geistes begann er bei Tag und Nacht zu prüfen, wie er sich der lauteren und schützenden Gemeinschaft der Mönche anschließen und wie er an der segensvollen Ordnung ihres gemeinsamen Lebens teilhaben könne. Und während er solches eifrig in seinem regen Geiste erwog, ging er daran zu überlegen, wie der Gedanke verdienstlich und wirksam gemacht werden könne, alle Hinfälligkeit dieser Welt zu verachten und zu verlassen; und zwar nicht nur den vergänglichen irdischen Reichtum, sondern auch die Heimat, die Eltern und Verwandten zu verlassen, den Boden der Pilgerschaft zu betreten und unbekannte Länder in der Fremde aufzusuchen."

Bei seiner Pilgerreise erwies sich Willibald als eine Persönlichkeit, die unterschiedlichste religiöse Lebensformen kannte und verwirklichte. Er entdeckte Rom und Jerusalem als Betender, führte grundsätzlich sein Leben nach der Regel des hl. Benedikt, war ein aufmerksamer Seelsorger und sah den Einzelnen in seiner Einmaligkeit, die er sehr ernst nahm. Er hatte die Fähigkeit, Regeln nicht als etwas Einengendes, sondern als Richtschnur zu sehen, die von ihm, wenn es die Umstände erforderten, nicht so sehr buchstaben- als vielmehr sinngetreu umgesetzt wurden.

Willibalds Bereitschaft, sich in die jeweiligen äußeren Umstände einzufügen, zeigte sich exemplarisch in der Zeit seines Aufenthaltes in Monte Cassino. Hier erhoffte er sich ein Musterkloster und sah sich stattdessen mit der Aufgabe konfrontiert, aktiv zum Neuaufbau der Mönchsgemeinschaft beitragen zu müssen. Er stellte sich dieser Herausforderung und hatte Erfolg. Obwohl er mit seinen 29 Jahren nach dem damaligen Verständnis als junger und unerfahrener Mann galt, gelang es ihm durch seine Worte, andere zu überzeugen und mitzureißen. Hugeburc schreibt: „Und sofort mit seinem Eintreffen begann er, durch die große Zucht seines Geistes und die reiche Kenntnis der Glaubenswahrheiten die glückliche Gemeinschaft der Brüder in häufigen ermunternden Gesprächen nicht nur durch Worte, sondern auch durch sein edles Verhalten zu belehren. Und so bot er des rechten Ordensgeistes Gehalt und des gemeinsamen Lebens Gestalt in eigener Person dar, so daß er die Liebe und die Ehrfurcht aller weckte und auf sich zog."

Für Willibald war und blieb die Bindung an die Familie wichtig. Dies zeigte sich sowohl daran, dass er den Vater und seinen Bruder Wunibald für die von ihm geplante Pilgerreise begeistern konnte, als auch in der Tatsache, dass er den Wunsch Bonifatius', nach Thüringen zu kommen, dazu nutzte, um dort bei seinem Bruder, den er über acht Jahre nicht gesehen hatte, zu wohnen. Hugeburc betont, dass sich die Geschwister über das Wiedersehen freuten und sich gegenseitig zu dem Zusammentreffen beglückwünschten. Willibald zeigte sich bei Familienangelegenheiten als eine Persönlichkeit, die die Bedeutung von Nähe und

Willbald beim Roden, Holzstich, ca. 1516.

Distanz für ein gelingendes Zusammenleben kannte.

Auch beim Aufbau des Eichstätter Klosters erwies sich Willibald als ein Mann, der für seine Lebensgestaltung eine feste Regel übernahm. Was er in Monte Cassino gelernt hatte, setzte er entschlossen in die Praxis um. Hugeburc schien von der Art und Weise, wie Willibald seine Aufgaben bewältigte, so begeistert gewesen zu sein, dass ihr die Worte für eine Sachbeschreibung fehlten und sie daher eine sehr bildhafte Sprache wählte: „Und mit noch wenigen Arbeitern bestellte er dort [Eichstätt] das breite und weite Feld für die göttliche Saat mit dem Saatgut des göttlichen Wortes und führte es der Ernte zu. Und er war wie eine ganz umsichtige Biene, die auf purpurfarbenen Veilchen-Rosen, auf rotschimmernden Baumblüten und auf duftenden Blüten der Ölbäume das tödliche Gift beiseite läßt und den süßen Saft des Nektars schlürft und so an den Beinen und am ganzen Körper die Beute eilig zu den Bienenkörben trägt. So hat auch der selig, sonnengleiche Willibald aus allem, was er in weitem Umkreis erspähend mit seinen Augen schaute, das Beste gewählt und sich angeeignet."

Das ruhige und überzeugende Vorgehen Willibalds ließ das Kloster über die Region hinaus zu einem Anziehungspunkt werden. Willibald war offen für die missionarische Tätigkeit und die sich bietenden Möglichkeiten, seine Bildung und seine pädagogischen Fähigkeiten in einem klösterlichen Umfeld zu entfalten. Der Schwerpunkt seiner Arbeit lag dabei auf der Katechese. Deshalb betont Hugeburc: „So haben Willibald, der Vater, und die Kirche, die Mutter, im Laufe der Zeit unter dem Schild ihrer Liebe viele Söhne ihrer Wahl dem Herrn dargebracht. Und wie ein Nährvater es gewöhnt ist, die ihm anvertrauten Kinder zu pflegen, so hat auch er sie auf die Weide geführt. Er hat sie mit der Milch göttlicher Liebe genährt und in Milde gestillt bis sie wohlbehütet und von Kindheit an gebildet, im Feinsinn unterrichtet, zur männlichen Vollreife ihrer guten Anlagen gelangten. Und weil sie nach dem Vorbild des Meisters, der ihnen voranging, die heiligen Lehren befolgten, die er ihnen schenkte, leuchten sie bis heute vielen als dienende Helfer."

Die Nachhaltigkeit der Glaubensverkündigung Willibalds setzte Hugeburc betont an das Ende seiner Vita. Fast scheint es, als wollte sie schon damals, vor jeder Diskussion um Modelle pastoraler Nachhaltigkeit, auf das hinweisen, was für eine gelingende Glaubensweitergabe unabdinglich ist: die Authentizität dessen, was gelebt und gelehrt wird.

Bedeutung für heute

Die Verehrung des hl. Willibald ist über die Jahrhunderte lebendig geblieben. Was die besondere Faszination des Bistumsgründers ausmacht, versuchte Hugeburc bereits zu Lebzeiten Willibalds zu entdecken. Die Ursachen dafür sind nach der Überlieferung am besten aus ihren Fragen zu erschließen: „Was soll ich nun sagen über Willibald, einem Lehrer und Vater? Wer ist hervorragender an Frömmigkeit als er, wer ausgezeichneter an Demut, wer glänzender an Geduld, […], wer größer in der Sanftheit? Wem steht er jemals nach in der Tröstung der Betrübten und wem ist er unterlegen in der Unterstützung der Armen […]?"

Nach diesem Fragenspiegel hatte Willibald zusammen mit seinen Mitarbeitern die Botschaft des Evangeliums in ihrem ganzen Facettenreichtum in die Alltagspraxis umgesetzt und damit genau das getan, wonach sich bis heute Menschen, die auf der Suche nach tragenden Antworten und Lebenshilfen sind, sehnen. Gerade in einer Zeit, in der der Einzelne sich einer Unzahl religiöser und pseudoreligiöser Angebote ausgesetzt sieht, wird der Wunsch nach einem spirituellen Angebot, das einfach und überzeugend ist, immer größer. Es wächst die Sehnsucht nach einer Verkündigung, die den Menschen in seiner Ganzheitlichkeit und Verschiedenheit erreicht, ohne dabei Grundinhalte zu verbiegen oder sich in welcher Form auch immer anzubiedern. Ein dementsprechendes Tun verlangt vom Verkündenden, dass er – wie Willibald – die Kunst der Sammlung, das Sich-Konzentrieren auf das Wesentliche, beherrscht.

Willibald erkannte, dass Verkündigung ihren Ort braucht. Er erlag nicht der Versuchung, ein flächendeckendes Angebot zu machen, sondern ermutigte dazu, sich zuerst auf den Weg zu machen, zu sehen, zu erfahren und erst dann das Erkannte in das persönliche Umfeld zu übersetzen. An seinem Ort war er präsent, ein gesuchter Ansprechpartner, der dennoch die nötige Distanz wahrte und sich aus jedem Ränkespiel heraus hielt. So konnte er im Kloster, das bei ihm ein Ort der Begegnung war, als Person erlebt werden, die bestrebt war, den Spagat zwischen Kontemplation und Aktion glaubwürdig zu gestalten, zweckfrei zu handeln und dem Sinn den Vorrang vor dem Handeln zu geben, ohne dabei das Tun zu unterlassen.

Willibald sah sich mit der Aufgabe einer allumfassenden Missionsarbeit konfrontiert. Aber er hatte den Mut, sich selbst zu beschränken, da nicht alles auf einmal getan werden konnte. Vielleicht kam ihm dabei seine Lebenserfahrung, die Begegnung mit unterschiedlichen Kulturen oder die Regelmäßigkeit seines Tagesablaufs zugute, so dass er in besonderer Weise die Kunst beherrschte, Prioritäten zu setzen. Im Wissen um die Notwendigkeit von Planung beschränkte er sich auf das in seinen Augen Wesentliche. Um dieses zu erkennen, ging er zeitlebens in die Schule der geistlichen Lehrer, deren Schriftstudium ihn vor dem Fehler des „Zuviels" bewahrte. Willibald schaffte ein klares Pastoralkonzept, das sich an den Fragen der Menschen orientierte und sich am besten als Modell einer „konzentrierten Kirche" beschreiben lässt. Dieses Modell hat eine zeitlose Gültigkeit, da es darauf hin angelegt ist, auch und gerade in der Beschränkung die Grundausrichtung jedes kirchlichen Handelns auf Jesus Christus hin zu verlangen.

Als Bischof verstand Willibald, was der hl. Augustinus meinte, wenn er sagte: „Gott hat viele, die die Kirche nicht hat und die Kirche hat viele, die Gott nicht hat." Deshalb war er bereit, dem Einzelnen in seiner Gottsuche Raum zu geben. Dazu bedurfte es – damals wie heute – vieler theologisch und seelsorglich hochqualifizierter Mitarbeiter und Mitarbeiterinnen, da eine missionarische Verkündigung noch nie eine religiöse Einheitsversorgung sein konnte. Eine Glaubensverkündigung, die die Herzen der Menschen erreichen will, bedarf der Ermutigung, die „alten" Gedanken von jeder Generation neu selbst durchdenken zu lassen, um auf diese Weise ihre Tiefe zu entdecken.

So zeigt Willibald bis heute, dass dort, wo entsprechende Anstöße und Impulse gegeben werden, der Glaube lebendig bleibt und in der Feier der Liturgie seinen Höhepunkt erreicht.

Literaturhinweise
BAUCH, ANDREAS, Quellen zur Geschichte der Diözese Eichstätt, Bd. I: Biographien der Gründerzeit (Eichstätter Studien, Neue Folge 19), Regensburg ²1984.
BAUMEISTER, RICHARD/NIES, HILDEGARD, Der heilige Willibald, erster Bischof von Eichstätt. Sein Leben, sein Wirken, seine Verehrung, Straßbourg 1994.
DICKERHOF, HARALD/REITER, ERNST/WEINFURTER, STEFAN (Hrsg.), Der heilige Willibald – Klosterbischof oder Bistumsgründer? (Eichstätter Studien, Neue Folge 30), Regensburg 1990.
REITER, ERNST, Der heilige Willibald, in: Barbara Bagorski/Ludwig Brandl/Michael Heberling (Hrsg.), 12 Männerprofile aus dem Bistum Eichstätt, Regensburg 2010, S.12–27.

Bruno Lengenfelder

Walburga (ca. 710–790)
Äbtissin von Heidenheim

Leben

Die hl. Walburga gehört zu den populärsten und meist verehrten Heiligen in Europa. Über ihr Leben ist aber nur wenig bekannt. Während für ihre ebenfalls als Heilige verehrten Brüder Willibald (ca. 700–787) und Wunibald (ca. 701–761) zeitgenössische Lebensbeschreibungen vorliegen, fehlt für Walburga eine vergleichbare Quelle. Ihre Biographie muss aus den spärlichen Angaben erschlossen werden, die in den Viten ihrer Brüder und in einer Sammlung von Wunderberichten des Priesters Wolfhard von Herrieden enthalten sind.

Als Willibald – wohl im späten Frühjahr 721 – zusammen mit seinem Vater und seinem Bruder aus der angelsächsischen Heimat zu einer großen Pilgerreise aufbrach, blieben die Mutter und die unmündigen Geschwister zurück. Walburga wird zu den in der Vita Willibaldi namentlich nicht genannten minderjährigen Kindern der Familie gehört haben und wohl um das Jahr 710 geboren sein. Ihren Vater verlor sie bereits als Kind, denn er starb wenige Monate nach Antritt seiner Pilgerreise im oberitalienischen Lucca. Die Ansicht, dass Willibald und Walburga königlichen Geblüts gewesen seien, findet in Eichstätt seit dem Ende des 10. Jahrhunderts Verbreitung. Bischof Reginold (966–991) hat in einem von ihm verfassten Offizium für den Festtag des hl. Willibald erstmals dem Bistumsgründer königliche Abkunft zugesprochen. Dadurch sollte der Heilige als der ideale Ahnherr der Reichsbischöfe der ottonischen Kaiserzeit gezeichnet werden. Vermutlich gehörte Walburgas Familie dem niederen Adel im Königreich Wessex im südlichen England an. Sicher sind die verwandtschaftlichen Bindungen zu Winfrid-Bonifatius. Bonifatius war es, der Willibald und Wunibald für die Mission in Deutschland gewinnen konnte.

Das erste bekannte Datum in Walburgas Leben ist die Übernahme der Leitung des Klosters in Heidenheim am Hahnenkamm. Wunibald hatte dort im Jahr 752 in enger Abstimmung mit seinem Bruder, dem Eichstätter Bischof, einen Benediktinerkonvent gegründet. Durch die Ansiedlung der klösterlichen Niederlassung im Sualafeldgau sollte das junge Bistum Eichstätt, auf dessen Territorium die Interessen bayerischer und fränkischer Herrscher zusammenprallten, in seinem Bestand gefestigt werden. In einem Gebiet, das bereits vom Christentum erfasst war, galt es den Glauben zu vertiefen und zu verfestigen.

Als Wunibald am 18. Dezember 761 im Alter von 60 Jahren starb, betraute Willibald seine Schwester mit der Leitung des Eigenklosters seines Bruders in Heidenheim. Walburga, die „ihren reinen Leib von der frühesten Blüte ihres Lebens an voll Wachsamkeit behütet hatte", war von ihrer Persönlichkeit und wohl auch von ihrer bisherigen Laufbahn her für diese Aufgabe gut gerüstet. Die kurze Zeitspanne von wenigen Tagen, die zwischen dem Tod Wunibalds und der Ankunft Walburgas und ihrer Begleiterin Hugeburc in Heidenheim liegt, mag daherrühren, dass die neue Äbtissin bereits längere Zeit in der Nachbarschaft des Sualafelds gelebt hat.

Über Ort und Zeitpunkt ihres Klostereintritts liegen keine Nachrichten vor. Auch ist unbekannt, seit wann sie in der deutschen Mission tätig war. Wahrscheinlich hat sie vor ihrem Wirken in Heidenheim in einem der bonifatianischen Frauenklöster im Main-Tauber-Gebiet (Tauberbischofsheim, Kitzingen, Ochsenfurt) gelebt. Vorstellbar ist, dass sie von ihrem Bruder Wunibald, der als junger Mönch während eines Englandaufenthalts bei Verwandten und Geschwistern für eine radikale Christusnachfolge, den „harten und rauen Weg der Streiter", geworben hat, zum Ordensleben bewogen worden war.

Die Amtsübernahme in Heidenheim veranlasste sie, zusätzlich zu dem bereits bestehenden Männerkonvent einen Frauenkonvent aufzubauen: „Nach dem Heimgang des hl. Wunnibold, eines Mannes von wunderbarer Heiligkeit, sammelte Waldburgis, die für alle Frommen vorbildliche Jungfrau, soweit sie es vermochte, Christus geweihte Nonnen."

Die Erzählung Wolfhards vom tölpelhaften Türschließer Goumerad, der zu nächtlicher Stunde der Äbtissin das Vorantragen eines Lichtes verweigerte, mag auf generelle Widerstände der Mönche gegen die Einbindung in ein Doppelkloster unter Leitung einer Frau hindeuten. Walburga begegnete der Demütigung in christlicher Geduld und wurde für ihre Haltung dadurch von Gott belohnt, dass plötzlich das Dormitorium in einem überirdischen Glanz erstrahlte.

Während ihrer Zeit als Äbtissin erfolgte ein Neubau der Klosterkirche, der 776 begonnen und 778 von Bischof Willibald geweiht wurde. Es ist anzunehmen, dass die Kirche an die Stelle eines in der Gründungsphase des Klosters mit einfachen Mitteln erstellten

Die kluge Jungfrau Walburga teilt von ihrem Öl aus, Kupferstich, 18. Jh.

Vorgängerbaus trat. Mit der Weihe des Chores am 24. September 777 verbunden war die Erhebung der Gebeine Wunibalds aus einem Erdgrab und deren Überführung in eine Krypta. Die Anwesenheit Walburgas bei diesem Akt ist in der Vita Wynnebaldi ausdrücklich erwähnt. „Es küssten den Bruder der Bischof selber und seine Schwester, welche nach dem Tode des heiligen Mannes über das Kloster zu wachen hatte." Ferner ist überliefert, dass sie Hugeburc, eine Nonne des Heidenheimer Doppelklosters, bei der Abfassung der Lebensbeschreibung Wunibalds mit Auskünften unterstützte.

Als Walburgas Todestag ist im Pontifikale Gundekarianum der 25. Februar genannt. Einer speziellen Überlieferung nach, die in der 1035 gegründeten Benediktinerinnenabtei St. Walburg weitergegeben wurde, fiel ihr Tod auf einen Donnerstag. Wenn man beide Informationen als glaubwürdig ansieht, muss Walburgas Sterbetag entweder 779 oder 790 gewesen sein. Meist wurde 779 als Sterbejahr angenommen. Manches spricht aber auch für das Jahr 790. Mit Walburgas Tod endete die monastische Tradition des Doppelklosters in Heidenheim. Unter Gerhoh (ca. 787–806), Willibalds Nachfolger im Bischofsamt, wurde das Mönchskloster in Heidenheim in ein Säkularkanonikerstift umgewandelt. Der weibliche Konvent dürfte in andere Frauenklöster abgewandert sein. Wäre Walburga zu Lebzeiten Willibalds gestorben, hätte das Eigenkloster wohl auf dessen Initiative hin einen neuen Vorstand erhalten. Eine solche Personalentscheidung ist aber nicht überliefert.

Das Aufblühen der Walburga-Verehrung im Mittelalter

Walburga fand ihr Grab im Kloster in Heidenheim. Die Bemerkung bei Wolfhard, dass sie von dort aus „den Ihrigen, die sie noch in der Welt am Leben zurückließ, in heiliger Fürsprache Hilfe" gebracht habe, lässt vermuten, dass sich bald nach ihrem Tod über ihrem Grab ein lokaler Kult entwickelte. Weit über die Grenzen der Diözese Eichstätt hinaus Bekanntheit erlangte Walburga ungefähr 100 Jahre später. Als die Stiftskirche in Heidenheim unter Bischof Otgar (ca. 847–880) neu erbaut wurde, erfuhr das Grab Walburgas anfänglich keine besondere Beachtung. Erst ein Unfall, bei dem ein Teil der frisch aufgerichteten Mauern wieder zusammenstürzte, – so berichtet Wolfhard – gab den Anstoß, dass der Bischof der Grabstätte die gebührende Aufmerksamkeit zukommen ließ. An einem 21. September, zwischen 870 und 879, wurden die Gebeine Walburgas erhoben und in das (Dom-)Kloster nach Eichstätt überführt. Dort wurden sie allerdings nicht im Dombezirk beigesetzt, sondern in einer Kirche auf einem Hügel am Rande der Siedlung. Diese Kirche, die wohl dem Heiligen Kreuz geweiht war, stand an der Stelle der späteren Klosterkirche St. Walburg.

Zu den von Bischof Otgar für diese Zeremonien auserwählten Personen gehörte neben Vertretern des Domklerus von Eichstätt auch eine Nonne Liubila aus dem Kloster Monheim. Liubila war die Gründerin und erste Äbtissin dieses wenige Jahre zuvor entstandenen adeligen Frauenklosters. 893 erbat sie von Otgars Nachfolger, Bischof Erchanbald (ca. 882–912), für ihr Kloster Reliquien Walburgas. Es ist auffällig, dass der Eichstätter Bischof dieses Anliegen mit König Arnulf besprach. Liubilas Wunsch nach Reliquien stand offensichtlich in unmittelbarem Zusammenhang mit einer Angelegenheit von politischer Tragweite: der Übergabe des Klosters Monheim an die Kirche von Eichstätt. Bischof

Erchanbald, der mit Liubila verwandt war und außerdem zu den einflussreichsten Ratgebern des Königs gehörte, wurde während seiner Amtszeit mehrfach vom König mit Schenkungen für sein gering dotiertes Bistum bedacht. Die Übergabe Monheims, auf das sich begehrliche Blicke einiger Verwandter der Äbtissin gerichtet hatten, an das Bistum hatte als Nebeneffekt eine Ausbreitung der Walburga-Verehrung im ganzen Reich und darüber hinaus zur Folge. Da der Königshof den Kult Walburgas förderte, erlangte die in Monheim verehrte Heilige rasch auch bei Adel und Klöstern Bekanntheit. Auf längere Sicht wirkten beide als Multiplikatoren für die weitere Verbreitung des Kults, der im Spätmittelalter die breiten Volksschichten erfasste.

893 wurde das Grab der Heiligen geöffnet und – vermutlich am 1. Mai – ein Teil der Reliquien nach Monheim überführt. Bereits während des feierlichen Zuges dorthin ereigneten sich einzelne Wunderzeichen. Nachdem die Gebeine Walburgas in die Kirche des Benediktinerinnenklosters Monheim gebracht worden waren, setzten sich dort die außergewöhnlichen Vorgänge fort. Monheim wurde zu einem Wallfahrtsort mit einem ausgedehnten Einzugsgebiet. Der Priester Wolfhard von Herrieden hat die Vorgänge, die in die Jahre 894 bis 899 fallen, aufgrund eigenen Erlebens und aufgrund der Berichte von Geheilten und Augenzeugen niedergeschrieben.

Zum weiteren Schicksal der mittelalterlichen Wallfahrt in Monheim sind keine Quellen bekannt. Es hat aber den Anschein, dass die Bedeutung des Monheimer Wallfahrtszentrums allmählich hinter die des Walburgaheiligtums in Eichstätt zurücktrat. Der Aufschwung der dortigen Wallfahrt war wohl eine Folge der Gründung eines Benediktinerinnenklosters beim Grab der hl. Walburga. Die 1035 durch einen Grafen Leodegar gegründete Abtei trat an die Stelle eines Kanonissenstifts, dessen Anfänge im Dunkel liegen. Im Zuge des Umbaus der zur Klosterkirche gewordenen Heilig-Kreuz-Kirche wurden die Reliquien der Heiligen im Jahr 1042 aus dem Grab im Kirchenfußboden in einen „öffentlichen Altar" überführt. Damals erhielt die Grabanlage eine Konstruktion, die sie im Kern bis heute bewahrt hat. Die Reliquien wurden in einen Steinsarkophag gebettet, der im Tischsockel des Hochaltars integriert ist.

Auch in Heidenheim ist der Kult der Heiligen im Mittelalter lebendig geblieben. Seit der Mitte des 12. Jahrhunderts führte ein Benediktinerkloster wieder die monastische Tradition weiter, an deren Anfang Wunibald und Walburga standen. Im Westteil der dreischiffigen Klosterkirche steht heute noch eine spätromanische Grabkapelle, deren Mittelpunkt ein 1484 neu errichtetes Hochgrab der hl. Walburga bildet. Möglicherweise steht es an der Stelle, wo Walburga ihre erste Ruhestätte fand. Auf der Deckplatte des Grabes ist die Heilige im Ordensgewand dargestellt. Zepter und Krone kennzeichnen ihre königliche Herkunft; in ihrer Linken hält Walburga Buch und Ölfläschchen. Eine handschriftliche Notiz in einem Missale aus dem Benediktinerkonvent Heidenheim, das heute in der Ratsbibliothek der Stadt Weißenburg aufbewahrt wird, zeigt, dass sich noch am Beginn des 16. Jahrhunderts Reliquien Walburgas in der Klosterkirche befanden.

In Monheim wurden die 893 erworbenen Walburgareliquien in einem Schrein verwahrt, der vor dem Altar der Kirche aufgestellt war, und so den Gläubigen zur Verehrung dargeboten. Über die spätere Gestaltung der Grabstätte, die an Stelle dieser wohl provisorischen Lösung getreten sein wird, liegen keine Quellen vor.

Die hl. Walburga (mit Insignien königlicher Herkunft) im Gebet, kolorierter Holzstich, zweite Hälfte 19. Jh.

Durch die Einführung der Reformation fand der Wallfahrtsbetrieb in Heidenheim und in Monheim ein Ende. 1555 wurden die in Monheim verwahrten Gebeine Walburgas durch den Superintendenten Magister Jakob Rabus vernichtet. Ein ähnliches Schicksal dürften um dieselbe Zeit auch die in Heidenheim befindlichen Reliquien genommen haben. Jedenfalls fand man das dortige Walburgagrab bei einer Öffnung im Jahr 1606 leer.

Das Walburgagrab in Eichstätt im Mittelpunkt der Verehrung

Seither steht das Grab der Heiligen in Eichstätt im Mittelpunkt der Walburga-Verehrung. Es wurde schon im Mittelalter zum Ausgangspunkt für viele Sprosswallfahrten. Daneben entstand in ganz Europa eine nicht überschaubare Zahl von Kirchen und Altären, die der Heiligen geweiht sind.

1629, wenige Monate, bevor der Dreißigjährige Krieg auch auf das Hochstift Eichstätt übergriff, wurde ein Neubau der Kirche über dem Grab der Heiligen begonnen. Man entschloss sich zu dieser Maßnahme, weil der dunkle romanische Kirchenraum nicht mehr den Anforderungen des zunehmenden Wallfahrtsbetriebs genügte. Noch vor der Vollendung der Kirche wurde während der kriegerischen Auseinandersetzungen in den Jahren 1633 und 1634 auch die Grabanlage der hl. Walburga geplündert. Alle Pretiosen wurden geraubt, der Sarkophag selbst aber blieb ohne Schaden.

Im Zuge der Fertigstellung der Kirche erhielt das Grab dann jene Gestalt, in der es sich heute den Besuchern darbietet. Die Gruftkapelle ist eine zweigeschossige Anlage, die den Gläubigen den Zutritt zum Grab Walburgas über vier Zugänge ermöglicht. Mit der Errichtung des barocken Hochaltars, an dessen Rückseite sich Gruftaltar und Grabkammer anschließen, kam der Kirchenneubau im Jahr 1664 zu einem vorläufigen Abschluss. In der Mitte des monumentalen Hochaltargemäldes des Nürnberger Malers Joachim Sandrart steht die hl. Walburga, die der von vielerlei Übeln geplagten Menschheit den Gnadenstrom des Gotteslammes erbittet.

Ihren Höhepunkt erreichte die Wallfahrt wohl im 18. Jahrhundert. Beredtes Zeugnis von dem Vertrauen, das der Heiligen aus allen Schichten der Bevölkerung entgegengebracht wurde, sind die zahlreichen Votivbilder und Votivgaben, mit denen die Wände im Umfeld der Grabanlage geschmückt sind. In gewissem Maß lässt sich die Frequenz der Wallfahrt auch an den gedruckten Mirakelbüchern ablesen. Eine erste Zusammenstellung von Wunderberichten gab 1620 der Ingolstädter Jesuit Pater Jakob Gretser in Druck. Initiiert aber wurde das Buch von Georg Brunner, dem damaligen Pfarrer zu St. Walburg, „damit dieses uhralte Miracul nicht gar in Vergessenheit keme". Die Stagnation im Wallfahrtsbetrieb infolge der Reformation, die sich hier andeutet, wurde nach dem Ende des Dreißigjährigen Kriegs rasch überwunden. Die Mirakelbücher, die der Regensburger Benediktiner Anselm Goudin im ersten Drittel des 18. Jahrhunderts verfasste, erschienen in hoher Auflage (1708: 4000 Exemplare) und fanden raschen Absatz. Unter ganz anderen Vorzeichen gab Pater Johann Evangelist Reichmayer im Jahr 1792 eine Sammlung der „Wunder und Wohltaten, die der gütigste Gott um die Verdienste der heiligen Walburg seit 1750 bis 1790 seinen Gläubigen angedeihen" ließ, heraus. Seine Intention war, die Verehrer der heiligen Äbtissin im Zeitalter des Rationalismus, der dem Wallfahrtswesen weitgehend ablehnend gegenüberstand, im Glauben nicht irre werden zu lassen.

Die Benediktinerinnenabtei St. Walburg in Eichstätt wurde im Jahr 1806 im Zuge der Säkularisation von der bayerischen Regierung aufgehoben. Ein Teil der Nonnen, die alle weiterhin als Konvent zusammenblieben, durfte noch die Wiederherstellung des Klosters durch König Ludwig I. 1835 erleben. Die besondere Verehrung der hl. Walburga im Volk erfuhr durch die Säkularisation aber keinen Abbruch. Es war dem 19. und dem 20. Jahrhundert vorbehalten, Jubiläumstage der hl. Walburga mit großen Festlichkeiten zu begehen. Bischof Franz Leopold Freiherr von Leonrod (1867–1905) lud 1871 anlässlich des 1000. Jahrestags der Erhebung der Gebeine und 1879 anlässlich des 1100. Todestags Walburgas den gesamten deutschen Episkopat nach Eichstätt ein. Das Walburgajubiläum 1979 stand ganz im Zeichen einer pastoralen Ausrichtung. Unter dem Motto „Walburga, offen für den Anruf Gottes" wurde ein Jubiläumsjahr gefeiert, in dem alle Pfarreien zu Wallfahrten, Großveranstaltungen und Hausgottesdiensten eingeladen wurden. Bischof Alois Brems nannte als Zielsetzung: „Wie unsere Diözesanpatronin lasst uns Herz und Sinn auf den heiligen Gott richten. Wenn wir uns seinem Anruf öffnen und das tun, was er will, wird Gott uns Kraft schenken, so daß wir dahinschreiten können mit wachsender Kraft auf dem Pilgerweg des Lebens."

Walburga hilft aus aller Not

Eichstätter Diözesanpatronin wurde die hl. Walburga erst 1968 bei der Neugestaltung des liturgischen Kalenders nach dem 2. Vatikanischen Konzil. Bis dahin war sie lediglich eine von mehreren Nebenpatronen des Bistums. Bereits im Pontifikale Gundekarianum findet sich ihr Bild unter den 12 Heiligen, die zur Zeit des Bischofs Gundekar II. (1057–1075) in Eichstätt besonders hoch geschätzt wurden. Ihre Verehrung als Patronin des Hochstifts Eichstätt lässt sich die ganze Frühe Neuzeit hindurch nachweisen. Im breiten Volk war und ist die hl. Walburga als wirkmächtige Fürsprecherin und Helferin in vielfältigen Anliegen beliebt. Ein besonderes „Patronat" kristallisierte sich nicht heraus. In den gedruckten Mirakelbüchern und in den von der Abtei St. Walburg gesammelten Zeugnissen wird von Walburgas Hilfe in den unterschiedlichsten körperlichen und seelischen Leiden und Unglücksfällen berichtet.

Die beiden ersten Wundererzählungen, die der Priester Wolfhard überliefert, reichen noch in die Lebenszeit Walburgas zurück. Neben dem bereits oben genannten Lichtwunder ist dies der Bericht von der wunderbaren Heilung eines todkranken Mädchens. Ohne vordergründig erkennbares Motiv sucht Walburga Einlass in das Haus einer vornehmen Familie und begegnet dort einem Kind, bei dem sich schon die Symptome des nahe bevorstehenden Todes zeigen. Nachdem Walburga die ganze Nacht betend neben dem Mädchen verbracht hat, kann es am Morgen wieder gesund aufstehen. Das von den dankbaren Eltern angebotene Geld verschmäht Walburga, „die Christus, der Wunder wirkt, zu eigen hatte". In dieser frühen Erzählung kann man den Urtyp der Walburga-Wunder sehen. Es ist nicht ein mit einer magischen Kraft ausgestatteter Mensch, sondern Gott, der die Heilung bewirkt. Wolfhard schildert Walburga als gütige und furchtlose Frau, die von einem tiefen Glauben an Christus durchdrungen ist. Sie, der das Leid in der Welt nicht fremd war – Wolfhard berichtet vom Schmerz, den ihr der Tod ihres Bruders bereitete – erweist sich als uneigennützige Helferin. Als solche wird Walburga bis heute verehrt.

Eine besondere Rolle bei der Verehrung der hl. Walburga spielt bis heute das Walburgisöl. Als ständiges Attribut der Heiligen tritt ab der Mitte des 15. Jahrhunderts das Ölfläschchen auf. Das früheste Zeugnis für das Walburgisöl ist der Bericht des Wolfhard von Herrieden über die Graböffnung im Jahr 893. Die Männer, die im Auftrag des Bischofs Erchanbald die Gebeine der Heiligen bargen, fanden sie „wie von ein wenig Quellwasser benetzt, so dass sie gleichsam tropfenweise aus ihnen Tautropfen herausdrücken konnten". Ein regelmäßiger „Ölfluss" lässt sich bereits in der 1078 entstandenen „Geschichte der Eichstätter Bischöfe" des Anonymus von Herrieden nachweisen. Sie spiegelt wahrscheinlich die Situation wieder, die sich seit der Transferierung der Gebeine Walburgas in den Unterbau des Altars der Eichstätter Benediktinerinnenkirche ergab: „Seither fließt bis heute aus dem Sarkophag, der ihre ehrwürdigen Gebeine enthält, ständig etwas wie lebendiges Wasser, wie das Öl aus dem Grab des heiligen Nikolaus, und heilt mit wunderbarer Wirkung viele Kranke". Bis heute setzt der Ölfluss Jahr für Jahr im Monat Oktober ein und dauert bis zum Ende des Monats Februar an. In diesem Zeitraum sammelt sich an der Bodenplatte des Sarkophags eine wässrige Flüssigkeit, die in einer Schale aufgefangen wird. In kleinen Glasfläschchen abgefüllt wird das „Öl" an die Gläubigen weitergegeben.

Die Darstellung der hl. Walburga mit Buch und Ölfläschchen in der Hand verweist auf die wirkmächtige

Grabanlage der hl. Walburga, Kupferstich von Johann Daniel Herz, Augsburg, erste Hälfte 18. Jh.

Kraft, die dem Gebrauch des Walburgisöls zugeschrieben wird. Möglicherweise ist dieses Attribut in der Hand Walburgas auch ein Hinweis auf die biblische Erzählung von den klugen Jungfrauen, die einen ausreichenden Ölvorrat mit sich führten und beim Kommen des Bräutigams mit brennenden Lampen dastanden. Bereits Wolfhard von Herrieden charakterisiert zu einer Zeit, ehe der heute gängige Darstellungstypus gebräuchlich wird, Walburga und ihre Brüder als diejenigen, die sich bereithielten für das Kommen des Herrn: Sie umgürteten „die Lenden mit dem Gewande der Keuschheit und trugen die Lampen der guten Werke in ihren Händen" (vgl. Lk 12, 35–36).

Literaturhinweise
Bauch, Andreas, Quellen zur Geschichte der Diözese Eichstätt, Bd. 2: Ein bayerisches Mirakelbuch aus der Karolingerzeit. Die Monheimer Walpurgis-Wunder des Priesters Wolfhard (= Eichstätter Studien, Neue Folge 12), Regensburg 1979.
Brandl, Ludwig, Die heilige Walburga (um 710-788/790?). Äbtissin von Heidenheim, in: Barbara Bagorski/Ludwig Brandl (Hrsg.), Zwölf Frauengestalten aus dem Bistum Eichstätt vom 8. bis zum 20. Jahrhundert, Regensburg 2008, S. 12–31.
Grypa, Dietmar, Die Verehrung der heiligen Walburga im 20. Jahrhundert, in: Jahrbuch für fränkische Landesforschung 57 (1997), S. 339–374.
Mengs, Maria (Bearb.), Schrifttum zum Leben und zur Verehrung der Eichstätter Diözesanheiligen Willibald, Wunibald, Walburga, Wuna, Richard und Sola (= Kirchengeschichtliche Quellen und Studien 13), St. Ottilien 1987.
Heilige Walburga hilft aus aller Not. Zeugnisse ihrer Verehrung und Verklärung (Ausstellung des Diözesanmuseums Eichstätt in Zusammenarbeit mit der Benediktinerinnenabtei St. Walburg Eichstätt 13.9.-5.11.2000), Eichstätt 2000.
Petersen, Stefan, Wann starb die Heilige Walburga? Zu Leben und Tod der letzten Äbtissin von Heidenheim: Studien und Mitteilungen zur Geschichte des Benediktinerordens und seiner Zweige 116 (2005), S. 7–18.
Weinfurter, Stefan, „Überall unsere heiligste Mutter Walburga". Entstehung, Wirkkraft und Mythos eines europäischen Heiligenkults, (nicht publiziertes Vortragsmanuskript 2009).
Zunker OSB, Maria Magdalena, Geschichte der Benediktinerinnenabtei St. Walburg in Eichstätt von 1035 bis heute, Lindenberg 2009.

Heilige und Selige

Markus Oelsmann

Bonifatius (ca. 675–754/755)
Der mutige Wohltäter

Einleitung

Vor knapp 30 Jahren kam Papst Johannes Paul II. über die Alpen nach Deutschland und lud zu einem Paradigmenwechsel im Hinblick auf die Zukunft der Kirche in Deutschland ein. „Mit Bonifatius begann gewissermaßen die Geschichte des Christentums in Eurem Land. Viele sagen, diese Geschichte neige sich jetzt ihrem Ende zu. Ich sage Euch: Diese Geschichte des Christentums in Eurem Land soll jetzt neu beginnen, und zwar durch Euch, durch Euer im Geist des heiligen Bonifatius geformtes Zeugnis!"

Was aber machen wir heute in Deutschland mit dem Erbe eines Angelsachsen, der vor langer Zeit unser Festland betrat? Was kann Bonifatius uns noch heute sagen, wenn zu überlegen ist, wie die Kirche als Volk Gottes in Deutschland lebt und wie sie auch weiterhin als Kirche im Volk wirken kann? In einer Zeit, in der sich die Kirchen fragen, wie man heute neue Wege gehen kann, um gemeinsam mit den Menschen neu zu beginnen, Kirche zu sein, und in anderen Bistümern Kirchen verkauft, abgerissen oder umgewidmet werden, wurde am 27. September 2009 in Dietenhofen im Bistum Eichstätt eine neue Kirche, die den Namen des hl. Bonifatius trägt, eingeweiht. Sie soll den alten Kirchenbau aus den 60er Jahren ersetzen. Für welchen Neubeginn könnte dieses Zeichen stehen?

Zum Leben des hl. Bonifatius

Bonifatius wurde um das Jahr 675 als Wynfreth im Königreich Wessex in England geboren. Er stammte aus einem vornehmen Elternhaus, trat in den Benediktinerorden ein und empfing mit 30 Jahren die Priesterweihe. Im Herbst des Jahres 718 nahm Wynfreth endgültig Abschied von seiner angelsächsischen Heimat, um als Missionar auf den Kontinent zu gehen. Aus Wynfreth (Winfried, althochdt.: Freund des Friedens) wird schließlich Bonifatius (lat.: der Wohltäter). Bonifatius wird abgeleitet von lat. bonum (das Gute) und fateri (ich bekenne), fatum (Schicksal), fari (ich bringe) oder facio (ich tue, mache, bringe zustande). Der Name bedeutet „boni facio" – Ich tue Gutes. Am 14. Mai 719 wurde das Fest des cilicischen Märtyrers Bonifatius gefeiert. Die Namensgebung durch Papst Gregor II. sollte offenbar zusammen mit der Aussendung als Heidenmissionar Programm sein. Damit hatte Pater Wynfreth auch offiziell den Auftrag bekommen, im Frankenreich zu missionieren und das geringfügig vorhandene und vielfältig zerstreute Christentum zu strukturieren. 732 wurde Bonifatius von Gregor III. zum Erzbischof des östlichen Frankenreiches ernannt. Die „regio Eihstat" wurde ihm schließlich von dem bayerischen Adeligen Suidger als Missionsstützpunkt geschenkt. In Eichstätt selber wurde Willibald am

22. oder 23. Juli 740 von Bonifatius zum Priester und am 21. oder 22. Oktober 741 in Sülzenbrücken zum Bischof geweiht.

Als Regionalbischof für ganz Deutschland berief Bonifatius verschiedene Synoden ein, die der Evangelisierung, der Organisationsentwicklung der Kirche und der Wiederherstellung von kirchlicher Disziplin dienten. Er förderte die Gründung von Bistümern, Frauen- und Männerklöstern als geistliche Zentren und ließ sich bei der Verbreitung des Evangeliums, der Humanwissenschaften und Künste durch Ordensfrauen und Mönche unterstützen.

Bonifatius wird immer wieder mit einer Eiche verglichen. Der Volksmund sagt, diese großen Bäume würden häufiger vom Blitz getroffen als andere. Mit angeblichen 1,90 m Körpergröße muss auch Bonifatius seinen Zeitgenossen wie eine riesige Eiche vorgekommen sein. Ungewöhnlich ist in dieser Zeit auch das hohe Alter von 82 Jahren, das er erreichte. Als er am 5. Juni 754 bzw. 755 gemeinsam mit 50 Begleitern von Einheimischen bei Dokkum in Friesland erschlagen wird, ermahnt Bonifatius die Seinen im Angesicht des Todes, mit dem Kampf aufzuhören und nicht zum Schwert zu greifen, sondern das Martyrium auf sich zu nehmen. Er selber hob im Augenblick des Todesstreiches ein Buch wie schützend über sein Haupt. Neben der Axt, dem Symbol des Eichenfällers und Sterbebegleiters, ist ein weiteres Insignium des Bonifatius deshalb das Evangelienbuch, das von einem Schwert durchstoßen ist. Der Legende nach soll er es bei seiner Ermordung zum Schutz über seinen Kopf gehalten haben. Als Christen den Leichnam fanden, sahen sie auch das Buch, durch das das Schwert gedrungen war. Es war dabei jedoch kein Wort der Heiligen Schrift zerstört worden.

Besonderheit des Wirkens –
Die missionarische Pastoral des hl. Bonifatius

Im letzten Jahrhundert hat die katholische Tradition Bonifatius als besonderen Heiligen, Apostel und Märtyrer stilisiert. In dem Begriff „Apostel der Deutschen" steckt noch die ganze konfessionelle Polemik des 19. Jahrhunderts, in der Bonifatius als eine Gegenfigur zu Martin Luther aufgebaut wurde. Dabei darf nicht übersehen werden: Bonifatius hat genau genommen viele theologische Positionen des Protestantismus vorgelebt. Vieles, was Martin Luther 750 Jahre später mit der Reformation verfolgt hat, findet sich schon bei Bonifatius. So hatte dieser auf Reisen eine Reisebibliothek mit einer 20bändigen Bibel bei sich, in der er intensiv las. Das war für Geistliche seiner Zeit absolut nicht selbstverständlich. Das Evangelium war seine Leitlinie, die er bei Gottesdiensten für einfache Leute auch in die jeweilige Volkssprache übersetzen konnte. Wie Luther hat schon Bonifatius scharfe Kritik an ungeistlichen Fürstbischöfen und am Amtsmissbrauch geübt. Beide strebten innerkirchliche Reformen an, die die Kirche zurück zum Maßstab der Bibel führen sollte. Beide Männer waren Mönche, die aufgrund ihrer umfassenden Allgemeinbildung hätten Kirchenlehrer werden können. Stattdessen zogen sie es vor, die Welt zu verändern. Es war die Zeit, in der man in West-England und Irland die Klöster verließ, um nach dem Vorbild Jesu auf Wanderschaft zu gehen. Aus Abteien und Bistümern knüpft Bonifatius ein Netzwerk, das für die neue, nach Rom orientierte Kirche steht. An den Schlüsselstellen sitzen

Neue Bonifatiuskirche Dietenhofen

seine Leute. Von Anfang an verschob sich deshalb die Aufgabe des Bonifatius, denn er bekam es mit Stämmen des fränkischen Reichs zu tun, die zwar nominell christlich waren, aber ohne, dass der neue Glaube wirklich im Volk verankert gewesen wäre.

In dieser Phase macht er immer wieder die Bekanntschaft von einzelnen Missionaren unterschiedlicher Herkunft, die mitunter recht unorthodox ihrer Tätigkeit nachgehen. Und immer, wenn er es mit fränkischen Klerikern zu tun hat, bemerkt er, dass sie Kirchen, Klöstern oder Bistümern vorstehen, die im Besitz des Adels sind. Der versorgt nicht zuletzt die eigene Nachkommenschaft auf diese Weise mit einträglichen Stellen. Oft kommt es auch vor, dass der so zu Amt und Würden gekommene Spross aus adeligem Hause die Messe nicht zu lesen weiß, das Stundengebet nicht kennt, geschweige denn es einhält. Nach Rom schreibt er: „Es gibt hier auch Bischöfe, die Trinker, Ehrvergessene sind, die ihrer Jagdlust frönen, Leute, die bewaffnet im Heere kämpfen und Menschenblut – ob heidnisch oder christlich – vergießen. Weil ich als Abgesandter des Apostolischen Stuhles bekannt bin, so möge Eure Autorität zwischen uns entscheiden."

Bonifatius trifft auf Probleme, die ihm schwer zu schaffen machen. Er ist auf die Zusammenarbeit mit den Machthabern angewiesen, und diese machen es ihm nicht gerade leicht. Die fränkische Kirche befindet sich in einem ziemlich desolaten Zustand. Um in dieser Situation etwas ausrichten zu können, bedarf es machtvollen Auftretens. Es bedarf klaren Leitungshandelns und einer Offenheit, auf andere zuzugehen und sich unterstützen zu lassen. Die Missionsreisen des Bonifatius darf man sich heute als Expeditionen zu den Heiden vorstellen, auf die er sich mit Kriegern, Handwerkern und größerem Gefolge begibt, um dort Niederlassungen und Klöster zu gründen. Bonifatius ist ein missionarischer Eiferer mit einer Vorliebe für klare Strukturen sowie einer besonderen Begabung für Organisation und Verwaltung. An Bischof Lullus aus Mainz schreibt Bonifatius: „Ich kann auf keinen Fall auf das Verlangen verzichten, aufzubrechen. Ist erst der sterbliche Leichnam bestattet, so werde ich zum ewigen Lohn emporsteigen. Du aber, geliebter Sohn, hole ohne Unterlass das Volk aus dem Dickicht des Irrtums heraus, vollende den Bau der bereits begonnenen Basilika von Fulda, und dort wirst du meinen Leib, den lange Lebensjahre alt gemacht haben, bestatten."

Vieles hat sich in der deutschen Kirche seit dieser Zeit verändert. Am Grab des hl. Bonifatius aber versammeln sich die deutschen Bischöfe noch immer. Auch die neue elliptische Bonifatiuskirche in Dietenhofen mit ihren beiden Brennpunkten erinnert an zwei Wesensmerkmale des Bonifatius, nämlich seine Sehnsucht, immer wieder neu aufzubrechen und an sein beständiges Ringen, den Menschen wie eine Eiche verlässliche Heimat und Orientierung im Glauben zu schenken.

Festes altes Eichenholz diente schon immer dem Haus- und Schiffsbau. Eichen sind auch reich an Kohlenhydraten und Proteinen. Wie Kirchen aus Glas können also auch Bäume nahrhafte Werkzeuge und Geschenke des Schöpfergottes sein. Mit Geschenken aber kann man in unterschiedlicher Weise umgehen. Man kann sie dankbar oder weniger erfreut annehmen oder man sucht Aufbewahrungsorte, wo man sie einfach nur abstellt. Bonifatius war mutiger.

Altar und Tabernakel in der 2009 geweihten Bonifatiuskirche von Dietenhofen

Einst nach Hessen gekommen, sieht Bonifatius, dass die Heiden eine mächtige Eiche verehren, die dem germanischen Gott Donar geweiht war. Bonifatius fällt diesen Baum mit einem Axthieb. Als die Heiden das sahen, lassen sie von ihren Göttern ab und bekennen sich zum Christentum. Die herbeieilenden Heiden und Götzenpriester warten gespannt auf eine Reaktion ihres „Gottes". Aber nichts geschieht. Der Donnergott donnert nicht. Viele Heiden lassen sich daraufhin taufen. Aus dem Holz der Eiche erbaut Bonifatius eine Kapelle und weiht sie dem hl. Petrus.

Die Eiche, die vielleicht noch viele Jahrhunderte bis heute weitergelebt hätte, wird gefällt, um eine Kapelle zu bauen. Das ist bis heute etwas Legendäres und wie ein Tabubruch. Alte Bäume kann man nicht so ohne weiteres verpflanzen. Man muss sie absägen oder abschlagen. Genau das tut Bonifatius. Er vernichtet Altes, damit das noch Unbekannte ganz neu als Geschenk erfahren werden kann. Er vernichtet, um deutlich zu machen, wer allein der Herr ist über Tod und Leben: Jesus Christus. Es gibt kein Alibi mehr dafür, sich nicht zu öffnen für die Ankunft Gottes im Leben der Menschen oder sich auf etwas Anderes zu verlassen als auf die Liebesmacht des Schöpfergottes. Es macht Bonifatius bis heute groß, dass er sich in all seinen Aufbrüchen und Veränderungsbemühungen, die er organisiert, seinen Ängsten vor Widerstand und Ablehnung bewusst bleibt und diese annimmt. Nur so konnte er sich den Herausforderungen mutig stellen, das Volk aus den Verstrickungen des Aberglaubens zu befreien.

Es gibt eigentlich auch in der Evangelisierung nur zwei Dinge, die ein Mensch tun kann: Bauen oder Pflanzen. Beide bedingen sich. Zum Bauen braucht es das Baumaterial. Man muss zuerst wie ein Sämann Bäume pflanzen, um sie später für Bauten fällen zu können. Und danach stellt sich die Frage, was kommt, wenn das Bauwerk fertig gestellt ist, damit es als Haus Gottes in Besitz genommen werden kann. Bonifatius pflanzte nicht nur Bäume, sondern fällte sie immer dann auch, wenn sie den Blick auf den Himmel versperrten und nur so weitergebaut werden konnte an der Kirche aus lebendigen Steinen.

Solche Paukenschläge des Abschieds vom Althergebrachten um des Reiches Gottes willen garantieren bis heute Aufmerksamkeit. Selbstverständlich sind sie bis heute nicht. Beim lebendigen Wachstum im Glauben bleibt bis heute dem menschlichen Bemühen die Verbesserung der Humusbedingungen und das Gießen aufgegeben. Bonifatius tat beides und erinnert daran. Er sorgte dafür, dass der Glaube in der Begegnung von römisch-christlicher und germanischer Kultur weiter wachsen und lebendig bleiben konnte, indem er selbst etwas sein und absterben ließ. Der Verzicht auf seinen alten Namen ist auch Ausdruck für den Verzicht auf sein früheres monastisches Leben.

Bonifatius war in der Lage, sich von etwas zu verabschieden – ja um der Liebe Gottes willen – sich selbst bis zum Tod hinzugeben. Er ließ in seinem Lebenszeugnis etwas „über den Jordan gehen". Er ließ die Menschen auf dem Marktplatz sich sammeln und verkündete ihnen das Evangelium. Er propagierte jesuanische Haltungswechsel und lud zum Gottvertrauen ein.

Am Namen und Wirken des hl. Bonifatius kann sich zeitgemäßer Evangelisationsvollzug des Glaubens in unbekannten Glaubensbiotopen auch heute noch ausrichten. Wir können lernen, Wohltäterschaft auszuüben, diakonisch zu bleiben und uns von dem zu verabschieden, was genau das einschränkt. In den Fußspuren des Heidenmissionars gehen heißt auch, Abschiede zu organisieren vom Vertrauten und Bewährten. Missionarisch sein heißt mutiges Aufbrechen aus dem Inseldasein geschützter Behausung in das unbekannte Land, das Gott all denen verheißen hat, die ihn lieben. Insofern war schon Bonifatius ein Gestalter des Übergangs in Zeiten der Veränderung und ein mutiger Diener der Begegnung zwischen Evangelium und heidnischer Kultur.

Wirkungsgeschichte und Bedeutung für heute – Christus in die Mitte des pastoralen Handelns stellen

Der Name des hl. Bonifatius kann deutlich machen, dass es an der Zeit ist, etwas zu verändern, was lange Zeit beherrschend war, nämlich die fehlende Gestaltung von pastoralen Übergängen (Abschieden) und die fehlende Unterscheidung von Prioritäten und Posterioritäten. Es gilt erneut, Haltungen zu wechseln und pastorale Kriterien und Ziele zu bestimmen, die für die notwendigen Veränderungsprozesse leitend sind. Bonifatius lädt zu dieser Zielorientierung, einem pastoralen Perspektivenwechsel und zur Umkehr von alten Verhaltensmustern ein, damit Prioritätensetzung(en) „propter nostram salutem" möglich bleiben.

Bereits im Namen ist Bonifatius' Wohltäterschaft angedeutet. Der päpstlich bestallte Heidenmissionar hat sich nach seinen Aufgaben, die keineswegs nur mit Erfolg verbunden waren, immer wieder zu Gebet und Sammlung zurückgezogen und Arbeitsaufgaben delegiert. Ora et labora. Der Benediktiner verbindet immer wieder Feder und Pflug. Natürlich setzt er auch auf Vertrautes. Aber er muss lernen, dass vieles anders kommt, als er denkt. Das ist lebenslanges Lernen bis ins Greisenalter. Denkt er am Anfang noch, es würde soviel von ihm abhängen, so ist er doch später auch immer wieder dazu bereit, aus Fehlern zu lernen und loszulassen. Er erfährt, dass seine Vorstellungen nicht alle aufgehen und seine Pläne durchkreuzt werden.

Auf der Suche nach der Relevanz des hl. Bonifatius für das Bistum Eichstätt kann man nicht nur im barocken Gundekarianum fündig werden, um eine Ahnung zu bekommen, was Bonifatius im Tun und Lassen „bonifizierte". Auch eine eigene Homepage beschäftigt sich heute mit der Größe dieses Heiligen. Größe aber heißt in der Pastoral immer auch, auf den zu vertrauen, der allein groß macht.

Inspirierend für die heutige Pastoral ist die Christuszentrierung des Bonifatius. Diese Neuausrichtung am Wort Gottes ist für viele Bistümer der Welt zum Pastoralprogramm geworden. Bonifatius ist eine Einladung an uns, das Wort Gottes als wesentlichen Bezugspunkt in unserem Leben zu verankern und leidenschaftlich die Kirche zu lieben und uns mitverantwortlich für ihre Zukunft zu fühlen.

Gemeinsam den Sendungs- und Sammlungsauftrag der Kirche weiter unerschrocken umsetzen

Veränderungen stoßen auf Widerstand. Das muss auch Bonifatius in seinem Leben erfahren. Er erfährt, dass sich nur der treu bleiben kann, der bereit ist umzukehren und sich zu verändern. Bonifatius handelt in Treue gegenüber dem Auftrag der Kirche, sich um Christus zu sammeln und ihren Sendungsauftrag für die Welt umzusetzen.

Willibald hat in seiner um 760 abgefassten Vita des Bonifatius nichts anzubieten, was diesen Lebensentwurf erklären könnte. Er belässt es bei den üblichen hagiographischen Formeln. Dem Verlassen der Klostermauern seiner angelsächsischen Heimat 718 geht bereits das Scheitern seiner Mission bei den Friesen voraus. Was Bonifatius im Alter von 40 Jahren erneut zu dieser überraschenden Lebenswende veranlasst hat, liegt im Dunklen. Nichts jedenfalls ist später so wie früher. Vielleicht gibt es Konflikte im Kloster, vielleicht fühlt er sich von der täglichen Tretmühle seiner Pflichten eingeengt, vielleicht hat er aber auch das Gefühl, das bisher Erreichte könne nicht alles in seinem Leben gewesen sein.

Seine Briefe erschließen uns mehr von seinem Innenleben. In einem späteren, von der Forschung kaum beachteten Brief, hat er Rechenschaft über seinen Lebensentwurf abgelegt. Darin beklagt er zunächst, seine Arbeit habe Ähnlichkeit mit der eines Hundes, „der bellt und sieht, wie Diebe und Räuber das Haus seines Herrn ... verwüsten, aber weil er keine Helfer zur Verteidigung hat, nur knurrend wimmert und jammert". Dann beruft er sich darauf, wie einst Paulus den ganzen Ratschluss Gottes verkündet zu haben. Durchaus selbstbewusst sieht er sich in der Nachfolge des Apostels und erklärt, was ein Lehrer des Evangeliums und Wächter der Kirche zu tun und zu lassen habe. Er will „den Frieden auf Erden den Menschen guten Willens" bringen und das „Wort des Lebens verkünden". Deshalb wolle er kein „stummer Hund sein, ... sondern ein besorgter Hirt, der über die Herde Christi wacht". Bedrängt von den Zeitläufen, angewiesen auf die bisweilen ungeliebte Zusammenarbeit mit weltlichen Herrschern, zornig über unfähige Kirchenleute und auch bemüht, es Rom recht zu machen, sorgt sich Bonifatius vorrangig um die ewige Seligkeit der ihm anvertrauten Menschen. Er nimmt den Missionsauftrag Christi ernst und predigt das Evangelium, um beim letzten Gericht Gottes bestehen zu können. Auch wenn er das alles erst im hohen Alter offen ausgesprochen hat, liegt hier wohl der eigentliche Beweggrund für seine Lebenswende. Die Nachfolge Christi als Ziel ließ ihn aus dem geschützten Raum des Klosters hinaustreten in die rauhe Welt. Das ist zugleich ein bleibendes Vermächtnis: Im Verbund mit allen Gläubigen, sich auch zukünftig um Christus zu sammeln und gemeinsam seine Sendung unerschrocken in der Welt von heute fortzusetzen, das heißt kein stummer Hund mehr zu sein oder einer, der nur bellt und sieht, wie Räuber das Haus seines Vaters verwüsten. Knurren und Jammern, weil man keine Helfer hat, hilft nicht weiter. Es geht darum, gemeinsam mit den Menschen Kirche zu sein, also nicht nur Gotteshäuser zu bauen oder bloß zu besuchen, sondern Leben und Glauben miteinander zu verbinden, Gott überall einen Ort zu sichern und seine Spuren in dieser Welt wahrzunehmen. Wie bei Abraham oder Paulus aber gehen diesem Weg des Gottvertrauens bei Bonifatius Momente und Jahre der Bekehrung, des Lernens und des Scheiterns voraus, ohne die sein erneuter Weg auf den Kontinent wohl nicht möglich gewesen wäre.

Sich Gott überlassen

Bonifatius wird am Anfang kaum gehört und verstanden. Er selbst muss erst lernen, dass vieles nicht so ist, wie er sich das vorstellt. Häufig muss er sich von eigenen Plänen verabschieden. Vordergründig ist das immer auch ein Scheitern. Scheitern ist damals und heute verpönt. Man schaut heute wie damals eher auf Erfolge und das, was gelingt. Aber es ist keineswegs selbstverständlich, dass Bonifatius in seinem Leben immer mehr lernt, das anzunehmen, was ist. Das ist für ihn ein schmerzlicher Prozess. Und dazu gehören auch die Wunden des Scheiterns. Auferstehungszeugen tabuisieren nicht die Wundmale Christi, sondern lassen sich davon berühren, weil sie das Kreuz Christi tragen. Bisweilen bekommt man etwas – selbst am Boden – geschenkt, was man auf den ersten Blick nicht braucht, was wiederentdeckt werden kann oder einen einfach nur an etwas erinnert. Manchmal auch schmerzlich.

Konflikte wird Bonifatius schon aus seiner Zeit als Abt gekannt haben. Auch bei seiner Festlandstätigkeit als Kirchenorganisator und Bildungsvermittler hat Bonifatius Reformgegner unter den alteingesessenen fränkischen Bischöfen. Er sieht sich Abhängigkeiten gegenüber, die durch geschickte Personal- und Pfründenpolitik geschaffen werden. Man arrangiert sich bei den Reformgegnern mit der Machtelite des Adels. Bonifatius aber will mehr. Er kennt keine Kompromisse. Er hat seine Fähigkeit zum diplomatischen Vorgehen im Alter immer mehr eingebüßt. Der Plan scheitert, ihm den Metropolitansitz Köln zuzuweisen. Man findet ihn lediglich mit dem Bistum Mainz ab. Der päpstliche Legat Bonifatius wird immer mehr an den Rand gedrängt. Pippin nimmt jetzt selbst Kontakt mit Rom auf. Auch Karlmanns Rückzug und Machtverzicht 747 bedeuten für Bonifatius Ohnmacht und Isolation. Er muss jetzt den Aktivitäten Pippins tatenlos zusehen. Nicht spurlos wird das an Bonifatius vorübergegangen sein. Enttäuschung und Verbitterung nehmen zu. Vieles hat er vorbereitet. Die Verwirklichung des politisch-kirchlichen Bündnisses von römischem Papsttum und germanischer Großmacht wird jetzt von fränkischen Bischöfen initiiert. Die Transformation der fränkischen Kirche zu einer romorientierten Landeskirche ist ihm nicht mehr vorbehalten. Vieles wird erst Wirklichkeit, als Bonifatius nicht mehr lebt. Er ist nur Wegbereiter. Aber das spricht nicht gegen seine Bedeutung, sondern eher für ihn, lässt er es doch immer mehr zu, zurückzutreten und gerade dadurch andere und anderes zur Entfaltung kommen zu lassen. Das ist die Theologik des Karsamstags oder des Weizenkorns, das in die Erde fällt. Es gibt etwas Wichtigeres als die Verkündigung seiner selbst. Aber genau dadurch ist das, was kommt, Transparenz auf das Leben in Fülle. (Joh 10,10) Dieser Lebensaspekt des Bonifatius zeigt eher seine Größe als seine Tragik. Bonifatius' Leben hatte nicht nur Erfolge aufzuweisen. In England ist er neben dem hl. Gregor dem Großen und Anselm von Canterbury nur der „dritte Mann". Seine missionarische Verkündigung des Evangeliums über See und Berg, Wald und Wildnis hat viele Menschen erreicht. Dennoch regeln die Franken ihre Angelegenheiten mit Rom persönlich und bedürfen keines angelsächsischen Mittlers. Die Missionierung der Sachsen, denen er sich als Angelsachse besonders verbunden fühlt, kann er nicht beginnen. Als ranghöchster Kirchenmann im Frankenreich wird er sich angesichts der schleppenden Fortschritte und der politischen Intrigen nicht selten schwach und ohnmächtig gefühlt haben.

Dennoch blieb er letztlich nicht erfolglos. Seine Reformvorstellungen hat er auf Synoden im Frankenreich festgeschrieben. Viele dieser Strukturveränderungen standen zwar zunächst nur auf dem Papier, bildeten dann aber eine ausbaufähige Grundlage für die weitere Arbeit und fanden sogar in der angelsächsischen Kirche Nachahmung. Trotz mancher Rückschläge ist Bonifatius es dann auch gewesen, der mit den Herrschern den Einfluss des von der Aristokratie beherrschten Episkopats zurückdrängte und die romorien-

7. Kreuzwegstation in der Bonifatiuskirche Dietenhofen, Rudolf Ackermann

tierte fränkische Landeskirche schuf. Entscheidend bereitete er das Bündnis der Karolinger mit dem Papsttum vor. Seine Tragik liegt darin, dass er lange Zeit meinte, wenig erreicht zu haben, obwohl das Gegenteil der Fall war. Genau diese Widersprüchlichkeit war typisch für seine Persönlichkeit, die zwischen Ängstlichkeit und Glaubensmut wechselte. Bonifatius' bedingungslose Treue zum Papsttum hat ihn der römisch-katholischen Kirche gegenüber seltsam ängstlich gemacht. Seine geradezu kleinlich wirkenden Nachfragen zu liturgischen Vorschriften – z. B. wie oft in der Messfeier das Kreuz zu schlagen sei – überraschen heute bei einem Mann von seiner Tatkraft und seinem politischen Gewicht. Das zeigt, dass auch Menschen von historischem Format ihre Widersprüche und Grenzen haben. Bonifatius aber nimmt immer wieder auch seine Begrenztheit und seine Misserfolge an und gibt nicht auf, sich auch im Scheitern Gott anzuvertrauen.

Ein Visionär mit großem Entwurf für die Gestaltung der Zukunft ist Bonifatius nicht. Er ist von den dramatischen Ereignissen seiner Zeit immer auch mitgerissen und gleichsam in sie hineingeworfen worden. Dann aber hat er sich ihnen gestellt und ohne jedes Wanken seine Grundüberzeugungen durchzusetzen versucht. Sein höchstes Ziel ist die Verkündigung des Glaubens. Das ließ ihn zum Missionar werden und ein Leben lang bleiben. Zum Reformer haben ihn die Umstände gemacht. In beiden Rollen aber ist er zu einem der Baumeister des christlichen Europa geworden.

Was heute ganz konkret getan und gelassen werden kann im Geist des hl. Bonifatius, damit deutlicher wird, welche Kirche vor Ort in welchen Formen trotz Kirchengebäudeverkäufen, kirchlichen Umwidmungen, Neubauten und Renovierungen wirklich überleben kann, ist nicht nur für die Christen in Dietenhofen eine ganz konkrete Frage. Der neue Kirchenbau in Dietenhofen mag stehen. Der Überzeugung des Bonifatius, neue Christen gewinnen zu können, um zukunftsfähig weiter miteinander Kirche sein zu können, bleibt der elliptische Kirchenbau aus Glas aber auch verpflichtet. Die letzten Worte des Bonifatius „Habt Mut im Herrn", empfangen zudem alle, die hier eintreten. Mögen die Menschen, die mit dieser konkreten Kirchengestalt des hl. Bonifatius in Berührung kommen, spüren, wie sehr sie in dieser Kirche willkommen geheißen sind.

Literaturhinweise

KEHL, PETRA, Kult und Nachleben des Hl. Bonifatius, 1993.

LUTTERBACH, HUBERTUS, Bonifatius – mit Axt und Evangelium. Eine Biographie in Briefen, Freiburg i. Brsg. 2004.

PADBERG, LUTZ E. VON, Bonifatius. Missionar und Reformer, München 2003 (darin auch Angaben zur Vita sancti Bonifatii des Willibald).

RAU, REINHOLD (Bearb.), Briefe des Bonifatius. Willibalds Leben des Bonifatius. Nebst einigen zeitgenössischen Dokumenten. Unter Benützung der Übersetzungen von M. Tangl u. Ph. H. Külb neu bearb. von Reinhold Rau, 2., unveränd. Auflage Darmstadt 1988 (Erstausgabe 1968).

SCHIEFER, RUDOLF, Neue Bonifatius-Literatur, in: Deutsches Archiv für Erforschung des Mittelalters 63, Köln – Weimar – Wien 2007, S. 111-123.

STASCH, GREGOR K. (Hrsg.), Bonifatius. Vom angelsächsischen Missionar zum Apostel der Deutschen. Zum 1250. Todestag des heiligen Bonifatius. Katalog zur Ausstellung 3. April bis 4. Juli 2004. Vonderau Museum Fulda, Kataloge Band 10, 2004.

Weblink

http://www.heiliger-bonifatius.de

Richard Baumeister

Richard und Wuna (7./8. Jh.)
Die Eltern der Bistumspatrone

Nach jahrhundertealter Überlieferung wird das Elternpaar der Eichstätter Diözesanpatrone Willibald, Wunibald und Walburga unter den Namen Richard und Wuna verehrt. Unsicher ist, ob der Vater tatsächlich Richard geheißen hat, da sprachgeschichtlich der Name Richard („kühner Herrscher") eher dem normannischen als dem angelsächsischen Sprachgebrauch zuzuordnen ist. Ebenso bezeichnet erst eine im späten 15. Jahrhundert im Kloster St. Walburg in Eichstätt entstandene Walburgabiographie den Namen der Mutter mit Wuna. Unabhängig von der Frage nach der Echtheit der Namen Richard und Wuna können die knappen Bemerkungen über das Elternhaus der Diözesanpatrone in den Lebensbeschreibungen Willibalds und Wunibalds wertvolle Hinweise liefern, um eine ungefähre Vorstellung von Richard und Wuna zu entwickeln, die ihrem wahren Leben und Glauben nahe kommt.

Spuren Richards und Wunas im Spiegel der geschichtlichen Überlieferungen

Es sind wenige Fakten, die in den zeitgenössischen, von der Heidenheimer Nonne Hugeburc verfassten Biographien Willibalds und Wunibalds über Richard und Wuna enthalten sind: Richard besaß einen Herrenhof in der südenglischen Grafschaft Wessex. Die Familie war begütert. Richard gehörte zu den freien Landbesitzern und damit zu jener angesehenen Schicht, aus der sich später der Adel des Landes entwickelte.

Wuna, Richards Ehefrau, starb schon in jungen Jahren. Richard scheint nach dem Tode Wunas nochmals geheiratet zu haben. In der Lebensbeschreibung Wunibalds ist von einer Stiefmutter die Rede. Über beide Frauen schweigen die Quellen. Die Walburgabiographie aus dem 15. Jahrhundert macht „Bonna" oder „Wunna" („Freude", „Wonne"), abgeleitet vom Namen Winfried-Bonifatius zur Schwester des hl. Bonifatius. Wenigstens sechs Kinder, vier Söhne und zwei Töchter, zählten zur Familie des Richard. Der älteste Sohn, Willibald, wurde um 700 geboren.

Das Jahr 720 brachte einschneidende Veränderungen auf dem Herrenhof in Wessex. Der aus dem Kloster zurückgekehrte Willibald konnte seinen Vater Richard und Bruder Wunibald zu einer Pilgerfahrt nach Rom überreden. Kurz vor dem Ziel starb der Vater in Lucca, wo ihn die Söhne begruben. In Willibalds Lebensgeschichte heißt es: „Und als sie weiterzogen, kamen sie in eine Stadt namens Lucca. Willibald und Wunibald hatten ihren Vater in der Reisegesellschaft bei sich. Und sogleich wurde er von einer unerwarteten körperlichen Schwäche überfallen, so dass nach Ablauf einiger Zeit der Tag seines Todes nahe bevorstand. Und da in ihm die heftige Krankheit zunahm, verzehrte sie bereits die müden und erkalteten Glieder seines Leibes. Und so hauchte er den letzten Atemzug seines

Lebens aus. Und unverzüglich nahmen seine treuen Söhne den entseelten Leib ihres Vaters in pietätvoller Liebe zu ihm in Empfang, hüllten ihn sorgfältig ein und bestatteten ihn in der Erde." Dem Bericht nach soll Richard in der Kirche des hl. Frigidianus (San Frediano) seine Ruhestätte gefunden haben.

Ein letztes Mal begegnet uns der Vater in der Lebensbeschreibung Willibalds 20 Jahre später. Kurz nach Ostern 740 besuchte Willibald nochmals das Grab seines Vaters in Lucca auf dem Weg von Rom nach Eichstätt, wohin ihn Papst Gregor III. auf Bitten des Bonifatius zur Missionsarbeit bei den Franken gesandt hatte.

Richard und Wuna als Vorbilder einer christlichen Familie

Diese vielleicht nicht zufällige Erwähnung der Reiseroute über Lucca kann als Hinweis für einen ausgeprägten familiären Geist in der Familie von Richard und Wuna gedeutet werden. Willibald scheint noch im fortgeschrittenen Alter eine enge geistige Beziehung zum lange verstorbenen Vater empfunden zu haben. Die fürsorgende Liebe der Eltern zu ihren Kindern mag wohl dazu beigetragen haben. So kann man in der Lebensbeschreibung Willibalds lesen, dass er, „liebenswert und entzückend wie er war, unter den zarten Liebkosungen der Ammen und insbesondere der Eltern, die mit großer Hingabe und Zuneigung Tag für Tag in eifriger Umsicht für ihn sorgten, gepflegt und genährt wurde..."

Durch die engen familiären Beziehungen im Hause Richards fanden sich die Geschwister um Willibald nach Jahrzehnten der Trennung in Eichstätt bzw. Heidenheim wieder. Sie hielten Kontakt zueinander, ergriffen füreinander Verantwortung und standen einander mit Rat und Tat zur Seite. Das frühzeitige Loslassen von der Familie hatte ihren Familiensinn nicht geschwächt. In ihrer Familie hatten sie erlebt und gelernt, wie das Schriftwort vom Verlassen, um Christus nachzufolgen, zu praktizieren ist.

Über einen starken Familiensinn hinaus scheinen Richard und Wuna eine tiefe christliche Frömmigkeit gepflegt zu haben. Als ihr Sohn Willibald im dritten Lebensjahr schwer erkrankte und dem Tode nahe war, „nahmen sie das Kind und brachten es vor dem heiligen Kreuz des Herrn und Erlösers dar." Es wird erklärend hinzugefügt, dass auf manchen Gehöften vornehmer und frommer Leute ein Kreuz aufgerichtet war „zur eifrigen Verrichtung der täglichen Gebete". Richard und Wuna legten Willibald vor dem Kreuz nieder und „flehten innig zu Gott dem Herrn...er möge sie trösten und ihren Sohn...durch seine Wundermacht am Leben erhalten. Und so gelobten sie mit ihren heißen Bitten, es dem Herrn zu danken."

Weiter heißt es: „Schnell beeilten sich darum seine Eltern, die mit heißer Sehnsucht gemachten Gelübde zu erfüllen." Auf dem Herrenhof von Richard und Wuna wurde demnach der christliche Glaube in frommer und gottesfürchtiger Weise praktiziert. Die Notwendigkeit und Bedeutung von christlicher Bildung für die Kinder gehörte zum Lebenshorizont des Paares. Richard und Wuna bereiteten ihren Erstgeborenen auf ein gottgeweihtes Leben vor und gaben ihn mit fünf Jahren zur Erziehung und Bildung in die Obhut eines Klosters.

Die Liebe zu seiner Frau und seinen Kindern und die Verantwortung für seine Familie wurde im weiteren Leben Richards auf eine harte Probe gestellt: Als der zwanzigjährige

Willibald an den Vater Richard herantritt und ihn bittet, die Heimat und die Familie zu verlassen und mit ihm um der Nachfolge Christi willen eine Pilgerreise zu unternehmen, gibt der Vater dem Sohn die bemerkenswerte Antwort, es sei „ehrlos und herzlos", die Gattin und die unmündigen Kinder zu Waisen zu machen und fremden Menschen zu überlassen. Diese edlen Worte hatten offensichtlich Eindruck auf Willibald gemacht, dass er sie fast sechs Jahrzehnte später noch wusste. Das christliche Verständnis von Ehe und Familie hatte offensichtlich schon Wirkung gezeigt in der Lebensweise dieser angelsächsischen Familie.

In den liturgischen Eigentexten für den Gedenktag des hl. Richard betet die Kirche deshalb:

Gütiger Vater, mit deiner Gnade hat der heilige Richard seine Kinder zur Ehrfurcht vor dir erzogen und zur Bereitschaft für den Dienst in deinem Reich. Erneuere in unseren Familien den Geist des Glaubens und berufe aus ihrer Mitte treue Mitarbeiter für deine Kirche.

Hl. Richard und hl. Wuna, Skulpturen in der Wallfahrtskirche St. Marien/Buchenhüll, Mitte 17. Jh.

Die Anfänge des Richardkultes in der Diözese Eichstätt

Unberührt von der Frage der historischen Zuverlässigkeit ihrer Namen haben das Andenken und die Verehrung von Richard und Wuna eine lange Tradition, welche die beiden sogar in den königlichen Stand erhebt. In älteren Überlieferungen wird Richard als König von England oder der Angelsachsen bezeichnet. Auf die Entstehung dieser Vorstellung und deren geschichtliche Zusammenhänge soll hier kurz eingegangen werden.

Am Ende des 11. Jahrhunderts gibt es in Eichstätt praktisch noch keine kultische Verehrung Richards. Im Pontifikale von Bischof Gundekar II. (1057–1075), der sich mit größtem Eifer der Verehrung der Familie Willibalds gewidmet hat, ist von einem Fest des hl. Richard noch nichts zu finden, ja nicht einmal der Name Richard wird genannt. In einer Lebensbeschreibung des hl. Willibald, die in der Zeit zwischen 900 und 966 unter den Bischöfen Erchanbald (882?–912), Uodalfrid (912–933) oder Starchand (933–966) verfasst wurde, taucht hingegen schon der Name für den Vater Willibalds auf. Da jedoch die Schrift nur in einer überlieferten Handschrift aus dem 12. Jahrhundert erhalten ist, ist davon auszugehen, dass der Name nicht zum ursprünglichen Textbestand gehörte, sondern erst nachträglich in die kurz nach 1160 entstandene Abschrift eingefügt wurde.

Im „Officium sancti Willibaldi", das Bischof Reginold (966–991) spätestens 989 für den Festtag des hl. Willibald komponiert hat, finden wir zum ersten Mal die Nachricht, Willibald sei königlicher Herkunft gewesen, ohne dass der Name Richard genannt wird. „Königlich" ist im Sprachgebrauch dieser Zeit im übertragenen Sinn zu verstehen. Der „königliche" Willibald verkörpert das Idealbild des „königlichen Bischofs" (rex et sacerdos), in dem das königliche Priestertum (vgl. 1 Petr 2,9) seine Vollendung findet. „Der Königssohn Willibald hat sich einem höheren König verschrieben und erscheint deshalb doppelt legitimiert, das bischöfliche Amt als ‚königliche Bischofsherrschaft' auszuüben." (Weinfurter)

Erst um 1160 findet sich in den Berichten des Abtes Adalbert von Heidenheim über die Reformen seines Klosters ein sicherer Beleg für die Verbindung „König Richard".

Im Gefolge einer phantasiereichen Legendenbildung, zu der die unkritische Willibald-Biographie von Bischof Philipp von Rathsamhausen (1305–1322) aus der Zeit 1308/09 mit beitrug, wurde der über Jahrhunderte unbekannte Mann zum König von England und Herzog von Schwaben. Diese Annahme führte dazu, dass das Wappen der englischen Könige aus dem Hause Anjou-Plantagenet – drei schreitende Leoparden oder Löwen auf rotem Grund – seit dem 14. Jahrhundert auf Richard und seine Kinder übertragen wurde und später auch auf die geistigen Söhne und Töchter Willibalds und Walburgas, nämlich das Eichstätter Domkapitel, die Abtei Heidenheim und die Abtei St. Walburg in Eichstätt, überging.

Grab, Wunder und Reliquien des hl. Richard

Folgt man dem Reisebericht Willibalds, muss der Todestag Richards zwischen Mai und November 720 gewesen sein. Ein Martyrologium der Kartause von Brüssel nennt als Gedächtnistag den 4. August. Das römische Martyrologium hat diesen Gedenktag endgültig auf den 7. Februar festgelegt, dem Tag der Erhebung der sterblichen Überreste Richards aus seinem Grab in San Frediano und ihre Übertragung auf den Altar derselben Kirche. Im Unterschied zu Richard ist für die Verehrung Wunas kein eigener kirchlicher Gedenktag vorgesehen, da uns ihre Person lediglich in spätmittelalterlichen Legenden überliefert ist.

Die Reliquien des hl. Richard werden zum ersten Mal in den Berichten des Adalbert von Heidenheim erwähnt. Philipp von Rathsamhausen schildert 50 Jahre später, vermutlich in Kenntnis eines Verzeichnisses von Wundern am Grabe Richards, eine Wunderlegende, wie es als Folge von Umbaumaßnahmen in der Kirche von San Frediano zu Lucca zur Entdeckung und zur Erhebung der Gebeine Richards gekommen sein soll:

Während die Überreste des hl. Frigidian, des hl. Cassus und der hl. Fausta erhoben und an einem entsprechenden Ort beigesetzt wurden, waren die Reliquien Richards unbeachtet in ihrem Sarge zurückgelassen worden. Einige Tage darauf erschien Richard einem Grafen namens Cedeus, der schon lange gichtbrüchig darniederlag, und sprach zu ihm: Gehe zur Kirche des hl. Frigidian und sage dem Prior und seinen Mitbrüdern in meinem Namen: „Warum hast du mich zurückgelassen und mich von meinen Gefährten getrennt? Was Gott vereinigt hat, soll der Mensch nicht scheiden!" Der Graf, der wegen seiner Krankheit keine Möglichkeit sah, dem Auftrag nachzukommen, erfuhr vom Heiligen, dass er auf seine Fürbitte hin von Gott Gesundheit erlangt habe. In der Tat fand sich der Graf geheilt und fragte nun nach dem Namen seines Beschützers. „Ich bin Sankt Richard, einst König von England, vorher Herzog von Schwaben, ein freiwillig Verbannter aus meinem Vaterlande, habe die Welt verachtet und mich selbst erniedrigt, verließ das Land des Reichtums und suchte die Schwellen der Heiligen; ich durchzog mit meinen Söhnen viele Länder und habe hier in der Stadt meinen Lauf vollendet." Hierauf beschrieb Richard dem Grafen die Stätte seines Begräbnisses, die im Laufe der langen Zeit in Vergessenheit geraten war. Graf Cedeus gab den Wunsch Richards weiter. Die plötzlich erlangte Gesundheit war der Beweis für die Wahrheit seiner Erzählung. Man suchte das Grab, erhob die Reliquien, setzte sie an einem ehrenvollen Platz neben den anderen Heiligen bei.

Eine andere Quelle weiß, dass man bis dahin in Lucca wohl den Namen, aber nicht mehr die Heimat des Heiligen kannte und nur eine dunkle Erinnerung daran besaß, dass der Heilige aus edlem Geschlecht auf einer Pilgerreise dort sein Leben beendet habe.

Weitere Wunder über den hl. Richard erzählen beispielsweise von einem Buckligen und einem Krüppel, zu denen der wunderbare Ruf des hl. Richard bis nach Deutschland gedrungen war und die an seinem Grab in Lucca Heilung fanden. Ebenso wird von einem Hüftleidenden und einer vom Teufel besessenen Magd berichtet, denen durch die Gnade Gottes und den Beistand Richards geholfen wurde.

Eine Untersuchung des Marmorsarkophages unterhalb der Mensa des Richardaltares in San Frediano im Jahre 1824 ergab ein enttäuschendes Bild vom Umfang und Zustand der Gebeine, so dass darauf verzichtet wurde sie auszustellen. Immerhin waren noch sechs Zähne und eine Rippe vorhanden, die herausgenommen und als Reliquien verwendet wurden. Bei einer erneuten Untersuchung im Jahre 1947 kamen verschiedene kleine, nicht identifizierbare Gebeinteile und Überreste von Kleidung zum Vorschein, sowie ein kleiner Stein mit der Inschrift: „Beatus Richardus rex".

Die Übertragung der Reliquien des hl. Richard durch den Priester Ilsung

Nachdem das Grab durch die Wunder, die bei ihm geschahen, in ganz Italien und darüber hinaus nördlich der Alpen bekannt geworden war, erschien eine Delegation aus Eichstätt und suchte zuerst durch Überredung, dann durch eine große Geldsumme die Herausgabe der begehrten Reliquien Richards zu erwirken, erlangte schließlich jedoch nur einige unbedeutende Teile. Die Bürger von Lucca, jetzt von den Eichstättern über den wahren Wert ihres bis dahin wenig beachteten Pilgers aufgeklärt, erhoben mit päpstlicher Erlaubnis die Reliquien. Sie setzten sie am 7. Februar neu in einem Altar bei, was der für die damalige Zeit üblichen Kanonisation, also Heiligsprechung, entsprach und begingen jährlich das Gedächtnis der Übertragung. Nach der Ankunft der wenigen Reliquien in Eichstätt wurde der Gedenktag des hl. Richard auch im Bistum Eichstätt eingeführt. Das war wahrscheinlich im Jahr 1152.

Im Bericht des Adalbert von Heidenheim kommt dem Priester Ilsung für die Übertragung und Aufbewahrung der Richardreliquien eine besondere Rolle zu. Ilsung war in ihrem Besitz und brachte sie am Fest des hl. Wunibald und an Weihnachten zu Pferd nach Heidenheim. Allem Anschein nach waren die Reliquien nicht in Heidenheim, sondern am Wohnort Ilsungs aufbewahrt und wurden von Zeit zu Zeit in Heidenheim zur Verehrung in das Kloster übertragen. Wie kam dieser Ilsung zu den Reliquien und in welcher Kirche bewahrte er sie auf?

Ilsung, Kanoniker des Stiftes Heidenheim und von adeliger Herkunft, führte einen untadligen Lebenswandel und war für seine Freigebigkeit bekannt. Der Priester gehörte zu den Anhängern von Bischof Gebhard II. (1125–1149), der in Heidenheim mit der Wiederherstellung des ursprünglichen Benediktinerklosters begonnen hatte. Für diese Idee hatte Ilsung auf sein Kanonikat verzichtet. Schon bald nach dem Tod des Bischofs war er um das Jahr 1150 in Angelegenheiten des Klosters Heidenheim nach Rom gereist, um sich die Unterstützung des Papstes und der Kardinäle für die Klosterreform zu sichern. Ilsung und seine Begleiter gehörten wohl zu der bereits erwähnten Eichstätter Delegation, die in Lucca einige Reliquien des hl. Richard erhielt. Über das weitere Schicksal Ilsungs und des Klosters erfahren wir von seinem Freund Adalbert, dem neuen Abt von Heidenheim. Aus Rom zurückgekehrt zog sich Ilsung den ganzen Zorn des Adels zu, der sich der Versorgung mit Kirchengütern beraubt sah. Ilsung verlor seinen ganzen Besitz und wurde verjagt. Das geschah um 1153/54.

Ilsung wird in einer Urkunde von 1180 als Pfarrer von Otting erwähnt und soll unter Bischof Konrad I. von Morsbach (1153–1171) gestorben sein. Falls Ilsung als Ersatz für den Verzicht auf seine Heidenheimer Pfründe die Pfarrei Otting erhielt, so ist es naheliegend, dass genau dort der Ort war, wo er die Gebeine des hl. Richard aufbewahrte und von wo er an hohen Festen die Reliquien nach Heidenheim brachte. Der Bezug zu Otting erklärt vielleicht, warum die Pfarrei Otting bei Wemding als einzige Pfarrei in der ganzen Diözese Eichstätt das Richardpatrozinium feiert.

Die Verehrung Richards im weiteren Verlauf der Geschichte

Über die Verbreitung der Verehrung des hl. Richard in der folgenden Zeit ist wenig bekannt. Erst Bischof Gebhard III. (1324–1327) scheint sich wieder mehr für den Heiligen interessiert zu haben. Er errichtete 1327 in der Mitte des Domes einen Altar zu Ehren des hl. Richard und stiftete eine ewige Messe zum Heile seiner Vorfahren, der Grafen von Graisbach. Wenig später folgte Bischof Gebhard einer Einladung Ludwigs des Bayern zu dessen Kaiserkrönung nach Italien, wo er am 14. September 1327 vor den Mauern der Stadt Pisa an der Pest starb. Die Stiftung des Richardaltares unmittelbar vor der Abreise scheint darauf hinzuweisen, dass er die Hoffnung hatte, in Lucca weitere Reliquien des Heiligen zu erhalten. Er erreichte nur, dass man ihn in der Kirche des hl. Frigidian neben dem Grab des hl. Richard bestattete.

Im Jahre 1355 schließlich entnahm Kaiser Karl IV. mit Zustimmung aller Bewohner Luccas „eigenhändig" die Reliquien aus dem Grab des hl. Richard und nahm sie mit nach Prag, was erklärt, dass heute in Lucca nur noch unbedeutende Richard-Reliquien vorhanden sind. Einer Bestätigungs- und Schenkungsurkunde von 1355 ist zu entnehmen, dass der Kaiser dem Eichstätter Bischof Berthold von Zollern (1351–1365) drei näher bezeichnete Reliquien zur Verehrung überließ. Im Jahre 1492 schenkte Bischof Wilhelm von Reichenau (1464–1496) dem englischen Königshaus unter Heinrich VII. einen Teil der Reliquien. Zusammen mit Reliquien von Willibald, Wunibald und Walburga wurden sie in der Kathedrale von Canterbury aufs feierlichste ausgesetzt.

Nach den Verwüstungen durch die Schweden wurde der Richardaltar im Eichstätter Dom am 20. August 1635 neu geweiht. Auch unter den Reliquien des Hochaltares im Eichstätter Dom befinden sich Richard-Reliquien, wie in der Weiheurkunde vom 1. September 1749 bestätigt ist.

Außer in Otting und Eichstätt wurden dem hl. Richard noch an einigen anderen Orten Kirchen und Altäre geweiht, so zum Beispiel in Kipfenberg (Schlosskapelle, 1462), Zell (vor 1634) und in der Sebastianskirche in Eichstätt (1513). Darüber hinaus gab es Ablassbriefe für die Festtage des hl. Richard und seiner Nachkommen (z. B. Heilig-Geist-Kirche in Eichstätt, 1322).

Das Andenken Richards im Schauspiel und in der ikonographischen Darstellung

Richard, Willibald, Wunibald und Walburga waren im Eichstätter Jesuitenkolleg beliebte Themen von Theateraufführungen. Nach ihrer Ankunft 1614 übernahmen die Jesuiten die Leitung des akademischen Gymnasiums und belebten bereits im folgenden Jahr die Tradition des Schultheaters mit einem Stück über Willibald, den ersten Bischof von Eichstätt. Willibald, sein Vater und seine Geschwister erscheinen während der folgenden rund einhundertfünfzig Jahre, in denen das Jesuitenkolleg bestand, in fast regelmäßigen Abständen auf der Bühne. Auf diese Weise sollte die bestehende lokale Tradition der Heiligenverehrung fortgeführt und mittels des Theaters auf eine höhere Weltordnung hingewiesen werden. Das Ziel der Darbietungen, an denen normalerweise auch der Fürstbischof teilnahm, war, die irdischen Dinge recht zu bewerten, um zum ewigen Heil zu gelangen. Insgesamt drei Stücke sind dem Richard gewidmet. In der allegorischen Verwechslungskomödie von 1679 (Certamen Gratiae et Naturae in Richardo) geht es um den Widerstreit von Gnade und Natur – dargestellt als übernatürliche Figuren oder in der Person der Söhne Willibald und Wunibald –, der sich im englischen König abgespielt haben soll, als ihn sein Sohn Willibald zum Verzicht auf die Krone und zur Pilgerfahrt ins Heilige Land aufgerufen habe. Das Stück beinhaltet ein dicht geknüpftes Netz von allegorischer Intrige und Gegenintrige. So wird beispielsweise Richard von Natura (in der Gestalt Willibalds) überredet, sich in den königlichen Park zu begeben – dort soll er durch seine Gemahlin Wuna und durch Ritterspiele seiner jüngeren Söhne in seinem Vorsatz wankend gemacht werden. Richard gibt nach. Als er jedoch Willibald später in den Garten rufen lässt, weigert sich dieser – er ist es nun selbst – an der dortigen Kurzweil teilzunehmen und zieht den Zorn des Vaters auf sich, der sich genarrt fühlt. Etwas Ähnliches passiert Wunibald mit seiner Mutter, der Königin: Gratia hatte als falscher Wunibald Richard davon überzeugt, dass er seine Pilgerfahrt unverzüglich antreten müsse, Wuna erfährt davon und macht dem echten Wunibald Vorwürfe. Das Ideal der Weltentsagung und der Pilgerschaft steht auch im Mittelpunkt des Richard-Stückes von 1719 (Richardus ex Angliae Rege Peregrinus). Willibald versucht seinen Vater zur Weltflucht zu bewegen und die Verehelichung seiner Schwester Walburga mit einem königlichen Prinzen zu verhindern. Durch einen Brief von Bonifatius bestärkt erscheint Richard schließlich in Pilgertracht, weiht Walburga dem Dienst Gottes und geht selbst mit ihr und den Prinzen Willibald und Wunibald auf ein Schiff, um nach Jerusalem zu pilgern. Auch das letzte der Eichstätter Spiele, die von einem Bistumspatron handeln, ist dem hl. Richard gewidmet (Sanctus Richardus) und wurde 1766 uraufgeführt. Ähnlich wie in den früheren Richardspielen beschreiben die szenischen Darstellungen den Vorsatz Richards zur Abdankung, die Vereitelungsversuche und die letztliche Ausführung des Vorhabens.

Wer nach Eichstätt kommt und die Gräber der Bistumspatrone Willibald und Walburga besucht, wird unwillkürlich auch auf Bildnisse des Elternpaares Richard und Wuna stoßen. Richard wird in der christlichen Ikonographie entweder als König mit Krone und Zepter oder als Pilger dargestellt. Die königlichen Attribute verbinden ihn mit seiner Gattin Wuna. Die bekanntesten Darstellungen aus der Zeit um 1500 befinden sich im Dom und in der Klosterkirche St. Walburg in Eichstätt. Die spätgotischen Holzfiguren im Schrein des Hochaltares im Dom zeigen Richard zusammen mit Maria, Willibald, Walburga und Wunibald. Es handelt sich um Werke eines süddeutschen Bildschnitzers, der wahrscheinlich in Nürnberg ansässig war. Die fünf lebensgroßen Holzskulpturen in der oberen Gruft der Klosterkirche St. Walburg stellen die komplette Familie der Bistumsheiligen dar. Die hl. Walburga steht in der Mitte, eingerahmt von ihren Eltern und Geschwistern. Außer der Walburgafigur, die ebenfalls vom Meister des Hochaltares geschaffen wurde, sind die übrigen Figuren des Gruftaltares, also auch Richard und Wuna, im Stil eines möglicherweise ostpreußischen Künstlers geschaffen, der über Ulm nach Eichstätt kam.

Im Vergleich mit den anderen Personen des dargestellten Ensembles lassen die Faltenwürfe das Gewand Richards verkürzt erscheinen. Man gewinnt den Eindruck, dass die Richard-Darstellungen bewusst den Blick des Betrachters auf die Füße und die Schuhe Richards, beides Symbole seiner Pilgerschaft, lenken wollen. Die gleiche Beobachtung gilt für eine in Stein gemeißelte Abbildung von Richard am Grabaltar in Lucca: ein abgehärmtes Gesicht, die Augen aufmerksam auf seine Wallfahrt jenseits der Welt gerichtet, auf dem Haupt kaum angedeutet die königliche Krone, Sandalen an den Füßen und in der Hand das Brot des Pilgers.

Somit hebt dieser ikonographische Schriftzug den christlichen Charakter Richards hervor und liefert den Schlüssel für seine Verehrung als Heiligen, die in Lucca seinen Anfang nahm und seit 850 Jahren auch im Bistum Eichstätt gepflegt wird. Die ursprüngliche, nicht mehr erhaltene Inschrift auf dem Grab des hl. Richard in Lucca lädt auch heute zum Gebet ein und erinnert an das Wort des Evangeliums, nach dem Vorbild des hl. Richard für Christus alles zu verlassen:

„Hier ruht König Richard,
gütiger Zepterträger.
Er war König der Engländer,
der jetzt das Himmelreich erlangt hat.
Er hat von seinem Reich losgelassen,
für Christus hat er alles verlassen.
So gab uns England Richard als Heiligen.
Dieser ist der Vater der heiligen Walburga, der gütigen Jungfrau,
Vater des heiligen Willibald und zugleich des Wunibald.
Auf ihre Fürsprache mögen wir das Himmelreich erlangen.
Amen."

Quellen- und Literaturhinweise
Acta sanctorum/[2],2. Februarius; T. II, complectens dies X medios à VII ad XVII Impr. anastaltique [der Ausg.] Antverpiae 1658, 1966, – XVI, S. 70–81.
BAUCH, ANDREAS (Hrsg.), Quellen zur Geschichte der Diözese Eichstätt, Bd. I: Biographien der Gründungszeit (Eichstätter Studien, Neue Folge 19), Regensburg ²1984.
HEIDINGSFELDER, FRANZ (Bearb.), Die Regesten der Bischöfe von Eichstätt: bis zum Ende der Regierung des Bischofs Marquard von Hagel 1324, Erlangen 1938 (Gesellschaft für Fränkische Geschichte: [Veröffentlichungen der Gesellschaft für Fränkische Geschichte 6].
PUCCINELLI, PELLEGRINO, S. Riccardo re e la sua cappella, Lucca ²1977.
SUTTNER, JOSEPH GEORG, Das Fest und die Reliquien des hl. Richard, in: Pastoralblatt des Bistums Eichstätt 5 (1858), S. 37–38.
SUTTNER, JOSEPH GEORG, Notizen über die Reliquien der Diözesan-Heiligen, in: Pastoralblatt des Bisthums Eichstätt 9 (1862), S. 59–100.
WEINFURTER, STEFAN, Die Willibald-Vita und ihre mittelalterlichen Überlieferungen, in: Hl. Willibald: 787–1987; Künder des Glaubens; Pilger, Mönch, Bischof; Ausstellung der Diözese Eichstätt zum 1200. Todestag, 21. Juni bis 25. Oktober 1987, Bischöfliches Ordinariat Eichstätt. [Hrsg. von Brun Appel], Eichstätt 1987, S. 103–111.
WIMMER, RUPRECHT, Die vier Schutzheiligen des Eichstätter Bistums auf dem Theater der Jesuiten, in: St. Willibald 787–1987, Studien und Mitteilungen zur Geschichte des Benediktiner-Ordens und seiner Zweige 98 (1987) H. 1/2, S. 114–145.

Klaus Schimmöller

Wunibald (ca. 701–761)
Der erste „offizielle" Heilige des Bistums

Eine heilige Familie am Anfang der Diözese Eichstätt

Der hl. Wunibald (auch „Wynnebald") gehört zu einer „heiligen Familie", die am Anfang der Geschichte der Diözese Eichstätt steht und das Leben des Bistums bis heute prägt. Der Vater Richard sowie die Geschwister Willibald, Walburga und Wunibald werden als Heilige verehrt, die Mutter, deren Name mit Wuna (Bona = die Gute?) überliefert wird, gilt als Selige. Die Familie gehörte zur näheren Verwandtschaft des hl. Bonifatius, wobei sich der genaue Verwandtschaftsgrad nicht sicher feststellen lässt. In einer späteren Überlieferung wird Wuna als „Schwester des Bonifatius" bezeichnet.

Nach der iroschottischen Reformbewegung, die zwar durch hohen missionarischen Elan gekennzeichnet war, aber weniger dauerhaftes und nachhaltiges Glaubensleben bewirkte, ging Bonifatius daran, im fränkisch-baierischen Raum eine systematische Kirchenstruktur aufzubauen, die sich in klar umschriebenen Diözesangebieten mit den entsprechenden Bistumssitzen dokumentierte und ihre Legitimation im Sendungsauftrag des Papstes an Bonifatius fand. Die pastorale Arbeit im neu entstehenden Bistum Eichstätt war in den ersten Anfängen durch Bischof Willibald, der zugleich als Abt des benediktinischen Missionsklosters in Eichstätt wirkte, sowie durch den Abt Wunibald und die Äbtissin Walburga von Heidenheim, dem zweiten Missionszentrum der Diözese, geprägt. Die „familiäre Atmosphäre" des relativ kleinen und überschaubaren Bistums Eichstätt sowie die enge geistige Verbindung mit Rom gelten bis heute als besondere Kennzeichen der Pastoral in der Diözese. Der hl. Wunibald steht zwar in der historischen Bedeutung und vor allem in der Verehrung durch die Gläubigen ein wenig hinter seinen beiden Geschwistern Willibald und Walburga, den Hauptpatronen des Bistums, zurück, trotzdem hat er auf seine Weise bleibende Spuren in der Diözese hinterlassen.

Das bewegte Leben des angelsächsischen Missionars

Über das Leben der heiligen drei Geschwister sind wir auf unvergleichliche Weise informiert: Die angelsächsische Nonne Hugeburc hat um 780 im Kloster Heidenheim – vermutlich auf Anregung ihrer Äbtissin Walburga und der übrigen Mönche und Nonnen – sowohl für den hl. Willibald als auch für den hl. Wunibald eine Lebensbeschreibung („Vita") in lateinischer Sprache verfasst. Das Besondere: Hugeburc beschreibt das Leben Willibalds „ex dictamine oris sui", also auf die unmittelbare Erzählung des Bischofs hin. Wahrscheinlich war dies am 23. Juni 778. Willibald war von Eichstätt nach Heidenheim gekommen und berichtete vor der Klostergemeinschaft aus seinem bewegten Leben. Die

Wunibald verteilt Speisen an die Armen, Holzschnitt um 1500

Lebensgeschichte Wunibalds verfasste Hugeburc wohl nach der Schilderung der Geschwister Willibald und Walburga und der Mönche von Heidenheim. Diese „Vita Wynnebaldi" der Heidenheimer Nonne ist bis heute die wichtigste Quelle über den hl. Wunibald.

Wunibald wurde aller Wahrscheinlichkeit nach im Jahr 701 in der Grafschaft Wessex in Südengland geboren. Während sein älterer Bruder Willibald im Kloster „Waldheim" erzogen wurde, blieb Wunibald auf dem väterlichen Gut in der Familie. Im Jahr 720 oder 721 überredete Willibald seinen Vater Richard und seinen Bruder Wunibald im Sinn des damaligen Ideals der „Pilgerschaft um Christi willen" zu einer Pilgerfahrt an die Gräber der Apostel Petrus und Paulus nach Rom. Wahrscheinlich dachte keiner der Pilger an Heimkehr. Wunibald verzichtete nach einer ausdrücklichen Mitteilung Hugeburcs auf seine Erbansprüche.

Die Pilger brachen im späten Frühjahr 721 mit anderen Reisegefährten auf, überquerten den Ärmelkanal und landeten an der Mündung der Seine. Danach pilgerten sie durch das westliche Frankreich und kamen durch Burgund nach Oberitalien. Hugeburc erzählt, dass sie in vielen Kirchen auf dem Weg zu den Heiligen beteten. In der oberitalienischen Stadt Lucca starb der Vater Richard. Er wurde im Kloster San Frediano beigesetzt. Sein Grab wird heute noch verehrt. Am 11. November 721, dem Martinstag, erreichten die beiden Brüder das Ziel ihrer Pilgerfahrt: Rom. Dort verweilten sie gemeinsam an den Gräbern der Apostel, beteten das Stundengebet und widmeten sich der Bibellesung sowie dem Studium der Kirchenväter. Wunibald ließ sich die Tonsur erteilen und damit in den geistlichen Stand aufnehmen. Im Sommer 722 wurden die beiden Brüder von einer Seuche angesteckt und erkrankten schwer. Nach wochenlanger Krankheit, in der sie sich gegenseitig pflegten, erlangten sie die Gesundheit wieder.

Willibald drängte es noch näher an die Ursprünge des Glaubens. Er brach mit einigen Gefährten nach dem Osterfest des Jahres 723 zu einer Pilgerfahrt ins Heilige Land auf. Dort wollte er auf den Spuren Jesu und der Apostel seinen eigenen Glauben und die Nachfolge des Herrn geistlich vertiefen.

Wunibald, der schon seit seiner Kindheit eher kränklich war, hätte die Strapazen der Pilgerfahrt ins Heilige Land sicher nicht überstanden. So blieb er zunächst noch „sieben Jahre" in Rom. Danach kehrte er in seine Heimat England zurück. Dort suchte er andere Verwandte und Freunde für das Ideal der „Pilgerschaft um Jesu Christi willen" zu begeistern. Sogar einen seiner jüngeren Brüder – insgesamt werden sechs Geschwister erwähnt – gewann er für eine neuerliche Reise nach Rom. Dort wurden die Weichen für die weitere Zukunft Wunibalds gestellt: Er traf Bonifatius, der von Papst Gregor III. 732 zum Erzbischof ernannt und bei seinem dritten Romaufenthalt 737/738 zum päpstlichen Legaten für Germanien bestellt worden war. Bonifatius gründete mit seinem Missionsauftrag in Hessen, Thüringen und Baiern neue Bistümer. Seinen Verwandten Wunibald gewann er als Mitarbeiter für das Missionswerk in Germanien.

Wunibald folgte im Frühjahr 739 mit einigen Gefährten Bonifatius nach Thüringen. Dort wurde er von Bonifatius vermutlich noch im Jahr 739 zum Priester geweiht und für seine spätere Tätigkeit als Missionar geschult – wahrscheinlich im Kloster Ohrdruf. Danach wurde ihm ein Seelsorgegebiet übertragen, das sieben Kirchen umfasste. Mit Namen ist nur Sülzenbrücken, südwestlich von Erfurt gelegen, genannt. In Sülzenbrücken, wo Willibald am 22. Oktober 741 von Bonifatius zum Bischof geweiht wurde, trafen sich die Brüder Willibald und Wunibald nach 18 ½ Jahren wieder.

Wunibalds Wirken in Thüringen brachte äußerlich keinen großen Erfolg. So wandte er sich „aus eigenem Antrieb", wie die Nonne Hugeburc betont, an den baierischen Herzog Odilo, der ihn freundlich aufnahm und mit Grundbesitz und finanziellen Mitteln ausstattete. Auf Anweisung des Herzogs wirkte Wunibald nach Angaben Hugeburcs in der „Nordfiluse", also im Gebiet der nördlichen Vils in der Oberpfalz. Auch hier blieb Wunibald nicht lange: 747 ging er zu Bonifatius nach Mainz, der dort im gleichen Jahr Bischof geworden war. Im Vergleich zum verhältnismäßig ruhigen Lebensrhythmus in Thüringen und Baiern herrschte im fränkischen Mainz äußerlich rege Geschäftigkeit. Hugeburc berichtet, dass Bischof Bonifatius seinem Verwandten eine „hoch geachtete Stellung im weltlichen Leben" vermittelt habe. Als Prediger „für Vornehme wie für Niedrige" erwarb sich Wunibald offensichtlich eine beachtliche Wertschätzung. Trotzdem hielt es ihn auch in Mainz nicht lange. Wahrscheinlich im Jahr 751 verließ er die Stadt aus asketischen Motiven. Als Begründung nennt seine Biographin, „der Überfluss an Wein könnte die klösterliche Zucht zerstören". Offensichtlich sehnte sich Wunibald eher nach Ruhe und mönchischer Abgeschiedenheit und nach einer Wirkungsstätte, „wo er die ausgestreute Saat der Frohen Botschaft in angestrengter Arbeit bis zur Ernte führen, die Garben sammeln und in die Scheunen einbringen konnte". Zunächst begab sich Wunibald nach Eichstätt, wo sein Bruder Willibald inzwischen als Bischof und Abt des Missionsklosters Heidenheim nach der Ordnung des benediktinischen Mutterklosters Monte Cassino wirkte. Nach gemeinsamer Beratung mit seinem bischöflichen Bruder fand Wunibald sein neues und letztes Arbeitsfeld und „den ihm vom Herrn vorgezeichneten Ort" (Hugeburc): den Sualafeldgau und das Kloster Heidenheim.

Das Wirken des Abtes und Glaubensboten in Heidenheim

Wunibald und Willibald hatten erkannt, dass ein fester Stützpunkt nötig war, wenn das Missionswerk Nachhaltigkeit und Dauer haben sollte. So entschlossen sie sich, neben dem Bischofskloster in Eichstätt ein zweites klösterliches Missionszentrum zu errichten. Sinnvoll schien ihnen dabei der Sualafeldgau, der neben dem baierischen Nordgau zu einem zweiten Schwerpunkt im neu entstehenden Bistum Eichstätt werden sollte. Das verhältnismäßig dicht besiedelte Sualafeld im schwäbischen Stammesgebiet wurde von der Wörnitz, der Altmühl, der Schutter und der fränkischen Rezat beziehungsweise der Wasserscheide zwischen Rhein und Donau begrenzt. Politisch war das Sualafeld ein Grenzgebiet, in dem sich das Frankenreich gegen das Herzogtum Baiern positioniert hatte. Schon im Jahr 752 fand Wunibald mit Hilfe Willibalds im Sualafeld einen geeigneten Ort für das neue Missionskloster: Heidenheim im heutigen Hahnenkamm-Gebiet. „Heidanheim" war nach ei-

Hl. Wunibald, um 1500, Pfarrkirche Johannes Ap. und Ev., Walting bei Eichstätt

nem adeligen Grundbesitzer Heidan benannt. Wunibald erwarb den nötigen Grundbesitz mit Eigenmitteln. Dazu kamen Schenkungen von Grundbesitzern aus der Umgebung. Insgesamt handelte es sich um ein wildes Waldgebiet, das erst gerodet werden musste. In tatkräftiger Arbeit machte Wunibald zunächst mit seinen Gefährten, die er aus dem Eichstätter Kloster mitgebracht hatte, später mit jungen Leuten, die er aus der Umgebung gewinnen konnte, das Land bewohnbar. Hütten wurden gebaut und einzelne Klostergebäude errichtet. Als Mittelpunkt entstand die erste Klosterkirche. Wunibald wurde der erste Abt des Heidenheimer Missionsklosters.

Obwohl das Gebiet des Sualafeldgaues – möglicherweise von Augsburg aus – bereits christianisiert war, stieß Wunibald mit seinen Missionaren auf viele heidnische Bräuche, sittliche Verwahrlosung und schlechte Vorbilder, auch von Priestern. Mit zäher und geduldiger Seelsorgearbeit versuchten die Mönche des Missionsklosters eine Besserung der Zustände. Die kräftigen Schilderungen der Nonne Hugeburc über die schlimmen Verhältnisse sollten vielleicht dazu dienen, das erfolgreiche Wirken der Missionare besonders plastisch herauszustellen; trotzdem ist der pastorale Eifer Wunibalds und seiner Mitbrüder nicht hoch genug zu schätzen. Hugeburc spricht im Blick auf das Werk Wunibalds von der beispielhaften „klösterlichen Zucht und Lebensordnung, die einst schon in früher Jugend und voller Hingabe angefangen hatte und die er auch am neuen Ort verwirklichte". Neben der Predigttätigkeit bildeten das klösterliche Beten, Arbeiten und Fasten sowie eine differenzierte Bildungsarbeit den Schwerpunkt des missionarischen Wirkens. So konnte „nicht wenig Volk für den Herrn gewonnen" werden. Neben der äußeren Missionstätigkeit ging es Abt Wunibald auch um die spirituelle Formung der Mönche und der Interessenten. Sie mussten nicht nur im Lesen und Schreiben unterrichtet, sondern vor allem in das Verständnis der Heiligen Schrift und der kirchlichen Tradition eingeführt werden. Nicht zuletzt ging es um das innere und äußere Vertrautwerden mit der Regel des hl. Benedikt, die er wie sein Bruder Willibald in Eichstätt auch in Heidenheim in der Tradition von Monte Cassino umsetzte. So entwickelte sich in Heidenheim unter Abt Wunibald blühendes klösterliches Leben im Geist des hl. Benedikt.

Das Lebenswerk Wunibalds wird erst dann ins rechte Licht gerückt und angemessen gewürdigt, wenn man beachtet, dass er von seiner Kindheit an kränklich war und konkret an Gichtbeschwerden litt. Mit fortschreitendem Alter belastete ihn seine gesundheitliche Situation immer mehr. Trotzdem unternahm Wunibald noch eine Reise zu Bischof Megingoz nach Würzburg und zum Grab des hl. Bonifatius nach Fulda, wo ihn seine Krankheit drei Wochen lang festhielt.

Vor seinem Tod entwickelte Wunibald sogar den Plan, nach Monte Cassino zu reisen und sein Leben im benediktinischen Mutterkloster zu beschließen. Offensichtlich gelang es seinem Bruder Willibald und anderen Ratgebern, ihm diesen Plan auszureden. Zuletzt konnte Wunibald seine Mönchszelle nicht einmal mehr zur Feier des Gottesdienstes verlassen. Als er das Ende seines Lebens nahen fühlte, bat er Willibald, zu ihm zu kommen. Der bischöfliche Bruder traf am frühen Morgen des 18. Dezembers 761 in Heidenheim ein. Beide Brüder konnten noch ein intensives geistliches Gespräch miteinander führen. Nach einigen Ermahnungen und Weisungen an die Mönche seines Klosters, die uns Hugeburc überliefert, starb Wunibald noch am gleichen Tag, dem 18. Dezember 761.

Der Leichnam wurde in die Klosterkirche getragen. Während der Nacht beteten und sangen die Mitbrüder bei ihrem toten Abt. Am Morgen des 19. Dezembers wurde der Leichnam in einen seit langem vorbereiteten Sarg gelegt und am Abend nach der Vesper in der Klosterkirche bestattet.

Wunibalds Schwester Walburga, die wahrscheinlich im Kloster Tauberbischofsheim lebte und von der schweren Erkrankung ihres Bruders unterrichtet worden war, machte sich mit einigen Mitschwestern auf den Weg nach Heidenheim, traf jedoch nicht mehr vor dem Tod ihres Bruders ein. Sie übernahm in seiner Nachfolge die Leitung des Männerklosters, gründete eine neue Gemeinschaft von Ordensfrauen und wirkte als Äbtissin des Doppelklosters. Heidenheim blieb zu dieser Zeit das einzige Doppelkloster auf dem Kontinent. In der angelsächsischen Heimat werden mehr als zwölf solcher Doppelklöster erwähnt.

Die bleibende Bedeutung des Bistumspatrons

Die Wirkung Wunibalds weist weit über seinen Tod hinaus. Die Benediktinerin Hugeburc erzählt von Wundern, die sich nach Wunibalds Tod ereigneten und die man auf das Eingreifen Gottes zurückführte. So wird von einer wunderbaren Krankenheilung an einer Cousine Wunibalds berichtet, die zur Grabstätte Wunibalds nach Heidenheim gekommen war. Am 24. September 777, also 16 Jahre nach Wunibalds Tod, ließ Bischof Willibald den Sarg seines Bruders ausgraben und in einem neuen Grabmal beisetzen, das er im Osten der neuen, noch nicht ganz fertig gestellten Klosterkirche hatte errichten lassen. Diese „Erhebung der Gebeine", die nur der Bischof vornehmen konnte, entsprach nach dem damaligen kirchlichen Recht einer Heiligsprechung. Damit ist Wunibald der erste Heilige in der Geschichte der Diözese Eichstätt, der „offiziell" heiliggesprochen wurde. Nach dem Bericht Hugeburcs zeigte sich beim Öffnen des Sarges, dass der Leichnam Wunibalds nicht verwest war – ein weiterer Anlass für die Verehrung Wunibalds als eines Heiligen und Patrons der Diözese Eichstätt.

Wahrscheinlich wurden um das Jahr 879, als die Reliquien Walburgas nach Eichstätt überführt wurden, auch die Gebeine Wunibalds in die Bischofsstadt gebracht. Nach wenigen Tagen dürften sie aber wieder nach Heidenheim zurückgekommen sein.

Bald wurde Wunibald auch in der Liturgie als Heiliger verehrt. Das älteste Offizium zum Fest des hl. Wunibald, das heute in der Diözese am 15. Dezember begangen wird, verfasste Bischof Reginold (966–991). Der selige Bischof Gundekar (1057–1075) reihte Wunibald unter die zwölf Diözesanpatrone ein und nahm den Gedächtnistag des Heiligen in das diözesane Festkalendarium auf.

Die Legenden und Wunderberichte, die sich um den hl. Wunibald ranken, wurden vor allem in der Wunibalds-Vita des Abtes Adalbert von Heidenheim (verfasst um 1150) und in der Willibalds-Vita des Eichstätter Bischofs Philipp von Rathsamhausen (1306–1322) gesammelt.

Im Jahr 1359 wurden die Gebeine Wunibalds erneut erhoben und in den neu erbauten Chor der Klosterkirche übertragen. Aus dem Jahr 1483 stammt eine steinerne Tumba, die sich heute noch in der Mitte des Münsters in Heidenheim befindet. Die Deckplatte stellt den Heiligen mit dem Abtsstab und einem Kirchengebäude dar. Eine lateinische Inschrift bezeichnet Wunibald als „Sohn des englischen Königs Richard".

Die Klostergründung in Heidenheim, Teppich Nr. 2 aus dem Teppich-Zyklus Wunibald 752–761, von Heinrich Mangold im Münster von Heidenheim

Der Eichstätter Fürstbischof Wilhelm von Reichenau schickte im Jahr 1492 einen Teil der Wunibaldsreliquien nach Canterbury in England. Als in Heidenheim durch den Markgrafen von Ansbach die Reformation eingeführt wurde, erloschen die Wallfahrten, die zahlreiche gläubige Menschen an das Grab des hl. Wunibald geführt hatten.

Verehrung außerhalb Eichstätts

Eine besondere Verehrung genießt der hl. Wunibald zusammen mit seinen Geschwistern Willibald und Walburga bis heute außerhalb der Diözese Eichstätt in der kleinen Stadt Scheer bei Sigmaringen in Baden-Württemberg. Der Anfang dieser Heiligenverehrung lässt sich genau auf das Jahr 1603 datieren. Der damalige Erbtruchsess Christoph Herr zu Friedberg, Dürmentingen und Trauchberg, persönlich ein frommer Katholik, suchte in einer schwierigen politischen Situation Hilfe und Zuflucht in seinem Glauben. Am 27. Juli 1603 schrieb er von Prag aus an seinen Vetter Heinrich von Wolfegg, dass er die Eichstätter Bistumspatrone Willibald, Walburga und Wunibald zu Patronen seines Hauses Waldburg erheben wolle. Die adeligen Eichstätter Heiligen hatte Truchsess Christoph über die Vita des Eichstätter Bischofs Philipp von Rathsamhausen kennen gelernt. Dabei hatte er die irrige Vorstellung, dass die hl. Walburga, die gelegentlich auch als „Waldburga" bezeichnet wurde, als Namensgeberin für sein Haus Waldburg zu verstehen sei. So stellte Christoph sein Haus unter das Patronat der Eichstätter Bistumsheiligen. Er führte die entsprechenden Feiertage in seinem Herrschaftsgebiet ein und ließ Bilder und Figuren der Heiligen anfertigen. Besonderes Interesse hatte er an Reliquien der Heiligen. Auf Betreiben Christophs wurden 1606 die Sarkophage Walburgas und Wunibalds in Heidenheim geöffnet. Zu diesem Zeitpunkt waren sie jedoch bereits leer. Der damalige evangelische Markgraf von Ansbach schenkte aber aus seinem Besitz dem Truchsessen Christoph von Scheer die

Haupt-Reliquie des hl. Wunibald zusammen mit dem alten kupfervergoldeten Brustbild, in dem sie aufbewahrt wurde. Das Reliquiar wurde am 30. April 1606 in Scheer mit einer feierlichen Prozession empfangen. Drei Jahre später ließ der Eichstätter Bischof Johann Konrad von Gemmingen nach dem Vorbild des Wunibald-Reliquiars entsprechende Reliquiare von Walburga und Willibald anfertigen und verschenkte sie zusammen mit einigen Reliquien nach Scheer. Mit der Aufstellung der drei Reliquiare entwickelte sich in Scheer eine beachtliche Wallfahrtstradi-

Wunibald-Reliquiar aus Scheer, kupfervergoldetes Büstenreliquiar aus dem 11. bis 13. Jh.

tion. Außerdem wurde von mehreren Wunderheilungen berichtet. Das Vermächtnis von Truchsess Christoph ist heute noch in den katholischen Zweigen des fürstlichen Hauses Waldburg lebendig.

Im Bistum Eichstätt sind nur wenige katholische Kirchen unter das Patronat des hl. Wunibald gestellt. Dabei handelt es sich um die Pfarrkirchen St. Wunibald in Georgensgmünd und in Nürnberg sowie um die Filialkirche Rudertshofen in der Pfarrei Berching. Interessanterweise sind im regionalen Umfeld seines Wirkungsortes Patronate des hl. Wunibald in jetzt evangelischen Kirchen zu verzeichnen, nämlich in Degersheim, Meinheim und Ursheim. Auch die alte Klosterkirche in Heidenheim mit ihren romanischen und gotischen Bauteilen, die jetzt als evangelisch-lutherische Pfarr- und Dekanatskirche genutzt wird, wird oft als „Wunibalds-Münster" bezeichnet. Mit großem Respekt ist festzustellen, dass die evangelisch-lutherische Gemeinde in Heidenheim vor allem die Erinnerung an den hl. Wunibald in hohen Ehren hält. Im Jahr 1981 wurde im gotischen Hochchor der Kirche ein moderner Altar aufgestellt, der durch die Bronzefiguren der hl. Bonifatius, Richard, Willibald, Wunibald und Walburga geprägt ist. Aus dem Jahr 1978 stammt eine Reihe von Wandteppichen im Heidenheimer Münster, die von Heinrich Mangold angefertigt wurden und vor allem das Wirken des hl. Wunibald darstellen.

Im direkten Umfeld des Heidenheimer Münsters wird das „Heidenbrünnlein" bzw. „Wunibaldsbrünnlein" gezeigt, in dem nach einer frühen Überlieferung schon zur Zeit Wunibalds Taufen vollzogen worden sein sollen.

In den späten siebziger Jahren des 20. Jahrhunderts bildete sich in Heidenheim eine Gemeinschaft von evangelischen Pfarrern und anderen Gläubigen, die „Societas Sancti Wunibaldi", die sich die Verehrung des hl. Wunibald als Vorbild für den christlichen Glauben und ein missionarisches Wirken in unserer Zeit zum Ziel setzte und sich regelmäßig am 1. Mai zu Gebet, Gottesdienst und Bildungsarbeit traf. Leider entfaltet die Gemeinschaft, die eine stark ökumenische Ausrichtung trug, heute keine Aktivitäten mehr.

Ein interessantes Projekt entwickelt sich in jüngster Zeit in Heidenheim unter der Federführung der evangelisch-lutherischen Kirche und der Kommune Heidenheim mit Begleitung durch die Diözese Eichstätt: In den alten Räumen des ehemaligen Wunibald-Klosters soll ein modernes Zentrum entstehen, das im Geist der klösterlichen Tradition spirituelle Impulse, Bildungsangebote mit dem Schwerpunkt Schöpfungstheologie und -ökologie, ein Museum und Tourismusprojekte verbindet.

Ausblick

Wenn auch der hl. Wunibald im Kreis seiner „heiligen Familie", die am Anfang des Bistums Eichstätt steht, hinter seinen Geschwistern Willibald und Walburga zurücktritt, so ist seine Bedeutung für die Gründung unserer Diözese und für die frühe Missionsarbeit im fränkischen Raum kaum zu unterschätzen. Bei der Verehrung Wunibalds, die auch über den Raum des Bistums hinausführt, wird der Heilige besonders als Vorbild der spirituellen Innerlichkeit, aber auch des missionarischen Elans und der ganzheitlichen Menschenführung herausgestellt. Durch die neueren Entwicklungen in seinem Wirkungsort, dem ehemaligen Kloster Heidenheim, gewinnt Wunibald möglicherweise neue Bedeutung für das ökumenische Gespräch und das ökumenische Miteinander der Konfessionen.

Ein altes Gebet aus dem 16. Jahrhundert, das in Scheer überliefert ist, bringt uns die Bedeutung des hl. Wunibald als Patron auch für unsere Zeit nahe: „Allmächtiger, ewiger Gott, der Du den heiligen Wunibald darum zum Priestertum gerufen hast, dass er vielen Menschen zu rechter Frömmigkeit und großem Eifer in allem Guten helfen könne, hilf uns, die wir in unserer Schwachheit immer wieder im Guten nachlassen, durch die Fürsprache Deines heiligen Dieners Wunibald, dass wir Dich und Deine Gnade finden und allezeit Deinen Beistand in unseren Nöten erfahren, durch Christus unserem Herrn."

Ein modernes Lied, das im Jahr 1981 in Fulda entstanden ist, beschreibt das Vorbild des Heiligen so:

„Bote der Wahrheit, Diener unsrer Freude, Baumeister Gottes, Christi treuer Jünger,
dir gilt der Lobpreis, den wir heute singen, dankbaren Herzens.
Du folgst gehorsam deines Meisters Spuren, ziehst durch die Lande,
kündest frohe Botschaft. Auch in der Fremde bleibst du voll Vertrauen
fest in der Wahrheit.
Allen im Kloster bist du wie ein Vater. In aller Demut mahnest du zur Regel,
stärkest die Schwachen, rufst zum Lobe Gottes, allen ein Vorbild."

Literaturhinweise
Appel, Brun, Wunibald und seine Geschwister, in: 1250 Jahre Heidenheim am Hahnenkamm, Gunzenhausen, 2002.
Bauch, Andreas, Der heilige Wynnebald (701–18. Dezember 761), in: Bavaria Sancta Bd. I, hrsg. von Georg Schwaiger, Regensburg 1970.
Buchner, Franz Xaver, S. Wunnibald. Apostel des Nord- und Sualafeldgaues, Kallmünz 1951.
Leicht, Hans D., Heilige in Bayern. Lebensbilder von Afra bis Wunibald, München 1993, S. 125 ff.
Reiter, Ernst, Wunibald (gest. 761), Abt von Heidenheim. Fränkische Lebensbilder Bd. 16 (Sonderdruck), 1996.
Walloschek OSB, P. Arnold, Die Glaubensboten unserer Vorfahren, Sankt Ottilien, 1988, S. 130–133.

Franz Josef Hausmann

Sola († 794)
Lichtgestalt des Bistums Eichstätt

Der hl. Sola: eine biographische Skizze

Es ist gut für den Menschen, sich zu erinnern. Sein Leben ruht auf den Schultern seiner Vorfahren. Von deren Erfahrungen kann auch für heute gelernt werden. Die Geschichte des Christentums im Bistum Eichstätt beginnt schon vor der Zeit der Bistumsgründung unter dem hl. Bischof Willibald. Allerdings liegt diese Zeit weithin im Dunkeln der Geschichte. Nur archäologische Zeugnisse geben Kunde. Erst mit der Ordnung, die der hl. Bonifatius im Auftrag des Papstes in Deutschland – 739 für Bayern – etablieren konnte, lichtet sich der Schleier. Die Gründergestalten der Anfangszeit unseres Bistums treten vor Augen. Eine dieser markanten Persönlichkeiten der Frühzeit des christlichen Glaubens im Bistum Eichstätt ist der hl. Sola.

In den „Quellen zur Geschichte der Diözese Eichstätt", ist die „Vita Solonis", eine Lebensbeschreibung des hl. Sola, abgedruckt. Verfasst wurde sie um 839–842 von Erminrich oder Ermanrich (= Hermanrich) von Ellwangen, später Bischof von Passau (866–874). Sie will Sola als Heiligen Gottes in enger Nachfolge Jesu vor Augen stellen und damit die Berechtigung untermauern, ihn heilig zu sprechen. Die Erhebung der Gebeine Solas verantwortete der damalige Eichstätter Bischof. Damit wird Sola als einer der Gründungsheiligen ins Bistum Eichstätt eingebunden.

Von der Bewährung im Kloster bis hin zur Beschreibung der Örtlichkeit wird das Ideal eines Einsiedlerlebens der damaligen Zeit vorgestellt: Der Ort, an dem Sola sich niederlässt, wird als äußerst unwirtliche Gegend beschrieben; zu seiner Klause (Solloch oder Solaloch genannt) führt nur ein schmaler und steiler Steig hinab; Sola lebt vor allem der Einsamkeit und der Selbstheiligung. Der Biograph beruft sich auf den Augenzeugenbericht „des damals noch lebenden alten Dieners des Eremiten".

Der Ort ist tatsächlich wenig günstig für Besiedelung. Dennoch ergibt sich aus den Bodenfunden eine lang anhaltende, beinahe ununterbrochene Ansiedlung von Menschen bis zur Zeit des Sola. Der Ort Husen ist eine Handwerkersiedlung, Eisenerz wird verhüttet; er hat eine Kirche (als Ruine), ein Königshof war im Ort oder lag in der Nähe. Untypisch für einen Einsiedler des beschriebenen Typs ist auch der Ausritt des Heiligen mit dem Esel zu den Bewohnern – ein für die Ortsansässigen vertrautes Bild. Nach dem Bericht fand eine große Anzahl von Menschen den Weg zu ihm. Ein typischer Einsiedler war Sola entgegen der Darstellung in der „Vita Solonis" demnach nicht. – Die Quellenlage lädt zu einer komplexen Betrachtung ein.

Geboren wurde Sola in Südengland. Geburtsort und Geburtdatum sind nicht bekannt. Sola starb am 3. (oder 4.) Dezember 794 in Husen, das nach ihm später Solnhofen

Hl. Sola, Miniatur aus dem Pontifikale Gundekarianum, Diözesanarchiv Eichstätt

(Cella des Sola, Suolenhus, Solaehofium, Curia Solonis) genannt wurde. Durch Testament vermacht er alles, was er erhalten und aufgebaut hatte, dem Kloster Fulda.

Sola wurde in seinem Oratorium (Kloster) in Husen (Solnhofen) bestattet.

Sein Name, Sola, wird auch mit Sual oder auch Suolo, Sualo, Solas, Solon, Solus wiedergegeben. Latinisiert: Sola von solus = allein; diese Bezeichnung kann auf seine (geplante bzw. von ihm gewünschte) Lebensweise als Einsiedler bezogen werden. Auch das lateinische Wort: sol (= Sonne) wird von dem Eichstätter Bischof Gundekar II. (1057–1075) mit Sola in Verbindung gebracht. Jedenfalls hat Sola so gewirkt: er hat Licht und Wärme in das Leben der Menschen an seinem Tätigkeitsort gebracht. Auf einem Steinmedaillon (11. Jh., vielleicht schon 9. Jh.) ist Sola (oder ist es Ludwig der Fromme, gest. 840) mit einer Fackel in der Hand dargestellt, die als Symbol für die Sonne steht.

Sola kam auf Bitten des Bonifatius um 740 nach Deutschland, genauer in das Kloster Fulda. Hier wird er ausgebildet und 741 von Bonifatius zum Priester geweiht. Um 750 geht Sola nach Bayern an die Altmühl und lässt sich in Husen, im Gebiet des Sualafeldes nieder, dem heutigen Solnhofen. Ob Sola auch noch an anderen Orten gewohnt und gewirkt hat, kann nicht mit Sicherheit gesagt werden.

Es passt nicht so recht zu dem Motiv, aufgrund dessen Bonifatius Sola nach Deutschland geholt hatte, dass dieser als Eremit leben wollte. Denn er war ja um der Seelsorge bzw. der Mission willen nach Deutschland gerufen worden. Tatsächlich wurde die Seelsorge seine Haupttätigkeit: Seine Einsiedelei, richtiger: er, Sola, wurde zu einem Anziehungspunkt für die Menschen seiner Umgebung, zur Bezugsperson für alle, die Unterweisung im Glauben suchten. Solas Sorge galt dem Wohlergehen der Menschen.

793 besuchte Karl der Große Sola, machte ihn „zu seinem ständigen Priester" und schenkte ihm umfangreiche Güter in der Umgebung von Husen. König Karl befand sich zu der Zeit – die Altmühl hinauffahrend – auf dem Weg zu seiner Großbaustelle. Er wollte eine schiffbare Verbindung zwischen der Rezat und der Altmühl (zwischen Main und Donau) schaffen, die sogenannte fossa carolina, den Karlsgraben.

838/839 wurden die Gebeine Solas nach Zustimmung und Ermächtigung durch den Bischof von Eichstätt Altuin (Altwin) von dem Diakon Gundram, Propst des Klosters in Husen, erhoben. Das war die Heiligsprechung Solas. Mit Genehmigung des Papstes Gregors IV. wurden Solas Gebeine durch Bischof Altuin in der zur Ehre des Heiligen geweihten Kirche in Solnhofen in einem Hochgrab neu beigesetzt. Gedenktag des Heiligen ist der 3. Dezember.

Was mit den Gebeinen des Heiligen weiter geschah, ist nicht ganz klar. Ihr Verbleib ist seit der Reformation ungewiss. Aber es gibt Reliquien von ihm in Fulda und in Solnhofen. Ein Armreliquiar, das sich in Eichstätt befunden hatte, kam 1991 in die katholische Kirche Solnhofens zurück.

Kirchenpatron ist Sola in Solnhofen und in Eberswang bei Dollnstein. In Eberswang gab es bis 1920 eine Solakapelle; 1920 wurde sie abgebrochen. Sie war 1716 am Solabrunnen errichtet worden. Von diesem Brunnen wird bereits 1377 berichtet. Nach einer Legende wird er von einer nie versiegenden Quelle gespeist, die auf Solas Wirken zurückgeht. Seit 1949 ist sie wieder frei gelegt. In Döckingen ist für das 15. und 16. Jh. eine Solakirche bezeugt – laut Visitation von 1480 sind neben Sola noch Leonhard und Urban als Kirchenpatrone genannt; Patron der jetzigen evangelisch-lutherischen Kirche ist St. Urban. Für Mitteleschenbach wird bei der Visitation von 1480 neben dem hl. Nikolaus Sola als zweiter Kirchenpatron bezeugt; heute ist nur der hl. Nikolaus bekannt. Weitere Kirchen mit Sola-Altären oder mit Reliquien befinden bzw. befanden sich im Schottenkloster in Eichstätt, in der Andreaskirche in Weißenburg, im Dom zu Eichstätt, in Pappenheim und in Rechenberg.

Der hl. Sola: die Besonderheit seines Wirkens

Was kennzeichnet das Wirken des hl. Sola?

Um in Deutschland bei der Verbreitung und Festigung des christlichen Glaubens mitzuwirken hatte Sola seine Heimat in Südengland verlassen. Seelsorge und Verkündigung des Evangeliums waren als seine Aufgaben vorgesehen.

Während seines Aufenthaltes in Fulda erkannte Sola nach seinem Biographen allerdings die Berufung zu einem Leben in der Einsamkeit. Bonifatius, der diesen Wunsch zum Eremitenleben weder bei Willibald und Wunibald noch bei Sturmius unterstützt hatte, diese vielmehr überzeugt hatte, in der Seelsorge, sprich in der Mission tätig zu sein, reagierte offensichtlich bei Sola anders. Er ließ Sola gehen.

Der Ort Husen, in dem Sola sich niederließ, war schon christianisiert. Bestimmte Funde deuten auf eine Missionierung der Gegend von Oberitalien aus. Allerdings hatten die Menschen und der Ort unter verschiedenen kriegerisch ausgetragenen Konflikten schwer gelitten. Die Kirche, die es in Husen gab – es war schon der zweite Bau –, war deshalb zur Zeit der Ankunft des Sola eine Ruine. Das Ergebnis von Ausgrabungen zeigt, dass sie in den Kriegszügen des Hausmeiers Karl Martell (714–741) gegen die Baiern, die in die Jahre 725 und 728 datiert sind, zerstört wurden. Sola ließ die Kirche wieder aufbauen; dies geschah wohl 754, auf jeden Fall aber vor 761/762. Er errichtete auch ein Steingebäude (Anfang eines Klosters, vielleicht handelt es sich auch um ein Oratorium). Das Material für diese Bauten war wohl aus den vorhandenen Steinbrüchen gewonnen worden. Dabei wurde Sola tatkräftig unterstützt von der hier lebenden Bevölkerung und auch vom Bischof von Eichstätt, dem hl. Willibald, und von dessen Bruder Wunibald, Abt des Klosters Heidenheim.

Sola kam an einen Ort, dessen Bevölkerung vor allem handwerklich tätig war, der eine wechselhafte Geschichte hinter sich hatte, gerade wieder von Krieg heimgesucht worden war und in einer zu seiner Zeit von den Baiern und den Franken umstrittenen Region lag. Es war wohl nicht nur die Kirche des Ortes zerstört worden. Viele Häuser und Wohnungen der Anwohner werden ebenfalls in Flammen aufgegangen sein. Auch werden viele Menschen ihr Leben verloren haben. Jedenfalls traf Sola in Husen Bewohner an, die schlimme Erfahrungen hatten machen müssen. Die spirituelle und materielle Aufbauleistung, die mit ihm begann, kann angesichts dieses Szenarios kaum überschätzt werden.

Die Aufgabe des neuen Seelsorgers bestand neben der Herstellung der äußeren Voraussetzungen für die Feier des Glaubens vor allem darin, den Menschen aus dem Evangelium heraus wieder Zuversicht zu schenken, in ihnen den christlichen Glauben zu erneuern, sie in ihm zu festigen und ihn bei ihnen zu vertiefen. Für sich selbst lebte Sola als asketischer Einsiedler. In der Begegnung mit den Menschen stellte er die diakonische Dimension, die konkret helfende Tat in den Vordergrund. Es galt die Situation der Menschen wahrzunehmen und zu überlegen, wie ihre Not behoben werden konnte. Sola machte sich deshalb zu den Menschen von Husen und seiner Umgebung auf den Weg – auf der Altmühl (eine Wandplastik im Dom zu Eichstätt zeigt Sola als „Jura-Schiffer" in einem Boot) oder zu Fuß oder mit Esel. Er lernte die persönlichen und materiellen Sorgen und Plagen der ihm anvertrauten Menschen kennen und er half.

Das seelsorgerliche Tun Solas hatte Erfolg. Das zeigen die Wunder, die von ihm berichtet werden (Heilungen eines Blinden, eines Gelähmten, eines Taubstummen und Rettung einer Schafherde vor einem Wolfsangriff). Sie waren für die Menschen ein Zeichen, dass Gott auch jetzt wirklich mit ihnen war und in ihrer Mitte wirkte. Ihr Glaube und ihr

Blick auf die ehemalige Sola-Kapelle mit Teilen aus dem 8. Jahrhundert, Solnhofen

Hl. Sola als Lichtträger, Steinmedaillon aus der Kirche des 11. oder gar 9. Jahrhunderts, Solnhofen

Vertrauen waren erneuert. Das Evangelium zeigte sich nicht nur als gute Botschaft, sondern es erwies sich als heilsame Veränderung ihres alltäglichen Lebens.

Durch seine Tätigkeit hat Sola die Menschen von Husen angerührt und bewegt. Am intensivsten scheint seine strenge Lebensweise die Bewohner angezogen zu haben. Hinzu kam wohl seine Art, mit ihnen umzugehen. Gebet und Gottesdienst erfüllten sich bei ihm offensichtlich in der guten Tat. Mit ihm schöpften die Menschen neue Hoffnung. Schnell gewann er ihr Vertrauen. In all ihren Lebens- und Notsituationen wandten sie sich an ihn. Es wurden immer mehr. Vielen war er geistlicher Begleiter.

Sola verhielt sich so, wie er das Handeln Gottes in und mit Jesus kennen gelernt hatte: Gott ergreift die Initiative. Er wartet nicht ab, bis die Menschen soweit sind, sich auf ihn hin zu öffnen. Er sendet seinen Sohn in die Welt, wie sie ist.

Solas Wirken war heilsam für den ganzen Menschen, heilsam für Seele und Leib. Das Leben der Menschen veränderte sich durch sein Wirken nachdrücklich zum Besseren. Wo Hoffnungslosigkeit, Niedergeschlagenheit und Trauer das Leben gefesselt hatten, begann das Licht von Freude und Zuversicht zu leuchten. Die Wunderberichte illustrieren die Wirkung seines seelsorgerlichen Handelns: die Menschen, die zu ihm kamen und auf ihn hörten, wurden aus ihrer Erstarrung herausgeholt. Sie sahen wieder Sinn für ihr Leben (sie waren nicht mehr blind und im Dunkeln). Sie wurden ermuntert, den christlichen Glauben zu leben (sie waren nicht mehr lahm); sie wurden fähig, die heilsame Botschaft vom liebenden Gott zu hören (sie waren nicht mehr taub) und selbst zu verkünden (sie waren nicht mehr stumm).

Der hl. Sola: Wirkungsgeschichte und Bedeutung für heute

Sola hat im Altmühltal zwischen Pappenheim und Breitenfurt den christlichen Glauben neu gegründet und gefestigt. Nach seinem Tod wurde Solnhofen Propstei des Klosters Fulda. Klösterliches Leben gab es hier bis zur Reformationszeit. Da Solnhofen inzwischen auf dem Territorium des Markgrafen von Ansbach lag, wurde auch hier der „neue Glaube" eingeführt.

Im Gundekarianum ist Sola neben den Geschwistern Willibald, Wunibald und Walburga einer der Bistumsheiligen der Diözese Eichstätt. Er wird von Gläubigen bis heute verehrt, auch wenn er nie eine Bedeutung wie Willibald und Walburga erlangte.

Sola kann allen, die heute seelsorgerlich tätig sind, Mut machen. Die schwierige Lage der Menschen seiner Zeit lag nach Kriegswirren offenkundig vor Augen.

Die Lage der Menschen heute ist vielleicht der Situation der Menschen in Husen so unähnlich nicht! Um wahrzunehmen, wie es den Menschen heute ergeht, gilt es, sich zu den Menschen zu begeben und intensiv hinzuschauen. Damit in den Blick kommt, wie die Situation heute ist, bedarf es eines entschiedenen Sich-Hineinversetzens der in der Seelsorge Tätigen in die Lebenssituation der Menschen von heute. Mit Vertrauens(vorschuss) ist den Menschen zu begegnen. Solches Sehen wird nur im Kontakt mit den Menschen an ihren Lebensorten möglich, in einem Handeln entsprechend der Erstinitiative Gottes, wie sie in der Heiligen Schrift sichtbar wird. Allein so kann es dazu kommen, dass „Freude und Hoffnung, Trauer und Angst der Menschen dieser Zeit, besonders der Armen und Bedrängten aller Art wirklich erkannt und verstanden sowie zur eigenen Erfahrung werden.

Die Menschen heute kommen nicht von selbst zur Kirche, um ihre Not behoben und ihre Fragen beantwortet zu bekommen. Zu sehr hat die Strahlkraft der heilsamen Botschaft heute in der Öffentlichkeit an Brillanz verloren. Zu viele Heilsversprechen neonlichtern allenthalben grell und verlocken die Menschen.

Solas Beispiel kann die heute in der Seelsorge Tätigen anleiten, sich zuerst selbst im Glauben immer mehr zu festigen. Sein Leben legt ein Verhalten ans Herz, welches das Vertrauen der Menschen gewinnen kann. Aus seinem Handeln wird deutlich, dass dies Aufbruch bedeutet. Es heißt, sich auf den Weg zu machen zu den Menschen, mit den Menschen zu gehen, an ihrer Seite zu bleiben, wahrzunehmen, wo sie der Schuh drückt, und mit ihnen gemeinsam nach praktischen Lösungen für konkrete alltägliche Probleme zu suchen. Was heißt es heute, Kirche wieder aufzubauen? Was, Menschen Orientierung und Mitte zu schenken bzw. anzubieten? Welche Blindheit, Taubstummheit, Lähmung sind heute wie zu heilen?

Sola ließ die Menschen erfahren, dass das Evangelium eine heilsame Kraft bei dem entfaltet, der es lebt bzw. zu leben versucht. Vielleicht ist es eine der ganz entscheidenden Fragen heutiger Seelsorge, wieder das Vertrauen in die das Leben zum Guten hin verändernde Kraft des Evangeliums zu gewinnen. Die caritative Tat vor allem wird es sein, die zu diesem Vertrauen verhilft. Physisches und materielles Wohlergehen macht Hände, Kopf und Herz frei und schafft Raum für die Arbeit am seelischen und geistlichen Wohlbefinden. Es geht um das Tun des Rechten und Wahren und Guten im Lebensalltag, worauf es vor Gott – und so kann im Blick auf das Vertrauen der Menschen heute gesagt werden – und vor den Menschen letztlich ankommt.

Literaturhinweise
BAUCH, ANDREAS, Quellen zur Geschichte der Diözese Eichstätt, Bd. I: Biographien der Gründerzeit (Eichstätter Studien, Neue Folge 19), Regensburg ²1984, S. 189–246.
BUCHNER, FRANZ XAVER, Das Bistum Eichstätt. Historisch-statistische Beschreibung, aufgrund der Literatur, der Registratur des Bischöflichen Ordinariats Eichstätt sowie der pfarramtlichen Berichte, 2 Bände, Eichstätt 1937/38. (Band I, S. 240 [Eichstätt, Schottenkloster]. 250 [Eichstätt, Dom]; Band II, S. 751 [Weißenburg, Andreaskirche]).
KREITMEIER, KLAUS, Gefahr in den Anfangsjahren. Politische Spannungen sind in den Lebensbeschreibungen der Nonne Hugeburc auszumachen, in: Kirchenzeitung für das Bistum Eichstätt 71 (Nr. 27, 5. Juli 2009), S. 31.
SCHRICKEL, WALTRAUT, Art. Solabasilika und Propstei. Entstehung und Entwicklung eines kirchlichen Zentrums, in: Gemeinde Solnhofen (Hrsg.), Solnhofen, Gunzenhausen 1987, S. 3–33.
WALLOSCHEK OSB, P. ARNOLD, Die Glaubensboten unserer Vorfahren, St. Ottilien 1988, S. 149–152.

Gerhard Rott

Cadolt (8. Jh.)
Der stille fränkische Macher

Einleitung

In keiner der archivierten Urkunden, historischen Quellen und vorliegenden Publikationen zu Cadolt und den ihm zugeschriebenen Gründungen gibt es exakte biographische Angaben zu seiner Person, es existieren weder ein überliefertes Zitat noch eine ihm als Autor zugeschriebene Textstelle. Eine Annäherung an sein Leben und Wirken ist daher nur indirekt über die Gründung des Klosters Herrieden, dessen genaue Lokalisierung trotz einiger Ausgrabungen im Jahr 1949 unsicher ist, möglich, dennoch aber nicht von geringer Aussagekraft.

Die erste Nennung eines Klosters in Herrieden stammt aus dem Jahr 797 und ist in einer Schenkungsurkunde an das Kloster Fulda zu finden. Darin wird berichtet, dass ein gewisser Jordan dem Kloster des hl. Bonifatius ein Gut mit Hof und Haus stromabwärts von Mainz vermacht hat, das an einer Seite mit Gebieten des Klosters Hasareoda (Herrieden) benachbart ist.

Aus dem dortigen Patrozinium des hl. Vitus (Veit), einem von den Frankenkönigen sehr verehrten Heiligen, könnte bereits in einem ersten Schritt der Annäherung die große Nähe des Stifters zu den Karolingern zum Ausdruck kommen. Einige Autoren gehen allerdings von einem ursprünglichen St. Salvator Patrozinium für das von Cadolt errichtete Kloster aus. Andere Forscher führen Belege dafür an, dass Cadolt eigentlich ein vorhandenes Kloster erneuerte.

Wer also war dieser Cadolt, was lässt sich über ihn sagen, welche Rolle hatte er bei den damaligen Geschehnissen um Herrieden?

Bis in die 70er Jahre des vergangenen Jahrhunderts dominierte vor allem die auf Bischof Gundekar II. zurückgehende Sichtweise, Cadolt als einen reichen Mann zu sehen, der mit seiner Klostergründung eine fromme Tat vollbrachte und den Grundstein für die missionarische Arbeit des hl. Abtes Deocar I. in Herrieden legte. Als Grund für diese Interpretation ist quellenkritisch anzumerken, dass ausschließlich die rein geistigen Motive der Klostergründung – wie es dem Sinne des hl. Benedikt entsprach – hervorgehoben werden sollten. Dazu passt die Ortsbeschreibung als graue, sumpfige, abgeschlossene Lage. Herriedens alte Namensform „Hasareoda" wird zum einen vom althochdeutschen „haso" = Hase, zum anderen vom angelsächsischen „hasu" = grau, sumpfig abgeleitet. „Hasareoda" wäre demnach eine Siedlungsstelle an sumpfigem Gelände, Ödland, ohne weltliche Bedeutung.

Die Forschung der letzten Jahre betont allerdings eine weitere Charakteristik; sie verweist darauf, dass Cadolt möglicherweise eine wichtige, aktive Rolle in einem großen staatstragenden Konzept inne hatte.

Kurze biographische Skizze

Von Cadolt ist kein Geburts- und kein Sterbedatum überliefert, gleiches gilt für den Geburts- und den Sterbeort. Cadolts in den Urkunden verzeichnete Stiftung von Eigengütern schließt die Möglichkeit aus, dass seine Eltern ihn bereits als „puer oblatus" dem Kloster Deocars I. übergeben haben könnten.

Über eine um das Jahr 800 in Mittelfranken begüterte Familie, der ein Cadolt angehörte, hat Gottfried Mayr (1974) eine Untersuchung angestellt, welche zudem auch die frühe Ellwanger Besitzgeschichte berührt. Die darin beschriebene Adelsfamilie einer Reginswind dient dabei als Modell für die Bedeutung der Sippenbeziehungen und die Begüterung von Adelsfamilien im frühen Bistum Eichstätt. Im Jahr 802 übertrug Reginswind für ihr und ihres Sohnes Bertholds Seelenheil dem Kloster St. Gallen Güter in Pappenheim, Niederpappenheim, Dietfurt und Schambach, die sie von ihrem Vater Germunt rechtmäßig und gemäß dem Recht der Franken als Erbe übernommen hatte. Der Schenkungsurkunde ist eindeutig zu entnehmen, dass Reginswinds Vater Germunt Franke war und folglich seinen Besitz im fränkischen Rangau am Main nach der Niederwerfung des alemannisch-agilolfingischen Widerstandes um weitere Gebiete im alemannischen Sualafeld erweitert hatte. Der Name des verstorbenen Sohnes Berthold und die Stiftung an Sankt Gallen weisen darauf hin, dass Reginswind in eine hochadelige Familie Schwabens geheiratet hatte, nämlich in das Geschlecht der Alaholfinger, als Gründersippe des Klosters Marchtal bekannt. Berthold, der Sohn der Reginswind, war mit einer Alemannin namens Gersinda verheiratet. Die Söhne der beiden, Chadaloh und Paldebert, wurden anlässlich der Schenkung an St. Gallen erwähnt. Geht man davon aus, dass der Name Paldebert die alemannische Namenstradition fortsetzt und Chadaloh die fränkische, so führt der Name Chadaloh auf einen Großonkel zurück, einen Bruder der Reginswind, dessen fränkische Namensform Cadolt lauten würde.

Hubert Häfele (2008) hat weitere bemerkenswerte Details zur Biographie Cadolts herausgearbeitet. Er findet in der Vita Hariolfi den Hinweis darauf, dass Hariolf, der Gründer Ellwangens, seine Jugend zusammen mit einem hochadeligen [nobilissimus] Franken namens Cadolt verbrachte. Der darin enthaltene Nachweis auf die Stammeszugehörigkeit des Cadolt, nämlich die Worte „nationis France", wurden in der ältesten zwischen 1124 und 1136 entstandenen Niederschrift der Biographie Hariolfs allerdings entfernt. Es ist gegenwärtig nicht feststellbar, wann diese Veränderung des Textes geschah. Chronologisch könnte der Bruder der Reginswind identisch mit dem Cadolt sein, der ein Gefährte Hariolfs zur Zeit der Gründung Ellwangens gewesen ist. Er wäre im Gegensatz zu seinem Großneffen Chadaloh aber tatsächlich Franke gewesen und die Radierung in der Vita Hariolfi wäre zu Unrecht erfolgt.

Für die Richtigkeit der Annahme, dass es sich bei dem Gefährten Hariolfs, beim Klostergründer in Herrieden und dem Gründer Cadolzburgs um ein und den selben Cadolt handelt, spricht die Parallelität der Kirchenpatrone in Herrieden, in Ellwangen und etwa 5 km nördlich der Cadolzburg in Raindorf, einem Ort im Sprengel der Pfarrei Veitsbronn. Eine Urkunde von 1265 zeigt die weitere Verbindung von Ellwangen und Cadolzburg auf. Aus dieser urkundlichen Erwähnung ergibt sich ein weiteres Argument für die Prämisse,

Hl. Cadolt, Miniatur aus dem Pontifikale Gundekarianum

dass Cadolzburg mit dem Cadolt aus Ellwangen als dessen Gründung in Verbindung steht. Wie bei einem Dreieck kann man berechtigterweise aus zwei bekannten, nachweisbaren Verbindungen die fehlende dritte Linie konstruieren. Weitergehenden sippenkundigen Forschungen folgend ist es nicht abwegig, aus gleichen Teilen alter Namen zumindest auf Sippengemeinschaften zu schließen. So ist für die Gründer von Cadolzhofen, Cadolzburg und dem Cadolt in Herrieden ein Zusammenhang grundherrlicher Familien zu vermuten. Betrachtet man „Catz" als ein Pejorativum von Cadolt könnte aus Cadolzwangen Katzwang, heute ein Stadtteil Nürnbergs, der zum Bistum Eichstätt gehört, geworden sein. Ähnliches wäre für die Burg Katzenstein (auf dem Herzfeld in der Gemeinde Dischingen) zu vermuten, in deren Nähe eine St. Vituskirche an Herrieden erinnert. Erhärtet wird diese Überlegung durch die Tatsache, dass im Jahr 1240 der Ellwanger Konvent Einkünfte aus Gütern zu Katzwang und elf umliegenden Weilern, darunter Kleinschwarzenlohe, Reichelsdorf, Röthenbach und Limbach, bezogen hat.

Beachtet man, was Franz Heidingsfelder in seinen Regesten der Bischöfe von Eichstätt festgestellt hat, so erscheint der historische Cadolt als der bedeutendste Grundbesitzer aus dieser Sippe. Von ihm stammt das älteste Herriedener Klostergut im Eichstätter Oberland entlang der oberen Altmühl, an der Rezart und deren Umgebung, selbst am Rhein. Diese von Cadolt gestifteten Güter waren u.a. Arberg, Aurach, Großenried, Heuberg, Ornbau und erstreckten sich wahrscheinlich über Großhabersdorf hinaus bis in die Nähe von Cadolzburg. Damit hatte Cadolt sein Kloster so reich mit Gütern ausgestattet, dass dieses dem Eichstätter Hochstift ebenbürtig war und dessen Neid erregte, wie Julius Meyer und Adolf Bayer (1955) feststellen, zumal sich das Bistum Eichstätt seit seiner Gründung nur langsam über seinen Kernbesitz zwischen Altmühl und Schutter nach Westen ausdehnen konnte. Im Jahr 888 bewirkte der achte Eichstätter Bischof Erchanbald bei Kaiser Arnulf die Übergabe des Klosters an das Bistum, es wurde in ein Kollegiatstift überführt mit St. Vitus als Patron.

Vielleicht hat Cadolt, vergleichbar dem Ansbacher Klostergründer Gumbert, seinen alten väterlichen Familienbesitz nicht dem Kloster gestiftet und auf seinem Boden in Cadolzburg oder Cadolzhofen sein Leben beendet. Eine Grabstätte Cadolts oder auch nur Hinweise darauf konnten weder in Herrieden, in Cadolzburg, in Katzwang oder einer anderen nach ihm benannten Siedlung gefunden werden. Häfeles (2008) Argumentation der starken Verbindung zwischen Cadolt und Hariolf folgend ist es nicht ausgeschlossen, dass Cadolt in Ellwangen bei seinem Jugendfreund Hariolf als Mönch im Kloster sein Lebensende gefunden hat und dort beerdigt wurde.

Besonderheiten des Wirkens

Der Überlieferung nach kam Kaiser Karl der Große (747–814) wegen des Kanalbauprojekts in die Gegend des heutigen Herrieden und ließ für den hl. Deocar eine Kapelle, die der Mutter Gottes geweiht war, errichten. Daraus entstand ein Kloster, welches er mit großem und bedeutendem Stiftungsvermögen und Rechten versah. Die Klosterstiftung durch Cadolt bleibt in der alten Tradition unerwähnt, deren Handlungsträger sind der hl. Deocar und Karl der Große.

Diese Gründungslegende verfügt über einen historischen Kern. Zeitweise waren beinahe alle Klöster dieser Region königliche Eigenklöster bzw. Klöster des Reiches. Dies trifft für einen Zeitpunkt, der nur kurz nach der Gründung liegt, auch auf das Kloster Herrieden zu, welches im Jahre 817 auf der Synode von Aachen neben Feuchtwangen und Ellwangen vertreten war, als dort festgesetzt wurde, in welche Klasse der Pflichtleistungen die einzelnen Reichsklöster eingereiht werden sollten. Dahinter ist ein klares Schema zu erkennen: Stiftung eines Klosters durch einen fränkischen Grundherrn, Vererbung aber nicht an seine leiblichen Erben oder einen anderen Grundherren, sondern in die Hand des Königs. Dies führt zu der Vermutung, dass das gestiftete Land und Vermögen nicht frei vererblich und veräußerlich war, sondern aus Königsbesitz stammte.

Erstmals namentlich als Gründer des Klosters Herrieden erwähnt wird Cadolt im Immunitätsprivileg Ludwig des Frommen vom 13. Juli 832. Diese Darstellung geht auf einen Bericht des zweiten Herriedener Abts Deocar II., wonach Cadolt erste Mönche für seine Klosterneugründung um sich geschart hat, zurück.

Über Cadolts weiteres Vorgehen wird in der Urkunde nichts berichtet. Als Eigenklosterherr und vielleicht auch als Laienabt konnte er zwar sein Kloster selbst leiten, ein in den benediktinischen Regeln erprobter Vorsteher fehlte im Alltag der Mönche. Dies dürfte dem in der Nachbarschaft liegenden Königshof nicht verborgen geblieben sein. Verstärkt worden wäre dieses Problem für den unerfahrenen Klostergründer und Laien Cadolt, wenn die These zuträfe, die das Pastoralblatt der Diözese Eichstätt aus dem Jahr 1871 nahe legt, wonach eine Gruppe von erfahrenen Mönchen aus dem Kloster Heidenheim nach Herrieden übergesiedelt ist. „Die Zahl der Mönche sei eine nicht geringe und der Ort sehr arm. Kadold [sic!] war also ein Mönch, welcher für St. Benedikt´s Regel eiferte und er fand von überall her Mönche, welche das eigentliche Klosterleben fortzusetzen bereit waren. Welche Mönche waren aber näher an Herrieden, als jene von Heidenheim durch Bischof Geroch [Bischof Gerhoh] vertriebenen? Ohne Zweifel: das Kloster Herrieden ist die Fortsetzung des Klosters Heidenheim gewesen."

Erhärtet wird diese Überlegung durch eine weitere Tatsache. 40 Jahre nach Beginn des Kanalbaus übertrug Ludwig der Fromme im Jahr 832 dem Ellwanger Konvent das Kloster Gunzenhausen. Offensichtlich gehörte es zu den Gütern, die der König der Wunibaldsgründung Heidenheim abgenommen und Ellwangen als Relaisstation für den Kanalbau übertragen hatte. Die Urkunde von 832 bestätigt einen Sachverhalt, der längst vollzogen war. Waren die heimatlos gewordenen Heidenheimer zunächst bei Cadolt untergekommen, hatte Cadolt bei seiner Übersiedelung nach Ellwangen deren Einfluss auf das alte Gebiet mitgenommen?

Sollten die angenommenen Probleme in der Tat aufgetreten sein, so könnte daraufhin am Hofe des Kaisers Cadolts Recht auf Gründung und Ausstattung eines Eigenklosters überhaupt angezweifelt und der eigene Anspruch auf den dem Cadolt übertragenen Grund und Boden als Königsgut geltend gemacht worden sein, um den eigenen Einfluss in dieser wichtigen Region sicherzustellen.

Ein Indiz für dieses Geschehen ist in der Legende des hl. Deocar zu finden, gemäß der auf Geheiß des Königs der hl. Deocar nach seiner ersten Ankunft in Herrieden an dessen Hof zurückkehrte, dort Bericht von seiner Inspektionsreise gab und anschließend, mit königlicher Vollmacht ausgestattet, erneut nach Herrieden ging, um sich der königlichen Dinge anzunehmen.

Es kann aus den auffindbaren Angaben nicht mit letzter Gewissheit festgestellt werden, ob Cadolt eine Weile Laienabt seines Eigenklosters war oder ob er doch als Mönch in sein Kloster eingetreten ist bzw. dort nach der Übernahme durch Deocar verblieb. Da im Kloster Herrieden allerdings niemals etwas von Cadolts Grabstätte berichtet wurde, erscheint es sehr unwahrscheinlich, dass er dort selbst unter Abt Deocar Mönch geworden ist.

Eine gänzlich andere Überlegung zur Herkunft der neuen Mönche und damit auch bezüglich des Gründers des Klosters stellen Rüger und Stafski (1959) an. Sie analysieren den knapp 50 Jahre nach dem angenommenen Gründungsgeschehen von Abt Deocar II. verfassten Bericht über die Anfänge des Klosters aus dem Jahr 832, der in einer Urkunde Ludwigs des Frommen festgehalten ist. Darin heißt es, der „vir religiosus" Cadolt habe am erhöhten nordöstlichen Ufer der Altmühl ein neues Kloster errichtet, den bereits im alten Kloster vorhandenen Mönchen sogenannte „viri religiosi" zugestellt („adgregaverat") und zur Sicherstellung ihres Lebensunterhaltes dem Kloster seinen wahrscheinlich nicht unbedeutenden Besitz vermacht. Der mit der Erstellung der Urkunde betraute Hirminmar war im Kanzleiwesen geübt, weshalb die Verwendung des Ausdrucks „conferre" statt des stärkeren „donare" andeuten soll, dass sich Cadolt gewisse Rechte vorbehielt, im Sinne eines Eigenklosterherren. Dieser Überlegung folgend könnte man dazu tendieren, Cadolts Wirken als eine „interne Verlegung" eines bereits vorhandenen Klosters zu betrachten.

Die „viri religiosi" sind eine gleichfalls zu beachtende Formulierung. Damit sind keineswegs nur „Männer frommer Gesinnungsart" oder „Mönche" schlechthin gemeint, sondern eine Art Regularoblaten. Es handelt sich hierbei um Männer vornehmer Herkunft, die sich selbst oder ihre Dienste aus irgendwelchen, nicht zwingend religiösen Beweggründen einem Benediktinerkloster geweiht, bestimmte religiöse Verpflichtungen übernommen („sub regula sancti Benedicti Deo militare"), unter Umständen innerhalb des Klosters gelebt und wahrscheinlich auch klösterliche Kleidung getragen haben. Ihr Versprechen war im Gegensatz zu den Mönchen jederzeit wieder lösbar. Deshalb erscheinen sie auch innerhalb der klösterlichen Familie als eigener „ordo" erst hinter den Novizen. Somit könnte man gerade diese „viri religiosi" der Urkunde Ludwigs des Frommen als einen Beweis dafür ansehen, dass sich die Stiftung des reichbegüterten Regularoblaten Cadolt nur an ein bereits vorhandenes Kloster angelehnt haben kann und der Cadolt dieser Urkunde nicht ohne weiteres als der eigentliche Gründer des Marienklosters angesprochen werden darf. Einen Hinweis darauf, wer der eigentliche erste Klostergründer gewesen sein kann, liefern beide allerdings nicht.

Im nach 1070 angefertigen Gundekarianum ist Cadolt unter den Schutzheiligen der Diözese neben Deocar im einfachen Habit abgebildet, was dazu führte, dass er bis in die neueste Zeit irrtümlich als Mönch bezeichnet wurde. Meyer und Bayer (1955) sehen es nur als Dankesbezeichnung an, dass Bischof Gundekar ihn im Mönchsgewand abbilden ließ und unter seine zwölf Bistumsheiligen ohne kuriale oder auch nur örtliche Kanonisierung einreihte.

Cadolt hält in dieser einzigen existierenden Darstellung in der linken Hand ein Buch, das unter Umständen einen Regelkodex darstellen könnte. Rüger und Stafski analysieren die Darstellung und kommen zu folgenden Überlegungen: „Bei genauer Betrachtung der Originalbilder fällt auf, dass nur das Haupt Solas mit einem deutlich erkennbaren, breiten Heiligenschein geziert ist. Bei den übrigen figürlichen Darstellungen dieses Blattes ist der Nimbus so schmal und schwach angedeutet, dass sich eine spätere Hand bemüßigt gefühlt hatte, die blassen, unscheinbaren Konturen des vermeintlichen Heiligenscheines mit roter Farbe oder Tinte nachzufahren. Sicherlich wollte der Maler damit zum Ausdruck bringen, dass außer Sola keiner der fünf, durch Verse um ihre Fürbitte angerufenen Männer offiziell als Heiliger kanonisiert, sondern, wie etwa Deocar und Uto, nur seliggesprochen war oder vielleicht auch erst im Rufe der Heiligkeit gestanden hatte. Damit wäre auch eine Erklärung für die bisher noch nicht beachtete Tatsache gefunden, dass Gundekar zwar die Gedenktage des Bonifatius, Wunnibald und Sola, sowie der Walburga und Gunthildis, nicht aber die Namen jener fünf Männer – Deocar, Cadolt, Anno, Deothard und Uto – in sein Kalendarium aufgenommen hat. Er selbst hat sie auch nie als Heilige oder ‚Schutzpatrone' bezeichnet, sondern von ihnen nur als den von Gott eingesetzten Vorbildern gesprochen. Den Seligen, deren Verehrung räumlich begrenzt war, durften aber keine Altäre, Kapellen oder Kirchen geweiht werden. Ihnen stand einzig und allein nur die Ehre der Altäre zu."

Über das Geschehen vor und nach der Klostergründung geben die Abbildung und der dazugehörige Text genauso wenig Auskunft wie über das Leben Cadolts. Deocar Ritzer (1982) geht davon aus, dass das Ordensgewand lediglich ein enges Verhältnis Cadolts zu seinem Eigenkloster ausdrücken soll.

Frei übersetzt lautet der seiner Miniatur beigefügte Spruch: „Die Medizin des Cadolt heile die Wunden der Sünde". Ritzer legt dies dahingehend aus, dass der bischöfliche Auftraggeber vielleicht damit sagen wollte, Cadolt habe den Boden zur Verfügung gestellt, auf dem die Mönche unter Deocar nach mühevoller Rodung das Wort Gottes unter den Menschen ausstreuen und zu reicher Frucht bringen konnten, also pastoral tätig wurden.

Die Bilanz der bisherigen Erkenntnisse lässt durchaus den Schluss zu, Cadolt habe lediglich eine beinahe unbedeutende Rolle bei der Gründung des Klosters Herrieden gespielt. Als Hauptmotiv seines Handelns wird eine im Wesentlichen fromme Interessenlage dargestellt. Dieser Befund kann aber eine Ergänzung erfahren.

Die Idee, mittels eines Kanals zwischen der Altmühl und der Rezat eine Verbindung von Donau, Rhein und Main herzustellen, beschäftigte Kaiser Karl den Großen außerordentlich. Häfele (2008) weist darauf hin, dass die Verwirklichung des Kanalbaus voraussetzte, dass der König an den Flusslandschaften von Altmühl, Pegnitz/Regnitz und schwäbischer Rezat auf verlässliche Herrschaftsträger zurückgreifen konnte. In den königstreuen fränkisch-alemannischen Sippen dieser Region fand er diese. Sie stellten, organisierten und versorgten die zum Kanalbau nötige Masse von menschlichen Arbeitskräften und Lasttieren. Dies setzte die Errichtung fester Relaisstationen an den bestehenden Verkehrswegen, den Römerstraßen und den Wasserstraßen voraus. Im Jahr 793 begann Karl der Große mit dem Kanalbau. Er setzte an der niedrigst gelegenen Wasserscheide an, welche die Gewässerzonen von Main und Donau trennt, nämlich zwischen dem Quellgebiet der schwäbischen Rezat und der Altmühl nördlich von Treuchtlingen. Könnte der König nicht Gunzenhausen und Katzwang als Relaisstationen einem mit Aufbauarbeiten vertrauten Mitglied der Germuntssippe übertragen haben beziehungsweise können diese Orte nicht aus diesen planerischen Erwägungen heraus entstanden sein oder zumindest an Bedeutung gewonnen haben?

Das Sualafeld an der Grenze zum bayerischen Nordgau lag überdies im Fokus der Siedlungspolitik des Frankenreiches. Das Land nördlich des Limes an der oberen Altmühl war vormals nur von wenigen alemannischen Bewohnern durchsetzt, zur Stärkung des fränkischen Einflusses wurden darum seit Jahrzehnten lehenswürdige fränkische Siedler großzügig mit öffentlichen Ländereien ausgestattet. Einer von ihnen war vermutlich Cadolt.

Die wachsenden Spannungen zwischen der ausgreifenden kaiserlichen Zentralgewalt und dem widerstrebenden Herzog Tassilo III. von Bayern bedingten eine Klärung der Verhältnisse im Grenzland.

Meyer und Bayer liefern in ihren Überlegungen von 1955 den ersten Ansatz für den Paradigmenwechsel in der Betrachtung des Wirkens Cadolts. „Die zahlreichen Klostergründungen des 8. und 9. Jahrhunderts in Ostfranken verfolgten nicht nur den kirchlich frommen Zweck, in den Tälern der Rezat, Altmühl, Jagst und des Holzkirchener Aalbaches, das Christentum zu festigen, sondern auch das staatspolitische Ziel, geistige Burgen am Rande der noch nicht fest umgrenzten Bistümer Würzburg, Eichstätt und Augsburg zu schaffen. Sie bildeten geistigen Schutz des Frankenreiches gegen die ihm zeitweise feindlichen Bayern und Alemannen."

Von fränkischer Seite wurden angesichts der andauernden Rivalitäten auch Königshöfe als Vorposten staatlicher Autorität neu besetzt und ausgebaut. Mit Bestimmtheit kann unweit von Herrieden ein Königshof angenommen werden. Darauf dürfte die Bergkirche mit ihrem bei den Franken bevorzugten Martins-Patrozinium zurückzuführen sein, es besteht hierin eine Analogie zu den von Karl Martell an der Rednitzlinie errichteten Königshöfen. Die ausgezeichnet sichere Lage in der Nähe des Königshofs könnte Cadolt neben der vorhandenen Fernstraße mit dem Flussübergang an der Altmühl zur Wahl des Standortes für seine Gründung bewogen haben. Unmittelbare militärpolitische Bedeutung hatten die Königshöfe und Klöster während der Auseinandersetzung des fränkischen Kaisers im Jahr 787 mit dem bayerischen Herzog Tassilo. Das Sualafeld wurde kaiserliches Durchmarschgebiet, die Königshöfe und Klöster waren als sichere Lagerplätze und bei der Versorgung der Truppen strategisch höchst relevant.

Bei dem Versuch, den Zeitraum der Gründung Cadolts einzugrenzen, ist dies ein wichtiger Aspekt. Margarete Adamski (1954) legt sich sogar definitiv fest in dieser Frage. „Es wird kein Fehlschluss sein, wenn man … die Übergabe Herriedens an die Krone in die Vorbereitungszeit für den Bayernfeldzug datiert und die Gründung des Klosters unmittelbar vorher ansetzt." Etwa zehn Jahre nach seiner Gründung, also um das Jahr 796, muss das Kloster schon über eine ausreichende wirtschaftliche Leistungsfähigkeit verfügt haben, da das Kloster Herrieden seinen Abt in die Lage versetzen konnte, am Feldzug gegen die Avaren teilzunehmen und anschließend als einziges fränkisches Kloster an der Christianisierung der eroberten niederösterreichischen Gebiete beteiligt war.

Zieht man die Erkenntnisse aus der Analyse des Zeitgeschehens und der neuesten Namensforschung, wie sie oben beschrieben sind, mit ein beim Versuch, das Wirken Cadolts zu beschreiben, so erkennen wir Facetten eines Mannes, der in einem großen Raum, von Cadolzburg über Katzwang und Herrieden extreme logistische Leistungen für das Frankenreich vollbrachte und dabei zugleich die Kirche förderte. Der Nobilissimus-Cadolt aus Ellwangen, der Gründer des Klosters in Herrieden und weiterer Orte gehörte der Sippe an, die entlang der Flüsse Altmühl, schwäbischer und fränkischer Rezat und Regnitz die fränkische Herrschaft repräsentierte und in den Kanalbau Karls des Großen maßgeblich eingebunden war.

Abschließende Gedanken

Bei einer spontanen und unsystematischen Befragung einiger Bürger Herriedens und dessen näherer Umgebung im Sommer 2009 konnte niemand etwas mit dem Namen Cadolt in Verbindung bringen. Zu Unrecht ist er in Vergessenheit geraten, seine Bereitschaft, sein Leben und Wirken staatstragend und zugleich kirchendienlich auszurichten, könnte vorbildlicher nicht sein. Cadolt war sich seiner Verantwortung aufgrund der familiären Einbindung und Abstammung bewusst, er ließ sich in die übergeordnete, staatlicherseits als wichtig angesehene Aufgabe des Kanalbaus und der Siedlungspolitik einbeziehen. Er zeichnete sich als ein loyaler, zuverlässiger, das größere Ganze im Blick habender und gleichzeitig das im Alltag zu Erledigende tatkräftig angehender Protagonist aus, ohne dass ihm dabei seine persönlichen Interessen und die Machterlangung und -ausübung zu stark im Wege waren.

Ganz wesentlich ist aus seinem Leben abzuleiten, dass das machtpolitische Handeln der Regierenden eng verbunden war mit dem Aufbau kirchlich-pastoraler Strukturen. Zugleich verdeutlicht gerade auch das Mitwirken am Kanalbau, wie wesentlich es für jede Zeit ist, die Knotenpunkte beziehungsweise die Verkehrswege zu erkennen und mit verlässlichen Stadthaltern zu besetzen. Würde ein strategisch denkender Organisator, wie Cadolt es wohl war, der zudem bereit war, sich auch in eine praktische Herausforderung einfügen zu lassen, heute wiederum auf einen Kanalbau setzen? Wo und worin würde er für die Zukunft der Kirche und Gesellschaft notwendige neue Kommunikations- und Transportwege sowie Verkehrsknotenpunkte erkennen, identifizieren und besetzen? Cadolt, der stille fränkische Macher, stellte sich damals einer politischen und pastoralen Herausforderung. In dieser engen Verbindung wirkt er als Bistumsheiliger auf uns ein.

Literaturhinweise
ADAMSKI, MARGARETE, Herrieden Kloster, Stift und Stadt im Mittelalter, Kallmünz 1954, S. 1–23.
HÄFELE, HUBERT, Cadolt, der Gefährte Hariolfs, in: Ellwanger Jahrbuch 2006/2007, hrsg. vom Geschichts- und Altertumsverein e. V., Ellwangen 2008, S. 489–505.
MEYER, JULIUS/BAYER, ADOLF, Brügels Onoldina, Heft 1, Ansbach, 1955, S. 21–25.
RITZER OSB, DEOCAR, Sankt Deocar – 1. Abt von Herrieden, in: Herrieden – Stadt an der Altmühl (Herriedener Heimatbuch), Herrieden, 1982, S. 48–49.
RÜGER, GÜNTHER/STAFSKI, HEINZ, St. Vcit und sein Reliquiar zu Herrieden, in: Jahrbuch des historischen Vereins für Mittelfranken Bd. 78, Ansbach 1959, S. 54–63.
Pastoralblatt des Bistums Eichstätt 18 (1871), S. 127.

Georg Härteis

Deocar (ca. 738–824)
Ein Patron der Menschenführung

Deocar ist selbst im Bistum Eichstätt wenig bekannt. Im amtlichen liturgischen Kalendarium des Bistums steht beim 7. Juni kleingedruckt der Hinweis: „In der Pfarrei Herrieden wird heute des seligen Deocar gedacht". Das ist ein dürftiges Gedenken für eine Gestalt, die am Anfang der Glaubensgeschichte der Diözese Eichstätt steht und eine durchaus respektable Geschichte der Verehrung aufzuweisen hat. Die ehemalige Stiftskirche in Herrieden birgt im Hochaltar den barocken Glasschrein und in einer Seitenkapelle den spätgotischen Reliquienschrein aus der Zeit des Bischofs Wilhelm von Reichenau (1464–1496). Im Gundekarianum des 11. Jahrhunderts erscheint er als Diözesanheiliger mit der Anrufungsformel: „Sit de Ditkero plebi spes, gratia clero" – Deocar schenke Hoffnung dem Volk, dem Klerus Gnade.

Deocar in Fulda

Fulda war ein Hauptort in der geistigen Landschaft um 800. Dort war so etwas wie eine Art Kaderschule für Personen, die Führungsaufgaben in Gesellschaft und Kirche übernehmen sollten. Hier hat Deocar seine Ausbildung erhalten. Sein ursprünglicher germanischer Name war Tietger und bedeutet „Speer des Volkes" (Althochdeutsch „theot = Volk" und „Ger = Speer"). Ein Waffenträger, Vorkämpfer des Volkes, sollte er werden. In Fulda hat er den lateinischen Namen Deocarus angenommen: wertvoll, teuer für Gott, also Gott-lieb. Deocar ist kein Krieger geworden, sondern ein Mann der Kirche, der als Mönch ein Leben im Geiste des hl. Benedikt führte. Seine weisenden Hände zeigen die Richtung als Patron der Menschenführung, wie man das Bild im Gundekarianum deuten kann. Das 1000jährige römische Weltreich war in den Wirren der Völkerwanderung untergegangen: seine Grenzen und Provinzen, die Städte einschließlich der Hauptstadt, die politische Ordnung und Sicherheit, die kulturellen Einrichtungen, die Straßen waren verwüstet. Die Kirche rettete im 6. und 7. Jahrhundert einen Teil des Bildungsgutes der Antike durch ihre Klöster. So lernte Deocar im Kloster Fulda die für das Studium notwendigen Septem artes liberales, die Sieben Freien Künste – Grammatik, Dialektik und Rhetorik sowie Arithmetik, Geometrie, Astronomie und Musik.

Er hatte die beiden bedeutendsten gelehrten Zeitgenossen als Lehrer: Alkuin und Hrabanus Maurus, den man den Praeceptor Germaniae, den Lehrer Deutschlands, nannte. Das Reich wurde mit einem Netz von Bildungseinrichtungen überzogen. Die erste Enzyklopädie mit allen bekannten Wissensgebieten, Kommentare zur Heiligen Schrift und ungemein kunstvolle Gedichte in Wort und Bild, an Kreuzworträtsel erinnernd, entstanden in Fulda. Ein unvergängliches Beispiel für den hohen Standard ist der Hymnus Veni creator spiritus.

744 hatte Bonifatius das Kloster Fulda gegründet als zentralen Stützpunkt für die Missionsarbeit und die Organisation der Kirche Deutschlands. Er schuf eine kirchliche „Landkarte" mit Klöstern und Diözesen, die auch heute noch weithin gültig ist. Er trieb eine geschickte Personalpolitik und hielt engen Kontakt zum Papst und den Frankenherrschern.

Deocar in Herrieden

Schon früh wurden das Besondere an der Person Deocars erkannt und seine Intelligenz und Glaubenstreue gepriesen. Er wurde mit Gefährten von Fulda aus als Gründungsabt an die obere Altmühl geschickt. Eine kleine Martinskirche und ein karolingischer Königshof befanden sich auf der Anhöhe. In der Nähe des Flusses aber bestimmte er den Ort der Klostergründung im sicheren Gefühl oder Wissen, dass dort ein tragender Baugrund ist. Ein Vergleich mit Willibald und Eichstätt knapp fünf Jahrzehnte vorher liegt nahe. Deocar war Mitglied der Kaiserlichen Hofkapelle, wurde als Beichtvater Karls des Großen bezeichnet und war mehrfach als missus regis, als Königsbote im diplomatischen Dienst, tätig. Er nahm teil an der Übertragung der Gebeine des hl. Bonifatius nach Fulda. Der 7. Juni 824 gilt als sein Todestag. Und über seinen Tod hinaus wird er noch heute in Herrieden als Heiliger verehrt.

Deocar in Nürnberg

Die Wirkungsgeschichte Deocars war in Nürnberg im Grunde unglaublich. Die Reichsstadt Nürnberg hatte 1316 Ludwig den Bayern im Kampf gegen Friedrich den Schönen unterstützt. Eine historisch nicht haltbare Nachricht besagt, dass in Herrieden ein Attentat auf Ludwig verübt werden sollte. Der Kaiser bestrafte mittels der Reichsstadt das kleine Herrieden, weil es beim Kampf um die Königsmacht auf der Seite der Unterlegenen war. Nürnberg vollzog die Exekution, schleifte die Mauern, nahm den Großteil der Deocar-Reliquien mit und verhinderte so, dass Herrieden ein Wallfahrtsort wurde.

Es kamen nun Nürnbergs große Jahrhunderte. Die Kaiserstadt stieg zu einer Wirtschafts- und Kulturstadt Europas auf. Zur Deocar-Verehrung hat auch die innerstädtische Rivalität der beiden Stadtteile um die Sebaldus-Kirche und die Lorenz-Kirche beigetragen. Die Sebaldus-Stadt hatte einen Vorsprung an Alter und Würde wegen ihrer Kirche und des grandiosen Grabmonuments von Adam Kraft für den hl. Sebald. Um mit dem Konkurrenten gleichzuziehen oder ihn gar zu überflügeln, brauchte St. Lorenz einen Mitstreiter in der Gestalt des hl. Deocar. Dieser war von fränkischer Herkunft, eine geschichtlich fassbare Gestalt, ein Vertrauter und Gesandter von Kaiser Karl dem Großen, der ihn sogar besuchte, ein Wundertäter, ein Mann von Kultur und Bildung – wie geschaffen zum Patron der Kaiserstadt Nürnberg im Zenit ihrer Ausstrahlung.

Die Lorenzkirche wurde im 15. Jahrhundert erweitert mit dem Hallenchor und umgestaltet für die Deocar-Verehrung. Der wertvollste Altar in dieser an Kunstwerken überreichen Kirche ist der Deocar-Altar, auch 12-Boten-Altar genannt, in dem unser Heiliger in die Reihe der Apostel um Christus als 13. Apostel für das Frankenland aufgenommen ist. Deocar ist sogar herausgehoben und in eine besondere Beziehung zu Christus gesetzt.

Wenn die Kaiser in diesem Jahrhundert ihre Stadt besuchten und beim Königstor Einzug hielten, stiegen sie bei St. Klara ab, um sich zur Begrüßung die Kopfreliquie des Reichsheiligen Deocar auf das Haupt legen zu lassen.

Im Nürnberg der Reformation erlosch die Deocar-Verehrung. Als während der Säkularisation und nach der Eingliederung ins Königreich Bayern (1806) die Stadt in Geldnöten war, wurde der Silberschrein eingeschmolzen. Weil das evangelisch gewordene Nürnberg auf die Reliquien keinen Wert mehr legte, kamen sie durch Bischof Karl August Graf von Reisach 1845 nach Eichstätt, Herrieden und München. Bei einem Bombenangriff gingen sie in München verloren. In Eichstätt gibt es seitlich des Hochaltars ein Reliquiar von Deocar.

Deocar – ein Patron der Menschenführung

Deocar gehörte zum Orden des hl. Benedikt, der ein Meister der Menschenführung war. In seiner Regel (2. Kapitel) wird beschrieben, wie schwer und verantwortungsvoll die Kunst ist, Menschen zu führen: „der Eigenart vieler dienen, die Seelen leiten; den einen mit Güte, den anderen mit Tadel, einen dritten mit Zureden lenken. Je nach der Eigenart und Fassungskraft eines jeden passe und schmiege er sich allen so an, dass niemand Schaden leidet."

Kaiser Karl der Große betrieb Bildungspolitik und wurde zu einem Architekten eines Europas der Bildung. In einer groß angelegten Bildungsoffensive förderte er die schulische

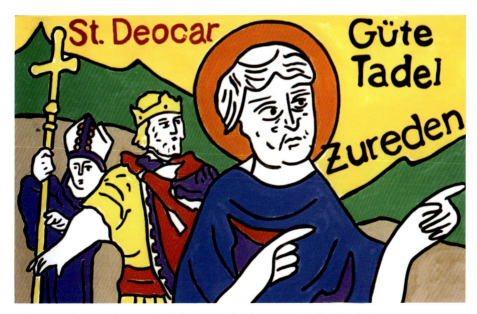

Hl. Deocar als Patron der Menschenführung, Acryl auf Leinwand, Walter Gaudnek 1997

Bildung und Kultur. Von einem solchen Bildungsniveau in Theologie, Naturwissenschaft, Politik und Kunst profitierte Deocar und wurde selbst zu einem Lehrer und Führer in der Formung von Menschen.

Deocar im Bild von Walter Gaudnek

In den 13 Jahren als Pfarrer in Herrieden (1994–2007) ist bei mir eine innere Nähe zu Deocar gewachsen. Nicht, dass ich etwas zur historischen Erschließung hätte beitragen können. Ich wollte vielmehr etwas beitragen zu seinem geistigen Porträt und zu seiner aktuellen Bedeutung für uns: Deocar als Patron der Menschenführung. Walter Gaudnek, ein deutsch-amerikanischer Kunstprofessor, der seine Jugend in Ingolstadt verbrachte, hat dies ins Bild gesetzt mit den programmatischen Worten des hl. Benedikt: Güte – Tadel – Zureden. Deocar geht den Vertretern von weltlicher und kirchlicher Macht (Kaiser und Bischof) voraus und weist mit der Geste im Gundekarianum den Weg. Gaudnek entnimmt dieses Bild-Zitat der ältesten Deocar-Darstellung, die er verfremdet und in Pop-Art aktualisiert.

Auf der Suche nach Deocar – eine persönliche Episode

Als ich einmal in der Lorenzkirche in Nürnberg die nicht wenigen Deocar-Bildnisse zusammensuchte, sprach mich einer an, ob ich denn alles gefunden hätte, was ich suchte. Ich meinte, es müsse noch eine Darstellung auf einem Restteil des Imhoff-Altars geben. Er machte sich mit mir auf die Suche und als wir fündig wurden, reagierte ich wohl allzu freudig. Es kam nämlich ein anderer Besucher auf mich zu und rügte mich mit deutlichen Vorwürfen, ich wüsste mich nicht in einer Kirche zu benehmen – der hl. Deocar aber verdient es, ihn zu entdecken und sich darüber zu freuen.

Literaturhinweis
SCHAUBER, VERA/SCHINDLER, HANNS M., Heilige und Namenspatrone im Jahreslauf, München 2001, S. 279–280.

Josef Kraus

Wiltrud (Biletrud) († um 1000)
Weltliche (Ohn-)Macht und spirituelle Energie

Woher man sich dem Dorf Bergen bei Neuburg a. d. Donau auch nähert, ob aus dem Schuttertal von Meilenhofen herauf oder von einem der umgebenden Hügel herab, sofort wird das Auge von einem wuchtigen Bau mit gedrungenem, frei stehendem Turm angezogen. Es ist die Pfarr- und Wallfahrtskirche Heilig Kreuz. Im Kirchenraum entfaltet sich helle, barocke Pracht, die nach der Generalsanierung von 2001–2003 wieder neu leuchtet. Ihre jetzige Gestalt erhielt die Kirche in den Jahren 1756–58 unter der Leitung des Eichstätter Hofmaurermeisters Giovanni Domenico Barbieri. Dieses Gebäude des Glaubens steht auf dem über 1000 Jahre alten Fundament der Stiftung Wiltruds, einer Frau, die nach durchlebten Höhen und Tiefen in den Spielen und Kämpfen der Macht deren Vergänglichkeit vielleicht so klar durchschaut hatte, dass sie willens und in der Lage war, ihr Leben an einer neuen Sinngebung zu orientieren, ihren Besitz einzusetzen für die Errichtung eines geistlichen und wohl auch kulturellen Zentrums, des Benediktinerinnenklosters Bergen.

Biographische Skizze

Über Wiltrud gibt es nur spärliche Quellen. Gestützt auf die einzige um 1360 entstandene und als Abschrift aus dem 16. Jh. erhaltene chronikähnliche Schrift über die Frühzeit des Klosters sowie auf die Klosterbeschreibung des Humanisten und Pfarrers Caspar Bruschius aus dem 16. Jh. kann man annehmen, dass Wiltrud eine Nichte Kaiser Ottos I. (936–973) war. Es heißt in der Chronik über Wiltrud, mit dem Beinamen Pia: „So was dieselb Pya ein Tochter Herzog Gyselbrechts von Pelgarn und von Lewtteringen" (von Belgien und Lothringen) „und Frauen Gerbygen, des ersten Keysers Otten Swester."

Noch als Kind wurde Wiltrud um 938/39 von ihrem Onkel, Kaiser Otto I., seinem Gefolgsmann Berthold, 938–945 Herzog von Bayern, neben ihrer Mutter als mögliche Frau zur Heirat angeboten. Berthold spielte einen wichtigen Part bei der Abwehr der vordringenden Ungarn und erwarb sich dadurch hohe Anerkennung. Der zeitgenössische Chronist Liudprand, ab 961 Bischof von Cremona, schreibt, dass Berthold über die Botschaft des Kaisers überaus erfreut war, es aber vorzog, auf die noch nicht heiratsfähige Tochter zu warten, statt die verwitwete Mutter zu ehelichen. Als Wiltud 12 Jahre alt war, konnte die Ehe geschlossen werden. Sie dauerte jedoch nur einige Jahre, da Berthold 947 starb. Wiltrud stand mit ihrem zweijährigen Sohn Heinrich nun alleine da, bald auch mittellos. Ihr wurden nämlich die Güter, die sie von Berthold bekommen hatte, darunter auch Bergen, wieder aberkannt – vielleicht, weil sie sich 953 an einem erfolglosen Aufstand der Luitpoldinger, dem Adelsgeschlecht ihres Mannes, gegen ihre Onkel aus dem Geschlecht

Blick auf Bergen (von Süden), Pfarr- und Wallfahrtskirche „Heilig Kreuz"

der Liudolfinger, Kaiser Otto I. und den bayrischen Herzog Heinrich I., beteiligt hatte. Es dauerte zwei Jahrzehnte, bis Wiltrud ihren rechtmäßigen Besitz von ihrem Cousin, Kaiser Otto II. (973–983) wieder zurückerhielt, beurkundet am 29. September 976. Die Rückgabeurkunde wurde als kostbarstes Gut im Archiv des Klosters Bergen aufbewahrt, 1357 vom Eichstätter Bischof Berthold noch bestätigt, ging dann aber verloren. Die Aufbewahrung im Klosterarchiv weist auf Wiltrud als Gründerin hin. Als Stifterin hat Wiltrud dem Kloster auch ihre Besitzungen vermacht, die hauptsächlich im sogenannten Nordgau gelegen waren, nördlich der Donau und östlich der Linie Fürth–Roth–Neuburg, mit einer besonderen Konzentration um Hersbruck herum. Dies findet sich bestätigt in einer ebenfalls nur in Abschriften vorhandenen, für den Bestand und die Weiterentwicklung Bergens jedoch enorm wichtigen Urkunde, die Papst Johannes XV. 995 ausgestellt hat. Dort heißt es, „das Frau Biledrutt von irem Aigenthum, in der Gegend Norckew genannt und in der Grafschaft Graf Heinrichs gelegen, hat angefangen ein Closter zu pawen, Pärgen genannt, in den Eren der heiligen Junckfrauen Marie und des heiligen Sandt Johannsen Ewangelisten geweicht, und hat da ein Sammenung heiliger Closterfrauen gewidmet und ein Namen einer Abtey benennt". Durch diese Urkunde, in der Bergen erstmals schriftlich genannt ist, kam das Kloster zudem unter päpstlichen Schutz. Die Zahl der Nonnen wurde auf 40 festgesetzt. Eine Äbtissin sollte die geistliche Leitung innehaben, ein Vogt die weltliche, verbunden mit der Schutzfunktion. Wiltrud sollte zu Lebzeiten Einfluss auf die Wahl der beiden haben. Nach ihrem Tod sollte das freie Wahlrecht auf die Nonnen selbst übergehen.

Wiltrud starb an einem 6. Januar um das Jahr 1000. Ihr Name bedeutet „Willensstarke". In Verehrung wurde ihr der Beiname Pia, die „Fromme", gegeben. Sie wird mit einer Taube dargestellt, als Äbtissin, die ihre Krone abgelegt hat und der eine Kreuzerscheinung zuteil wird. Letzteres darf man als Hinweis nehmen, dass die Kreuzverehrung im Kloster Wiltruds gepflegt wurde. Der Legende nach soll die bayerische Herzogin Judith, eine Nichte Wiltruds, einen im Heiligen Land erworbenen Kreuzpartikel der Tante für ihr Kloster geschenkt haben. Durch das 1291 erstmals bezeugte Kirchenpatrozinium „Hl. Kreuz" gilt es als sicher, dass zu dieser Zeit eine Reliquie in Bergen war und verehrt wurde.

Entwicklungsskizze des Klosters Bergen

Zeit seines Bestehens war das Benediktinerinnenkloster Bergen immer wieder vom Ineinander, Mit- und Gegeneinander geistlicher und weltlicher Macht betroffen. Heinrich II., 1002–1024 deutscher König, schenkte die Abtei Bergen seinem neu gegründeten Erzbistum Bamberg. Als ehemaliger bayerischer Herzog betrachtete er offensichtlich Bergen als sein Eigen. Die Schenkung änderte zwar nichts an der Zugehörigkeit zum Bistum Eichstätt, bedeutete aber doch eine Einflussteilung zwischen Eichstätt im geistlichen und Bamberg im weltlichen Bereich. So setzte Bischof Gunther von Bamberg (1057–1065) die Äbtissin ab, als das Leben im Kloster Bergen durch Verschwendung des Klosterschatzes, durch Misswirtschaft sowie willkürliche Verkleinerung des Konvents sittlich zu verwahrlosen drohte. Die Folge war, dass die Mehrzahl der Nonnen nach Hersbruck ging, einem wirtschaftlich wichtigen Besitz von Bergen auf Bamberger Territorium. Eichstätts Bischof Gundekar II. (1057–1075) protestierte heftig gegen seinen Mitbruder, warf ihm sogar vor, den Besitz des hl. Willibald beraubt zu haben, forderte aber vergeblich die Rückkehr der Schwestern.

Die Gefahr der Spaltung wurde erst Mitte des 12. Jahrhunderts beseitigt. Bischof Eberhard II. von Bamberg und Papst Eugen III. beauftragten Abt Gottfried von Admont, für Bergen eine Äbtissin auszuwählen. Dem Kloster Admont in der Steiermark, einem der führenden Reformklöster im Geiste von Cluny und Hirsau war nach cluniazensischem Vorbild ein Frauenkloster angegliedert. Abt Gottfried besuchte die Konvente in Bergen und Hersbruck und setzte fest, dass Bergen die Abtei bleiben solle. Als Äbtissin schlug er Reginlind, eine gebildete Klosterfrau aus Admont, vor. Diese kam mit sechs Nonnen nach Bergen. Am 5. September 1156 wurden mit ihrer Bestätigung und Konfirmierung durch die Bischöfe Eberhard II. und Konrad I. von Eichstätt die beiden Konvente wieder zusammengeführt. Mit der Durchführung der Reform nahm das Klosterleben wieder einen Aufschwung und festigte sich. Seinen sichtbaren Ausdruck fand die Neubelebung im Bau einer romanischen, dreischiffigen Hallenkirche, die um 1190 vom Eichstätter Bischof Otto geweiht wurde.

Holzschnitt der seligen Wiltrud von Bergen aus der „Sipp-, Mag- und Schwägerschaft Kaiser Maximilians" von Leonhard Beck, um 1516

Als im 14./15. Jh. erneut eine große geistige Erneuerung des Ordenslebens einsetzte, besonders vorangetrieben von den Benediktinerklöstern Kastl und Melk, schloss sich Bergen den Reformwegen von Melk an. Kennzeichnend dafür war u. a. die Förderung einer lebendigen Liturgie und eines guten Schulwesens. Ihren Niederschlag fanden die Reformgedanken in der Klosterordnung, die der Eichstätter Bischof Johann III. von Eych im April 1458 für den Bergener Konvent erließ. Sie sollte vierteljährlich vorgetragen, aus der Regel des hl. Benedikt sollte täglich in deutscher Sprache vorgelesen werden.

Die Reformation betraf Kloster Bergen direkt. Im April 1543 ließ Pfalzgraf Ottheinrich in Neuburg die erste neue lutherische Kirchenordnung veröffentlichen und ordnete im Juni deren Einführung an. Die Nonnen von Bergen mussten sich entscheiden. Äbtissin Euphemia Pirckheimer und der größte Teil des Konvents hielten am bisherigen Bekenntnis fest, sodass im Mai 1544 die Äbtissin trotz des Protestes des Eichstätter Bischofs Moritz abgesetzt wurde. Bis September 1544 mussten die Nonnen, die die lutherische Kirchenordnung nicht anerkannten, das Kloster Bergen verlassen. Nachdem Neuburg 1547 von den kaiserlichen Truppen eingenommen und wieder katholisch geworden war, konnte Äbtissin Euphemia mit einer Reihe von Nonnen nach Bergen zurückkehren. Das Klosterleben wurde wieder praktiziert, es gab sogar Neuaufnahmen.

Als jedoch Ottheinrich im April 1552 wieder in den Besitz von Pfalz-Neuburg kam, verlangte er bereits im Mai von den Schwestern, dass sie „von irn bäbstlichen Misbräuchen und Ceremonien absteen und sich angeregter Kirchenordnung gemes halten". Trotz Entgegenkommens der Äbtissin beharrte Ottheinrich auch auf der Verzichtserklärung von 1544, sodass die Nonnen Bergen wieder verlassen mussten – und nun für immer.

Das Ende der Abtei Bergen war gekommen. Durch die vertriebenen Schwestern aber wurden die Grundsätze des Bergener Klosterlebens in andere Klöster, z. B. Hohenwart und Kühbach, getragen und dort weiter mit Leben erfüllt. Durch das Verbleiben der Nonnen, die die lutherische Kirchenordnung anerkannt hatten, fiel das Kloster glücklicherweise nicht dem Ausverkauf zum Opfer.

Nachdem Pfalzgraf Wolfgang Wilhelm zum katholischen Glauben übergetreten war, holte er 1616 im Zuge der Gegenreformation Jesuiten nach Neuburg und entwickelte die Stadt zu einem geistigen Zentrum. 1638 konnten die Jesuiten ihr eigenes „Neuburger Seminar" errichten. Dieses wurde zum Teil aus der Vermögensmasse des Klosters Bergen unterhalten, dessen Nutzung 1641 ganz den Jesuiten übertragen wurde. Papst Klemens X. bestätigte beides 1674 durch eine Inkorporationsurkunde.

Damit waren die Jesuiten bis zur Aufhebung des Ordens 1773 Administratoren von Bergen. In dieser Funktion veranlassten sie auch den Umbau der dreischiffigen, romanischen Hallenkirche in die barocke Saalkirche.

Sie wollten damit die zu Beginn des 18. Jahrhunderts bedeutende, in der Folgezeit jedoch zurückgegangene Heilig-Kreuz-Wallfahrt nach Bergen wieder beleben. Mit der prachtvollen Inszenierung der Wallfahrtsthematik in der neu gestalteten Kirche, vom Hochaltarbild angefangen über die Deckengemälde bis zu den Epitaphen, fand dieses Bestreben seinen Höhepunkt.

Heute wird das Kreuzpartikelreliquiar in der Krypta der Wallfahrtskirche präsentiert. Dieser besondere Ort, der älteste bauliche Überrest des von Wiltrud gestifteten Benediktinerinnenklosters Bergen, verbindet den Ursprung mit der Gegenwart. Heute suchen Menschen angesichts der Anforderungen und Überforderungen des global vernetzten, schnellen, immer aktiven modernen Lebens nach Orten, wo sie einfach sein können. Viele haben sich von den religiösen Ausdrucksformen kirchlich-gemeindlichen Lebens verabschiedet, fragen aber nach heilsamer Unterstützung, um die oft extremen Anforderungen des Alltags zu bewältigen. Möglichkeiten des „regrounding", der Erdung, der Entschleunigung, der Ergründung eines Sinnzusammenhangs sind es, was diese Menschen von der Kirche erwarten.

Ein Ort wie Bergen lädt ein, verstärkt darüber nachzudenken, wo und wie dafür Platz in der pastoralen Arbeit ist.

Literaturhinweise
Katholische Kirchenstiftung Bergen (Hrsg.), Pfarr- und Wallfahrtskirche Heilig Kreuz Bergen b. Neuburg/Donau, Münsterschwarzach 2006.
Seitz, Reinhard H., Das Benediktinerinnenkloster Bergen und die Bergener Klosterkirche, in: Bruno Bushard/Walter Pötzl/Reinhard H. Seitz/Erich Steingräber (Hrsg.), Kloster Bergen bei Neuburg an der Donau und seine Fresken von Johann Wolfgang Baumgartner. Kunst in Bayern und Schwaben Band 3, Weißenhorn 1981, S. 5–38.
Wimmer, Otto/Melzer, Hartmann, Lexikon der Namen und Heiligen, Innsbruck ^{5}1984.

Christoph Wölfle

Irmingard von Roßtal (10./11. Jh.)
Vergessene Heilige im Norden der Diözese Eichstätt

St. Laurentius in Roßtal

Im nördlichen Teil der Diözese Eichstätt, im Landkreis Fürth, 15 km südwestlich von Nürnberg, liegt der Markt Roßtal. Nach dem Zweiten Weltkrieg haben sich dort Heimatvertriebene niedergelassen und bereits 1950/51 die katholische Kirche Christkönig errichtet. Wer jedoch als Gast zum ersten Mal nach Roßtal kommt, wird von dem mächtigen Bauwerk der St.-Laurentius-Kirche beeindruckt, welches das Ortsbild dominiert. Diese Kirche, deren Ursprünge bis ins 11. Jahrhundert zurückreichen, wurde bald nach der Reformation Pfarrkirche der evangelischen Gemeinde. Hält man sich vor Augen, dass Roßtal nach Schätzungen von Historikern im 11. Jahrhundert weniger als 200 Einwohner hatte – Nürnberg war zu dieser Zeit noch gar nicht gegründet – drängt sich aus historischer Sicht, aber auch aus der heutigen Perspektive die Frage auf, weshalb dieses Gotteshaus und auch das Pfarrhaus, verglichen mit Kirchenbauten in entsprechenden Ortschaften, in dieser überdimensionalen Größe und in dieser reichen Ausstattung erbaut wurde. Bei dem Versuch, eine Antwort auf diese Frage zu finden, stößt man unweigerlich auf die Stifterin der Kirche: eine Frauengestalt des Mittelalters mit dem Namen Irmingard. Wer war diese Irmingard? Was bewog sie eine derartige Kirche aufzubauen? Gerne möchte man mehr über diese Frau und ihr Wirken in Roßtal erfahren.

Die hl. Irmingard von Roßtal

Wie so oft, wenn es um Personen des Mittelalters geht, ist die Rekonstruktion einer Lebensbeschreibung auch im Falle der Irmingard von Roßtal schwierig, da weder Selbstzeugnisse, Briefe, Biographien, noch Quellentexte mit Hinweisen auf ihr Leben existieren. An Hand von wenigen Überlieferungen soll im Folgenden der Versuch unternommen werden, das in den Blick zu nehmen, was sich heute noch bezüglich dieser Lokalheiligen nachzeichnen lässt.

Die ersten Stolpersteine, diese Frau näher kennenzulernen, fangen schon bei ihrem Namen an: Irmingard – Irmingart – Irmelgard – Ermengard – Erbelgard – Ermindrut – Ermintrud – Irmentrud. Diese Namensformen tragen einen fast identischen Bedeutungssinn: allumfassende Stärke bzw. Schutz. Es war im Mittelalter ein vielfach anzutreffender Name. Die erste Namensvariante „Irmingard" ist am häufigsten zu finden.

Auf folgenden drei bedeutenden frühen Textzeugnissen basieren die später in der Literatur entwickelten Überlegungen zum Leben der hl. Irmingard:

Eine erste Notiz über Irmingard findet sich in dem handschriftlich überlieferten Gedicht „Herzog Ernst" in den Schlusszeilen. Dort wird auf ihre Grablege in der Roßtaler Laurentius-Kirche hingewiesen. Vermutlich fügte ein mittelfränkischer, gelehrter Geistlicher in der zweiten Hälfte des 13. Jahrhunderts folgende Schlussverse hinzu:

„dâ liget ouch diu hât an gesigt
der werlde grus, frou Irmegart.
Zir gnâden ist grôziu vart:
Got vil zeichen durch sie tout,
der gebe uns ouch ein ende gout.

Dort liegt auch Frau Irmegart begraben,
die den Lockungen der Welt entsagt hat [Hinweis auf Ordensstand].
Zu ihren Ehren besteht eine große Wallfahrt:
Gott wirkt durch sie viele Zeichen und
er möge uns auch ein gutes Ende gewähren."

Die „Chronica Baioariorum" (15. Jahrhundert) führt aus, dass unterhalb des Chores der Roßtaler Kirche eine Frau namens Irmelgard bestattet ist, über deren Grabstätte ein Altar zu Ehren der Muttergottes gewesen sein muss. Dabei wird über sie weiter ausgesagt, dass ihr Grab oft von Gläubigen besucht worden sein soll, was der Aussage des oben zitierten Gedichtes entspricht. Darüber hinaus stellt der Verfasser dieser Chronik, Veit Arnpeck, Irmingard als Ehefrau des ebenfalls in der Kirche bestatteten Herzogs Ernst vor.

Weiterhin berichtet Caspar Brusch in seinen Reiseaufzeichnungen aus dem 16. Jahrhundert, dass im Gau Roßtal eine sehr geräumige Pfarrkirche liegt, die von der hl. Erbelgard errichtet worden sein soll und fügt zwei weitere Notizen über die Kirchenstifterin an, dass sie Rheingräfin und eine leibliche Schwester der Kaiserin Kunigunde gewesen sei. Wie in den vorhergehenden Notizen zu Irmingard ist sie auch nach Brusch Gattin von Herzog Ernst.

Heute ist es wissenschaftlicher Stand, dass es sich bei diesem Herzog nicht um den Gatten Irmingards handelt. Herzog Ernst war der engste Vertraute und zugleich ein Verwandter König Ludwigs des Deutschen in Regensburg. Wegen eines Vertrauensbruchs wurde Ernst 861 nach Roßtal in die Verbannung geschickt. Dort ist er 865 verstorben und bestattet worden.

Ein erster Versuch, die Identität der in den oben stehenden Notizen genannten Irmingard zu erhellen, führt zu der These, dass jene Frau die Rheinpfalzgräfin Irmingard von Hammerstein ist. Dafür wird ins Feld geführt: einerseits der Hammersteiner Ehestreit, andererseits ein Verweis auf Besitzungen der Rheinpfalzgräfin in Ostfranken.

Wenngleich auch die Herkunft der Irmingard von Hammerstein im Dunkeln liegt, spricht doch vieles dafür, dass sie einem um das Jahr 1000 herrschenden Hochadelsgeschlecht entstammt, dem Ardenner Grafenhaus. Vermutlich wurde sie im letzten Drittel des 10. Jahrhunderts geboren, eindeutige Angaben darüber fehlen. Vielfach wird in der Literatur angegeben, dass sie vor ihrer Ehe mit dem Rheinpfalzgrafen Otto von Hammerstein mit dem Rangaugrafen Chounrad/Kuno verheiratet gewesen sein soll. Ihr Mann

Otto von Hammerstein entstammte dem mächtigen konradinischen Adelshaus. Als letzter volljähriger Agnat der Familie und Graf in der Wetterau muss er über ausgedehnte Besitzungen verfügt haben. Seit etwa 1016/17 geriet das Hammersteiner Ehepaar zunehmend in den Fokus der Politik. Unter Kaiser Heinrich II., Gründer des Bistums Bamberg, kam es zu einer Förderung der kirchenreformerischen Bestrebungen seiner Zeit, was auch die Durchsetzung des häufig missachteten kirchlichen Verbots von Nahehen einschloss. Nach damaliger kanonischer Rechtsprechung galt Verwandtschaft bis ins 7. Glied als Ehehindernis. Da die Urgroßmutter Irmingards und die Ur-Urgroßmutter Ottos Schwestern waren, konnte Kaiser Heinrich II. gegen diese Ehe wegen zu naher Verwandtschaft gemäß der kanonischen Zählung Einspruch erheben. Möglicherweise wurde diese religiöse Intention durch das Interesse verschärft, die Machtstellung des Paares am Rhein, in der Wetterau und in Franken zu beseitigen. Das Paar hatte mehrere Vorladungen auf Synoden ausgeschlagen und wurde dann in Nimwegen am 16. März 1018 wegen seiner Verwandtenehe und wegen Nichtachtung wiederholter Ladungen exkommuniziert. Daraufhin erbat Otto von Hammerstein im Mai desselben Jahres von Heinrich II. und Erzbischof Erkanbald von Mainz Gnade und Dispens, die jedoch nicht gewährt wurden, da drei Zeugen die Nahehe bestätigten. Obwohl Otto vorgab, sich dem Urteil zu beugen und sich von seiner Frau zu trennen, geschah nichts dergleichen, was zu neuerlichen Ermahnungen seitens des Erzbischofs von Mainz führte. Dadurch sah sich der Rheinpfalzgraf veranlasst, sich des Störenfriedes zu erwehren und fiel in Mainzer Gebiet ein, und versuchte den Erzbischof zu überfallen, womit er sich des Landfriedensbruchs schuldig gemacht hatte. Dies führte dazu, dass kaiserliche Truppen die Burg Hammerstein, auf die sich das Ehepaar zurückgezogen hatte, belagerten. Nach drei Monaten ergab sich das Hammersteiner Paar Weihnachten 1020. Über die beiden wurde die Reichsacht verhängt. Dies zog den Verlust aller Reichs- und kirchlichen Lehen wie der meisten Eigengüter nach sich. In diesem Zusammenhang fielen auch die ostfränkischen Besitzungen Irmingards, Langenzenn und Herzogenaurach, an das Bistum Bamberg. Otto von Hammerstein sah sich durch dieses Vorgehen 1023 gezwungen sich ein zweites Mal zu unterwerfen, wodurch ihm wiederholt die Auflage gemacht wurde, sich von seiner Frau zu trennen. Irmingard jedoch wollte sich diesem Urteil nicht beugen und wandte sich an Papst Benedikt VIII. um eine entsprechende Erlaubnis und Rehabilitation. Aribo, Nachfolger von Erkanbald auf dem Mainzer Bischofsstuhl und Verfechter des kirchlichen Verbots der Nahehe, stellte sich gegen die päpstliche Entscheidung, weshalb ihm Benedikt VIII. das Pallium entzog. Noch bevor es zu einer politischen Auseinandersetzung zwischen Papst und Kaiser Heinrich, der Aribo un-

St.-Laurentius-Kirche in Roßtal (von Osten gesehen)

*Innenansicht der St.-Laurentius-Kirche.
Vor den Stufen in der Mitte des Kirchenschiffes
befindet sich eine zweigeteilte Glasplatte;
an dieser Stelle war das Hochgrab der hl. Irmingard.*

terstützte, kommen konnte, verstarben beide kurz nacheinander. Neuer deutscher König wurde Konrad II., ein Salier. Dieser war mit Otto von Hammerstein verwandt und lebte selbst in einer umstrittenen Verwandtenehe. Mit dem Herrscherwechsel endeten somit auch die Streitigkeiten um die Hammersteiner Ehe. Noch im selben Jahr, 1024, erhielt das Ehepaar verschiedene Güter und Ländereien zur Entschädigung, die mit Roßtal in Verbindung zu bringen sind und somit die These zulassen, dass die Irmingard von Hammerstein, die 1042 starb, die Gründerin der Roßtaler St.-Laurentius-Kirche ist.

Seit einigen Jahren gibt es jedoch einen Ansatz, der die Identität der Irmingard von Hammerstein mit der Roßtaler Irmingard in Frage stellt:

Die Lebensumstände der Irmingard von Hammerstein, die aus dem Ehestreit, der Exkommunikation und der Reichsacht hervorgingen, lassen es fraglich erscheinen, ob es trotz späterer Entschädigung aus materieller und zeitlicher Sicht möglich war, eine derartige Kirche erbauen zu lassen. Ebenso fraglich ist, ob die frühe und intensive Verehrung der Irmingard von Roßtal – wie wir sie aus den oben angeführten Schriften überliefert bekommen haben – bei einer Frau wie Irmingard von Hammerstein möglich gewesen wäre. Hier würde man im mittelalterlichen Kontext eher eine Frau wie z. B. die hl. Elisabeth erwarten, eben eine Persönlichkeit, die mit vorbildlichem christlichen Lebenswandel über viele hervorragende Tugenden verfügt und durch ihr Leben Gott und vielen Menschen in Liebe begegnet.

Der Roßtaler Heimatforscher Günther Liebert vertritt deshalb die These, dass es sich bei der Gründerin der St.-Laurentius-Kirche nicht um Irmingard von Hammerstein handelt, sondern um eine Irmingard (Ermindrut), die eine leibliche Schwester der heiligen Kaiserin Kunigunde war. Er stützt sich dabei auf einen Hinweis aus einem Nekrologium für die Familie der Kaiserin Kunigunde aus dem Kloster Ranshofen in Österreich: „Ermindrut, abba, soror eius, ob." übersetzt: „Ermindrut, Äbtissin, ihre Schwester [gemeint ist Kaiserin Kunigunde] ist verstorben." Die damalige religiöse Endzeitstimmung um den Jahrtausendwechsel, die besondere Frömmigkeit des Kaiserpaares Heinrich und Kunigunde, die damalige Bedeutung des Religiösen, die Parallelen zwischen der Kirche in Roßtal und dem Dom in Bamberg, vor allem die vergleichbaren Hochgräber des Kaiserpaars im Bamberger Dom und der Irmingard in Roßtal, die Tatsache, dass über dem Grab der Irmingard ein Altar zu Ehren der jungfräulichen Gottesmutter Maria errichtet wurde und die Berichte über die immense Verehrung der hl. Irmingard lassen den Schluss zu, dass ein Mitglied der kaiserlichen Familie mit den entsprechenden Gütern ausgestattet wurde, um eine klösterliche Gemeinschaft zu errichten und zu beten. Mit dem Blick eines mittelalterlichen Gläubigen kann man sich gut vorstellen, dass mit dieser nicht unerheblichen Investition folgende oder ähnliche Hoffnungen verknüpft wurden: die Bitte um Schutz und Wohlergehen für die Familie, das Anliegen einer gelingenden Reichsverwaltung durch das Kaiserpaar, um Wohlstand des Volkes, um Abwendung von Schaden im Zuge des Jahrtausendwechsels und vieles mehr. Auf diesem Hintergrund erscheint es plausibel, dass Irmingard beauftragt wurde, in Roßtal als Äbtissin einen Ort des Gebetes und der Beschauung aufzubauen und so Gottes Segen auf Familie und Volk herabzuflehen. Dies würde auch den von Beginn an so groß geplanten Bau der Roßtaler Kirche besser erklären – also bevor die Wallfahrt einsetzte und die große Kirche dann auch benötigt wurde. Ein weiteres Indiz, das diese These stützt, basiert auf der Tatsache, dass die gewaltige Roßtaler Burganlage bis in das 12. Jahrhundert hinein im alleinigen Besitz des Kaisers lag und somit der Bau der St.-Laurentius-Kirche von Roßtal nur mit Zustimmung des Kaisers – in diesem Fall Kaiser Heinrich II. – errichtet werden konnte.

Nach der Vorstellung dieser zwei Thesen zur Person der hl. Irmingard wird deutlich, wie wenig gesicherte Lebensdaten wir tatsächlich haben. Das meiste bleibt im Verborgenen und viel mehr als die Existenz dieser Regionalheiligen und die Umrisse einer großen Wirkungsgeschichte bis zur Zeit der Reformation kann nicht ins Feld geführt werden.

Wirkungsgeschichte und Bedeutung für heute

Die Wirkungsgeschichte der hl. Irmingard kann in zwei große Phasen eingeteilt werden. Vom 11. bis zum 16. Jahrhundert finden wir Textzeugnisse, die von einer beeindruckenden Wallfahrtsaktivität berichten. Neben dem großen Pfarrhaus und den beiden Gasthäusern um 1500, „Zum Weißen Lamm" und „Zur Sonne", die wohl zur Unterbringung von Pilgern genutzt wurden, sind vor allem die große Zahl von sechs wertvoll geschnitzten Altären und drei weiteren Altären auf der Empore ein beredtes Indiz für die rege Wallfahrtstätigkeit, die im ausgehenden Mittelalter zum Grab der hl. Irmingard vorgeherrscht haben muss. Zur Illustration dieser Daten sei kurz darauf hingewiesen, dass ein Altaraufsatz im Jahr 1500 wohl um die 500 Goldgulden gekostet hat, was annähernd der Summe entspricht, die Albrecht Dürer in der gleichen Zeit für sein Haus in Nürnberg bezahlte.

Die zweite Phase der Wallfahrt kann vom 16. Jahrhundert bis heute angesetzt werden: Mit der frühzeitigen Einführung der Reformation in Roßtal und der schnell voranschreitenden Polarisierung zwischen katholischen und protestantischen Gläubigen kam die Wallfahrt zum Grab der hl. Irmingard zum Erliegen. Allgemein bekannt ist ja, dass das Wallfahrtswesen in der katholischen Kirche von den Anhängern der Reformation sehr kritisch betrachtet wurde und somit schon sehr früh zu jenen Punkten gehörte, die sehr gerne zur Profilbildung und Abgrenzung gegenüber den Andersgläubigen herangezogen wurden. Einen vernichtenden Schlag dürfte die Wallfahrt spätestens im Jahr 1627 durch einen verheerenden Kirchenbrand erlitten haben. Hier wurde die gesamte Inneneinrichtung und somit auch das Hochgrab der hl. Irmingard zerstört. Die St.-Laurentius-Kirche musste so gut wie neu aufgebaut werden und hat dadurch ein anderes Gesicht erhalten. Hier wurde sicherlich ganz neu nach den liturgischen Anforderungen der Evangelischen Kirche der nun gewonnene Gestaltungsfreiraum genutzt und von der Wallfahrtskirche

St. Laurentius endgültig Abschied genommen. So finden wir heute im Innenraum der Kirche keine zusätzlichen Altäre mehr, ebensowenig das Hochgrab der hl. Irmingard. Der Ort dieses Grabes ist heute mit einer Glasscheibe und einem Teppichläufer überdeckt. Auch die Öffnung, die von der Krypta aus zu der unterirdischen Grablege zur Verehrung für die Pilger vorhanden war, existiert so nicht mehr. Als Gründerin der St.-Laurentius-Kirche ist sie bei geschichtlich interessierten Menschen in Roßtal und Umgebung noch bekannt, hat allerdings im religiösen Leben dieses Ortes und darüber hinaus keine Bedeutung mehr.

Am Ende dieses Beitrags bleiben mehr Fragen als Antworten. Man könnte unter Umständen sogar nachfragen, warum es den Generationen vor uns nicht gelungen ist, ein detailliertes Vermächtnis und ein lebendiges Andenken an die hl. Irmingard zu überliefern.

Trotz aller historischen Unschärfe könnte die Botschaft der hl. Irmingard an uns sein, dass eben die Heiligkeit und Liebe Gottes über all das sichtbar Gewordene hinausreicht, dass die isoliert betrachtete Tugend eines Heiligen auch zum Hemmschuh für den Glauben werden kann und dass auch wir – wie die hl. Irmingard – gerufen sind, heilig zu leben, ohne gleich als großer Heiliger erkannt zu werden. Dabei ist Heiligkeit nicht etwas, was von seinem Wesenskern darauf ausgelegt ist, in weltlichen Geschichtsbüchern die Zeit zu überdauern und von Dritten bejubelt zu werden, sondern es geht um die Beziehung zwischen Mensch und Gott, die aus einem innigen und intensiven personalen Miteinander erwachsen muss. Und da ist jeder Mensch an jedem Ort und zu jeder Zeit herausgefordert: wir sind als Geschöpfe Gottes alle zur Heiligkeit berufen. Wenn also dieses Bild der hl. Irmingard in Roßtal verblasst ist, dann dürfen wir das als Aufforderung verstehen, in Roßtal, in der Diözese Eichstätt und darüber hinaus selber für die Sichtbarmachung gelebter Heiligkeit verantwortlich zu zeichnen und mit unserem Leben dafür einzustehen. Wenn die hl. Irmingard immer wieder dazu verhelfen könnte, dann wäre das sicherlich eine gute Fortführung dessen, was sie im Mittelalter für viele Menschen bewirkt hat. So kann diese sehr rudimentäre Erinnerung an die hl. Irmingard dazu anleiten, auf dem eigenen Weg der Gottesbeziehung voranzuschreiten und somit dem Ziel der Heiligenverehrung mehr zu entsprechen.

Literaturhinweise
Amtsblatt des Marktes Roßtal, Nr. 18/2004, Roßtal 2004.
Koch, Matthias, Irmingard von Hammerstein, in: Georg Möblich (Hrsg.), Rheinische Lebensbilder, Bd. 18, Köln 2000, S. 7–26.
Kreutzer, Hans/Düthorn, Robert (Hrsg.), Roßtal. Vergangenheit und Gegenwart, Roßtal 1978/79.
Liebert, Günter, Irmingard, die Erbauerin der Roßtaler Kirche. Eine Schwester der Kaiserin Kunigunde? O. O. und o. J.
Ortegel, August, Irmingard von Hammerstein im östlichen Franken, in: Mitteilungen des Vereins für Geschichte der Stadt Nürnberg, Bd. 39, Nürnberg 1944, S. 5–50.

Reinhard Kürzinger

Gunthildis

Ökumenische Wallfahrt zum Schneckenhaus Gottes

In weißer Farbe strahlt die am Talhang gelegene ökumenische Gunthildiskapelle mit ihrem kleinen Kirchturm, umgeben von grünen Wiesen und abgehoben vom dunklen Waldsaum, weithin sichtbar in das Schambachtal. Ein heller Wegstreifen im Talgrund führt zur wiederentdeckten Wallfahrtsstätte bei Suffersheim. Es ist ein Ort der Rast auf dem Pilgerweg des Lebens, den Wanderer und Radfahrer, Einheimische und Touristen, Pilger und Kirchenferne gerne aufsuchen. In die Kapelle kann man sich zurückziehen „wie eine Schnecke in ihr Haus, um darin der Hektik des Alltags zu entfliehen".

Der Ammonit, eine im Jura häufig gefundene schneckenförmige Versteinerung, diente als Grundriss für den Rundbau: Der leicht ansteigende Schneckengang windet sich in das Innere und findet seinen Abschluss in einem Lesepult mit der Heiligen Schrift. Darüber hängt ein auffallendes Kreuz: Der Corpus Christi scheint aus den Kreuzesbalken ausgestanzt. Er ist nicht mehr Materie, sondern Licht. Der Auferstandene hat alles Todbringende besiegt. Der vom Architekten Johannes Geisenhof entworfene Kapellenbau wird im Volksmund „Schneckenhaus Gottes" genannt. Eine modern gestaltete und aus Juramarmor gemeißelte Gunthildisstatue findet als namensgebende Patronin Platz in einer Nische. Gunthildis ist nur Randfigur, im Mittelpunkt steht Christus. Die Heilige weist mit der rechten Hand nach oben auf das Kreuz, mit der linken Hand nach unten auf die Bibel. Wie zu Lebzeiten weist Gunthildis Suchende noch heute auf Christus hin.

Die vielgestaltige Gundhildis

Schon der Autor eines Artikels über die hl. Gunthildis in einem Pastoralblatt des Bistums Eichstätt aus dem Jahr 1851 monierte: „… dass man viel zu wenig über sie wisse, um ihr Zeitalter, ihren Stand, ihre Verdienste nur mit einiger Gewissheit angeben zu können".

In ihrer Vita klingt vieles legendenhaft. Gunthildis lebte als Magd in Suffersheim, vermutlich im 10. Jahrhundert, und zeichnete sich aus durch große Mildtätigkeit und Nächstenliebe. Durch ihre Verehrung entwickelte sich nach ihrem Tod dort ein Wallfahrtsort.

Im Lexikon für Theologie und Kirche werden unter dem Namen Gunthildis drei heilige Frauen aufgezählt, die in der Frömmigkeitsgeschichte Spuren hinterlassen haben, deren Leben und Werk aber nur fragmentarisch überliefert und unzureichend erforscht ist: Gunthildis von Ohrdruf, Gunthildis von Eichstätt und Gunthildis von Suffersheim. Ungeklärt ist:, „ob es sich um eine oder mehrere Personen gleichen Namens handelt …". Gunthildis heißt übersetzt „Kampf" oder „Kämpferin".

Cynehild oder die angelsächsische Missionarin

Einige Heimatkundler vermuten in der Suffersheimer Gunthildis „eine Begleiterin der Äbtissin Walburg", setzten sie also mit der Gunthildis aus dem Kreis um Bonifatius gleich. Ihrer Recherche nach „hat sich Günthild in die Einsamkeit von Suffersheim zurückgezogen", während Walburga und Wunibald nach Heidenheim gingen und Sola sich in Solnhofen niederließ.

Cynehild – so die richtige Schreibweise – stammte aus einem angelsächsischen Adelsgeschlecht. Nach dem Tod ihres Mannes trat sie mit ihrer Tochter in das Kloster Wimborn ein. Diese Benediktinerinnen kümmerten sich auch schon um die Erziehung und religiöse Unterweisung der hl. Walburga. Später folgten Cynehild und ihre Tochter dem Ruf des Bonifatius, verließen die Insel und unterstützten seine Missionsarbeit auf dem Festland.

Es gibt keine zuverlässige Geschichtsquelle, die erwähnt, dass Cynehild im Schambachtal weilte und hier Menschen den christlichen Glauben verkündete. Ihr Wirkungskreis als Missionarin hat sich auf Thüringen beschränkt. Ob sich Cynehild und Walburga je begegneten, ist bislang historisch nicht belegt und darf als eher unwahrscheinlich gelten.

Festzuhalten ist ferner die unterschiedliche Namensgebung: Gunthildis lässt sich nach dem Wissensstand der Sprachforschung nicht von Cynehild herleiten. Auch im Heiligenkalender differieren die Gedenktage. Für Cynehild ist der 8. Dezember festgelegt, für Gunthildis der 22. September.

Nach heutiger Erkenntnis sind die Viehmagd Gunthildis und die angelsächsische Missionarin Cynehild zwei verschiedene Personen.

Die Nonne Gunthildis im Gundekarianum

Im Pontifikale des Bischofs Gundekar II. (1057–1075) wird eine hl. Gunthildis zu den zwölf Diözesanheiligen gezählt. Sie steht hier in einer Reihe mit bedeutenden Glaubenszeugen wie Bonifatius, Willibald und Walburga. Da Gunthildis und Walburga die einzigen Frauengestalten in diesem Prachtband sind, muss sie bei Gundekar einen besonderen Stellenwert besessen haben.

Auf dem Bild ist Gunthildis im Ordenskleid mit Schleier als Nonne dargestellt. Oberhalb befindet sich ein lateinischer Spruch, der übersetzt lautet: „Durch deine Fürbitte stehe uns würdige Gunthildis gütig bei." Ein Eintrag über ihr Leben und Wirken fehlt leider. Von dieser Bistumspatronin Gunthildis ist auch sonst nichts Näheres bekannt.

Für eine Verbindung mit Cynehild spricht die Abbildung im Gundekarianum, die Gunthildis als Klosterfrau und nicht als Bauernmagd zeigt. Dagegen anzuführen ist wieder die Schreibweise des Namens und die Festlegung des Gedenktages, diesmal am 28. September. Der Eintrag ihres Namens ist mit Großbuchstaben vorgenommen und steht zudem an erster Stelle der an diesem Tag angeführten Heiligen.

Eine hl. Gunthildis erfuhr zur Zeit Bischof Gundekars große Verehrung. Einerseits wird das durch ihr Bildnis im Gundekarianum bezeugt, andererseits durch die Einlassung von Reliquien bei zahlreichen Altarweihen. Der Oberhirte weihte zum Beispiel im Jahr 1060 ihr und dem hl. Ulrich einen Altar im Dom und hinterlegte dabei einen unversehrten

Skulptur der hl. Gunthildis, um 1470, Filialkirche St. Michael, Biberbach

Arm- und Schenkelknochen der Diözesanheiligen. In sein Pektoralkreuz, das er als Zeichen bischöflicher Würde getragen hat, ließ er einen Zahn der hl. Gunthildis einarbeiten. Gundekar muss einen großen Schatz an Gunthildis-Reliquien besessen haben.

Es bleibt eine Vermutung, dass er das Grab der Heiligen in Suffersheim heben ließ. Dagegen steht die Aussage von Abt Dominikus aus dem Kloster Plankstetten im Jahre 1651, dass er die Gebeine der hl. Gunthildis noch unversehrt in der Suffersheimer Kirche gesehen habe. Wir wissen letztlich nicht, woher Gundekar die vielen Reliquien der Heiligen bezogen hat.

Die Blütezeit der Gunthildisverehrung fiel in die Amtsjahre von Bischof Gundekar und blieb auf die Diözese Eichstätt beschränkt.

In der Scheunenkirche in Dettenheim, die 1956 eingeweiht wurde, hängt ein Teppich mit der Gestalt der hl. Gunthildis, um die Erinnerung an sie wach zu halten. Gunthildis wird als Nonne dargestellt mit ihrer Grabeskirche in der linken Hand. Zu ihren Füßen befinden sich ein Krug und ein Laib Brot als Zeichen ihres mildtätigen Wirkens unter der Landbevölkerung. Die Nonne Gunthildis und die heiligmäßige Viehmagd fließen in diesem Kunstwerk ineinander.

Dagegen konnte man schon im Pastoralblatt von 1855 nachlesen: „Eine Identität der Gunthildis im Pontifikale und jener zu Suffersheim kann nicht aufrecht erhalten werden."

Gunthildis von Suffersheim – Dienstmagd oder Adelige?

Die einen Heimatforscher sehen in der Suffersheimer Gunthildis eine einfache Magd, andere eine Frau adeliger Herkunft. Nach dieser Überlegung gilt sie als Herrin der örtlichen Burg oder stammt aus dem Geschlecht der Pappenheimer Markgrafen. Oder sind die Stifterin der Kirche am Ort und die verehrte Viehmagd verschiedene Personen, die zeitlich nacheinander in Erscheinung traten? Aufgrund ihrer Tugenden wurde Gunthildis von der Landbevölkerung wie eine Heilige bewundert.

Gunthildis ist die erste bedeutende Glaubenszeugin im Schambachtal, von der wir Kenntnis haben. Vielleicht geht auf ihren Stifterwillen die Kirche in Suffersheim zurück. In einer Schenkungsurkunde an das Kloster Metten 867 wird das Dorf mit einer der hl. Gunthildis geweihten Kirche erwähnt. Jedenfalls befand sich in diesem Gotteshaus ihre Grablege. In einer Abschrift eines Reliquienverzeichnis des Gräflich Pappenheimischen Archivs aus dem 14. Jahrhundert werden zwei Seitenaltäre zu Ehren der hl. Gunthildis aufgelistet, sowie vor dem Chor ein weiterer Gunthildisaltar, hinter dem sich das Bodengrab der Heiligen befand, vermutlich mit einem Zugang.

Der Kult der hl. Gunthildis verlagerte sich in die Kapelle außerhalb des Dorfes. Bei der Standortwahl für dieses neue Gotteshaus waren die beiden in unmittelbarer Nähe fließenden Quellen, die als heilkräftig galten, ausschlaggebend.

Das erste schriftliche Dokument ist eine Weiheurkunde von 1398, als Weihbischof Seyfried dort einen Altar zu Ehren der hl. Gunthildis weihte und Reliquien von ihr niederlegte. Die Gunthildiskapelle muss bereits gestanden haben, da im Dokument keine Notiz von einer Kirchenweihe vermerkt ist. Heute ist man sich auch sicher, dass das Gunthildisgrab in der Pfarrkirche blieb und nicht an den Wallfahrtsort überführt wurde. Gläubige konnten einen Ablass gewinnen. Die Wallfahrt erlebte eine Blütezeit und entwickelte sich zu einem einträglichen Geschäft.

Die Wallfahrer stifteten der hl. Gunthildis Votivgaben, spendeten Geld und Naturalien. Ein Mönch oder Kleriker, der in einem Bruderhäuschen wohnte, betreute die Wallfahrer, feierte Messe, hielt Andacht in der Gunthildiskapelle und verwaltete die Opfergaben. An den Wallfahrtsort kamen Gläubige aus dem ganzen Umkreis. Die Pappenheimer zogen jedes Jahr in einer Prozession zur Gunthildiskapelle. Der Seelsorger hat die Wallfahrer auch mit Lebensmitteln versorgt. In einer Urkunde von 1470 ist ein Einbruch in dem sogenannten Bruderhäuschen neben der Kapelle festgehalten. Dem Priester wurden Brot, Fleisch und Tischtücher gestohlen.

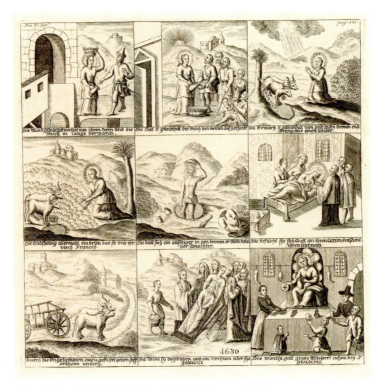

Das Leben der hl. Gunthildis, Kupferstich, um 1517

In den Wirren der Reformation erlosch die Wallfahrt und die Gunthildisverehrung in Suffersheim geriet in Vergessenheit. „Die Wallfahrer blieben aus. Die Weihegeschenke hörten auf. Der Bruder zog weg – wenn er sich nicht dem neuen Glauben verschrieb – und so verfiel auch die Kapelle".

Die Ruinen standen noch einige Zeit, wie der Eintrag in einer neueren Karte der Grafschaft Pappenheim von 1739, wo sie als „Kappel" eingezeichnet ist, vermuten lässt. Der Gunthildiskult verlagerte sich nach Biberbach bei Plankstetten. Die Gebeine blieben aber in Suffersheim.

Die ins Bild gesetzte Legende von der hl. Gunthildis

Die Legende der hl. Gunthildis ist in der Biberbacher Kirche in einem neunteiligen Bilderzyklus dargestellt, gemalt um 1517. Es könnte sein, dass man die Tafeln aus Suffersheim hierher gebracht oder sie einfach kopiert hat. Der in einem Heiligenbuch abgebildete Kupferstich (siehe S. 98) bringt die Erzählung in der ursprünglichen Reihenfolge:

Nach der Legende war Gunthildis eine Bedienstete eines Gutsbesitzers bei Suffersheim. Sie zweigte von der Überfülle in den Vorratskammern immer wieder etwas für die Notleidenden ab. Ihr Herr erwischte die Heilige einmal bei einem solchen Gang zum Dorf im Tal mit Nahrungsmitteln. Zur Rede gestellt, wusste sie nicht, was sie erwidern sollte. Doch da geschah ein Wunderzeichen: Der Gutsherr erblickte in dem Krug, der mit Milch gefüllt war, nur Aschenlauge und in ihrer Schürze, die Brot verbarg, nur Steine. (Erste Szene auf dem Kupferstich)

Die zweite Szene zeigt Gunthildis, wie sie aus einem Krug Milch in die Schüsseln Notleidender gießt, die voller Hoffnung auf sie schauen. (Szene zwei)

In Szene drei ergießt sich – nach einem Gebet, das Gunthildis auf Knien und mit gefalteten Händen in freier Natur verrichtet – ein Wasserstrahl aus einem Weidenbaum. Zwei Rinder auf der Weide stehen wie Zeugen daneben. (Szene drei)

Gunthildis kniet am Boden mit einer Sichel in der Hand. Hat sie damit nach der vor ihr liegenden Quelle gegraben? Oder hat ihr Gebet das Hervorquellen des Wassers bewirkt, um die Kühe zu tränken? (Szene vier)

Ein in einer Quelle stehender, halbnackter und von Geschwüren gezeichneter Mann übergießt sich mit dem frischen Wasser oder badet sich darin – wie es in der Bildunterschrift heißt – und wird vom Aussatz rein. (Szene fünf)

Gunthildis liegt auf dem Sterbebett. Ein Priester spendet ihr die ‚Letzte Ölung' und reicht ihr die Hostie als Wegzehrung. (Szene sechs)

Ungezähmte Ochsen ziehen einen Wagen, auf dem der Leichnam der Heiligen liegt. Keiner führt die Rinder oder sitzt als Kutscher vorne auf dem Wagen, ausschlaggebend ist allein die göttliche Fügung. Gunthildis soll den Wunsch geäußert haben, an der Stelle begraben zu werden, an dem die Zugtiere zum dritten Mal anhalten. Im Hintergrund ist auf einem Hügel eine Burg und am Fuße eine Kapelle zu sehen, zu der der Weg des Leichenzuges führt. Darunter steht als Ortsangabe Suffersheim. (Szene sieben)

Das trauernde Volk hat Schaufel und Pickel dabei. Die tote Gunthildis im Sarg wird begraben. Ein Priester nimmt die Zeremonie vor. Bald geschehen an ihrem Grabe viele

Wunder. Im Schriftzug darunter ist der Vermerk, dass ein Kirchlein über ihrer letzten Ruhestätte errichtet wird. (Szene acht)

Gunthildis sitzt in einem Thronsessel, der auf einem Altartisch steht, und hält Käselaib und Milch als Attribute in Händen. Sie ist umlagert von Hilfesuchenden: vornehme Menschen, ein Krüppel … An der Kapellenwand hängen Gliedmaßen aus Wachs, die als Dank für erfahrene Hilfe dort ausgestellt sind. Auch Kuhhörner halten die Betenden in Händen. Das erinnert an ein Gnadenbild, vor dem fromme Pilger um himmlischen Beistand flehen und für Gebetserhörungen Votivgaben darbringen. (Szene neun)

Schon in der Legende der hl. Gunthildis deuten sich Widersprüche an und es zeigen sich Übereinstimmungen mit anderen Heiligenbiographien. Das Ochsengespann ist beispielsweise im Einsatz, um die sterblichen Überreste der hl. Walburga nach Eichstätt zu überführen.

Der erwähnte Bau einer eigenen Kirche und die Wunder, die sich an ihrem Grab ereigneten, spielten für die Heiligenverehrung eine wichtige Rolle. Doch die Grablege von Gunthildis hat sich in der Pfarrkirche befunden und nicht außerhalb des Dorfes in der Wallfahrtskapelle. Vermutlich wurden nur Reliquien überführt.

Unlogisch scheint das Entspringen einer Quelle, nur um das Vieh zu tränken. Durch Suffersheim führt das Bächlein Schambach. Wasser war also vorhanden. Wie andernorts wird die Heilkraft der Quelle hervorgehoben. Noch im 19. Jahrhundert kamen Bauern aus Trommetsheim, um für ihr krankes Vieh Wasser aus der heilenden Gunthildisquelle zu holen.

Gunthildis zeichnete sich durch mildtätige Werke und Taten der Nächstenliebe aus – Wesenszüge, die vor allem von Elisabeth von Thüringen (1207–1231) weithin bekannt sind. Gerade in der eben geschilderten Gunthildis-Legende finden sich deutliche Bezüge zu der berühmten Heiligen.

„Somit ist die Geschichte der Heiligen Gunthildis … nur ein übernommenes festes Heiligenbild, das als einzig wahren Kern Gunthildis als Jungfrau beschreibt, die im Dienst der Armen ihre Erfüllung gefunden hat. Mehr über die historische Person der Heiligen im Schambachtal lässt sich aus ihrer Legende nicht ableiten. Es stand damals auch nicht im Vordergrund, die Biographie einer Heiligen zu überliefern, sondern den Wert und die Aussage der Legende zu erkennen. … Dieser soziale Zug in der Legende sollte für viele Menschen ein Aufruf zur Hilfsbereitschaft und zum Dienst am Nächsten sein", schreibt Joseph Georg Suttner in dem Pastoralblatt von 1855. Das Wirken von Gunthildis müsste nach dieser These in einem späteren Zeitraum, also im 13. Jahrhundert bis 15. Jahrhundert, erfolgt sein.

Biberbacher Gunthildis oder die Viehpatronin

Eine kleine wertvolle Holzfigur aus dem 15. Jahrhundert in der Biberbacher Kirche zeigt die hl. Gunthildis als Bauernmagd mit Milchtopf und Käselaib. Votivtafeln schmücken heute noch die Wand ringsum. Aber nicht nur andächtige Wallfahrer werfen einen Blick auf diese Gunthildis. Einmal hat ein Kirchenbesucher das kostbare Schnitzwerk kurzerhand in seinen Rucksack gesteckt und ist mit dem Fahrrad geflohen. Glücklicherweise konnte der Dieb gestellt werden. So sperrte der Mesner die Figur sicherheitshalber in einen Sakristeischrank. Durch vermeintliche Klopfzeichen habe die Heilige auf sich aufmerksam gemacht, wird erzählt und so gedeutet, dass die hl. Gunthildis auf ihren angestammten Platz in der Kirche zurückwollte. Noch so ein Zeichen, um sie der Nachwelt zu erhalten!

Entscheidung des Generalvikars zum Gunthildiskult

Im Gebiet um Biberbach wütete in den Jahren 1512 bis 1514 eine schlimme Viehseuche, die viele Bauern um ihren Viehbestand fürchten ließ. Gunthildis wurde als Viehpatronin angerufen, um die Menschen auf dem Land vor krankem Vieh im Stall zu bewahren.

Ist der Kult um die hl. Gunthildis statthaft und im Sinne der Kirche? Diese Anfrage richtete das Pfarramt Plankstetten, zuständig für die Filialkirche in Biberbach, an das Generalvikariat in Eichstätt. Es liege keine kirchliche Approbation für eine solche Verehrung vor und es sei weder im römischen Martyrologium noch in einem anderen Heiligenbuch ein Eintrag über ihr Leben und Wirken zu finden. Das gläubige Volk aber unternehme Wallfahrten, halte Andachten und verlange Messen. Wie solle man sich den Gläubigen gegenüber verhalten? Folgender Fragenkatalog wurde mit der Bitte um Entscheidung im Ordinariat vorgelegt:

„1) ob ein cultus S. Gunthildis statthaft oder zu verwehren, und wenn ersteres,
2) ob das Prädikat ‚heilig' zu gebrauchen sei?
3) ob eine Missa in honorem S. Gunthildis zulässig,
4) überhaupt welche Belehrung dem Volke über die bildliche Lebensgeschichte zu geben sei?",

Das Generalvikariat zog Erkundigungen ein und erließ die Anweisung:
„ad 1) et 2) dass der cultus S. Gunthildis, in soweit er besteht, nicht zu hindern,
ad 3) dass eine Missa in honorem S. Gunthildis aber nicht zulässig sei;
ad 4) dass man bei vorkommenden Gelegenheiten die Aechtheit der Legende solle dahingestellt sein lassen."

Mit diesem Erlass, der vom 25. Juli 1855 datiert und von Generalvikar Friess unterzeichnet ist, wurde die Verehrung der hl. Gunthildis offiziell geduldet, die Echtheit der Legende aber eher in Frage gestellt. Eine Messe zu Ehren der hl. Gunthildis durfte nicht gefeiert werden. Im Anhang wurde ein Referat über den damaligen Wissensstand zur hl. Gunthildis in dieser Ausgabe des Pastoralblattes abgedruckt.

Gundelindis in einer Erzählung von Clemens Brentano

Bei Clemens Brentano findet sich sogar ein literarischer Niederschlag. In „Die Chronika des fahrenden Schülers" (Urfassung) wird eine Gundelindis im Dienste eines Herrn erwähnt, die für die Bedienung der Gäste bei den Mahlzeiten zuständig ist:

„… und Gundelindis diente zu Tisch als eine Magd, und saß nur, die gebetet hatte, zu Tisch. Da war mancherlei gutes Gericht und auch Weins genug, aber ich war blöd und hatte wenig Gelüsten; auch nötigte mich Gundelindis oft zu essen, aber ich hörte mehr den Reden der Herrn zu, als dass ich auf die Speis achtete."

Im Anmerkungsteil wird aufgrund des ähnlich klingenden Namens die hl. Gunthildis als literarische Vorlage angeführt, „eine mildtätige und demütige Dienstmagd", die in der Diözese Eichstätt große Verehrung erfahren hat. In der Nebenrolle bei Tisch „erweist sich Gundelindis als Repräsentantin christlicher Nächstenliebe, als Personifikation der Caritas".

Archäologische Erkenntnisse zum mittelalterlichen Gunthildiskult

Die Wallfahrtsgebäude im Schambachtal waren dem Verfall preisgegeben und die hl. Gunthildis geriet Jahrhunderte in Vergessenheit. In den 50er Jahren stellte Kurat Gregor Schneid Nachforschungen an, konnte die untergegangene Gunthildiskapelle lokalisieren und errichtete zur Erinnerung ein Holzkreuz am Talhang. Einen ausgegrabenen Altarstein ließ er in den neuen Altar der Scheunenkirche in Dettenheim einmauern, ein anderer Altarstein diente einem Einheimischen als Treppe in seinem Gehöft. Neuere Erkenntnisse lieferten archäologische Grabungen, die nach dem Neubau der ökumenischen Kapelle Ende der 90er Jahre des 20. Jahrhunderts durchgeführt wurden.

Heute zeigt eine Infotafel dem Besucher den Grundriss des gesamten Areals mit den Maßen 35 m Länge und 32 m Breite, auf dem sich die Kapelle und Nebengebäude befanden und von einer Mauer umgeben waren. Die Ausgrabungen beschränkten sich auf die Kirche und dokumentierten mehrere Bauphasen. Umliegende Wirtschaftsgebäude wurden von Wissenschaftlern im Erdreich mit Sonden entdeckt.

Ein bedeutender Einzelfund ist eine aus Ton geformte ca. 20 cm lange Votivkuh. Die liegende Kuh dürfte wegen des aufgedunsenen Pansens entweder krank oder trächtig sein. Diese Votivkuh gilt als Beweisstück, dass Gunthildis als Patronin des Viehs verehrt worden ist. Eine kleine geschnitzte Kuh zu Füßen der hl. Gunthildis befindet sich auch im Hochaltar der Biberbacher Kirche.

Im Jahr 2000 wurden die zum großen Teil freigelegten Fundamente ummauert, um eine Vorstellung von Größe und Form der mittelalterlichen Gunthildiskapelle zu vermitteln. Das sogenannte Bruderhaus, dessen Überreste noch im Erdreich liegen, darf laut Denkmalbehörde nicht ausgegraben werden und soll als Bodendenkmal erhalten bleiben. Eine künstliche Mulde zeigt, dass ein Kellergeschoss eingestürzt ist.

Eine kleine 11 m lange und 5 m breite Saalkirche aus dem 11. Jahrhundert mit einer hufeisenförmigen Apsis konnte rekonstruiert werden. Davor befand sich eine Chorschranke. Links unterhalb befand sich eine 1x1x1m große Bodenöffnung, die auf ein Reliquiengrab schließen lässt. Bei der Erweiterung der Kirche wurde es aufgelassen und mit Steinen verfüllt. In der Nähe wurde eine kleine verzierte Beinleiste entdeckt, die vielleicht zu einem Reliquienkästchen gehört hat.

Der Kapellenbau war im Norden in den Fels eingetieft. Nach Süden musste die Hangneigung durch Planierung ausgeglichen werden. Umgeben war die Kirche von einem Friedhof. In der ersten Hälfte des 14. Jahrhunderts brach man die alte Kapelle ab und errichtete ein größeres, etwa 15 m langes und 8 m breites Gotteshaus. Die Apsis wurde etwas mehr nach Osten ausgerichtet. Dem Kapellenschiff ist im Norden noch ein 2,5 m breites

Ökumenische Gunthildis-Kapelle im Schambachtal bei Weißenburg/Bayern

Seitenschiff angefügt worden. Im östlichen Bereich befand sich eine kleine Seitenkapelle und im Westen abgetrennt ein ca. 3 m langer Raum, der als Sakristei diente. Vor dem Eingang im Westen befand sich ein rechteckiges Fundament, möglicherweise für den Sockel einer Statue. Bei der Errichtung der westlichen Außenmauer sind unwissentlich Gräber überbaut worden.

Das Gunthildis-Brünnlein

Nicht weit davon entfernt wurden die eine Quelle neu gefasst und vom Bildhauer Reinhart Fuchs eine Brunnenstele geschaffen. Das Gunthildis-Brünnlein speichert kalkhaltiges Wasser, das nach chemischer Analyse einer Wasserprobe keinerlei heilbringende Minerale und Substanzen aufweist. „Die einstige Annahme einer Heilkraft dürfte also nur aus der Frische des aus dem Berg kommenden Wassers herrühren. Die Tränkung aus den oft verschmutzten Brunnen in den Bauernhöfen aufgrund der Abfallentsorgung, sowie die Anreicherung des Grundwassers mit Fäulnisstoffen durch das Hochwasser im Altmühlgrund ließen das Vieh häufig krank werden." Für den Wanderer heute hat das Quellwasser keine Trinkwasserqualität.

Gunthildis als Patronin der Ökumene

Im Vorfeld der Einweihung der ökumenischen Gunthildiskapelle hat man sich etwas Originelles einfallen lassen. Jugendliche schlüpften in die Rolle der Gunthildis und trugen selbstgeschneiderte Nonnentracht. Als Schnittmuster für die Gewänder und die Schleier diente ihr Bildnis im Gundekarianum. Von einem Trommler angekündigt, zogen sie von Haus zu Haus, luden zur Einweihungsfeier ein und verteilten selbstgebackene Gunthildisschnecken – eine süße Erinnerung an die Fürsorge der Heiligen für Notleidende.

Der Standort des neuen Wallfahrtskirchleins befindet sich ca. 20 m östlich des historischen Bodendenkmals. Freiwillige Helfer von der Weißenburger Kolpingfamilie unter der Leitung von Heinz Ottinger und Suffersheimer Bürger mit Werner Auernheimer an der Spitze leisteten an die 2500 Arbeitsstunden, um das „Schneckenhaus Gottes" zu errichten.

„Die liebenswerte Heilige von Suffersheim von der wir geschichtlich so wenig wissen, ließ uns nicht mehr zur Ruhe kommen ... Und immer wieder zogen wir ins landschaftlich so reizvolle Schambachtal an den Ort, wo einst die Wallfahrtskirche stand, hoffend, an Ort und Stelle mehr über diese Glaubensgestalt zu erfahren und eines Tages wenigstens einen Teil der Kirche wiedererbauen zu können", sagte Ludwig Romstöck, der ehemalige Stadtpfarrer von Weißenburg, anlässlich der Einweihung der ökumenischen St.-Gunthildiskapelle am 13. Mai 1995. Der zweite Wunsch ist in Erfüllung gegangen, beim ersten bleiben viele Fragen offen.

Gunthildis ist und war eine lebendige Zeugin christlicher Nächstenliebe, die Nachahmer gewinnen will. Und Gunthildis wirkte vor Ort! Nächstenliebe braucht es zuerst im persönlichen Umfeld, dann kann sie weitere Kreise ziehen. Verständnis und Wohltätigkeit, Mitgefühl und Hilfsbereitschaft, führen Menschen zusammen. Im Dienst am Nächsten bleibt Gunthildis Vorbild über die Konfessionsgrenzen hinweg. Die Strahlkraft der hl. Gunthildis, die im Dunkel der Geschichte beinahe erloschen wäre, beginnt neu zu leuchten.

Höhepunkt ist jedes Jahr die ökumenische Wallfahrt nach Pfingsten. Katholiken mischen sich mit Protestanten und singen und beten zur größeren Ehre Gottes. Im Wechsel predigen katholische und evangelische Geistliche. Die Ausstrahlung des heiligen Ortes kommt in bunter, ökumenischer Vielfalt neu zur Geltung.

Und so geht noch eine Botschaft von diesem wiederbelebten Wallfahrtsort aus: „Die hier von Anfang an praktizierte Ökumene mag für viele Christen beider Konfessionen Ermutigung sein, in ihrem ökumenischen Bemühen fortzufahren, aber auch Warnung, auf der Suche nach Einheit nicht wieder ins Schneckentempo zu verfallen oder gar die Fühler einzuziehen und sich ins eigene Schneckenhaus zu verkriechen."

Literaturhinweise
JOCHAM, MAGNUS, Bavaria Sancta. Leben der Heiligen und Seligen des Bayernlandes zur Bekehrung und Erbarmung für das christliche Volk, Erster Band, München 1861, S. 455 – 457.
Pastoralblatt des Bisthums Eichstätt 32 (1855), S. 134 – 138.
SCHNITZLEIN, BIRGIT, Die heilige Gunthildis und ihre Kapelle im Schambachtal. Schriftliche Hausarbeit zur Ersten Staatsprüfung für das Lehramt an Realschulen im Frühjahr 2001 am 2. Oktober 2000 bei Prof. Dr. Klaus Wittstadt (Theologische Fakultät der Bayerischen Julius-Maximilians-Universität Würzburg).
SOMPLATZKI, WERNER, Die heilige Gunthildis, ihre Kapelle und Suffersheim, in: Gerhard Ruf, Suffersheim. Von Suberesheim zum Ortsteil von Weißenburg i. Bay. 867-1996 (Weißenburger Heimatbücher, Quellen und Forschungen zur Geschichte von Stadt Weißenburg und Weißenburger Land, hrsg. von der Stadt Weißenburg, Band 5), Weißenburg i. Bayern 1996, S. 218 – 229.

Leo Hintermayr

Gundekar II. (1019–1075)
Bischof von Eichstätt

Gundekar II. gehört zu den bekanntesten Bischöfen von Eichstätt. Seit Jahrhunderten verehren ihn die Gläubigen als Seligen beziehungsweise Heiligen, besonders an seiner Grabstätte im Dom zu Eichstätt. Als er im Jahr 1057 den Stuhl des hl. Willibald bestieg, hatte das rund 300 Jahre zuvor entstandene kleine Bistum Eichstätt bereits 17 Bischöfe gesehen, darunter auch einen, der am Ende nicht nur Bischof von Eichstätt war, sondern zugleich auch Nachfolger Petri in Rom: Papst Viktor II. (1055–1057). Als Bischof Gebhard I. (1042–1057) war dieser der unmittelbare Vorgänger Gundekars II. auf dem Bischofsstuhl von Eichstätt. Gundekar trat damit an die Spitze des Bistums Eichstätt, als dieses auf dem Höhepunkt seiner bisherigen reichspolitischen Entwicklung angelangt war. Die Grenzlage der Diözese im Schnittfeld der alemannisch-fränkisch-bayerischen Berührungszonen hatte es nämlich mit sich gebracht, dass der Kirche von Eichstätt im Mittelalter keine geringe reichsgeschichtliche Bedeutung zukam. Die große Zahl der im 11. Jahrhundert aus dem Eichstätter Domkapitel hervorgegangenen Bischöfe zeigt dies auf ihre Weise. Auch Gundekar entstammte diesem Umfeld, aus dem heraus er schließlich bis in die Umgebung der Großen seiner Zeit aufsteigen konnte. Er stand als Hofkaplan in Diensten der Kaiserinwitwe Agnes (†1077), ehe ihn sein Weg – als Bischof – nach Eichstätt zurückführen sollte.

Der Lebensweg Gundekars

Geboren wurde Gundekar, manchmal auch Gunzo genannt, am 10. August des Jahres 1019. Der Ort seiner Geburt ist ebenso unbekannt wie der Name und das Stammland seiner Familie. Ob er Angehöriger eines möglicherweise mittelrheinischen oder vielleicht eines doch eher im Eichstätter Raum zu suchenden Adelsgeschlechtes war, lässt sich letztlich nicht mit Bestimmtheit entscheiden. Sicher ist, sein Vater hieß Reginher und seine Mutter Irmingart. Außerdem hatte er eine Schwester namens Touta. Verwandtschaftliche Beziehungen – welcher Art genau ist nicht bekannt – verbanden ihn mit Erzbischof Siegfried von Mainz (1060–1084), der einen Bruder mit Namen Regenhard und eine Schwester namens Uta hatte, sowie mit seinem Vorgänger als Hofkaplan von Kaiserin Agnes, dem Bischof Egilbert (Engelbert) von Passau (1045–1065).

Eichstätt war Gundekar von Jugend an vertraut. Dort hatte er Erziehung und Unterricht genossen, wohl annähernd zur gleichen Zeit, in der auch (1035) die Gründung des bis heute blühenden Benediktinerinnenklosters St. Walburg erfolgte. Offen bleiben muss die Frage nach den näheren Umständen und Hintergründen seines späteren Einzugs in das Eichstätter Domkapitel, dem er sicher, aber zu einer heute nicht mehr näher eingrenzbaren Zeit angehörte. Festeren Boden in seiner Biographie erreicht man mit dem Jahr 1045.

*Moderne Darstellung Bischof Gundekars II.,
Roth, Seniorenwohnanlage des St.-Gundekar-Werkes*

Damals wählte ihn sich Königin Agnes zu ihrem Hofkaplan, nachdem der bisherige Inhaber dieses Amtes, Egilbert, der schon erwähnte Verwandte Gundekars, Bischof von Passau geworden war. Damit betrat Gundekar im Alter von 26 Jahren die Bühne der Mächtigen seiner Zeit. Aus unmittelbarer Nähe und eigener Anschauung konnte er fortan das zentrale Weltgeschehen mitverfolgen, das sich während seiner Zeit am Hof gleichsam als Höhepunkt der Eintracht zwischen Kaiser und Papst zeigte, ehe es dann in der Folgezeit zu dem unversöhnlichen Zerwürfnis zwischen weltlicher und geistlicher Gewalt kam, das als so genannter Investiturstreit über Jahrzehnte hinweg das Verhältnis zwischen Kaiser und Papst prägen und schwer belasten sollte.

Niemand anderes verkörperte das zunächst gute Einvernehmen zwischen Kaiser und Papst wohl so sehr wie Viktor II., der Papst aus Eichstätt. Als Bischof von Eichstätt freilich dürften ihn seine Diözesanen so gut wie nie mehr zu Gesicht bekommen haben. Als Viktor II. am 28. Juli 1057 im fernen Italien unerwartet verstarb, änderte sich daher für sein Bistum Eichstätt zunächst nur insofern etwas, als auf eine faktische Vakanz eine tatsächliche folgte, eine Vakanz allerdings, die nur von kurzer Dauer sein sollte. Denn kaum war die Nachricht vom Tod Viktors II. Mitte August 1057 am Hof in der kaiserlichen Pfalz zu Tribur (heute Trebur, südöstlich von Mainz) eingetroffen, stand für Kaiserin Agnes offenbar bereits ein neuer Bischof für Eichstätt fest: Gundekar, ihr Hofkaplan, sollte die Nachfolge des verstorbenen Papstbischofs in Eichstätt antreten.

Schon am 20. August 1057 erfolgte in der Kaiserpfalz von Tribur Gundekars Designation durch die Verleihung des Rings. Dem feierlichen Akt wohnte im Kreise einiger anwesender Erzbischöfe und Bischöfe auch der spätere Papst Alexander II. (1061–1073) bei. Zahlreiche hohe kirchliche Würdenträger, unter ihnen 14 Bischöfe und Erzbischöfe, waren erschienen, als Gundekar wenige Wochen später, am 5. Oktober 1057, in Speyer durch die Überreichung des Bischofsstabes einen weiteren Schritt in sein Amt als Bischof von Eichstätt investiert wurde, nachdem zuvor eine Abordnung des Eichstätter Klerus und Stiftsadels ihr obligatorisches Einverständnis damit erklärt hatte.

Mitte Oktober 1057 konnten sich die Menschen in Eichstätt selbst ein Bild von ihrem neuen Bischof machen – bei der feierlichen Inthronisation Gundekars am 17. Oktober 1057. Welchen Eindruck er damals bei seinen Diözesanen hinterlassen hat, wissen wir nicht, auch nicht, ob er in Eichstätt mehr als ein mit diesem Ort schon immer gleichsam heimatlich verbundener Kirchenmann empfangen oder doch eher als einer empfunden wurde, der von der Spitze des Reiches – seinem Vorgänger ähnlich – den Weg ins Altmühltal nur zu gelegentlichen Kurzbesuchen finden würde. Der Ort und die Begleitumstände seiner Weihe zum Bischof schienen zunächst eher für Letzteres zu sprechen: Im fernen Harz, genauer in der kaiserlichen Pfalz zu Pöhlde, zirka 30 Kilometer nordöstlich von Göttingen, empfing Gundekar kurz nach Weihnachten des Jahres 1057, am 27. Dezember, dem Fest des hl. Johannes Evangelist, die Bischofsweihe.

Kaiserin Agnes, so überliefert es Gundekar selbst, habe ihrem Hofkaplan für seine Weihe einen Rahmen geschaffen, als wäre es für den eigenen Sohn gewesen. Entsprechend besetzt war auch die Liste der Teilnehmer an diesem Ereignis. Alles, was an der Reichsspitze sozusagen Rang und Namen hatte, schien bei der Feier zugegen gewesen zu sein, allen voran eine Reihe von Erzbischöfen und Bischöfen, die an der Konsekration unmittelbar mitwirkten.

Anwesend waren auch die Kaiserin selbst und ihr Sohn, der noch junge König Heinrich IV. (1056–1106), sowie der römische Kardinal-Subdiakon Hildebrand, der, besser bekannt unter seinem späteren Namen Papst Gregor VII. (1073–1085), schon bald zum erbitterten Gegner Heinrichs IV. im heraufziehenden Investiturstreit erwachsen sollte.

Das war die Welt, aus der Gundekar als neu konsekrierter Bischof aufbrach, um sich an seinen künftigen Wirkungsort Eichstätt zu begeben – ein Mann, ausgestattet mit den besten Beziehungen und Kontakten, die es künftig nur noch zum Vorteil seiner Diözese zu nutzen galt, zumal diese nur wenige Jahrzehnte zuvor zugunsten der Gründung des Bistums Bamberg beachtliche Gebietsverluste hatte hinnehmen müssen. Doch mit der Übernahme seines Amtes als Bischof von Eichstätt schien Gundekar eine Art grundsätzlichen Neubeginn in seinem Leben gewagt zu haben, einen Neubeginn, wie man ihn in Eichstätt von einem bisher in den obersten Gesellschaftsschichten beheimateten Kirchenmann so wohl nicht erwartet hätte. Gundekar jedenfalls kehrte der Welt der Großen, wenn auch nicht ganz, so doch in vielerlei Hinsicht den Rücken und wandte sich konkret der Situation der Menschen vor Ort in seinem Bistum zu. Gundekar hatte offensichtlich einen Blick und ein Gespür für die lokalen Bedürfnisse und Erfordernisse innerhalb seiner Diözese. Seine Obhut und Sorge galten dabei dem Bischofssitz Eichstätt ebenso wie den entlegensten Winkeln seines Bistums, die er aufsuchte, wann immer es anstand, dort eine Kirche durch bischöfliche Konsekration ihrem bestimmungsgemäßen geistlichen Gebrauch zu übergeben. Gerade diese Tätigkeit, die Gundekar auch in kleinste Dörfer und Flecken hinausführte, mag erahnen lassen, wie sehr sich sein neues Aufgabenfeld von seiner früheren Lebenssituation unterschied. Die Radikalität der Entscheidung, die durch dieses Verhalten hindurchschimmert, erinnert in gewisser Weise auch an die Radikalität der Lebensentscheidungen Willibalds. Und gerade diesem, dem ersten Bischof von Eichstätt, scheint sich Gundekar in einer Art Wesensverwandtschaft besonders verbunden gefühlt zu haben.

Das Wirken Gundekars

Wie Willibald war auch Gundekar ein großer Kreuzesverehrer. Das Kreuz war ihm unverkennbar nicht nur das christliche Symbol schlechthin, sondern geradezu Programm. „Das Kreuz", so lautete sein bischöflicher Wahlspruch, in lateinischem Text eingraviert in sein silbernes Brustkreuz, das er sich zu Beginn seiner Amtszeit hatte anfertigen lassen, „ist mir sicheres Heil. Das Kreuz ist es, das ich immer anbete. Das Kreuz des Herrn ist mit mir. Das Kreuz ist mir Zuflucht."

Wenngleich diese Sätze nicht eine originäre Schöpfung Gundekars sind, sondern vielmehr einem nicht näher bekannten Grammatiker namens Calbulus aus dem 5. Jahrhundert zugeschrieben werden müssen und in ähnlicher Form immer wieder aufgegriffen wurden, scheinen hier doch unübersehbar individuelle Züge einer Persönlichkeit auf, die von einer tiefen Religiosität geprägt war. So manches, was Gundekar gerade in dieser Richtung auszeichnet, wissen wir aus erster Hand, von ihm selbst, aus dem so genannten Gundekarianum, dem von Bischof Gundekar selbst um 1072 angelegten und nach ihm als dem Stifter benannten Pontifikale, das als kostbarstes Buch der Diözese Eichstätt gilt. Aus ihm tritt uns Bischof Gundekar vor allem als geistliche Person entgegen, wie denn auch dieses

Werk als solches hauptsächlich ein liturgisches Buch ist, ursprünglich geschaffen vor allem für den gottesdienstlichen Gebrauch beziehungsweise zur Verwendung bei pontifikalen Handlungen.

Was die Person Gundekars selbst anbelangt, lassen in seinem Pontifikale nicht nur die dort immer wieder aufscheinenden biographischen Notizen entsprechende Aufschlüsse zu, sondern auch und besonders die von Gundekar in Auftrag gegebenen bildlichen Darstellungen. Von diesen fällt besonders das so genannte Gundekar-Kreuz auf, eine immerhin eine ganze Seite einnehmende Graphik, die ein dem silbernen Brustkreuz Gundekars nachempfundenes oder möglicherweise auch nachgezeichnetes Kreuz zeigt. Seine Stammesbalken sind ausgefüllt mit in vielfacher Variation angeordneten Versen eines Figurengedichts, dessen schon vom Brustkreuz her bekannte Sätze hier noch um drei zusätzliche Passagen ergänzt sind, die übersetzt lauten: „Durch dieses Zeichen des Kreuzes möge alles Böse in weite Ferne weichen. In diesem Zeichen freuen sich wahrhaft Quiriacus und Helena, denen das glückliche Geschenk zuteil wurde, es gefunden zu haben." Mögen auch Form und Motiv der Darstellung, ähnlich wie dies schon für Teile des Textes auszumachen ist, nicht der Kreativität Gundekars selbst entsprungen sein, sondern auf Vorlagen aufbauen, schmälert dies doch nichts an der Symbolkraft dieses Zeichens. Es ist, so darf wohl behauptet werden, das gleichsam groß dimensionierte Siegel des Gundekarianums und das ureigenste Signum von Gundekars Lebensprogramm.

Wie sehr sich Gundekar in größere Zusammenhänge eingebunden wusste, zeigen die Motive der übrigen auf ihn zurückgehenden bildlichen Darstellungen, allesamt farbige Miniaturen, die sich in drei Gruppen einteilen lassen. Die erste Gruppe umfasst eine Darstellung des erhöhten, im Himmel thronenden Christus und des Gekreuzigten. Die Zahl der zwölf Apostel aufgreifend werden in der zweiten Motivgruppe zwölf in vier Dreiergruppen aufgeteilte Heilige und Persönlichkeiten vorgestellt, denen Gundekar offenbar große Bedeutung sozusagen als eine Art „Zwölferstamm" für die Diözese Eichstätt beimaß, sei es aufgrund ihrer früheren Verdienste um das Bistum oder ihres erhofften Beistands als Schutzpatrone. Darunter finden sich die Eichstätter Diözesanheiligen Willibald, Wunibald und Walburga ebenso wie die hl. Gunthildis, eine von Gundekar überaus verehrte, heute

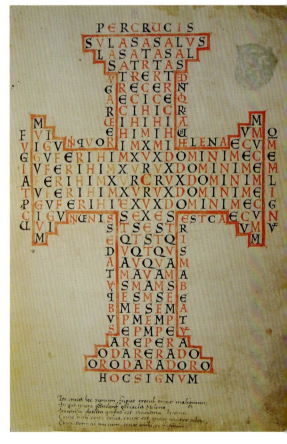

Das sogenannte Gundekar-Kreuz im Pontifikale Gundekarianum, Diözesanarchiv Eichstätt

HEILIGE UND SELIGE

weitgehend unbekannte, möglicherweise lokale Heilige, deren Spuren sich im Dunkel der Geschichte fast verlieren, deren Reliquien aber niemand anderes als Gundekar, der sich ihr vielleicht ob der Ähnlichkeit im Namen besonders verbunden gefühlt haben könnte, bei seinen Altarweihen auffallend häufig berücksichtigte. Die dritte Gruppe umfasst alle Eichstätter Bischöfe, von Willibald angefangen bis hin zu Gundekar selbst, dessen Bild die Reihe einmal abschloss, ehe diese Gundekars spätere Nachfolger ab Bischof Otto (1182–1196) vervollständigen beziehungsweise fortführen ließen.

Ohne Gundekars Aufzeichnungen in seinem Pontifikale wäre das Wissen um die mittelalterliche Geschichte der Kirche von Eichstätt um ein Vielfaches ärmer. Das gilt insbesondere für die von Gundekar festgehaltenen, während seiner Amtszeit vorgenommenen Altar- und Kirchenweihen. Das Verzeichnis der von ihm notierten Kirchenweihen umfasst die stattliche Anzahl von insgesamt 126 Nennungen. Die von ihm geweihten Kapellen im Eichstätter Dom sind darin ebenso aufgelistet wie die Namen von zahlreichen innerhalb des mittelalterlichen Eichstätter Diözesansprengels gelegenen Kirchorten und zu einem nicht unerheblichen Teil auch von solchen, die außerhalb in anderen Bistümern lagen, mitunter weitab entfernt von Eichstätt. Bedeutende Weiheorte über den Bischofssitz Eichstätt hinaus wie Augsburg und Speyer mit ihren Domen oder regional allseits bekannte Orte wie etwa Weißenburg, Ellingen, Roth, Monheim und Wemding sind ebenso darunter wie weitgehend unbekannte, längst abgegangene oder überhaupt nicht mehr identifizierbare Siedlungen. So manches Dorf taucht hier erstmals schriftlich erwähnt aus dem Dunkel der Geschichte auf. Noch heute lässt gerade diese Liste mit ihren merkwürdig vertraut und fremd zugleich klingenden urtümlichen Ortsbezeichnungen etwas von dem in die Breite und Weite gehenden einstigen lokalen Wirken Gundekars erahnen, das mitunter an Siedlungsstellen anzutreffen ist, über deren seinerzeitige Ortung durch Gundekar und seine Begleiter man auch heute noch zu staunen vermag.

Was Gundekar den Menschen vor Ort erzählt hat, wissen wir nicht. Keine der bei seinen vielfachen Weihehandlungen wohl sicher gehaltenen Predigten ist erhalten. Doch Gundekar dürfte sein geradezu programmatisches Bekenntnis zum Kreuz zweifellos auch zu einem Kernthema seiner Verkündigung, in welcher Form auch immer, gemacht haben. Er, der sich selbst so sehr dem Kreuz unterstellt wusste, sich zudem stets als „Gundekar peccator", so seine eigene Titulierung, eingereiht sah in die Schar der Sünder und sich ausdrücklich als in die Reihe der Nachfolger des hl. Willibald eingetreten verstand, scheint mit aller Kraft das Ziel verfolgt zu haben, dem ihm anvertrauten Erbe Willibalds, der Kirche von Eichstätt, eine seiner innersten geistlichen Haltung und Überzeugung entsprechende Prägung zu geben. Und so verwundert es nicht, wenn Gundekar aus der Rückschau gleichsam als zweiter Gründer des Bistums Eichstätt angesehen wird.

Doch konnten Gundekars Spuren seinerzeit nicht nur landauf, landab in den verschiedensten Gegenden seiner Diözese und zum Teil auch darüber hinaus verfolgt werden, auch am Bischofssitz Eichstätt selbst konnten die Zeitgenossen die Folgen seines beherzten Eingreifens und Wirkens vielfach bestaunen. So ließ er nicht nur eine neue Brücke über die Altmühl errichten, sondern nahm sich vor allem der schon von seinen unmittelbaren Vorgängern in Angriff genommenen, zwischenzeitlich aber wieder unterbrochenen Bauarbeiten an dem in seinem Ostteil niedergelegten Dom an, den er gleichsam verjüngt wieder

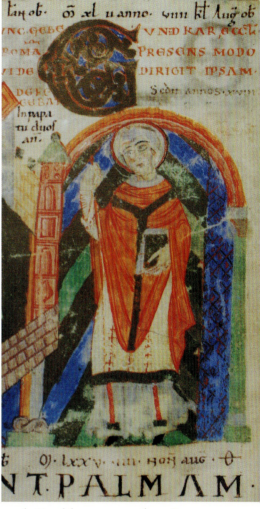

*Bischof Gundekar II.,
Miniatur aus dem Pontifikale Gundekarianum*

erstehen ließ und in Form einer stattlichen romanischen Basilika vollenden konnte, ausgestattet mit zwei Türmen, wohl Vorgängerbauten der heutigen. Im Inneren seiner Bischofskirche waren es nicht zuletzt das Grab des hl. Willibald und eine Reihe neuer oder verlegter Altäre, darunter auch ein dem hl. Vitus und ein dem hl. Bonifatius geweihter Altar in der seinerzeit neu errichteten, heute nur noch auf dem Weg über die Archäologie „zugänglichen" Ostkrypta, denen Gundekar besondere Aufmerksamkeit angedeihen ließ. Einer Stätte galten Gundekars ganz persönliches Interesse und Augenmerk. Es war dies die von ihm gestiftete, an das südliche Querhaus des Domes angebaute, der hl. Maria und dem hl. Johannes Evangelist gewidmete Kapelle, in der er einst seine letzte Ruhestätte finden wollte. Diesen sakralen Raum gibt es immer noch, wenn auch in Form eines Nachfolgebaus, der jetzigen Sakramentskapelle. Heute birgt diese Kapelle wieder den Sarkophag Gundekars, nachdem er daraus für viele Jahrzehnte hatte weichen müssen.

Die Verehrung Gundekars

Was die Wirkungsgeschichte Gundekars anbelangt, kommt dem Ort seiner letzten Ruhestätte eine ganz besondere Bedeutung zu. Nach seinem Tod wurde Gundekar – er verstarb am 2. August 1075 im Alter von gerade 56 Jahren – in der von ihm gestifteten Kapelle bestattet. Erst weit über zweihundert Jahre nach Gundekars Tod, im frühen 14. Jahrhundert, erfuhr die Verehrung Gundekars eine außerordentliche Förderung. 1309 ließ Bischof Philipp von Rathsamhausen (1306–1322) die Gebeine Gundekars erheben und in einem Hochgrab neu bestatten. Wenngleich damals eine solche Erhebung nicht mehr, wie noch in früheren Zeiten und vor der Einführung des ausschließlichen päpstlichen Kanonisationsrechtes, die Heiligsprechung des Verblichenen bedeutete, war sie doch nach wie vor ein Akt von herausragender Bedeutung, der faktisch durchaus einer Art lokaler Kanonisation gleichkommen konnte oder als solche zumindest in irgendeiner Weise verstanden wissen wollte.

Die Erhebung erfolgte zu einer Zeit von kaum zu überschätzender und in ihren Folgen bis heute nachwirkender Bedeutungsschwere für die Kirche von Eichstätt, einer Zeit, in der schließlich gelungen war, was in der Vergangenheit zunächst als nahezu aussichtsloses Unterfangen erschienen war, nämlich der entscheidende Schritt zum Aufbau eines weltlichen Territoriums, und zwar eines Territoriums, das endlich auch die näheren und weiteren Gebiete um die Bischofsstadt Eichstätt umfasste. Und so dürften denn auch die Gründe für die Erhebung der Gebeine Gundekars keineswegs nur in der Hochschätzung Gundekars durch Bischof Philipp von Rathsamhausen zu suchen sein, sondern auch in der besonderen seinerzeitigen politischen Situation der Eichstätter Kirche.

Erst an der Wende vom 13. zum 14. Jahrhundert und damit sehr spät hatten die vorausgegangenen Bemühungen der Eichstätter Bischöfe im allgemeinen Ringen um die Bildung von landesherrschaftlichen Gebieten einen durchschlagenden Erfolg gezeigt. Mit dem Aussterben der einst mächtigen Grafen von Hirschberg im Jahr 1305 ging ein großer Teil des so genannten Hirschberger Erbes in den Besitz der Eichstätter Bischöfe über, die fortan über ein weitgehend geschlossenes, die Bischofsstadt selbst einschließendes weltliches Territorium an der mittleren Altmühl verfügten, das so genannte Untere Stift, das zusammen mit den verstreuten Sprengeln des Oberen Stifts um Herrieden, Ornbau, Spalt, Abenberg und Pleinfeld einmal ein Drittel des Diözesangebietes ausmachen sollte.

Unverkennbar sollte mit der Erhebung der Gebeine Gundekars – ähnlich wie schon mit der erst rund fünfzig Jahre zuvor, 1256, vorgenommenen neuerlichen Translation der Gebeine des hl. Willibald – ein besonderes Zeichen gesetzt werden, ein Zeichen, das die Bedeutung der Kirche von Eichstätt mehren und deren Selbstbewusstsein stärken und festigen sollte. Gundekars Erhebung war damit auch, wenn man so will, ein Symbol für den territorialen Triumph der Verantwortlichen der Eichstätter Kirche, die sich seinerzeit ungeachtet von Interessen und Vorlieben in einer Art Schwurgemeinschaft zum Wohle eben dieser Eichstätter Kirche zusammengefunden hatten.

Die Erhebung der Gebeine Gundekars ist ebenfalls im Gundekarianum festgehalten. Die Umstände dieses Aktes und die in diesem Zusammenhang beobachteten Mirakel sind dort ausführlich aufgezeichnet in dem mit „Miracula gloriosi pontificis Gundekari" überschriebenen Bericht des seinerzeitigen bischöflichen Notars Thomas. Demnach geschah die eigentliche Erhebung der Gebeine Gundekars am 15. September 1309. Noch bevor die erhobenen, mit Wein abgewaschenen Gebeine in das neue Grab gebettet wurden, hatte man an ihnen und auch an der Grabplatte Flüssigkeit wahrgenommen, was die Beteiligten offenbar sofort an Parallelen zu der sich aus damaligem Blickwinkel schon seit Menschengedenken unter dem Sarkophag der hl. Walburga in St. Walburg in Eichstätt bildenden glasklaren wässrigen Flüssigkeit denken ließ, dem von den Gläubigen weithin geschätzten und bis heute fließenden Walburgisöl.

Da man offensichtlich fest damit rechnete, es könnte sich nun auch im Dom ein ähnliches Phänomen wie an der Grabesstätte der hl. Walburga einstellen, erhielt das neue Hochgrab Gundekars entsprechende Vorrichtungen zum Abfluss und Sammeln von im Inneren des Sarges – wie man hoffte – nun und künftig sich bildender Flüssigkeit. Gleichwohl blieb der erwartete Ölfluss so gut wie ganz aus. Zum 1. Oktober 1309, und damit zu einem Datum nur wenige Tage nach Gundekars Erhebung, wird letztmalig davon berichtet. Seither kennzeichnet Gundekars Hochgrab Trockenheit. Doch sind dort noch heute in den beiden mittleren der sechs Pfeiler, auf denen der Sarkophag mit den Reliquien Gundekars

Das Hochgrab Bischof Gundekars II. in der Sakramentskapelle des Eichstätter Doms

aufruht, die Abflussöffnungen beziehungsweise die zwei Opferstocknischen ähnelnden Aushöhlungen mit einer der ehemals zwei Auffangschalen zu sehen, die für die Aufnahme von „Gundekar-Öl" einmal gedacht waren.

Der ausbleibende Ölfluss tat der Verehrung Gundekars durch die Gläubigen freilich ebenso wenig Abbruch wie eine offenbar sehr schnell aufgekommene Kritik, die hinter der Erhebung – angesichts der zu erwartenden und sicher auch erwarteten Pilgerströme – pekuniäre und wirtschaftliche Interessen der in Geldnöte geratenen damaligen Kirche von Eichstätt vermutete, welche mit der Übernahme des Hirschberger Erbes auch den vom letzten Grafen von Hirschberg hinterlassenen gewaltigen Schuldenberg abzutragen hatte. Gleichsam aus allen Himmelsrichtungen pilgerten Hilfesuchende zum Grab des nun als Seligen Verehrten und vertrauten sich ihm in ihren Anliegen an.

In welchen Formen sich die Verehrung Gundekars in den ersten Jahrhunderten nach der Erhebung seiner Gebeine vollzog oder entwickelte, ist weitgehend unbekannt. Später lassen sich sehr unterschiedliche Phasen der Intensität der Verehrung ausmachen. Zeitweilig scheint Gundekars Grabesstätte als solche sogar nahezu völlig in Vergessenheit geraten, ja seine Verehrung an diesem Ort mehr oder weniger gänzlich erloschen zu sein. Doch besann man sich immer wieder aufs Neue auf den großen Bischof aus dem Mittelalter und versuchte dessen Kult wieder aufleben zu lassen.

Die über die Jahrhunderte überkommene Ehrwürdigkeit Gundekars konnte es nach dem großen Umbruch durch die Säkularisation im frühen 19. Jahrhundert nicht verhindern, dass sein Grab den ihm von Anfang an zugedachten Platz verlassen musste. Weil es nach der Übertragung der Stadtpfarrei auf den Dom dem Wunsch nach einer geräumigeren Sakristei für die künftige Dompfarrei buchstäblich im Wege stand, versetzte man es 1808 kurzerhand in das nördliche Querhaus des Domes. Erst die große Domerneuerung in den siebziger Jahren des 20. Jahrhunderts ermöglichte Gundekar die Rückkehr in seine einstige Kapelle. Seit 1975 steht sein Hochgrab dort, wo der Besucher es heute vorfindet, im rückwärtigen Bereich der Sakramentskapelle, nur wenige Schritte südwestlich von der Stelle entfernt, wo Gundekar 900 Jahre zuvor, 1075, in der von ihm gestifteten Kapelle der hl. Maria und des hl. Johannes Evangelist seine erste Ruhestätte gefunden hatte.

Noch heute finden sich an Gundekars Grab hin und wieder frische, dort niedergelegte Blumengebinde: Zeichen einer immer noch vorhandenen Hochschätzung dieses von den Gläubigen seit Jahrhunderten als selig beziehungsweise heilig verehrten Bischofs aus dem 11. Jahrhundert. Das St.-Gundekar-Werk, das 1954 ins Leben gerufene gemeinnützige Wohnungsbau- und Siedlungsunternehmen der Diözese Eichstätt, ist nach ihm benannt und hält so die Erinnerung an ihn auf besondere Weise wach.

Literaturhinweise
Bauch, Andreas/Reiter, Ernst (Hrsg.), Das „Pontifikale Gundekarianum". Faksimile-Ausgabe des Codex B 4 im Diözesanarchiv Eichstätt. Faksimileband und Kommentarband, Wiesbaden 1987.
Haas, Walter, Das Grab des Bischofs Gundekar II. im Eichstätter Dom, in: Ars Bavarica 3 (1975), Bd. 4, S. 41–58.
Weinfurter, Stefan, Die Geschichte der Eichstätter Bischöfe des Anonymus Haserensis. Edition – Übersetzung – Kommentar (Eichstätter Studien, Neue Folge 24), Regensburg 1987.
Weinfurter, Stefan, Sancta Aureatensis Ecclesia. Zur Geschichte Eichstätts in ottonisch-salischer Zeit, in: Zeitschrift für bayerische Landesgeschichte 49 (1986), S. 3–40 (dort erstmals abgedruckt).
Wendehorst, Alfred (Bearb.), Das Bistum Eichstätt 1. Die Bischofsreihe bis 1535 (Germania Sacra, Neue Folge 45), Berlin–New York 2006, S. 64–69.

Der vorliegende Beitrag ist die gekürzte, leicht veränderte und ohne Anmerkungsapparat wiedergegebene Fassung des gleichnamigen Artikels in: Barbara Bagorski / Ludwig Brandl / Michael Heberling (Hrsg.), 12 Männerprofile aus dem Bistum Eichstätt, Regensburg 2010, S. 28–53 mit Anm. auf S. 232–240.

Bernd Dennemarck

Sebald (11. Jh.)
Der Nürnberger Stadtpatron

Sebald – woran man ihn erkennt

Ein Heiliger mit Pilgermantel, -hut und -stab sowie mit Wallfahrtszeichen, insbesondere einer Jakobsmuschel, gelegentlich als Attribut noch das Modell einer Kirche, deren Patron er ist, daran erkennen die Nürnberger den hl. Sebald, ihren Stadtpatron. So wird er allgemein bildlich dargestellt.

Sebald – ein legendärer Heiliger

Sebald stammt nach der ältesten Legendenüberlieferung (dem um 1280 entstandenen Reimofficium „Nuremberg extolleris") aus einem vornehmen französischen Geschlecht. In der ersten deutschsprachigen Fassung der Legende „Es war ein kunek" (um 1380) ist der hl. Sebald dagegen ein dänischer Königssohn, der seine Verlobung mit einer französischen Prinzessin löst, um nach einer Romfahrt als Glaubensbote zu wirken und als Einsiedler in der Gegend um Nürnberg zu leben. Gemäß den um 1340 entstandenen Lesungen „Omnia que gesta sunt" rettet Sebald die Heiligen Willibald und Wunibald auf deren Rückkehr von der Pilgerfahrt nach Rom durch eine wundersame Brotspeisung. Die Legende berichtet, dass eines Abends zwei müde und hungrige Männer an Sebalds Tür klopfen. Es sind die beiden Missionare Willibald und Wunibald. Sebald stärkt sie durch Brote, die ihm ein Engel darreicht. Und auch das Weinfässchen, das ein Diener

Sebald, Wunibald, Willibald:
Sebaldusaltar Heilig-Kreuz-Münster ursprünglich
Schwäbisch Gmünd; jetzt Germanisches National-
museum Nürnberg, Inv.-Nr. 191

Früheste graphische Darstellung des hl. Sebald in der Schedelschen Weltchronik (1493)

heimlich geleert hatte, füllt sich auf wundersame Weise wieder. Sebald wird so in eine Reihe mit den großen Glaubensboten gestellt, die im Umfeld des hl. Bonifatius im 8. Jahrhundert zur Entstehung und Festigung kirchlicher Strukturen in Deutschland beitragen. Was Willibald für Eichstätt und Heinrich für Bamberg, das ist Sebald für Nürnberg.

Weitere Legenden berichten: Der hl. Sebald sei auf seinem Mantel bei Regensburg über die Donau spaziert. Ein anderes Mal wird berichtet, er habe bei der Familie eines geizigen Köhlers aus Eiszapfen ein Feuer entfacht und so die Kaltherzigkeit des Familienoberhaupts zum Schmelzen gebracht. Selbst seine Finger konnten im finsteren Wald bei Bedarf leuchten, damit ein Bauer seine beiden Kühe wiederfinden konnte. Ebenso legendär ist die Überführung der Gebeine des hl. Sebald: Ochsen spannten sich selbst vor den Wagen, um seinen Leichnam vom Reichswald in die Peterskapelle am Fuße der Nürnberger Burg zu dem Ort zu bringen, an dem der Heilige bestattet werden wollte.

Sebald – was man von ihm wirklich weiß

Historisch Gesichertes ist über den Nürnberger Stadtpatron, außer dessen Namen, kaum bekannt. Sebald lebt im Umfeld des entstehenden Nürnberg als Einsiedler. Es ist müßig zu klären, ob er sein heiliges Leben im Reichswaldgebiet bei Poppenreuth führt, zu dessen Pfarrgebiet Nürnberg damals gehört, oder, gemäß einer anderen Tradition, beim ältesten Sakralbau im Nürnberger Raum, der auf das 8. Jahrhundert zurückgehenden Altenfurter Rundkapelle. Ebenso unscharf ist der hl. Sebald zeitlich zu fassen. Nach einer – wohl politisch motivierten – Legende ist Sebald ein Zeitgenosse des hl. Bonifatius im 8. Jahrhundert. Sicher ist, dass seine Verehrung im 11. Jahrhundert einsetzt und schnell große Bedeutung für die Stadt bekommt. In einer Stadtchronik, den „Augsburger Annalen" (ca. 1070), heißt es dazu knapp: „In Nürnberg wurde der heilige Sebald erstmals durch Wundertaten berühmt". In einer auf die Hersfelder Annalen zurückgehenden Chronik von 1072 liest man: „Hell leuchtend und hoch gefeiert war zu dieser Zeit in Franken das Andenken an den heiligen Sebold in Nürnberg".

Sebald – Wirkgeschichte eines Heiligen

Eng verbunden ist die Verehrung des hl. Sebald mit der Gründung der Stadt Nürnberg, wohl um 1040, urkundlich erstmals erwähnt 1050. „Der mittelalterliche Stadtpatron stand […] in einem ‚handfesten' Verhältnis zu den Bürgern seiner Stadt. Er war der von Gott gewählte und geheime Herr der Gemeinde, von dem der Rat und die Bürgerschaft wie Lehensleute beauftragt wurden. Er übte eine ständige Schutzfunktion aus, die sich in Krisenzeiten bewährte. Zu seinem Grabe eilte man in persönlichen Anliegen und erwartete Erhörung. Ihm wurden die Erfolge und Siege der städtischen Politik zugeschrieben" (A. Bauch, 156 f). Als Gegengewicht kaiserlich-weltlicher Politik wird Nürnberg als Zentrum königlichen Krongutes zwischen den geistlichen Herrschaften der Bistümer Eichstätt und Bamberg geschaffen. Der politische Aufstieg der Stadt wird entsprechend dem damaligen Verständnis in engem Zusammenhang mit dem mächtigen Wirken des himmlischen Schutzherrn und Fürsprechers gesehen. Sebald wird zum unumstrittenen Stadtpatron. Mit dem Aufschwung der Reichsstadt und dem Aufblühen des Handels verbreitet sich über die Nürnberger Kaufleute die Sebaldusfrömmigkeit. Dennoch bleibt der Nürnberger Stadtpatron immer ein Lokalheiliger. Die Patrizier wählen den Einsiedler und Pilger als Galionsfigur und bekunden so demonstrativ ihre Unabhängigkeit von den umliegenden Bischofsstädten Bamberg, Eichstätt, Regensburg und Würzburg. Daneben fungiert Sebald im Ringen mit den Nürnberger Burggrafen als Verbündeter. Mit „ihrem" Heiligen haben die Nürnberger ein eigenes Markenzeichen für ihre Stadt, das sie als Repräsentanten der freien Reichsstadt auf ihren Handelswegen verbreiten. Zu Hause bauen, erweitern und statten sie ihre Pfarrkirche mit zahlreichen Stiftungen aus als Ausdruck ihrer Frömmigkeit und ihres reichsstädtischen Selbstbewusstseins. Im deutlichen Kontrast zur Verehrung steht das Leben des hl. Sebald, der als Eremit in Einsamkeit, Vergessenheit und Entsagung fernab von den Menschen persönliche Heiligung anstrebte!

Für die Bedeutung des hl. Sebald ist jedoch weniger seine historische Gestalt maßgebend, vielmehr sind es die Heilswirkungen, die durch ihn geschahen oder von seinem Grab ausgehen. So beginnt Nürnbergs Anfang in den geschichtlichen Quellen mit den Sätzen: „In Nürnberg leuchtete der hl. Sebald erstmals durch Wunder" und „Weithin bekannt war in jenen Zeiten durch die fränkischen Lande das Andenken des heiligen Sebald in Nürnberg". Entsprechend formuliert der Bamberger Weihbischof Adam Senger 1925 zur 500-Jahr-Feier der Heiligsprechung vor dem Rat der Stadt Nürnberg: „Es ist eine unbestreitbare, historische Tatsache, dass Nürnberg seinen ersten Aufstieg zur späteren Größe nicht Bürgerfleiß und Kaiserkult, sondern der Wallfahrt zum Grab des heiligen Sebald zu danken hat". Seit 1070 ist die Verehrung belegt, nachdem sich zuvor die Kunde von Krankenheilungen an seinem Grab ausbreitet. Bald wird Sebald zum Schutzheiligen und Stadtpatron der Freien Reichsstadt Nürnberg. 1230 wurde das Patrozinium der Peterskapelle, in der die Gebeine des Heiligen verehrt werden, auf den Stadtpatron übertragen. Bereits um 1250 entsteht ein Formular für eine eigene Bekennermesse „Os justi" für den Festtag des hl. Sebald am 19. August. Über seinem Grab wurde 1361–1372 an Stelle der ursprünglichen Kapelle die nach ihm benannte Sebalduskirche errichtet, ein eindrucksvolles Monument reichsstädtischen Selbstverständnisses. Die Gebeine des Heiligen werden 1391/97 in einem noch heute erhaltenen silbernen Schrein in den neu errichteten Ostchor der Sebalduskirche verbracht. Bereits seit 1401/02 ist eine feierliche Prozession belegt, bei der Ratsherren den Prunkschrein um die Sebalduskirche tragen. Die förmliche Heiligsprechung erfolgt am 26. März 1425 durch Papst Martin V. Die Begründung der Kanonisation, Sebald „musste heilig gewesen sein, weil Nürnberg groß geworden war", zeigt, wie eng das Gedeihen der Stadt und der Kult des Stadtpatrons miteinander verknüpft sind, ja

Goldgulden der Stadt Nürnberg (Vorder- und Rückseite) ab 1429, gotische Umschrift: Sanctus Sebaldus

sich gegenseitig bedingen. Hohe und höchste Gäste werden seitdem bei ihrer Ankunft zum Stadtpatron geführt, so gebührt 1489 beim Besuch Kaiser Maximilians I. dem hl. Sebald die erste Huldigung. Seit 1429 trägt der Nürnberger Gulden das Bild des Stadtpatrons, die Rundumschrift dessen Namen. Sankt Sebald war buchstäblich in allen Händen.

In der zweiten Hälfte des 15. Jahrhunderts sollten die altertümlichen Legenden im Lichte der humanistischen Bewegung verstanden werden. Zu diesem Zweck werden vom Nürnberger Stadtpatriziat drei Überarbeitungen veranlasst. Es handelt sich jeweils um Auftragswerke an die berühmten Autoren Sigismund Meisterlin, Hermann Schedel und Konrad Celtis. Aus diesen kompiliert Sebald Schreyer, Kirchenmeister von St. Sebald zu Nürnberg, einen Hymnus für die liturgische Feier des Sebaldusfestes. Die Bedeutung Sebald Schreyers für die Verehrung des hl. Sebald in der frühen Neuzeit ist kaum zu überschätzen. Neben anderen ist es vor allem seiner Initiative zu verdanken, dass der Silberschrein des Nürnberger Stadtpatrons mit einer bis heute erhaltenen Grabgestaltung umgeben ist. Nach einem Entwurf von Adam Kraft fertigt Peter Vischer 1508-1519 das spätgotische Bronzegehäuse für den Sarg des Stadtpatrons.

Früh schon, im Jahre 1525, führt der Stadtrat zu Nürnberg die Reformation ein. Besonders scharf wurde die protestantische Auflehnung gegen die Heiligen- und die damit verbundene Reliquienverehrung geführt, die nicht selten im Bildersturm so mancher Kirche gipfelt. Anders in Nürnberg. Für die lutherisch gewordene Stadt ist die bisherige Verehrung des Stadtpatrons zwar so nicht mehr möglich, trotzdem hüten sie sein Grab auch in den Zeiten der schlimmsten Auseinandersetzung zwischen Katholiken und Protestanten.

Sebald und das Bistum Eichstätt

Mit einer Altarstiftung am Ende des 15. Jahrhunderts erhält die im Bistum Eichstätt gelegene Reichsstadt Weißenburg eine Verehrungsstätte für den Nürnberger Stadtpatron. Der hl. Sebald erfreut sich bis heute im Bistum Eichstätt großer Verehrung; von 1855 bis 1923 wird er im Kalendarium als Diözesanpatron zweiter Ordnung geführt. Noch 1959 wird er zusammen mit den Geschwistern St. Willibald, St. Wunibald und St. Walburga sowie dem hl. Sola zu den Hauptpatronen der Diözese gezählt. Heute ist der 19. August vom liturgischen Rang im Bistum Eichstätt ein nicht gebotener Gedenktag. Es ist damit in die pastorale Verantwortung des jeweiligen Priesters gelegt, ob er an diesem Tag das Messformular des Nürnberger Stadtpatrons verwendet. Im Erzbistum Bamberg ist der Gedenktag dagegen geboten, d. h. es muss die Sebaldusmesse gefeiert werden.

In der Diözese Eichstätt gibt es heute zwei Pfarrkirchen, deren Patron der hl. Sebald ist. Beide liegen im Großraum Nürnberg:

St. Sebald zu Schwabach, das 1364 in den Besitz der Burggrafen zu Nürnberg gelangt. 1525 wurde in Schwabach die Reformation eingeführt. Erst 1839 wird die neue katholische Kirchengemeinde Schwabach als Kuratie errichtet, 1857 zur Pfarrei erhoben. Die Pfarrkirche zu Ehren des hl. Sebald wird am 1. Advent 1850 benediziert. Im neugestifteten Hochaltar von 1887 befinden sich Figuren des hl. Sebald, des hl. Bonifatius sowie der Diözesanpatrone Willibald und Walburga. Um den Erweiterungsbau der Pfarrkirche von 1925 finanzieren zu können, wurde ein „Sebaldusverein" gegründet.

Zu Nürnberg-Altenfurt wird 1935 ein Gotteshaus als Filialkirche der Pfarrei Feucht dem hl. Sebald geweiht. Auf dem linken Flügel des gotischen Altars aus dem 14. Jahrhundert sind der hl. Sebald und der hl. Willibald dargestellt. Die Filiale wurde 1951 zur Pfarrei erhoben; aus ihr gingen die Pfarreien Fischbach (1966) und Moorenbrunn (1977) hervor.

Sebald heute

In den letzten Kriegstagen 1945 kommt der spätere Verleger Karl Borromäus Glock in höchste Lebensgefahr. Auf dem Weg durch das weitgehend zerstörte Nürnberg gerät der verletzte Soldat in ein Gefechtsfeuer. Neben ihm sterben Menschen. Da erinnert er sich an die nahe gelegene Altenfurter Rundkapelle, die im Volksmund auch als Sebalduskapelle bekannt ist. In diesem Augenblick höchster Not weiß Glock sein Leben allein in Gottes Hand. Er gelobt eine Wallfahrt zur „Sebalduskapelle" zu gründen. Seitdem wallfahren Gläubige am Jahrestag des Heiligen, dem 19. August, zum ältesten Heiligtum im Raum Nürnberg, der Altenfurter Rundkapelle in der Pfarrei St. Sebald. Tausende beteiligen sich in den Nachkriegsjahren an dieser „Dankwallfahrt für Er-

Sebaldusschrein von Peter Vischer, 1508–1519, St. Sebald, Nürnberg

rettung aus höchster Kriegsnot". Die Wallfahrt besteht – unter verändertem Vorzeichen als Jugendwallfahrt jeweils am letzten Sonntag im September – bis zum Jahre 2004. Im Jahr 2009 wird die „Sebalduswallfahrt" in Anlehnung an den ursprünglichen Gedanken als Friedenswallfahrt wiederbelebt. Nach dem Wort von Richard von Weizäcker „Wer vor der Vergangenheit die Augen verschließt, wird blind für die Gegenwart" besinnen sich die Wallfahrer auf den leidvollen Weg Deutschlands zu heutigem Frieden, ehe sie in einem zweiten Schritt dankbar des Friedens gedenken, in dem wir leben dürfen. Die Neukonzeption der Sebalduswallfahrt schließt mit dem Gedanken, dass Frieden eine Verpflichtung für die Zukunft ist.

Seit 1991 gedenken Katholiken und Protestanten mit einer ökumenischen Sebaldusvesper am 19. August in der gleichnamigen Kirche gemeinsam des Nürnberger Stadtpatrons. Gläubige der beiden großen Konfessionen beten für das Wohl der Stadt. Bisheriger Höhepunkt ist das Jahr 2007, als anlässlich der 1000-Jahr-Feier des Erzbistums Bambergs die Sebaldusvesper von Walter Kardinal Kasper, Präsident des päpstlichen Rates zur Förderung der Einheit der Christen, Landesbischof Friedrich Weber (Braunschweig) sowie Erzbischof Ludwig Schick (Bamberg) mitgefeiert wurde. Gerade in Zeiten, in denen es die ökumenische Idee etwas schwer hat, bleibt Sebaldus ein Symbol für die Verbindung und Verbundenheit zwischen den Konfessionen.

Quellen- und Literaturhinweise

Quellen
Annales Augustani, in: MGH III, Hannover/Berlin 1839, S. 123–136.
Lambertini Annales Hersfeldenses, in: Scriptores Rerum Germanicarum in usum scholarum 1894, S. 1–304.

Literaturhinweise
BAUCH, ANDREAS, Der heilige Sebald, in: Bavaria Sancta Bd. III, Regensburg 1973, S. 156–169.
BORST, ARNO, Die Sebalduslegenden in der mittelalterlichen Geschichte Nürnbergs, in: Jahrbuch für fränkische Landesforschung 26 (1966), S. 19–177.
DÜNNINGER, J., Sebald, in: Lexikon der christlichen Ikonographie 8, S. 316–318.
HÄUSSLER, TH., Heilige in Franken. Würzburg 2001, S. 28–34.
KRAFT, WILHELM, St. Sebald im Rahmen der ältesten Geschichte Nürnbergs, in: Mitteilungen des Vereins für Geschichte der Stadt Nürnberg 38 (1941), S. 165–186.
SCHNELLBÖGL, F., St. Sebald in Nürnberg nach der Reformation, in: Zeitschrift für Bayerische Kirchengeschichte 32 (1963), S. 155–172.

Weblink
www.sebalduskirche.de

Willibald Harrer

Die Drei Elenden Heiligen von Etting
Glaubensboten aus einem fremden Land

In der Pfarrei St. Michael in Etting, einem Ortsteil von Ingolstadt, werden drei lokale Heilige verehrt, die auf den ersten Blick höchst eigentümlich, ja fremdartig erscheinen. Es sind dies die Drei Elenden Heiligen, Archus, Herenneus und Quartanus in der latinisierten Ausspracheform oder Archan, Haindrit und Gardan in der deutschen.

Leben, Herkunft und Namen der Drei Elenden Heiligen

Über das Leben, die Herkunft und die Namen dieser drei Ettinger Heiligen herrscht historisch gesehen Unklarheit. Man nimmt an, dass es sich um Mönche handelt, die entweder der angelsächsischen oder der iroschottischen Missionsbewegung zuzuschreiben sind.

Joseph Georg Suttner legt das Leben und Wirken der Drei Elenden Heiligen ins 11. Jahrhundert (zweite Phase der iroschottischen Missionsbewegung), weil sich in Etting eine Expositur des ehemaligen Schottenklosters zum Heiligen Kreuz befand. Es handelt sich bei den verehrten Heiligen um Mönche aus dem Schottenkloster von Eichstätt. Da das Schottenkloster als Hospital für Kranke errichtet worden ist, legt es sich nahe, dass die drei Heiligen in der Armen- und Krankenpflege tätig gewesen sind.

Johann B. Götz hingegen sieht in den Ettinger Elenden Heiligen angelsächsische Mönche (Pirminianer) wahrscheinlich des achten oder neunten Jahrhunderts, die die Gegend kultivierten und mit dem Ingolstädter Klosterbesitz Niederaltaichs zusammenhängen. Die Ettinger Heiligen kommen aus England. Da der hl. Pirmin, der das Kloster Niederaltaich gegründet hat, aus England stammt, bietet sowohl der Name „Elende Heilige" wie auch die Tradition, dass diese aus England kommen, keine Schwierigkeiten.

Die Namen der Elenden Heiligen kennen wir nicht. Die heute gebräuchlichen Bezeichnungen Archan, Haindrit und Gardan beziehungsweise Archus, Herenneus und Quartanus beruhen auf der falsch gedeuteten Inschrift eines römischen Grabsteines in der Pfarrkirche von Etting, der als Deckplatte für ein Grab der Drei Elenden Heiligen benutzt worden ist.

Wer den Sammelnamen Elende Heilige hört, ohne den sprachgeschichtlichen Hintergrund des Wortes „elend" zu kennen, ist verwundert darüber, dass es solche – eben elende, im Sinn von erbärmliche – Heilige geben soll.

Schon im 16. Jahrhundert hat man die ursprüngliche Bedeutung von „elend" nicht mehr verstanden. Von daher ist es zu recht abenteuerlichen Deutungen dieses Namens in Legenden gekommen.

Diese Heiligen sind elend, weil sie im Elend leben und sterben müssen. Sie sind elend, weil sie die elendiglich von den Heiden ermarterten Christen fleißig in allen Orten zusam-

*Die Drei Elenden Heiligen vor einer Höhle;
Altarbild in der Pfarrkirche Etting, um 1690*

mengesucht und begraben haben. Sie sind elend, weil sie von Heiden ganz elendiglich gemartert und getötet worden sind. Sie sind elend, weil sie lange Zeit ganz verächtlich und elendiglich in ihren Begräbnissen haben liegen müssen.

In den Legenden des 16. und 17. Jahrhunderts wurde „elend" als unglücklich, erbärmlich verstanden. Sprachgeschichtlich weist elend jedoch auf die Herkunft aus einem fremden Land hin. Im Keltischen bedeutet „el" fremd. Eliland ist deshalb die Fremde. Die Drei Elenden Heiligen aus Etting sind also nicht als unglückliche, erbärmliche Heilige zu verstehen, sondern als Männer aus einem fremden Land.

Die Legende von den Drei Elenden Heiligen

Neben dem historischen Befund, der aufgrund der fehlenden historischen Quellen eher unklar, ja dunkel ist, lässt sich aus den Legenden über die Drei Elenden Heiligen etwas für das christliche Leben Wegweisendes herauslesen, wenn man ein gewisses Verständnis für die Gattung Legende aufbringt, das darin besteht, dass man nicht nur historisch belegte und belegbare Fakten und Daten als bedeutsam für die Wirklichkeit ansieht, sondern sagt: Legenden beschreiben in Bildern tiefe Wahrheiten oft deutlicher als die zufällig überlieferten Ereignisse im Leben einer geschichtlichen Gestalt. Die Legende über die Drei Elenden Heiligen berichtet: „Zur Zeit einer schweren Christenverfolgung in England verließ der einer adeligen Familie entstammende Kaufmann Archus mit seinen beiden Söhnen Hereneus und Quartanus das Vaterland. Auf ihrer Wanderung kamen sie bis in die Gegend von Ingolstadt. In der Wildnis des Harder Waldes bot ein Felsen den Verschmachtenden auf wunderbare Weise Wasser und Labung. Ein Engel selbst muss sie da wohl hingeführt haben. Sie ließen sich hier nieder und wählten drei Höhlen als ihre Wohnstätten. Diese kann man heute noch sehen; die eine, die beim Altar der Heiligen in die Kirche mündet, beginnt im Haus gegenüber der Kirche, einem ehemaligen Melberhaus; es ist gewiss, dass man einst ‚in dieser Gruft weit hinter sich und für sich auf beyde Seiten gleich einem Creutz formiert, habe gehen können'. Die zweite Gruft verläuft unter dem Pfarrhaus und mündet ebenfalls in das Gotteshaus, und zwar beim zweiten Grab; in ihr entstand um 1660 eine Quelle, deren Wasser als heilkräftig galt und weithin geholt wurde. Der dritte Gang unter dem Haus des Universitätsprofessors Dr. Rath ist längst eingefallen. Auch er soll bis zum Kirchbühel gegangen und beim dritten Grab gemündet sein. Als man vor vielen Jahren das Loch, durch das man in die dritte Gruft kriechen konnte, etliche Male zumauerte, hat es sich über Nacht immer wieder von selbst geöffnet.

Nur zum Gebet kamen die Drei Elenden Heiligen Tag für Tag in der größeren Höhle – der unter dem Pfarrhof – zusammen. Sie nahmen sich der verfolgten Christen an, begruben die um ihres Glaubens willen Getöteten und starben schließlich eines gottseligen Todes. Über ihren Gräbern erbaute man ein Kirchlein.

Archus, Herenneus und Quartanus oder, wie das Gaimersheimer Predigtwerk sie nennt, Archan, Haindrit und Gardan, sind Volksheilige und wurden als Pest- und Viehpatrone verehrt.

Noch um 1800 konnte man Bittzettel mit Gesangstext erstehen, die zusammengefaltet eine Tüte bildeten. Diese Tüten wurden mit Sand aus den drei Höhlen gefüllt, der als Mittel gegen Gicht, Fieber und Rotlauf diente. Vorher hatten die Pilger den Grabstein von einem unter der Kanzel liegenden Grab, den sie für den Stein des zweiten Heiligen hielten, stückchenweise zerschlagen und ‚in gar kurzer Zeit aus Andacht völlig vertragen; die aber, welchen der Grabstein zerrunnen, nahmen die Erden mit sich, welche in Erhebung der heiligen Reliquien aus besagten hl. Gräbern geworffen worden.'

Die Verehrung der drei Volksheiligen gründet sich auf eine aus der ältesten Zeit herrührende ununterbrochene Tradition. Die ältesten Zeugnisse darüber stammen allerdings erst aus den Jahren 1496 und 1584." (Emmi Böck)

Im Jahr 1627 ließ der Eichstätter Fürstbischof Johann Christoph von Westerstetten die Reliquien erheben und die Gebeine in einem mit Silber beschlagenen Eichensarg auf dem Altar zur Verehrung aussetzen.

Die Wallfahrt zu den Drei Elenden Heiligen

Die Wallfahrt in Etting ist als bedeutsam einzustufen. In dem Bericht, den Herzog Wilhelm von Bayern 1584 anfordert, heißt es, dass bereits in früheren Generationen von Etting als berühmten Wallfahrtsort mit großem Zulauf gesprochen worden ist.

Generalvikar Vitus Priefer hat im Jahre 1602 das Bistum Eichstätt visitiert. Er berichtet im Zusammenhang mit der Wallfahrt in Etting von einer Votivtafel aus dem Jahre 1496. Dies ist das älteste bekannte Zeugnis der Wallfahrt zu den Drei Elenden Heiligen. Auch Priefer stellt fest, dass ein großer Zulauf der Menschen zu dieser Kirche gegeben ist.

Aufschlussreich für die Ettinger Wallfahrt ist die Entscheidung von Fürstbischof Johann Christoph von Westerstetten, der im Jahre 1627 eine genaue Untersuchung der Gräber und die Erhebung der Heiligen aus den Gräbern anordnet. Das Protokoll dieses Vorgangs berichtet folgendes:

Die Drei Elenden Heiligen, Deckenfresko, Pfarrkirche Etting

„Da aus alten Überlieferungen und Denkmälern bekannt war, dass im Dorfe Oetting, eine Stunde von Ingolstadt entfernt, gewisse Heilige, die um des Namens Christi willen einst verbannt worden waren (ob christianum nomen exules), begraben liegen und dort ihre aus Ziegeln errichteten Grabdenkmäler über der Erde sich erhoben und verehrt wurden, da es ferner gewiss war, dass diese Heiligen dereinst durch großen Zulauf der Menschen, durch Wallfahrten sowie durch andächtige Verehrung, Opfer- und Weihgeschenke eines großen Rufes sich erfreuten, nicht minder ältere und neuere Wunderwerke bekannt wurden, so wollte der hochw. Fürstbischof Johann Christoph in seinem besondern Eifer für die Ehre der Heiligen und der Kirche eine nähere Untersuchung vornehmen, um entweder dem Irrthume beggenen oder durch die aus den Gräbern erhobene Wirklichkeit die in Abnahme kommende Verehrung dieser Heiligen wieder anzufachen und zu entzünden" (Suttner 1861).

Die Kunde von den Vorgängen in Etting machte in der ganzen Gegend großes Aufsehen und die Zahl der Wallfahrer wuchs in beträchtliche Größenordnungen. Als 1628 die Pest herrschte, sollen so viele Menschen zusammengeströmt sein, dass sie sich fast erdrückten. Auf Grund der Wirren des 30jährigen Krieges verbrachte man 1632 die Reliquien der Heiligen nach Ingolstadt und der Wallfahrtsstrom wurde geringer. Gegen Ende des Jahrhunderts nahm die Wallfahrt wieder einen großen Aufschwung, bedingt durch die Bemühungen der Pflegersfamilie Wurm, die 1697 sogar eine Kapelle zu Ehren der Drei Elenden Heiligen errichten ließ.

1735 weilte Kurfürst Karl Albrecht mit seinem Hofstaat zur Wallfahrt in Etting und ließ sich während seines Aufenthaltes täglich das Wasser des Osterbrunnens an seine Tafel bringen. Durch diesen kurfürstlichen Besuch erhielt die Wallfahrt erneut einen starken Aufschwung.

In der Zeit von 1741 bis 1801 zählte die Wallfahrt nach Etting zu den Drei Elenden Heiligen zu den meistbesuchten in ganz Bayern. Durch die Ideen der Aufklärung und im Gefolge der Säkularisation ließ im 19. Jahrhundert das Interesse an der Wallfahrt stark nach. Mit dem Jahr 1801 enden die Eintragungen im Mirakelbuch.

Heutzutage beschränkt sich die Verehrung der Drei Elenden Heiligen weitgehend auf die Pfarrei Etting. Die liturgische Festfeier wird am Sonntag nach Allerheiligen mit einem Festgottesdienst am Vormittag und einer Prozession zur Osterbrunnenkapelle am Nachmittag begangen.

Die Menschen riefen die Drei Elenden Heiligen bei allen Sorgen und Plagen in ihrem Leben um Hilfe an. Die Ettinger Heiligen waren keine Spezialpatrone für eine bestimmte Krankheit, sondern galten als Helfer gegen alle Krankheiten. Auch als Viehpatrone verehrte man sie.

Anregungen für ein christliches Leben

Wenn wir die Verehrung der Drei Elenden Heiligen von Etting in ihrer christlichen Wirkung und Bedeutung betrachten, so ist vordergründig das durchaus bedeutsame Wallfahrtsgeschehen durch viele Jahrhunderte hindurch zu benennen. Wallfahren ist ein besonderer Ausdruck der Verehrung Gottes beziehungsweise des Heiligen allgemein. Der

Glaube an eine göttliche Macht, die erfahrbar wird in Wundern, kommt hier deutlich zum Tragen. In der Begegnung mit dem Heiligen fließt dem Gläubigen Gnade und Heil, Kraft und Stärkung zu. Schließlich bekunden Christen in einer Wallfahrt ihr Pilgersein, ihr Unterwegssein zu Gott. Sehr schön hat Friedrich Dörr im „Drei-Heiligen-Lied" (1989) gedichtet: „Pilger sind wir in der Welt, ziehn auf tausend Wegen, wie es Gott dem Herrn gefällt, unserm Ziel entgegen. Dass wir Gottes Wege gehn, helft uns ihr Drei Elenden Heiligen." Als Christen glauben wir, dass wir unsere Heimat im Himmel haben, wie der heilige Paulus schreibt (Phil 3,20).

In der Ettinger Wallfahrt zu den Drei Elenden Heiligen lassen sich aber auch spezielle Züge des christlichen Lebens- und Glaubensvollzugs ausmachen.

Das Gebet
Zum Gebet kamen die Drei Elenden Heiligen Tag für Tag in der größeren Höhle zusammen, so formuliert die Legende. Wenn wir beten, erheben wir unser Herz zu Gott und sprechen mit ihm. Wir loben und preisen ihn, sagen ihm Dank und bitten ihn um seine Gaben. Die Drei Elenden Heiligen haben sich im Gebet Gott anvertraut und sich ihm überlassen. Sie haben treu und pflichtbewusst gebetet.

Führung durch Gott
„Ein Engel selbst muss sie da wohl hingeführt haben", heißt es in der Legende. „Denn er befiehlt seinen Engeln dich zu behüten auf all deinen Wegen. Sie tragen dich auf ihren Händen, damit dein Fuß nicht an einen Stein stößt", lesen wir im Psalm (91, 11 ff). Die Drei Elenden Heiligen haben sich Gott anvertraut und sind durch ihn geführt worden. So haben sie nicht nur Errettung vor dem Verdursten gefunden, sondern sind zum Segen für die Menschen in dieser Gegend geworden.

Gottesverehrung und Nächstenliebe
Die Drei Elenden Heiligen nahmen das Gebet, die Verehrung Gottes ernst und wendeten sich den Menschen in Not zu. Diese Doppelausrichtung des christlichen Lebensvollzugs ist von elementarer Bedeutung. „Meine Brüder, was nützt es, wenn einer sagt, er habe Glauben, aber es fehlen die Werke? Kann etwa der Glaube ihn retten? Wenn ein Bruder oder eine Schwester ohne Kleidung ist und ohne das tägliche Brot und einer von euch zu ihnen sagt: Geht in Frieden, wärmt und sättigt euch!, ihr gebt ihnen aber nicht, was sie zum Leben brauchen – was nützt das? So ist auch der Glaube für sich allein tot, wenn er nicht Werke vorzuweisen hat." (Jak 2,14–17), mahnt der Apostel Jakobus. Im christlichen Lebens- und Glaubensverständnis sind Gottes- und Nächstenliebe unauflöslich verschränkt. Die Ettinger Heiligen haben beide Zielrichtungen christlichen Lebens verwirklicht: die Liebe zu Gott und die Liebe zum Mitmenschen.

Verfolgung um Christi willen
Die Drei Ettinger Heiligen haben wegen einer Christenverfolgung ihre Heimat verlassen. Sie haben das Schicksal der Verfolgung um Christi Willen erlitten. Im Evangelium

nach Johannes lesen wir: „Wenn sie mich verfolgt haben, werden sie auch euch verfolgen." (Joh 15, 20)
Ihrerseits haben die drei Ettinger Heiligen sich der verfolgten Christen angenommen und so das Wort des hl. Paulus realisiert: „Helft den Heiligen, wenn sie in Not sind." (Röm 12,13).

Wasser
Wasser rettet die Drei Elenden Heiligen vor dem Verdursten. Heilkräftiges Wasser spielt in der Wallfahrtsgeschichte Ettings eine große Rolle. Wasser ist ein Element des Lebens. Flüssigkeit ist neben der Nahrung die notwendige Komponente für den Erhalt unserer körperlichen Lebendigkeit. Im religiösen Bereich ist Wasser das Element für die Taufe. Hier geht es auch um das Leben, um viel mehr als um das Leben des Leibes. Es geht bei der Taufe um die Fülle des Lebens, das ewige Leben, das Gott schenkt. Auf dieses Leben mit Gott und aus Gott will das heilkräftige Wasser in Etting verweisen.
Jesus selbst spricht zur Samariterin am Jakobsbrunnen von den wunderbaren Quellen des Lebens: „Wer von dem Wasser trinkt, das ich ihm geben werde, wird niemals mehr Durst haben; vielmehr wird das Wasser, das ich ihm gebe, in ihm zur sprudelnden Quelle werden, deren Wasser ewiges Leben schenkt." (Joh 4,14)

Im Bedürfnis des Menschen nach wundersamen Heilungen schieben sich Wunderwerke stark in den Vordergrund. Das ist bei der Ettinger Wallfahrt zu den Drei Elenden Heiligen nicht anders. Dennoch wird in der Legende der Drei Elenden Heiligen von Etting in einer tieferliegenden Schicht Wesentliches aus dem christlichen Glaubens- und Lebensvollzug transportiert.
Auch wenn eine über die Pfarrei St. Michael in Etting hinausgehende Verehrung der Drei Elenden Heiligen in heutiger Zeit nicht mehr geübt wird, so schwingt nicht nur eine große Geschichte bei der Betrachtung dieser lokalen Heiligen mit, sondern es kann auch für heute und für die Zukunft Wesentliches unseres christlichen Glaubens und Lebens an ihnen abgelesen und nachgeahmt werden.

Literaturhinweise
BAUMEISTER, ELISABETH, Die Wallfahrt nach Etting zu den „Elenden Drei Heiligen", Eichstätt 1982 (nicht veröffentlichte Hausarbeit).
BÖCK, EMMI, Sagen und Legenden aus Ingolstadt und Umgebung, Mainburg 1973.
FRITSCH, OSKAR, Die Drei Elenden Heiligen von Etting, in: Ingolstädter Heimatblätter. Beilage zum Donaukurier 21 (1958), Nr. 5.
GÖTZ, JOHANN, Etting und seine drei „elenden" Heiligen, Ingolstadt 1924.
KOENIGER, ALBERT, Drei „elende" Heilige, München 1911.
Pfarr- und ehem. Wallfahrtskirche St. Michael zu Etting, Diözese Eichstätt (Kirchenführer).
SUTTNER, JOSEPH GEORG, Die Elenden Heiligen in Oetting bei Ingolstadt, in: Pastoralblatt des Bisthums Eichstätt 8 (1861), S. 53 f., 57 f., 68–73, 75–77, 81–86, 89 f., 93 f., 96–98, 101 f.
TREFFER, GERD, Ingolstädter Kirchen, Ingolstadt o. J.

Claudia Schäble

Stilla von Abenberg (ca. 1100–1150)
Die wohltätige Grafentochter

Beim Nachdenken über selig und heilig gesprochene Frauen der katholischen Kirche kommen sie zuerst ins Gedächtnis: Frauen, die sich ohne Rücksicht auf die eigene Person ganz selbstlos für andere Menschen eingesetzt haben. Frauen wie z. B. Elisabeth von Thüringen, die Wohlstand und Glanz der Wartburg verließ und ihr Leben mit den Armen in Eisenach teilte. Beeindruckend an diesen Frauen ist dabei nicht die Außergewöhnlichkeit ihres Handelns; vielmehr liegt in der Einfachheit, aber Konsequenz eines Lebens ohne jeden Luxus und in der bedingungslosen Hingabe an die Armen die Faszination ihrer Persönlichkeit.

Auch in der Diözese Eichstätt gibt es eine Frau, die ihr Leben mit großer Konsequenz und Hingabe an die Ärmsten gelebt hat und Menschen vieler Generationen bis heute beeindruckt: die selige Stilla von Abenberg. Ihr mildtätiges Wirken ist bis heute unvergessen, ihre Verehrung ungebrochen.

Wer war diese Frau, deren Namen auch heute noch über tausend Frauen in der Diözese Eichstätt wie ein Lebensmotto tragen?

Ihre Lebensdaten sind nicht genau überliefert (ca.1100–1150), doch es gibt kaum Zweifel, dass Stilla – aus der Grafenfamilie von Abenberg stammend – tatsächlich gelebt hat.

Die Legende von der seligen Stilla

Schon kurz nach ihrem Tod, vielleicht sogar schon zu Lebzeiten, wurde die selige Stilla in Abenberg verehrt, wo man bis heute dieser Frau gedenkt. Die Augustinerin Monika Farket († 1636) gibt in ihrer bereits 1593 niedergeschriebenen und wohl ältesten Fassung der Stilla-Legende den Grund für die Verehrung dieser außergewöhnlichen Frau an:

„Die heilige Jungfrau sancta Stilla ist geboren von edlem Geschlecht. Ihr Vater (...) ist ein Graf zu Abenberg gewesen. Er hat zwei Söhne gehabt. Die selig sanct Stilla ist seine einzige Tochter gewesen. Sie hat drei Jungfrauen gehabt, die ihre Dienerinnen gewesen sind, die eine hieß Gewera, die andere Wiederbring, die dritte Überkuma. Und alle haben ein heiliges tugendsames Leben geführt. Aber Stilla ist vortrefflich über die anderen gewesen in allen Tugenden. Besonders in der Tugend der Demütigkeit und Barmherzigkeit hat sie sich allezeit geübt. Sie hat den Armen gedient und denen milde das Almosen gegeben, die gewöhnlich zu ihr kamen. Sie pflegte und tröstete sie wie eine Mutter mit ihren dienstbaren Werken und ihrem heiligen Segen über die Kranken, die davon gesund wurden."

Bei den in der Legende zitierten Namen handelt es sich nicht um Taufnamen, sondern eher um Spitz- oder Lebensnamen: Stilla – die Stille. Stilla sah die Nöte der kleinen Leute; sie half im Stillen. Durch ihr Wesen und ihr Handeln überzeugte sie drei Burgmägde zu ihrem Helferdienst. Pfarrer Jakob Meyer nennt diese Wiedekum, Wiedebring und Gewerra und erklärt die Namen, die ihnen die Überlieferung gegeben hat: Wiedekum – Stilla, komm wieder!, Wiedebring – Stilla, bring wieder! und Gewerra – Stilla, gewähre uns deine Hilfe!

Die Aussage der Legende und die Bedeutung ihres caritativen Handelns werden erst klar, wenn man die Herkunft der seligen Stilla bedenkt. Der Legende nach wird Stilla um 1100 in das angesehene Abenberger Grafengeschlecht hineingeboren, das Wolfram von Eschenbach (1170–ca. 1220) in seinem Parzival erwähnt und das auch im bekannten Tannhäuser eine Rolle spielt. In einer Welt des höfischen Glanzes mit Minnesang, Jagden und Turnierspielen wächst Stilla auf. Doch sie lässt sich nicht blenden und einnehmen vom Glanz des höfischen Lebens. Sie kehrt dieser Welt des äußeren Glanzes ganz bewusst den Rücken und wendet sich Jesus Christus zu. Wie vom Evangelium gefordert „Was ihr dem Geringsten meiner Brüder getan habt, das habt ihr mir getan!" (Mt 25,40) gibt sie ihren Reichtum auf, um Notleidenden und Hilfesuchenden Barmherzigkeit zu erweisen und in ihnen Jesus Christus selbst zu begegnen. Zusammen mit ihren Dienerinnen und Gefährtinnen entscheidet sie sich für ein Leben in Ehelosigkeit und Frömmigkeit. So erkannten viele ihrer Zeitgenossen in ihrem Handeln die verkörperte Liebe Christi wieder und begannen sie zu verehren – bereits zu ihren Lebzeiten und über ihren Tod hinaus bis heute.

Selige Stilla vor der Stadt Abenberg, M. Schiestl, ca. 1920

Die Legende fährt fort: „Die heilig Jungfrau sanct Stilla hatte stetige Begierde, eine Kirche auf dem Berg zu bauen, der unfern von ihrem Schloß lag. Also fing sie an und baute die Kirche von ihrem eigenen Gut auf dem Berg, da sie noch steht in der Ehre Gottes und sanct Petri und Pauli, der heiligen Zwölfboten, und hatte im Willen, auch ein Kloster dazu zu bauen. Davor überkam sie Gott der Herr mit dem Tod, so daß sie das Kloster nicht bauen ließ. Aber sie weissagte, daß in künftiger Zeit noch ein Kloster da werden soll, wo das Kloster Marienburg jetzt steht. Und sie wallte täglich in die Kirche und pflegte da ihre Andacht mit großem Fleiß, solange sie lebte."

Diese erste Kirche, die der Überlieferung nach Stilla um 1131 errichten ließ, ist nicht erhalten geblieben. Jahrhunderte später wurde eine zweite Kirche erbaut und im Jahr 1629 konsekriert. Als eine bereits betagte Klosterfrau beim Verlassen dieser Kirche ihren Wachsstock brennend stehen ließ, brannte am 10. September 1675 die zweite Kirche (und mit ihr auch ein großer Teil des Klosters samt Inventar) nieder. Doch bereits 1677 konnte der Grundstein für die dritte Kirche gelegt werden, die 1684 geweiht wurde und bis heute erhalten geblieben ist. Eine aus der Zeit des 12./13. Jahrhunderts stammende Grabplatte, die den Brand überstanden hat, zeigt eine adlige, vornehm gewandete Frau mit einem Kirchenmodell in der Hand, das Aufschluss geben kann über das Aussehen der ursprünglich möglicherweise von ihr errichteten Kirche. Der Legende nach soll Stilla vor Otto von Bamberg (ca. 1060–1139), der diese erste Kirche einweihte, auch ihre Gelübde abgelegt haben. Deshalb wird sie auf manchen Darstellungen auch im Ordensgewand dargestellt. Dass Stilla tatsächlich als Ordensfrau lebte, ist strittig – als wahrscheinlich darf gelten, dass sie sich ganz bewusst für die neue Lebensordnung Christi in ihrem Denken, Fühlen und Handeln entschieden und diese in ihrem Leben zum Ausdruck gebracht hat.

Auf den Punkt gebracht wird dies auch in einer volkstümlichen Erweiterung ihrer Legende, nach der Stilla vor ihrem Tod einen Handschuh von ihrer Burg geworfen haben soll, um damit ihren Begräbnisort festlegen zu lassen. Im Mittelalter war dieser Handschuhwurf als Rechtssymbol üblich, d.h. mit dieser Symbolhandlung konnte die Gewalt über Besitz und Personen auf andere übertragen werden. So hat Stilla den Grund und Boden, auf dem die Peterskirche steht, der Kirche und ihrem Patron, dem hl. Petrus, übereignet.

Auch von ihrer Überführung in die Grablege der Abenberger nach Heilsbronn wird legendenhaft erzählt, dass das Tiergespann sich gewehrt und aus eigenem Antrieb den Weg zu der von ihr erbauten Kirche genommen haben soll. Gerade an dieser Erzählung soll deutlich werden, dass sich die selige Stilla über ihr Leben hinaus bis in den Tod hinein von den Traditionen des Abenberger Zeremoniells distanziert hat. Entgegen der Tradition, nach der Stillas Brüder in der Grablege der Abenberger in Heilsbronn beigesetzt wurden, fand Stilla in der angeblich von ihr gestifteten Kirche ihre letzte Ruhestätte.

Die Verehrung der seligen Stilla

Sehr schnell nach ihrem Tod um 1150 in Abenberg verbreitete sich die Verehrung Stillas als Helferin der Notleidenden und Kranken weit über die Region hinaus. Selbst der Brand der Kirche von 1675 konnte den Pilgerstrom zu ihrem Grab nicht stoppen – unbeirrt legten die Wallfahrer in Abenberg ihre Opfer auf dem angesengten Stein des Grabes nieder.

Über 700 Jahre lang wurde Stilla in Abenberg bereits verehrt, als 1886 das „Stillabüchlein" von Pfarrer Willibald Müller (1883/84 Pfarrprovisor von Abenberg) erschien. Es initiierte und beeinflusste den Seligsprechungsprozess, der 1893 von Stadtpfarrer Alois Hoffmann (1884–1897 Pfarrer in Abenberg) gefördert wurde. Dieser stellte beim damaligen Eichstätter Bischof Leopold Freiherr von Leonrod (1867–1905) den Antrag zur Einleitung eines formellen Seligsprechungsprozesses, um die Abenberger Gräfin auch in den liturgischen Formen von Messe und Stundengebet verehren zu können. Nach umfassender Prüfung bestätigte schließlich am 12. Januar 1927 die Ritenkongregation in Rom mit Papst Pius XI. die kirchliche Verehrung der Gräfin Stilla als Selige „... nachdem der öffentliche und kirchliche Kult der Dienerin Gottes Sankt Stilla seit unvordenklicher Zeiten erwiesen und niemals unterbrochen und bis heute glücklich fortgesetzt ist".

Bis heute hält diese Verehrung am dritten Sonntag im Juli unvermindert an. Sieben Tage nach dem alljährlich gefeierten Stillafest erbittet die Gemeinde dazu in besonderer Weise die Fürsprache der Seligen im sogenannten Brauch des Stillasegens. Ihr Gedenktag am 21. Juli ruft den Gläubigen in der Oration das Vermächtnis Stillas ins Gedächtnis, wenn es heißt:

„Allmächtiger Gott,
die selige Stilla hat dir durch ihre Liebe zu den Armen und ihr reines Leben in Treue gedient. Hilf uns, hier auf Erden ihrem Beispiel zu folgen,
und schenke uns mit ihr Anteil an der ewigen Freude".

Die Sorge um die Wallfahrt zum Grab der seligen Stilla, die Nähe zu größeren Städten in der Umgebung und das zeitbedingte Bedürfnis nach Klöstern für nichtadelige Frauen dürften den entscheidenden Anstoß zur Gründung des Klosters Marienburg bei Abenberg gegeben haben, in das am 27. Juni 1488 fünf Augustinerchorfrauen aus Marienstein bei Eichstätt einzogen. Bereits die selige Stilla hatte mit ihren Gefährtinnen in klosterähnlicher Gemeinschaft gelebt. Daran anknüpfend berief Bischof Wilhelm von Reichenau (1464/1496) im Jahr 1489 Nonnen aus Marienstein nach Abenberg an das Grab der Seligen, die zusammen mit den aus dem Kloster Königshofen übergesiedelten Augustinerinnen eine neue Lebensgemeinschaft bildeten. Nachwuchsprobleme und fehlende Stiftungen führten mit der Ausbreitung der Reformation in der Mitte des 16. Jahrhunderts zur vorübergehenden Auflösung des Konvents. Die Säkularisation bereitete dem wiedergegründeten Konvent 1805 ein schnelles Ende. 1816 wurden die letzten Chorfrauen vertrieben. Der Abriss der Kirche selbst konnte nur durch das Engagement der Stadt und der Kirchenverwaltung von Abenberg verhindert werden: „Die Kirche teilte mit dem Kloster das traurige Los. Zweimal wechselte das Kloster wegen Konkurs der Käufer den Besitz, ehe es der Stadtgemeinde 1826 gelang, wenigstens die Kirche ... zu erwerben ... Durch Überlassung ging am 31.8.1861 die Klosterkirche in das Eigentum der Kath. Kirchenstiftung Abenberg über".

Im Jahr 1920 erwarb die Kongregation der Schwestern von der Schmerzhaften Mutter (1883 gegründet von Franziska Streitel in Rom) die restlichen Klostergebäude. Heute stehen neben der Kirche des hl. Petrus und der seligen Stilla ein Provinzhaus der Kongrega-

Grabstein der seligen Stilla, 12./13. Jh.

tion, eine diözesane Mädchenrealschule mit Internat und Tagesschülerinnen, ein Schwesternwohnheim für ältere Schwestern und ein Altenheim. Die Schwestern der Kongregation von der Schmerzhaften Mutter sorgen sich um Alte, Kranke und Jugendliche, um die sich auch die selige Stilla offensichtlich einst angenommen hatte. Abenberg ist bis heute Mutterhaus der Schwesterngemeinschaft, die sich über Bayern hinaus auch im Rheinland, Österreich, Italien, USA, Westindien, Brasilien und Afrika ausgebreitet hat und im caritativen Bereich tätig ist.

Über viele Jahrhunderte hinweg ist die selige Stilla in Wort und Bild in Erinnerung geblieben. Das älteste Zeugnis der seligen Stilla ist dabei ihr Grabstein aus dem 12./13. Jahrhundert. Er zeigt Stilla mit der von Bischof Otto aus Bamberg geweihten Kirche in der Hand. Ihr Grab selbst wurde zuletzt 1947 von Bischof Michael Rackl geöffnet, um Reliquien zu entnehmen.

In dem nach ihr benannten „Stilla-Zimmer" auf der Burg Abenberg hing bis 1776 das „Stilla-Kreuz", eine romanische Kreuzesdarstellung mit Maria und Johannes, das sich nachweislich in die Zeit des 12. Jahrhunderts datieren lässt, in der Gotik aber noch weiter ergänzt wurde. Inzwischen befindet sich dieses Kreuz in der Klosterkirche.

Weihe- und Votivtafeln bezeugen die Dankbarkeit der Wallfahrer für die Hilfe der seligen Stilla. Noch heute hängen 13 Votivtafeln aus den letzten vier Jahrhunderten über dem Grabmal an der nördlichen Kirchenwand.

Seit rund 80 Jahren werden von den Schwestern des Klosters Marienburg die geldstückgroßen „Stillaherzchen" angefertigt. Unter diesem Namen versteht man jene kleinen, aus Seide gefertigten Behälter in Herzform, in welche die Marienburger Schwestern in gebührender Ehrfurcht ein wenig von dem Sand aus Stillas Grab einfügen. Wenn Wallfahrer oder Verehrer der seligen Stilla um eine Reliquie oder ein Erinnerungszeichen bitten, so erhalten sie ein solches Herzchen. Bereits während des Zweiten Weltkriegs wurden den Soldaten aus der Umgebung, die ins Feld ziehen mussten, solche „Stillaherzchen" mitgegeben.

Im Jahr 2000 führte die Kolpingspielschar in Erinnerung an die selige Stilla und ihre großen Taten der Nächstenliebe das neue Festspiel „Die selige Stilla – Gräfin von Abenberg" auf. Damit knüpften sie an drei vorausgegangene Festspiele der Jahre 1898, 1927 (Jahr der Seligsprechung) und 1947 an.

Die selige Stilla wird bis heute mit eigenem Liedgut verehrt und besungen, damit ihr Leben und Handeln auch in unserer Zeit nicht in Vergessenheit gerät. Vielleicht kann der Liedtext über das Leben einer Frau aus lang vergangenen Tagen auch für unser Leben Impulse geben:

„Wir rufen dich mit Freude an, Gruß dir, o Stilla, hehre;
dein Leben leuchtet uns voran, daß Gottes Lob sich mehre.

Du trägst sein Licht in Händen treu, bist seinem Dienst ergeben.
Laß uns die Herzen stark und frei zu Gottes Thron erheben.

Du, Stilla, trägst im Herzen still, den Adel seiner Gnade,
und wie sein hoher Wille will, gehst du die stillen Pfade.
Hilf uns, aus dieser lauten Welt, in Gottes Stille finden
und führe uns in dein Gezelt, daß wir sein Lob verkünden.

Du birgst in deiner Seele Grund den Armen Trostesfülle.
Was krank ist, pflegt dein Hand gesund; was weint wird bei dir stille.
Wir aber sind an Liebe arm und Leids ist viel bei allen.
Mach uns die Seelen reich und warm, dass wir dem Herrn gefallen.

Nun, Stilla, send den Segen aus auf aller Menschen Wege.
Was sich verirrt, geleit nach Haus, und alles Kranke hege.
Und hüte uns des Glaubens Licht in diesen Erdenzeiten,
daß uns ein ewger Tag anbricht in Gottes Seligkeiten."
(Gotteslob der Diözese Eichstätt, Nr. 194)

Literaturhinweise
KORNBACHER, FRANZ, Stilla-Klosterkirche Abenberg (Kunstführer Nr. 1116, Verlag Schnell & Steiner GmbH), München und Zürich., o. J.
MARX, P. FLORIAN, Selige Stilla, Gräfin von Abenberg, Katholische Kirchenstiftung Abenberg, [ohne Ort und Jahr].
SCHÜTZ SSM, M. MARGARITA, Das Kloster Marienburg und die Schwestern von der Schmerzhaften Mutter, in: 500 Jahre Kloster Marienburg, Eichstätt 1988.
SPERBER, JOHANN (Hrsg.), Sankt Stilla und Abenberg, Schwabach 1950.

Der Artikel ist die leicht veränderte Fassung „Die selige Stilla (um 1100–1150), Gräfin von Abenberg" von Claudia Schäble in dem Sammelband „Zwölf Frauengestalten aus dem Bistum Eichstätt" vom 8. bis zum 20. Jahrhundert, Regensburg, 2008, S. 41–51.

Emanuel Braun

Achahildis (ca. 1269–1329)
Ein Leben nach dem franziskanischen Armutsideal

Achahildis kann zweifellos als Kuriosum unter den Heiligen und Seligen der katholischen Kirche gelten. Seit der Reformation ist diese Heilige aus dem allgemeinen Bewusstsein, außer an ihrer einstigen Wirkungsstätte und in der Wissenschaft, verschwunden. Weder in Heiligenkalendern ist ihr ein Gedenktag gewidmet, noch in Verzeichnissen für Vornamen taucht sie auf. In Liturgie und im Volksbrauchtum wird kein Kult praktiziert. Ihre Bedeutung und ihre Wirkungsgeschichte wird lediglich in heimatkundlicher Hinsicht in dem Ort ihrer ehemaligen Verehrung, in der Marktgemeinde Wendelstein, Landkreis Roth, weitertradiert. Künstlerische Darstellungen sind selten und damit sehr schwierig zu finden. In der Pfarrkirche St. Sebald in Schwabach hat man wohl im frühen 20. Jahrhundert eine Figur in einen Seitenaltar eingefügt. Im Jahr 2000 fertigte der Wendelsteiner Bildhauer Norbert Tuffek einen Ökumene-Stab, der figürliche Darstellungen der Patrone der Kirchen umfasst, die innerhalb der Marktgemeinde Wendelstein liegen. Das sind die hll. Georg, Nikolaus, Wolfgang und eben Achahildis. Der Stab wandert von Kirche zu Kirche. Es finden ökumenische Andachten zu Ehren der seligen Achahildis statt. Im Ökumenischen Heiligenlexikon ist ihr Gedenktag auf den 29. Oktober gesetzt.

Die Wissenschaft kann sich heute auf den grundlegenden Beitrag von Ernst Wiedemann aus dem Jahr 1921 stützen, der akribisch alle Quellen aufspürte und zitierte. Darauf konnte 1970 Heinrich Schlüpfinger aufbauen, der in seinem lokalgeschichtlichen Werk Achahildis ein Kapitel widmete und Details im Zuge der Weiterentwicklung des Geschichtsbildes präzisierte.

Der Ort Wendelstein

Wohl im 11. Jahrhundert entstand an der Südgrenze des Lorenzer Reichswaldes der Königshof Wendelstein als vorgeschobener Stützpunkt der Nürnberger Reichsburg. Er war auf einer Hochterrasse situiert, die an drei Seiten von der Schwarzach umflossen wird und die deshalb einen günstigen Standort bot. Der Ortsname leitet sich von der mittelalterlichen Bezeichnung für Wendeltreppe ab, die es wohl in dieser Burg gab. Relativ früh siedelten sich in dem Dorf Messer- und Klingenschmiede und Schleifer an, was das Selbstbewusstsein der Bürgerschaft hob. Das Dorf, bestehend aus Bauern und Handwerkern, geriet im 15. Jahrhundert in die Auseinandersetzung zwischen den Interessen der Reichsstadt Nürnberg und der Markgrafen von Ansbach. Die durch das Ansbacher Heer im Jahr 1449 verursachte Brandschatzung vernichtete viele Häuser und zog auch die Kirche in Mitleidenschaft. Nach dem Landshuter Erbfolgekrieg 1504/05 wurde Wendelstein be-

Selige Achahildis, Skulptur aus dem frühen 20. Jahrhundert in der Pfarrkirche St. Sebald, Schwabach

festigt, und von diesem Zeitpunkt an kann man vom Markt Wendelstein sprechen. Wendelstein kann mit Stolz darauf verweisen, dass der Ort auch bedeutende Persönlichkeiten hervorgebracht hat, z. B. den Theologen und Widersacher von Martin Luther Johannes Cochläus (1479–1552). Mit Beginn des 19. Jahrhunderts wurden in dem protestantischen Ort wieder Katholiken ansässig. Deshalb errichtete man im Jahr 1895 eine katholische Kirche in Fachwerkbauweise, die zu Ehren des hl. Nikolaus geweiht wurde. Durch den starken Bevölkerungszuwachs nach dem Zweiten Weltkrieg konnte Wendelstein im Jahr 1954 zur Pfarrei erhoben werden. Die kleine Kirche wurde schließlich 1962–1963 durch einen großzügigen Neubau nach Plänen von Architekt Peter Leonhardt ersetzt. Heute ist Wendelstein eine aufstrebende Gemeinde im Einzugsbereich von Nürnberg, die städtische Ausstrahlung besitzt und über einen gut ablesbaren Ortskern mit einem Bestand an gut erhaltenen Altbauten verfügt.

Achahildis – eine historische Gestalt?

Für den Namen Achahildis sind auch die Schreibweisen Atzin, Atza, Atzia und Achatia überliefert. Etymologisch setzt sich der Name aus zwei Bestandteilen zusammen, aus dem althochdeutschen Begriff „ecka" für Ecke, Schwertscheide, und aus dem althochdeutschen „hilta" für Kampf, so dass der Name so viel wie Schwertkämpferin oder Kriegsgöttin bedeutet.

Bevor wir jedoch die Achahildis als Heilige betrachten, wollen wir der Frage nachgehen: Ist die selige Achahildis historisch fassbar, und wer war diese historische Gestalt? Nach Heinrich Schlüpfinger kann sie wahrscheinlich mit der um 1329 verstorbenen Adelhaid von Kornburg (heute Stadtteil von Nürnberg), geborene von Vestenberg, identifiziert werden. Ihr Gatte nannte sich Konrad von Kornburg, der das Amt des Butiglers, des Kellermeisters, der freien Reichsstadt Nürnberg innehatte. Er starb im Jahre 1293. Da Adelhaid fünf eheliche Kinder hatte, kann man annehmen, dass sie zum Zeitpunkt ihres Todes mindestens 60 Jahre alt war.

Die Beiträge der Hagiographie und der Kunstgeschichte

Wenngleich die Geschichtswissenschaft sich nur auf Quellen stützt, kann die Untersuchung von Heiligenlegenden, also einer literarischen Gattung, doch zur Klärung von bestimmten historischen Fragestellungen beitragen, wenn z. B. in beiden Disziplinen auffällige Parallelen auftreten. Die von Ernst Wiedemann und Heinrich Schlüpfinger auf-

Ökumene-Stab in der Pfarrkirche St. Nikolaus, Wendelstein

gespürten mittelalterlichen Quellen eröffnen uns eine weitere, die kultische Dimension dieser Person.

Am 4. Juni 1402 wurde eine Ablassurkunde für die Wendelsteiner St. Georgskirche ausgestellt. Unter diesem Datum wurden die Kirche und der Friedhof und ein Altar zu Ehren der seligen Achahildis und anderer Heiligen geweiht. Bis zur Reformationszeit wurde an diesem Tag die Kirchweihe gefeiert.

Aus dem „Instrumentum publicum Achahildis" vom 26. Oktober 1448, dessen deutsche Übertragung in einer Handschrift des Augustinerinnenklosters Pillenreuth überliefert ist und im Jahr 1780 zum ersten Mal im Druck veröffentlicht worden ist, geht hervor, dass im Jahr 1447 auf Befehl des Bischofs Johann III. von Eych durch den Nürnberger Geistlichen und öffentlichen Notar Friedrich Gumler in Gegenwart der Pfarrer Johannes Ayrer von Wendelstein, Steffan Kindseitz von Schwabach und Heinrich Meichsner von Wendelstein die Kultstätte der Heiligen amtlich aufgenommen worden ist: In einer Kapelle im rückwärtigen Teil der Kirche von Wendelstein befindet sich der steinerne Sarkophag, der auf vier Säulen ruht. Auf der Oberseite ist eine Inschrift in altertümlichen Lettern zu lesen: „Da ligt begraben die heilig fraw sant Azcin ein stifterin dies gotshaus." In einem bleiernen Schrein mit Holzdeckel lagen die Gebeine. Bei der Grabstätte wurden etwa 80 Weihegaben vorgefunden. An der gegenüberliegenden Wand hing eine Holztafel mit sechs Bildern, die die Heiligenlegende wiedergaben:

1. Achahildis und ihr Gemahl Konrad von Kornburg, die mit ihren fünf Kindern ein glückliches Familienleben pflegen, entschließen sich plötzlich in Keuschheit zu leben und machen ein entsprechendes Gelübde.
2. Eine Magd hatte aus Hunger heimlich eine Gans aus dem Besitz der Herrschaft verzehrt. Als Achahildis dies bemerkte, hatte sie mit dieser Mitleid und erweckte mittels einer übrig gebliebenen Keule die Gans wieder zum Leben, so dass die Magd nicht bestraft werden konnte.
3. Während Achahildis mit ihrem Hauskaplan die heilige Messe feiert, wirft sie ihre Handschuhe weg, die aber in wundersamer Weise an einem Sonnenstrahl hängen bleiben.
4. Achahildis als Burgherrin ist sich nicht zu schade, die Armen in ihrer Gegend eigenhändig zu beschenken, was in ihren Kreisen Missfallen erregt.
5. Als Achahildis Wein in einem Krug den Armen bringen möchte, begegnet ihr ihr Gemahl, der sie dafür zur Rede stellt, weil dieser Umgang ihr nicht geziemt. Sie erklärt ihm, dass sie Öl für den Gottesdienst zur Kirche bringe. Als der misstrauische Gatte den Inhalt des Kruges kostet, hat sich der Wein in Öl verwandelt. Reumütig fällt ihr der Mann zu Füßen und bittet sie um Verzeihung und erlaubt ihr von nun an, die Armen großzügig zu beschenken.
6. Eine schwangere Tochter der Achahildis hat mitten im Winter ein Verlangen nach den bekannt guten Amerellen (Sauerkirschen). Auf die Fürbitte der Heiligen bringt der Kirschbaum im Garten sogleich Früchte hervor, die die Tochter genießen kann.

Die genannte Kommission vernahm schließlich auch Zeugen in Wendelstein zu der Wundertätigkeit der seligen Achahildis mit dem Ergebnis, dass in drei Fällen Kinder geheilt bzw. aus Todesgefahr gerettet worden sind. Der Wendelsteiner Kirchenpfleger Conz

Hertel berichtete von einer Überlieferung aus seiner Familie, dass die selige Achahildis die Glocken von Bamberg hören konnte, als die Kaiserin Kunigunde verstarb. (In der mittelalterlichen Legendenbildung galt Achahildis als Schwester von Kunigunde, der Gemahlin Kaiser Heinrichs II.) Im Jahr 1448 wurden in der Kirche St. Lorenz zu Nürnberg weitere Zeugen befragt mit dem Ergebnis, dass von zwei Krankenheilungen nach der Wallfahrt berichtet wurde.

Am 30. Oktober 1448 wurde ein Ablassbrief von dem päpstlichen Kardinaldiakon Johann von St. Angeli in Nürnberg für die Wendelsteiner Kirche ausgestellt mit der Absicht, die Wallfahrt zur seligen Achahildis zu fördern. Ein weiterer Ablass wurde am 26. April 1452 in Rom erteilt.

Eine wichtige und sehr verlässliche Quelle sind die Protokolle des Eichstätter Generalvikars Vogt anlässlich seiner Visitation des Bistums im Jahre 1480. Mehrmals wird der Sarkophag der Achahildis erwähnt. Pfarrer Kötzler von Katzwang beschrieb ihn darin als „archa, in qua sint recondita ossa cuiusdam mulieris Hatz appellatae". Pfarrer Hupfler von Kornburg berichtete von „certa ossa, quae dicantur esse, reliquie Atz appellatae…in qua recondita". Die Aussage des Benefiziaten Hertel von Wendelstein ist überliefert: „archa plumbea, in qua recondita fuerint ossa et superscriptio archae fuit, cum de mandato domini Reverendissimi Episcopi Eystetensis aperta fuit."

Noch im Jahr 1528 wird von dem Grab in der Beschreibung des Marktes Wendelstein durch den Nürnberger Landpflegschreiber Nicolaus Nöttelein berichtet: „den leib in einem pleien sarch, der in der Kirchenprunst einsteils zerschmolzen, in einem steinen sarch verschlossen als heiligtumb behalten." Im Jahr 1529, zu einer Zeit, als die Reformation in Wendelstein Einzug gehalten hat, wurde ein Inventar der Kirche erstellt, in dem der Sarkophag nicht mehr verzeichnet ist, dagegen eine vergoldete Holzfigur der seligen Achahildis.

Erst im Jahr 1836 fand das Thema wieder literarischen Niederschlag in den antiquarischen Notizen des Wendelsteiner Pfarrers Nopitsch, der den Sarkophag der seligen Achahildis an seinem ursprünglichen Standort in der Kirche erwähnt. In dieser Epoche, die geprägt ist von der Erforschung der eigenen Vergangenheit, kommt auch die Kunstgeschichtswissenschaft in diesem Zusammenhang ins Spiel. Das Germanische Nationalmuseum in Nürnberg konnte vor 1853 von einem Bauern in Seligenporten zwei Tafelbilder, die ursprünglich Flügel des Hochaltars der Kirche von Wendelstein bildeten und den hl. Georg und die selige Achahildis darstellen, erwerben. Die Geschichte der Erhaltung dieses Kunstwerkes sowie dessen Muscalisierung ist einerseits kurios und andererseits typisch für das 19. Jahrhundert: Im Jahr 1822 wurde die Orgel der Wendelsteiner Pfarrkirche in den Chor versetzt. Deshalb musste der mittelalterliche Hochaltar abgebaut werden. Als Entlohnung erhielt der Orgelbauer Bittner in Freystadt diesen Altar oder zumindest Teile davon. Dessen Sohn in Seligenporten verwendete die genannten Altarflügel in seinem Hühnerstall. Dank der Entdeckung und Bewertung durch das Germanische Nationalmuseum sind sie uns bis heute erhalten geblieben. Die zuvor entstandenen Schäden waren beträchtlich und wurden nach damaligem Verständnis in großzügiger Weise ausgebessert. Die Gemälde werden in das erste Viertel des 16. Jahrhunderts datiert und aus stilkritischer Sicht dem Nürnberger Meister der Brucker Apostel zugeschrieben, der um 1510/15 in der Werkstatt des Hans von Kulmbach tätig war.

Achahildis und ihre schwangere Tochter unter dem Kirschbaum, Holztafelbild, um 1510/1515, Germanisches Nationalmuseum, Nürnberg

Die selige Achahildis ist ähnlich wie eine Klosterfrau gekleidet und durch ihr Attribut, drei Gänse, ausgezeichnet. In der Hand hält sie eine Gänsekeule. Gleichwertig neben ihr steht, durch den Amarellenbaum getrennt, ihre Tochter in adeliger Tracht. Sie pflückt eine Kirsche vom Baum.

Die Forschungsergebnisse im Kontext

Trotz der insgesamt spärlichen Überlieferung lässt sich doch ein schlüssiges und einigermaßen anschauliches Bild der seligen Achahildis nachzeichnen, wenn wir die Überlieferungsstränge aus der Geschichte und der Verehrung zusammenführen und zueinander in Beziehung bringen. Zur besseren Veranschaulichung soll auch die Baugeschichte der Kirche von Wendelstein herangezogen werden.

Die Pfarrei Wendelstein dürfte als Filiation der Pfarrei Pfaffenhofen, heute ein Ortsteil der Stadt Roth, entstanden sein. Die Kirche St. Georg, aus Sandstein erbaut, liegt mit ihrem befestigten Friedhof an der höchsten Stelle des Wendelsteiner Siedlungsraumes an der Schwarzach. Sie ist eine spätgotische, flach gedeckte Saalkirche mit eingezogenem gewölbten Chor mit Dreiachtelschluss. Die erste Kirche könnte im 11. Jahrhundert neben dem ehemaligen Königshof als Eigenkirche erbaut worden sein. Da die selige Achahildis als Stifterin der Kirche bezeichnet wird, könnte ein Neubau in der Zeit um 1300 errichtet worden sein. Dieser scheint bald für die Gemeinde zu klein geworden zu sein, weil 1357 Pfarrer Marquard Griner einen Ablassbrief erwirkte für die Gläubigen, die zur Ausschmückung der Kirche beitrugen. Die ältesten Bauteile der heutigen Kirche, der Turm und der westliche Teil des Langhauses, werden in diese Phase datiert. 1402 wurde mit einem Neubau begonnen und zunächst der Chor errichtet. Aus baugeschichtlich nicht erklärbaren Gründen wurde das Langhaus nicht vollendet, sondern die beiden stehenden Bauteile auf unharmonische Weise miteinander verbunden. Im Westen neben dem Turm entstand die Grabkapelle für die selige Achahildis und im Norden ein Treppenturm. Aus dem Ablassbrief von 1448 kann man schließen, dass die Wallfahrt aufblühte und dass man Mittel für die Erneuerung und Ausstattung benötigte. Dem Brand von 1449 sind die Bilder zur Legende der seligen Achahildis zum Opfer gefallen und der genannte Blei-Sarkophag dürfte unter der Hitze geschmolzen sein, während der Sarkophag aus Stein widerstand. Der anschließende Wiederaufbau und die Reparaturen wurden wenig fachgerecht ausgeführt. 1892 wurde der Innenraum renoviert, wobei der Sarkophag der seligen Achahildis in den Chor versetzt und als Mensa des Hochaltars verwendet wurde. Zwei der tragenden Säulen integrierte man in das Sakramentshäuschen. Heute befindet sich ein Flügelaltar aus der Werkstatt des Hans von Kulmbach in der zu einer Schatzkammer umfunktionierten ehemaligen Grabkapelle.

Achahildis galt aufgrund der Inschrift auf ihrem Sarkophag als Stifterin der Kirche St. Georg von Wendelstein, die in einer eigenen Kapelle ihre Ruhestätte fand. Diese Tatsache wird auch durch den baugeschichtlichen Befund bestätigt. Da sie in Wendelstein als Heilige verehrt wurde, gab es auch einen Altar zu ihren Ehren. Ihr Bekanntheitsgrad und der Einzugsbereich ihrer Verehrung dürfte allerdings auf die nähere Umgebung beschränkt gewesen sein. Einige Geschichten in ihrer Legende sind so auffällig, dass man annehmen muss, dass sie von anderen Heiligen übernommen worden sind. Z. B. kommt das Gelöbnis der Keuschheit bei einem Ehepaar bereits bei den Bamberger Heiligen Heinrich und Kunigunde vor. Achahildis tat dies, nachdem sie fünf Kinder geboren hatte. In der historischen Überlieferung ist tatsächlich von fünf Kindern die Rede. Das Wunder mit der Gans ist allein auf Achahildis zu beziehen. Nicht von ungefähr wählte man deshalb in der Ikonographie die Gans und die Gänsekeule als ihr individuelles Attribut. Allerdings gab es im 8. Jahrhundert in Belgien eine Heilige mit ähnlichen Namen, Pharaildis, in deren Legende dasselbe Wunder vorkommt. Doch ist es unwahrscheinlich, dass diese zum Vorbild für die Legende in Wendelstein geworden ist. Die dritte Geschichte, in der sie Handschuhe von sich wirft, ist als Ausdruck ihrer Stiftung zu verstehen. Das Wegwerfen des Handschuhs in der Kirche gilt als Symbol für einen Rechtsakt für die Übergabe von Gütern an die Kirche. Das Bild mit den Handschuhen, die an einem Sonnenstrahl hängen bleiben und nicht auf den Boden fallen, kann man als Ausdruck ihrer Frömmigkeit interpretieren. Das Bild, das Achahildis als Almosenspenderin zeigt, ist eindeutig von der hl. Elisabeth von Thüringen übernommen, die in dieser Zeit weithin verehrt wurde, und ist damit auch Ausdruck des Armutsideals und der damals erfolgreichen Bettelordensbewegung. Noch deutlicher wird das Vorbild der hl. Elisabeth in dem fünften Bild. Bei dieser verwandelten sich wegen der Intervention des Gatten die Brote in Rosen. Die Geschichte aus dem sechsten Bild ist wiederum sehr originär für Achahildis und hat später ihren Niederschlag auf dem Altarflügel gefunden. Demnach ist die vornehm gekleidete Dame neben dem Amarellenbaum als die schwangere Tochter der Achahildis zu identifizieren.

Nach der Reformationszeit ist dann das Wissen um die selige Achahildis verloren gegangen. Zunächst war ihr Sarkophag noch erhalten. Über den Verbleib der Gebeine ist nichts bekannt. Schließlich wurde ihr Altar aus der Kirche entfernt und zerstreut, wie die Geschichte des Altarflügels zeigt.

Forschungsgeschichte und Zusammenfassung

Die Forschungsgeschichte über die selige Achahildis beginnt im Jahr 1780, als Pfarrer Bezzel von Poppenreuth zum ersten Mal den Codex aus dem Kloster Pillenreuth edierte, in dem das „Instrumentum publicum Achahildis" aufgenommen ist. Durch den Glücksfall der Entdeckung des Altarflügels konnte sich ab 1873 die Kunstgeschichte einbringen. In der ersten Veröffentlichung durch das Germanische Nationalmuseum bereitete allerdings die Ikonographie Schwierigkeiten, denn Achahildis wurde als hl. Walburga bezeichnet und die Tochter blieb unbenannt. Wegen des Fundortes auf Eichstätter Gebiet reagierte der Diözesanhistoriker Joseph Georg Suttner umgehend darauf und erkannte in Kenntnis der mittelalterlichen Quellen die dargestellten Personen als selige Achahildis und ihre Tochter. Auf dieser Grundlage konnte dann die Quellenarbeit aufbauen.

Der Name Achahildis spielt heute in der Gesellschaft keine Rolle mehr. Dies würde auch für die Wissenschaft gelten, wenn sich nicht die historischen Disziplinen ihrer angenommen hätten. Die historische Achahildis ist ein interessantes Beispiel für die Stilisierung einer Lokalheiligen des späten Mittelalters, die als Adelige sich plötzlich als Dienende verstand und damit die franziskanische Armutsbewegung verkörperte. Sie ist für Wendelstein und damit für die Diözese Eichstätt von Bedeutung.

Literaturhinweise
Die Kunstdenkmäler von Bayern, Stadt und Landkreis Schwabach, bearbeitet von Karl Gröber und Felix Mader, München 1939, S. 394-403.
Germanisches Nationalmuseum Nürnberg. Die Gemälde des 16. Jahrhunderts, bearbeitet von Kurt Löcher, Ostfildern 1997, S. 355-357.
SCHLÜPFINGER, HEINRICH, Wendelstein. Geschichte eines Marktes mit altem Gewerbe und moderner Industrie (= Schriftenreihe der Altnürnberger Landschaft, hrsg. von Fritz Schnelbögl, Band 17), Nürnberg 1970, S. 169-175.
STANISLAUS, HORST D., Die Wendelsteiner St. Georgskirche (Peda-Kunstführer Nr. 194), Passau 2002.
SUTTNER, JOSEPH GEORG, Ein räthselhaftes Heiligenbild, in: Pastoralblatt des Bisthums Eichstätt 20 (1873), S. 74 f., 78-80, 83 f.
WIEDEMANN, ERNST, Die Legende der heiligen Achahildis, der Lokalheiligen Wendelsteins bei Nürnberg, in: Beiträge zur bayerischen Kirchengeschichte 27 (1921), S. 65-106.

Ludwig Brandl

Reymot (13./14. Jh.)
Der großherzige Kastner von Holnstein

Zu den wenig bekannten Seligen im Bistum Eichstätt gehört Reymot aus dem oberpfälzischen Holnstein in der Nähe von Berching. Noch heute erzählt man sich in dieser Gegend die Legende von seinem sozial-caritativen Wirken für die Armen. Viele Kinder hören den Namen des seligen Kastners, wie Reymot auch genannt wird, spätestens dann, wenn sie in den Reymotus-Kindergarten des kleinen Dorfes im Labertal aufgenommen werden. Immer wieder taucht sein Name in Holnstein auf. So sind eine Quelle und eine Straße nach ihm benannt. In der Pfarrkirche befindet sich sein Grabstein, und auf einem Deckenfresko in dieser Kirche hat der Künstler Michael P. Weingartner 1954 an die tätige Nächstenliebe des Seligen erinnert, indem er Reymot bei der Verteilung von Brotwecken dargestellt hat. Wer war dieser Selige, dessen Name außerhalb von Holnstein und der näheren Umgebung kaum jemandem geläufig ist und über den sich historisch nur wenig Gesichertes sagen lässt?

Die Legende von seinem sozial-caritativen Wirken

Vom seligen Reymot sind zwei Legenden überliefert. Die eine berichtet von Reymots Unterstützung der Bevölkerung während einer Hungersnot, die andere von der Entstehung der nach ihm benannten Quelle.

Der ersten Legende nach lebte Reymot im 13. oder 14. Jahrhundert in Holnstein und bekleidete das Amt eines gräflichen Kastners. Damit war er für die Verwaltung des grundherrschaftlichen Getreidespeichers, des Kornkastens, verantwortlich. Mit Hilfe dieser Getreidevorräte musste die Grundversorgung der Bevölkerung gewährleistet werden.

Als einmal eine große Hungersnot über das Land hereingebrochen war, weil es wiederholt Missernten gegeben hatte, traf dies die gesamte Bevölkerung, besonders freilich die Armen, als deren Freund und Förderer Reymot galt. Die Legende berichtet, dass Reymot zur Linderung der größten Not die darbende Bevölkerung zum einen mit seinem privaten Vermögen unterstützte, zum andern entschied er, Korn aus dem herrschaftlichen Getreidekasten an die Armen verteilen zu lassen. So konnte Reymot viele Arme vor dem Hungertod oder vor Krankheiten bewahren.

Die Entscheidung eines Kastners, dem ihm anvertrauten Getreidespeicher – ohne Rücksprache mit dem Landesherrn, dem rechtmäßigen aber nicht immer vor Ort lebenden Eigentümer – Korn für die hungernde Bevölkerung zu entnehmen, war rechtlich nicht unproblematisch. Schließlich gehörte das Korn nicht dem Verwalter. Wer wie Reymot – der Legende zufolge – handelte, war aber wohl der Überzeugung, dass sein Verhalten in solch einer akuten Notsituation moralisch gerechtfertigt und sogar im Sinne seines Landesherrn war.

Wegen seines Handelns wurde Reymot jedoch angeklagt. Als allerdings im Rahmen des gerichtlichen Verfahrens nachgeprüft wurde, wie viel Korn denn veruntreut worden war, erwies sich der Getreidekasten als vollständig gefüllt. Es fehlte kein Korn. Damit hatte der Landesherr keinen Schaden erlitten, und der Vorwurf der Veruntreuung des herrschaftlichen Getreides hatte sich augenfällig von selbst erledigt.

Aus der Sicht der Bevölkerung hatte offenbar Gott selbst das Kornwunder gewirkt und so den rechtlich nicht ganz korrekten Einsatz Reymots für die hungernden Menschen gerechtfertigt. Reymot galt damit öffentlich als ein Mann, dessen Handeln bei Gott große Anerkennung gefunden hatte. Wenn Gott ein solches Zeichen wirkte, konnte Reymot nur ein Seliger oder Heiliger sein. So lässt die Legende vom Kornwunder die Gründe für die außergewöhnliche Verehrung Reymots deutlich werden.

Wie hier bei Reymot gibt es mehrere ähnliche Legenden im Verlauf der Geschichte der Kirche. Besonders augenfällig sind die Übereinstimmungen mit dem Kornwunder des

Der selige Raymot verteilt Brot an die Armen,
Deckenfresko von Michael P. Weingartner von 1954 in der Pfarrkirche Holnstein

hl. Nikolaus von Myra. In einer großen Hungersnot in seiner Bischofsstadt bat Nikolaus die Matrosen und den Kapitän eines Schiffes, das mit Korn voll beladen im dortigen Hafen ankerte, doch der heimischen Bevölkerung von dem Getreide zu geben. Obwohl Kapitän und Matrosen Sorge hatten, vor dem Kaiser für fehlendes Korn zur Rechenschaft gezogen zu werden, gaben sie von ihrer Schiffsladung etwas an die Hungernden ab – im Vertrauen auf die Zusicherung Nikolaus', es werde nichts fehlen. Tatsächlich ging danach kein Korn ab.

Ähnlichkeiten gibt es auch mit einer Legende, die sich um die heilige Landgräfin Elisabeth rankt. Als sie einmal den Armen Brot in die Stadt bringen wollte, obwohl es ihr ausdrücklich verboten war, traf sie ihren Mann – nach einer anderen Version ihre Schwiegermutter. Zur Rede gestellt, was sich im Korb befinde, erklärte sie, es seien Rosen. Auf die Aufforderung ihres Mannes hin hob sie das Tuch von ihrem Korb, und es waren tatsächlich Rosen darin. Bei Elisabeth verwandelte Gott das Brot in Rosen, bei Reymot füllte er die Getreidespeicher wieder auf.

Die zweite Reymot-Legende bezieht sich auf den Ursprung einer Quelle bei Holnstein. Dazu gibt es zwei Versionen. In der einen wird geschildert, dass Reymot eines Tages mit einem glaubenslosen Mann im Tal der Laber spazierenging. Die beiden sprachen über Glaube und Religion. Als der Glaubenslose eine – in der Legende nicht näher bezeichnete – Religionswahrheit nicht glauben wollte, stieß Reymot seinen Stab in den Boden. Zum Beweis dafür, dass er recht hatte, entsprang an dieser Stelle eine Quelle, die noch immer fließt und im Volksmund Reymotus-Quelle genannt wird.

Nach der anderen Version der Legende war sich Reymot auf einer Wanderung oder einem Spaziergang mit dem gräflichen Amtsrichter nicht einig bei der Einschätzung der Notlage der Bauern. Weil der Richter ihm nicht glauben wollte, stieß Reymot seinen Wanderstab in den Boden und rief: „Aber es ist wahr, so wahr, wie hier an dieser Stelle jetzt eine Quelle entspringen wird." (Edinger, S. 88) Heute erinnert ein Stein an die Legende von der Entstehung der Reymotus-Quelle zu Füßen der ehemaligen Burg. Auf dem modernen Stein steht zu lesen: „Zum Zeichen, daß ich die Wahrheit sagte, wird an dieser Stelle eine Quelle entspringen."

Ein wenig lässt die Legende an die Begebenheit am Berg Horeb denken, als Mose seinen Stab an einen Felsen schlug, aus dem Wasser kam (Ex 17,1–7). Das Volk hatte nach dem Auszug aus Ägypten gegen Mose gemurrt. Das Quellwunder vor den Augen der Ältesten Israels bestätigte Mose in seiner Führungsfunktion und widerlegte alle Zweifler. Sowohl in der Legende Reymots als auch bei Mose diente ein Quellwunder zur göttlichen Legitimation der Person.

Der historische Reymot, Legende und Wirkungsgeschichte

Als historischen Kern enthält die Legende den Hinweis darauf, dass in Holnstein bei Berching eine geschichtliche Person, die überaus sozial gesinnt war und handelte, wegen dieses Engagements in der Bevölkerung hoch angesehen war und ihr und nachfolgenden Generationen deshalb in Erinnerung geblieben ist. Schon zu Lebzeiten stand diese Person offensichtlich im Ruf der Heiligkeit.

Gotischer Grabstein des seligen Reymot in der Pfarrkirche Holnstein

Der Überlieferung nach hieß die Person Reymot. Der Name Reymot ist auch unter anderen Namen wie „Reinbold", „Reihwolt" oder – latinisiert – „Reymotus" bekannt.

Wahrscheinlich hat sich Reymot, der im Hochmittelalter gelebt haben dürfte, immer wieder als auffallend großherziger Förderer der Armen erwiesen. Offensichtlich war er sogar während einer Hungersnot so großzügig, dass Neider ihm nachsagten, soviel geben könne jemand nur, wenn er sich auf unrechtmäßige Weise Korn besorge.

Wenn der selige Reymot, wie es seit Jahrhunderten tradiert wird, ein Kastner war und die Legende von der Anklage wegen der angeblich unerlaubten Entnahme von Korn aus dem Getreidekasten einen historischen Hintergrund hat, so hat sich ein solcher Vorwurf wohl als falsch herausgestellt. Deshalb waren bei einer Überprüfung der Kornkammer auch keine Fehlbestände feststellbar. Nachdem aber das Gerücht von dem veruntreuten Korn in die Welt gesetzt war, glaubten es wohl auch die Bewohner von Holnstein und Umgebung. Weil der Getreidespeicher dann aber keine Fehlbestände aufwies, konnte nur göttliches Wirken der Grund dafür gewesen sein. Außerdem hatte sich Reymot ja bereits durch sein soziales Wirken als gottesfürchtiger Mann erwiesen.

Joseph Suttner hält den seligen Reymot eher für einen frommen Knecht, der sich in auffallend intensiver Weise um die Pflege von armen und kranken Pilgern im mittelalterlichen Wallfahrtsort Holnstein gekümmert und dafür sogar seine persönliche Habe geopfert hat. Seine Heiligkeit sei durch Wunder nach seinem Tod bestätigt worden. Zu seinem Gedächtnis sei es später zum Brauch der Kornspende gekommen.

Nicht genauer bestimmbar ist Reymots Lebenszeit. Die Legende datiert sein Wirken ins 13. oder 14. Jahrhundert. Suttner geht von einer noch etwas früheren Zeit aus und hält die Jahre zwischen 1150 und 1300 für realistisch. Eine zeitliche Eingrenzung zwischen der Mitte des 12. und der Mitte des 14. Jahrhunderts ist vor dem Hintergrund eines Dokuments aus dem Jahr 1390 und eines gotischen Grabsteins für einen Mann namens Reymot wahrscheinlich.

Dass Reymot tatsächlich eine historische Person war, belegt zunächst der Grabstein, der sich in der Pfarrkirche St. Georg neben dem Hochaltar befindet und auf dem in gotischer Schrift zu lesen steht: „Beatus Reymotus" – der selige Reymot. In gotischer Ritzzeichnung ist ein Mann mit Heiligenschein zu erkennen, der in seinen Händen ein Brot hält. Dieses weist auf den Grund seiner Verehrung als „beatus" hin.

Schon die Bestattung eines Laien in der Kirche war eine besondere Würdigung. Es heißt, Reymot sei unter großem Andrang des Volkes in der Pfarrkirche zu Holnstein bestattet worden. Dieser Reymot muss also eine bemerkenswerte Persönlichkeit gewesen sein und hat offensichtlich nicht nur zu seinen Lebzeiten, sondern auch noch nach seinem Tod die Holnsteiner und die gesamte nähere Umgebung nachhaltig beeindruckt.

Zweifelsfrei kann festgehalten werden, dass Reymot vor 1390 gestorben ist. Eine frühe schriftliche Erwähnung seines Namens findet sich nämlich in einem Dokument aus dem Jahr 1390. Zu diesem Zeitpunkt gelang es Konrad Herz, Pfarrer in Berching, und Andreas Egelseer, Richter zu Holnstein, einen Streit zwischen dem Holnsteiner Pfarrer Chunraid Haynich und den Heilingpflegern Heinrich Putzel und Chunrad durch einen Vergleich zu schlichten. Dieser Vergleich sah unter anderem die Vereinbarung vor, dass „die Heiligenpfleger einem jeden Pfarrer von S. Reymots-Korn alle Jahr geben vier Metzen und hat ein Pfarrer nicht mehr anzusprechen." Daraus wird ersichtlich, dass es spätestens seit dem Ende des 14. Jahrhunderts das so genannte Sankt Reymots-Korn gab, das wohl in Erinnerung an den Namensgeber vor allem für die Armen bestimmt war. Ein Teil davon kam dem Pfarrer zugute.

Worauf dieser Brauch genau basierte, wissen wir nicht. So könnte jemand die jährliche Gabe des Sankt Reymots-Korn testamentarisch verfügt haben – eventuell Reymot selbst. Dabei könnte eine bestimmte Summe an Geld festgelegt worden sein, deren Erträge jährlich für eine solche Armenspeisung Verwendung fanden, also eine Art Gedächtnis-Stiftung. In mittelalterlichen Testamenten war es durchaus üblich, mit einem bestimmten Vermächtnis (Geld oder Sachmittel) Arme für eine längere Zeit zu bedenken.

Denkbar ist auch, dass die Verehrung des seligen Reymot Gläubige veranlasst hat, bei der Wallfahrt, welche der Visitationsbericht von Generalvikar Vogt aus dem Jahr 1480 bezeugt, an sein Grab Korn als Gabe mitzubringen. In dem Bericht heißt es nämlich: „In der Kirche ist ein Grab, zu dem fast täglich Wallfahrer kommen, besonders in der Osteroktav. Man verehrt da das Grab Reimbots; die Leute opfern Getreide, das gebacken und als Almosen verteilt wird." Kranke suchten bei diesen Wallfahrten übrigens die Reymotus-Quelle auf, deren Wasser als heilkräftig galt. Das Beispiel Reymots hat offenbar viele Leute motiviert, Getreide zu opfern, das als Brot den Armen zugute kam. Denkbar ist auch, dass das jährliche Sankt Reymots-Korn eine Kombination zwischen einer testamentarischen Verfügung und den Gaben von Wallfahrern war.

Möglicherweise ist dieser Brauch im Zusammenhang mit der Einführung des Kalvinismus in der Oberpfalz 1542 verlorengegangen. Werkgerechtigkeit lehnten die Reformatoren bekanntlich ab. So hat die Reformation einen Bruch in der Verehrung des seligen Reymot mit sich gebracht. Während dieser Zeit bis zur Wiedereinführung der katholischen Konfession (1625) wurde der mittelalterliche Altar mit seinem Bild zerstört, ebenso das Reymot-Grab. Am 20. November 1613 wurde in seinem ursprünglichen Grab ein Laie beigesetzt.

Dass die Verehrung Reymots über die Reformation hinaus lebendig geblieben ist, zeigt seine Nennung als Kirchenpatron neben dem hl. Georg im Visitationsakt von 1627. Es scheint sogar zu sein, dass die Verehrung nach der Rekatholisierung bewusst wieder stärker gesucht wurde: Die Heiligen- und Seligenverehrung diente gleichsam als antireformatorisches Profil.

So gab es 1630 Nachforschungen über den Kult des hl. Reymot, wie ein Bericht des Pflegers von Holnstein an die Regierung in Amberg deutlich macht. 1706 und 1707 verfasste der tillyische Beamte in Holnstein – das Amt Holnstein war von 1631 bis 1724 im Besitz der Familie Tilly – einen Bericht über Reymot. Diesen Bericht leitete Kaiser Joseph an den

Eichstätter Fürstbischof Johann Anton I. Knebel von Katzenellenbogen weiter. Als 1724 in der Pfarrkirche eine größere Renovierungsmaßnahme durchgeführt wurde, wurde auch das (ehemalige) Grab Reymots untersucht. Reliquien wurden nicht mehr gefunden.

Die Bedeutung des seligen Reymot für heute

„Was ihr dem Geringsten meiner Brüder getan habt, das habt ihr mir getan." (Mt 25,40). Diese markante Aufforderung Jesu zur Nächstenliebe war für Christen seit frühester Zeit ein moralischer Imperativ. Nicht selten haben sich Christen durch ein soziales und selbstloses Engagement im Dienste der Armen ausgezeichnet. Damit steht Reymot, der nie zur Ehre der Altäre erhoben wurde, in einer alten Tradition. In Zeiten des Wohlstands berührt dies die Zeitgenossen nur wenig, es fällt oft gar nicht so sehr auf. In Zeiten der Armut jedoch ist ein solches soziales Wirken der Kirche durch die Christen besonders notwendig, und es ragt dann besonders heraus. Reymot gehörte offenbar zu den Christen, die nicht materiell dachten und bereit waren, von ihrem Wohlstand den Armen abzugeben. Dieses Engagement muss so augenfällig und beeindruckend gewesen sein, dass die Dorfbewohner von Holnstein und Umgebung den Grund dafür in seiner Frömmigkeit und seinem Glauben sahen. Sie hielten Reymot für einen heiligmäßigen Mann Gottes. In dieser Selbstlosigkeit gerade in Zeiten, in denen Materielles so starkes Gewicht erhält, bleibt Reymot, wie ihn die Legende charakterisiert, ein herausragendes Vorbild.

Literaturhinweise
EDINGER, HEINRICH, Von Hechten, Hexen, Herren und Halunken. Sagen aus der Gemeinde Berching, Kallmünz 2002, S. 86–89.
BUCHNER, FRANZ XAVER (Bearb.), Das Bistum Eichstätt, Historisch-statistische Beschreibung, auf Grund der Literatur, der Registratur des Bischöflichen Ordinariats Eichstätt sowie der pfarramtlichen Berichte, Bd. I, Eichstätt 1937, S. 520–525.
[SUTTNER, JOSEPH,] Der selige Reymot zu Holnstein, in: Pastoralblatt des Bisthums Eichstätt 23 (1876), S. 93–96, 98–100.
Die Kunstdenkmäler von Oberpfalz & Regensburg, Bd. 12 Bezirksamt Beilngries, Teil I: Amtsgericht Beilngries, bearb. von Friedrich Hermann Hofmann/Felix Mader, München 1908, S. 95 f., 169.

Weblink
www.kulturwanderungen.de/bistum/pdf/holnstei.pdf [sic!]

Bertram Blum

Petrus Canisius SJ (1521–1597)
Eine zentrale Gestalt der Kirchenreform

Weil die Kirche immer wieder der Erneuerung bedarf, ist sie gefordert, auf die Zeichen der Zeit zu hören und sie im Licht des Evangeliums zu deuten (II. Vatikanisches Konzil, Pastoralkonstitution, 4). Nur so kann sie ihren wahren Auftrag erfüllen, nämlich Zeichen und Werkzeug des Heils in der Welt zu sein. In diesem Bemühen erweist es sich als hilfreich, auch historisch zu denken, Gestalten des Glaubens und ihre Zeit in den Blick zu nehmen, sie in ihrer Bedeutung zu aktualisieren und gegebenenfalls an ihnen Maß zu nehmen. Zu diesen „maßgebenden" Gestalten gehört der hl. Petrus Canisius, der in seiner Zeit entscheidend zur Rettung der reformbedürftigen Kirche in Deutschland beigetragen hat.

Biographische Skizze

Peter Kanis, so sein ursprünglicher Name, wurde am 8. Mai 1521 in Nimwegen geboren, am gleichen Tag, an dem mit dem Wormser Edikt die Reichsacht über Martin Luther (1483–1546) verhängt und wenige Tage, bevor in Pamplona Ignatius von Loyola (1491–1556) schwer verwundet wurde. Diese Ereignisse, die zur Glaubensspaltung und zur Gründung des Jesuitenordens führten, sollten sein Leben entscheidend bestimmen.

Sein Vater, Jakob Kanis, promovierter Jurist, war ein wohlhabender und angesehener Mann, der neunmal zum Bürgermeister von Nimwegen gewählt wurde. Aus seiner Ehe mit Ägidia von Houweningen (†1526) gingen sieben Kinder hervor. Die Familie war tief im katholischen Glauben verwurzelt und die religiöse Erziehung, die ihm die Eltern angedeihen ließen, erwähnte Peter später dankbar. Er besuchte die Lateinschule in Nimwegen und das Haus der Brüder vom gemeinsamen Leben, die ihre Schüler im Geist der „Devotio moderna" erzogen, einer Reformbewegung bis in die Mitte des 16. Jahrhunderts, die das Ideal der vita communis der Urkirche sowie die Frömmigkeit und die persönliche Nachfolge Christi in Armut und Demut betonte.

Ende 1535 ging Peter Kanis an die Universität Köln, wo er am 18. Januar 1536 immatrikuliert wurde. Noch im gleichen Jahr wurde er Baccalaureus der freien Künste und erwarb 1539 das Lizentiat. Auf Drängen seines Vaters wechselte er nach Löwen, um Kirchenrecht zu studieren, kehrte aber bald nach Köln zurück, erwarb hier 1540 den Magister Artium und begann mit dem Studium der Theologie, wobei er sich besonders mit der Heiligen Schrift beschäftigte. Sein Entschluss, Priester zu werden, entsprang dem intensiven religiösen Leben, das er unter der geistlichen Begleitung des Nikolaus von Essche (1507–1578) in Köln führte. Dieser war Schüler der Brüder vom gemeinsamen Leben und von der Spiritualität der Devotio moderna geprägt, stand der Kölner Kartause nahe und gehörte zum Kreis um die Mystikerin Maria von Oisterwijk (ca. 1470–1547), die ab 1545 in Köln lebte

Petrus Canisius, Treppenhaus St. Thomas, Priesterseminar in Eichstätt, Mitte 20. Jh.

und als „geistliche Mutter" bei Kartäusern und Jesuiten in hohem Ansehen stand. Hier zeigt sich die Verbindung von rheinischer Mystik und kartäusischer Spiritualität, die sich in der Devotio moderna vereinigten.

Von der „Gesellschaft Jesu", die Papst Paul III. (1468–1549) im Jahr 1540 als Orden bestätigt hatte, hörte Kanis erstmals durch den spanischen Priester und Jesuitennovizen Alfonso Alvarez, der 1542 nach Köln kam, um sein Theologiestudium fortzusetzen. Dieser verwies Peter darauf, dass sich in Mainz Peter Faber (1506–1546), ein Mitbegründer des Jesuitenordens, aufhalte. Im April 1543 absolvierte Kanis dort bei Faber die 30tägigen „geistlichen Übungen", die ihn so beeindruckten, dass er am 8. Mai in die Gesellschaft Jesu eintrat und die ersten Gelübde ablegte. Petrus Faber, der auch von Kanis sehr beeindruckt war, war der erste der sieben Gefährten des hl. Ignatius, die ihre Gelübde ewiger Armut, der Jungfräulichkeit und des Gehorsams sowie der besonderen Dienstbarkeit für den Apostolischen Stuhl ablegten und so die Grundlage für die spätere Gesellschaft Jesu bildeten. Die persönliche Bindung an den Papst war revolutionär und die Bezeichnung „compagnia" schloss ein, dass sich die Jesuiten quasi als „Sondertruppe" der Kirche betrachteten – mit der erforderlichen Mobilität.

Aus seinem väterlichen Erbe trug Kanis zur Finanzierung der 1544 gegründeten Kölner Niederlassung der Jesuiten wesentlich bei. Nachdem Erzbischof Hermann von Wied (1477–1552) wohl die Absicht hatte, im Erzstift Köln die Reformation einzuführen und deshalb die Niederlassung der Jesuiten, die seinen Plänen im Wege stand, aufheben wollte, wandte sich Kanis 1545 im Auftrag des Klerus und der Universität von Köln beim Reichstag von Worms an Kaiser Karl V. (1500–1558) gegen den Erzbischof. Durch seine Bemühungen erreichte er, dass dieser 1546 exkommuniziert, abgesetzt und 1547 zum Rücktritt gezwungen wurde.

Die Priesterweihe erhielt Kanis 1546 und wurde kurz darauf Baccalaureus biblicus. Ein Jahr später entsandte ihn der Augsburger Bischof Kardinal Otto Truchsess von Waldburg (1514–1573), den er 1545 beim Wormser Reichstag kennen gelernt hatte, als einen seiner Theologen und Vertrauten zum Tridentinischen Konzil. Waldburgs Ziel war die Wiederherstellung der kirchlichen Einheit. Ab dieser Zeit in Italien begann Kanis die latinisierte Form seines Namens zu verwenden und nannte sich nun Petrus Canisius.

Ebenfalls in diesem Jahr berief ihn Ignatius von Loyola nach Rom, um ihn mit der Lebensweise und Spiritualität der Jesuiten vertraut zu machen. Unter seiner Leitung machte Canisius nochmals die Exerzitien und reiste dann 1548 mit neun weiteren Jesuiten nach Sizilien, um in Messina ein Kolleg zu errichten, an dem er Rhetorik unterrichtete und als Studienpräfekt und Seelsorger tätig war.

1549 legte er als achter Jesuit die feierlichen Professgelübde vor Ignatius von Loyola in Rom ab und wurde im gleichen Jahr in Bologna zum Doktor der Theologie promoviert. Dies war Voraussetzung für die Sendung zusammen mit zwei anderen Jesuiten nach Ingolstadt, wohin sie von Herzog Wilhelm IV. (1493–1550) als Professoren an die Landesuniversität berufen worden waren. Durch diese Maßnahme wollte Ignatius die Universität von Ingolstadt, und soweit möglich, Deutschland im wahren Glauben und im Gehorsam gegen die Kirche unterstützen. So wirkte Canisius von 1549 bis 1552 als Theologieprofessor und Prediger in Ingolstadt, wo er 1550 sogar für ein halbes Jahr das Amt des Rektors der Universität bekleidete. Die Sichtweise einer Schlüsselrolle, die Ignatius Ingolstadt als vorgeschobener Bastion nicht nur für Bayern, sondern für die deutsche Kirche überhaupt zudachte, war bei Canisius schnell einer tiefen Enttäuschung über die dortigen kirchlichen Verhältnisse gewichen. Als sich die Errichtung des versprochenen Kollegs in die Länge zog, berief Ignatius 1552 die Jesuiten wieder aus Ingolstadt ab, weil er sich von der Kolleggründung im überwiegend protestantisch gewordenen Wien mehr versprach. Wenige Jahre später kehrten sie nach Ingolstadt zurück, wobei sich Canisius nur noch für kurze Zeitspannen in der Stadt aufhielt.

Bis 1556 wirkte Petrus Canisius also als Studienpräfekt der jungen Jesuiten, als Hofprediger und Theologieprofessor an der Universität in Wien, wo er 1554/55 zugleich als Administrator die Diözese verwaltete. Mit ein Grund für die Berufung nach Wien war die Arbeit an einem theologischen Kompendium, das König Ferdinand I. in Auftrag gegeben hatte, welches die katholische Lehre ausführlich darstellen und alles enthalten sollte, was ein guter Christ wissen muss. 1555 veröffentlichte Canisius in Wien seinen großen Katechismus für Abschlussklassen von Kollegien und Universitätsstudenten, dem ein Jahr später ein kleiner Katechismus für das einfache Volk und die Kinder folgte, der in Ingolstadt erschien. An Lateinschulen sollte im Unterricht der mittlere Katechismus benutzt werden, der 1558 in Köln herauskam. Dieser wurde noch zu Lebzeiten des Petrus Canisius in viele Sprachen übersetzt und erfuhr im deutschen Sprachraum mehr als 200 Auflagen. In allen drei Katechismen behandelte Canisius die katholische Glaubenslehre in Form knapper Fragen und kurz gefasster Antworten. Auf diese Weise hatte er nicht nur den Katechismen Luthers etwas Ebenbürtiges entgegengesetzt, sondern ein Lehrbuch geschaffen, das über Jahrhunderte im Religionsunterricht Verwendung fand.

1556 gründete Petrus Canisius mit anderen das Jesuitenkolleg in Prag. Anschließend erhielt er von Ignatius das Ernennungsschreiben zum ersten Provinzial der Oberdeutschen Jesuitenprovinz, die sich vom Elsass über Süddeutschland und Österreich bis nach Böhmen und Polen erstreckte. Während dieser Zeit entstand bis 1569 eine Reihe von Jesuitenkollegien in diesem Bereich, die seinem Hauptanliegen, der Jugenderziehung, dienen sollten. Darüber hinaus war Canisius wesentlich an der Begründung und Erweiterung des Collegium Germanicum in Rom beteiligt. Im gleichen Jahr nahm er als theologischer Berater König Ferdinands I. (1503–1564) am Reichstag in Regensburg teil und führte 1557 mit Melanchthon das Religionsgespräch in Worms, das letzte seiner Art, das schließlich ergebnislos abgebrochen wurde. 1558 weilte Canisius bei der Generalkongregation der Gesellschaft Jesu in Rom zur Wahl eines neuen Ordensgenerals, anschließend reiste er als Berater des päpstlichen Nuntius nach Polen und nahm 1559 am Augsburger Reichstag teil, wo er wieder Kaiser Ferdinand beriet. Seine Predigten in Augsburg während des Reichstags fanden so großen Anklang, dass ihm das Amt des Dompredigers in Augsburg angetragen wurde, welches er bis 1566 bekleidete. In dieser Zeit unterstützte er Kardinal Otto von Waldburg in seinen innerkirchlichen Reformbemühungen im Bistum, wozu auch die Übergabe der 1551 zur Universität erhobenen Lehranstalt in Dillingen an die Jesuiten im Jahr 1564 gehörte.

Kurzzeitig befand sich Canisius 1562 auf dem Konzil in Trient, wo er in der Indexkommission eine Milderung der strengen Bücherverbote durchsetzen konnte und aus theologischen und pastoralen Gründen den Zölibat der Priester verteidigte. Danach wurde er nach Innsbruck als Berater Kaiser Ferdinands in die kaiserliche Reformkommission berufen, welche die Voraussetzungen für einen positiven Ausgang des Konzils schaffen konnte. Nach dessen Ende wurde Canisius 1565 vom Papst mit der Aufgabe betraut, große Teile Nord- und Westdeutschlands zu bereisen, um den katholischen Fürsten und Bischöfen die Trienter Reformdekrete zu übermitteln und auf deren Annahme hinzuwirken. Um dabei kein Aufsehen zu erregen – der päpstliche Gesandte war zuvor an dieser Aufgabe gehindert worden –, ernannte ihn der neue Ordensgeneral Franz Borgia zum Visitator der deutschen Jesuitenprovinzen.

Papst Pius V. (1504–1572) beauftragte 1568 Petrus Canisius mit der Widerlegung der „Magdeburger Centurien" des Theologen M. Flacius Illyricus (1520–1575), der für die reine Lehre Luthers kämpfte und nachzuweisen suchte, dass eigentlich die Papstkirche mit der apostolischen Tradition gebrochen habe, während die Reformation daran festhalte und deshalb keine Neuerung darstelle. Obwohl Canisius die Heilige Schrift und die Väter in hervorragender Weise kannte, war er mit dieser Aufgabe wegen seines mangelnden historischen Verständnisses überfordert. Dies hing wohl mit seiner pedantischen Genauigkeit und seiner Furcht vor nicht abgesicherten und zweifelhaften Formulierungen zusammen. Nach Differenzen in diesem Zusammenhang mit dem Jesuitenprovinzial Hoffaeus (1530–1608) und wegen der Überforderung seiner Mitarbeiter versetzte dieser Canisius an die Peripherie und beauftragte ihn 1580 mit der Gründung des Jesuitenkollegs in Fribourg in der Schweiz. Dort wirkte er von 1580 bis zu seinem Tod besonders in der Seelsorge und war schriftstellerisch tätig, indem er seine Katechismen überarbeitete, bereits erschienene Bücher verbesserte und Gebetbücher, Heiligenviten und Erläuterungen zu den Sonntagsevangelien verfasste.

Ein schwerer Schlaganfall zwang Petrus Canisius 1591, seine Tätigkeiten einzustellen. Am 21. Dezember 1597 starb er und wurde in der Universitätskirche St. Michael zu Fribourg begraben. Obwohl seine Verehrung bald nach dem Tod einsetzte, erfolgte erst 1864 seine Seligsprechung durch Papst Pius IX.. Papst Leo XIII. (1810–1903) bezeichnete ihn 1897 in seiner Enzyklika „Militantis ecclesiae" zum 300. Todestag als zweiten „Apostel der Deutschen". Am 31. Mai 1925 schließlich wurde Canisius von Pius XI. (1857–1939) heilig gesprochen und zum Kirchenlehrer erhoben.

Besonderheit des Wirkens – Kennzeichen von Petrus Canisius

Versucht man markante Kennzeichen des hl. Petrus Canisius herauszuarbeiten und damit die Besonderheit seines Wirkens zu erfassen, so muss man nach dem Theologen, dem Schriftsteller, dem Seelsorger und seinem politischen beziehungsweise kirchenpolitischen Wirken fragen.

Als erstes ist die Grundlegung seiner tiefen Frömmigkeit und seines unerschütterlichen Glaubens im Elternhaus zu erwähnen. Darauf weist er gerade in seinen Bekenntnissen dankbar hin. Für seine Standhaftigkeit und Entschlossenheit stand sein Wahlspruch „Persevera" (halte durch, sei beharrlich) – eine Art Lebensprogramm. Dazu kam eine solide Ausbildung an der Lateinschule in Nimwegen mit dem damit verbundenen ersten Kontakt zur „Devotio moderna" bei den Brüdern vom gemeinsamen Leben, über das theologische Studium in Köln, das ihn zu seiner biblisch geprägten, persönlich ausgerichteten christozentrischen Frömmigkeit führte. Als Lebenswende entscheidend wurden dann die Begegnung mit Peter Faber und der Eintritt in den jungen Jesuitenorden.

Bei der Suche nach dem theologischen Profil des Petrus Canisius ist seine Tätigkeit als Professor in Ingolstadt und Wien hilfreich, ebenso wie seine Beziehung zum Konzil von Trient und als Verfasser zahlreicher theologischer Werke, vor allem seiner bekannten Katechismen. Es ist nicht nachzuweisen, dass Canisius als Theologe eine eigene Originalität angestrebt hat. Ihn beschäftigte einzig die Sorge um das überlieferte Glaubensgut in einer Zeit heftiger Auseinandersetzungen. Dieses zu bewahren war sein Kernmotiv, dem er sein Denken und Handeln unterordnete.

So schätzte Canisius die scholastische Theologie wegen ihres Wertes, die Wahrheit kurz und prägnant auszudrücken, und er sah in diesem Zusammenhang wie die führenden Jesuiten der ersten Generation auch keinen Gegensatz zwischen dem Renaissance-Humanismus und der Scholastik. Das Zurückgehen zu den Quellen, ein Aspekt der humanistischen Bewegung, wurde vor allem auf die Patristik angewendet, und in ihrer Praxis übertrugen die Jesuiten die scholastische Lehre in humanistische Rhetorik.

Im Unterschied zum 15. Jahrhundert stellten sie aber die humanistische Tradition nicht in den Dienst der freien Entfaltung des Individuums, des Dialogs und der Vermittlung, sondern in den Dienst der Durchsetzung ihres Reformwerkes. In Zeiten der Polarisierung und konfessionellen Abgrenzung ging es mehr um Belehrung und Stabilisierung, statt um offene geistige Auseinandersetzung.

Petrus Canisius wird als Vertreter einer zeitgemäßen Verkündigungstheologie bezeichnet und war von einem eher mystischen und pastoralen Verständnis von Theologie geprägt. Martin Grabmann nennt ihn daher zu Recht einen Kirchenlehrer der Katechese.

Von Interesse ist auch die Frage, warum das Konzil von Trient (1545–1563) in Leben, Interesse und Engagement von Petrus Canisius keinen zentralen Platz einnimmt. Als Praktiker sah er in den theologischen Beratungen nicht seine Hauptaufgabe, obwohl er zweimal für einige Wochen daran teilnahm und vom Kaiser zu heiklen Beratungen hinzugezogen wurde. Bei aller Erkenntnis der dringenden Reformbedürftigkeit, auch des Papstes und seiner Kurie, lehnte Canisius eine Reform ab, die dem Papst vom Konzil aufoktroyiert würde. Im warnenden Beispiel des Konzils von Basel (1431–1449) mit seinem Konziliarismus sah er die Gefahr, dass die notwendige Reform letztlich auf der Strecke blieb. In der Frage des Laienkelches, damals eine konfessionelle Kontroversfrage, dachte Petrus Canisius pastoral, ohne doktrinären Rigorismus. Er hoffte zunächst, dadurch Schwankende zum Katholizismus zurückführen zu können, band sich dann aber in die konfessionelle Disziplin ein, die den Laienkelch ablehnte und ihn als Abgrenzungsmerkmal zum Protestantismus deutete.

Canisius und die Jesuiten erkannten als Ursache der Kirchenspaltung durchaus auch den moralischen und theologischen Niedergang des Klerus. Deshalb sahen sie ihre Aufgabe nicht vorrangig in der Konfrontation mit den Protestanten oder in einer Rekatholisierung der protestantischen Gebiete, sondern in der spirituellen Erneuerung des kirchlichen Lebens im (noch) katholischen Raum.

Einen Grundzug im Bild des ersten deutschen Jesuiten bildet die schriftstellerische Tätigkeit. Diese umfasst die Theologie insgesamt, hat Kirchlichkeit und Papsttreue zur Grundlage, steht im Dienst der Kirchenreform und zielt auf die Vermittlung des „rechten Glaubens", die Seelsorge und die Verteidigung der katholischen Lehre. Auch ist sie bei aller Klarheit in der Sache und pedantischen Genauigkeit von Bescheidenheit an Stelle von Angriffen auf Andersdenkende geprägt. In der rastlosen schriftstellerischen Tätigkeit sah Canisius den besten Weg, die Lehren und Vorschriften der katholischen Kirche umfassend verbreiten und gegen die protestantische Kampfliteratur erfolgreich ankämpfen zu können. Sein bedeutendstes Werk waren die drei Katechismen, die bis ins 19. Jahrhundert hinein als Lehrbücher des Glaubens und Anleitungen zum christlichen Leben ihre Gültigkeit behalten haben und mit denen er über seinen Tod hinaus ein Millionenpublikum erreichte. Sie zeichnen sich aus durch ihre inhaltliche Konzentration, ihre einfache Sprache, die Prägnanz und Sachlichkeit ihrer Formulierungen, die Dichte ihrer theologischen Aussage, sowie die Belehrung und Aufklärung in brennenden Fragen der Zeit. Canisius sah im Verkündigungsauftrag seine Aufgabe auch darin, Zeitfragen zu beleuchten, Zeitströmungen zu kennzeichnen und Irrtümer zu berichten.

Wie die schriftstellerische Tätigkeit diente auch seine seelsorgerische Tätigkeit der religiösen Bildung des Volkes und der Erneuerung der Kirche. Katechese und Predigt wurden so zu seiner Lebensaufgabe und durchziehen seine Arbeit wie ein roter Faden. Seine natürliche Rednergabe stellte er bereits in der Kölner Zeit unter Beweis. Die Sprache seiner Predigten war einfach, klar, verständlich und von sozialem Empfinden geprägt. Die Stärke lag eindeutig in seiner Bescheidenheit und in der Klarheit der Belehrung. Die Hauptquelle, aus welcher Canisius seinen Predigtstoff schöpfte, war die Heilige Schrift. Während seiner Zeit als Domprediger in Augsburg predigte er über sechshundert Mal mit großem Erfolg. Seine kantige, zur persönlichen Stellungnahme herausfordernde Sprache wurde verstanden, so dass sich schon im ersten Jahr etwa 900 Bewohner Augsburgs wieder zum katholischen Glauben bekehrten.

Unbestritten ist, dass Petrus Canisius eine herausragende kirchenpolitische Rolle im Bemühen um die Rettung der Kirche vor allem in Deutschland gespielt hat. Dabei war ihm die Kirche nicht vordergründig Selbstzweck, sondern die Kirche Jesu Christi, die sich als mitgestaltende Ordnungsmacht in das politische Leben einbringen sollte. Es ging ihm um die Abwehr von Häresien, vor allem um die Verteidigung des Glaubens gegenüber den Vertretern der Reformation, und um die Erneuerung der Kirche. Die Rettung der Kirche lag für ihn in der Weckung und Förderung von Frömmigkeit und Kirchenbewusstsein im gläubigen Volk, aber auch in einem umfassenden kirchenpolitischen Programm, das es mit Unterstützung der Politik zu realisieren galt. Am Beginn aller Überlegungen stand für Petrus Canisius die Analyse der jeweiligen Situation, also das Hören auf die Zeichen der Zeit. Diese Analysen fanden ihren Niederschlag in seinen Berichten an die Ordensleitung, die etwas Unbestechliches an sich haben und deren Schärfe des Urteils ohne Rücksicht auf Betroffene ebenso überrascht wie die emotionale Betroffenheit. Es gab bei Canisius kein Entgegenkommen, wenn es ihm um wichtige Sachfragen ging. In klarer Argumentation bestand er auf der Wahrung des überlieferten Glaubensguts. In diesem Zusammenhang ist auch das zu nennen, was später Gegner der Jesuiten „schändliche Oboedienz" nannten. Im zentralistisch geleiteten Orden gab es das System umfassender detaillierter Berichte nach Rom, die letztlich allen Gesprächen die Vertraulichkeit raubten. Canisius war bei aller Kompetenz in seiner Beratertätigkeit immer auch der Vertreter des Ordens, der sogar in Fragen höchster Geheimhaltung der Ordensleitung in Rom Bericht erstattete, sich deren Zustimmung versicherte oder auch deren Anweisungen einholte.

Die erste große politische Herausforderung von Petrus Canisius war sein Engagement im Ringen der Stadt Köln gegen den Erzbischof Hermann von Wied um den Verbleib in der katholischen Kirche. Ein Festhalten des schließlich zur Resignation gezwungenen Erzbischofs an der Reformation hätte angesichts seiner Kurfürstenwürde nicht nur für die Kirche im Reich erhebliche Konsequenzen gebracht, sondern vor allem auch für die Stadt Köln und das Bistum. Erstaunlich ist in diesem Zusammenhang, dass Canisius im jugendlichen Alter von 24 Jahren, ohne Amt und Funktion im öffentlichen Leben, in dieses Ringen einbezogen wurde. Offensichtlich wiesen seine Intelligenz, seine Ernsthaftigkeit und sein gewandtes Auftreten ein hohes Maß an Glaubwürdigkeit auf und führten schließlich zum Erfolg.

Ein weiterer kirchenpolitischer Aspekt bezieht sich auf das Bildungswesen. In den Augen von Petrus Canisius waren Bayern und Österreich die Provinzen, die vornehmlich den Namen katholisch bewahrt hatten. Hier galt es, starke Bollwerke für die Rettung der Kirche nördlich der Alpen zu errichten. Das war der Hintergrund der Errichtung zahlreicher Jesuitenkollegien, die von ganz zentraler Bedeutung für Bildung und Kultur wurden. Die ersten entstanden in Ingolstadt und Wien. An beiden Orten war auch die Verbindung mit Universitäten gegeben. Der Entschluss, in Ingolstadt erstmals in der jungen Ordensgeschichte Lehrstühle an einer deutschen Universität zu übernehmen, verlieh diesem Unternehmen Modellcharakter, auch wenn es, wie schon genannt, zunächst scheiterte. In dieser Phase erwies sich Canisius als kühler Stratege beim Aufbau der Oberdeutschen Provinz. Mit der Gründung der Jesuitenkollegien jedenfalls erneuerte er das Bildungswesen und damit auch die Kirche.

Petrus Canisius nahm an sechs Reichstagen teil und hatte großen Einfluss auf maßgebende Fürsten, allen voran Kaiser Ferdinand I., Otto Truchsess von Waldburg und die bayerischen Herzöge. Dabei ging es ihm in seinem Bemühen vorrangig um den Aufbau einer Grundhaltung, um die Linie, die gegenüber den Reformatoren mit Konsequenz zu verfolgen war. In diesem Zusammenhang stand auch seine Teilnahme am letzten großen Religionsgespräch in Worms 1557, bei dem es um die Confessio Augustana ging, und das an der Zerstrittenheit der Protestanten und der konsequenten Ablehnung von Canisius scheiterte. Für ihn war die konfessionelle Spaltung besiegelt und deshalb sah er mehr Sinn in der Reform der alten Kirche als in solchen Gesprächen.

Petrus Canisius muss aus seiner Zeit heraus verstanden werden, die einen Mann wie ihn dringend benötigte. Entsprechend vielfältig war auch sein Einsatz für Kirche und Welt als Theologieprofessor, Konzilstheologe, Bildungsreformer, Berater in Kirche und Politik, Beichtvater, Volksmissionar, Gefangenenseelsorger, Berichterstatter, theologisch-praktischer Schriftsteller, brillanter Denker, vor allem jedoch Seelsorger und Prediger. Was er sprach und schrieb hatte Gewicht. Aufgrund seiner hohen Sachkompetenz und Vielseitigkeit wurde er als Kommunikator zu einer der wirkungsvollsten Persönlichkeiten des kirchlichen Wiederaufbaus nach der Reformation in Deutschland, ja zum Inbegriff der katholischen Reform im 16. Jahrhundert. Dies ist zweifellos sein Hauptverdienst.

Wirkungsgeschichte und Bedeutung für heute

Diese besonderen Kennzeichen des hl. Petrus Canisius und ihre Wirkungsgeschichte ergeben Perspektiven auch für heute. Die Frage nach der aktuellen Bedeutung des „zweiten Apostels Deutschlands" lässt sich entsprechend seiner Vielseitigkeit unter den drei Aspekten theologische Ausrichtung, Persönlichkeit und pastorales Bemühen beantworten.

Die solide theologische Bildung, die Peter Kanis zuteil wurde, bewahrte ihn vor einseitigen Sichtweisen. Er war an einem Gottesbild orientiert, welches die Menschen in einen engagierten Gehorsam hinein bindet und zum Einsatz in der Gestaltung der Welt inspiriert. Die Bewahrung des überlieferten Glaubensgutes in Zeiten der Auseinandersetzung und das gleichzeitige Bemühen, brennende Fragen der Zeit mit dem Glauben zu konfrontieren, um die Kirche zu erneuern, sind ebenso von aktueller Bedeutung, wie die stetige Orientierung an der Heiligen Schrift.

Auch aus der Persönlichkeit Petrus Canisius' lassen sich Perspektiven für heute gewinnen. Canisius ließ sich vom jungen Jesuitenorden faszinieren, dem es darum ging, in der Welt zu arbeiten und im Alltag Gott im Dienst an den Menschen zu verherrlichen. Canisius gliederte sich diszipliniert in die Gesellschaft Jesu ein und stellte sich ganz deren Reformwerk zur Verfügung. Seine persönliche Frömmigkeit, seine hohe Kompetenz, Vielseitigkeit und Kommunikationsfähigkeit, seine Loyalität und persönliche Bescheidenheit führten ihn zu konsequentem Handeln. Auf dieser Basis ist auch sein strukturelles und strategisches Denken zu verstehen, das im zielstrebigen Aufbau von Jesuitenkollegien und in seinem kirchenpolitischen Engagement zum Ausdruck kommt.

Auch sein pastorales Bemühen beinhaltet wegweisende Züge für heute. Das Reformwerk des Petrus Canisius ist insgesamt ein Bildungsunternehmen und die religiöse und allgemeine Bildung war ein integraler Bestandteil des jesuitischen Engagements. Der erste Schritt dazu war die Berücksichtigung und Analyse der Zeitströmungen. Das Anliegen der Katechese war von Anfang an ein zentraler Punkt im Apostolat von Canisius. Er schrieb seine Bestseller, seine Katechismen, aus geistlichem Engagement heraus. Ihm ging es um die Weitergabe des Glaubens und um die Erneuerung der Kirche – und er hatte die Bildung der Kinder und einfachen Leute im Blick. So sorgte er an vielen Orten für den Bau von Schulen, den Einsatz geeigneter Lehrer und die Anschaffung von Büchern. Jesuitenschulen wurden zum Schlüsselelement für die Vorbereitung künftiger Generationen in guter Bildung und religiöser Praxis. Nicht zuletzt diente auch die intensive Predigttätigkeit diesem zentralen Anliegen.

Der Einfluss, den der Jesuitenorden etwa in Bayern ausübte, kann kaum hoch genug eingeschätzt werden. Die herzogliche Entscheidung für die katholische Konfession bedurfte, wenn sie Erfolg haben sollte, einer neuen Verankerung des katholischen Glaubens in der Mentalität breiter Bevölkerungskreise. Die jesuitische Bildungsreform hat diese Verankerung geleistet.

Die Grundanliegen des hl. Petrus Canisius, die Erneuerung der Glaubensvermittlung, der Einsatz für die Seelsorge, eine lebendige Frömmigkeit sowie die Einbindung des eigenen theologischen Urteils in die Heilige Schrift und in die Tradition der Kirche können heute von allen Christen neu in den Blick genommen werden, ohne dabei sofort wieder in konfessionalistisches Denken zu verfallen. Sachkompetenz, Vielseitigkeit, Beharrlichkeit, Klarheit und Kommunikationsfähigkeit sind auch heute in einer multikulturellen und pluralistischen Gesellschaft notwendig, auch wenn unsere Zeit die Individualität der Menschen berücksichtigen muss, ihren Bildungsstand und die damit verbundenen Fähigkeiten, die Welt nach ihren Möglichkeiten zu gestalten. Überzeugungskraft und Glaubwürdigkeit der Vermittlung sind dabei wesentliche Voraussetzungen.

Leben und Wirken des hl. Petrus Canisius beinhalten insofern für die notwendige Reform der Kirche unserer Zeit wesentliche Perspektiven.

Literaturhinweise
BUXBAUM, ENGELBERT MAXIMILIAN, Der heilige Petrus Canisius, in: Bavaria Sancta Bd. I, hrsg. von Georg Schwaiger, Regensburg 1970, S. 327–348.
OSWALD SJ, JULIUS/RUMMEL, PETER (Hrsg.), Petrus Canisius – Reformer der Kirche. Festschrift zum 400. Todestag, Augsburg 1996.

Verehrungswürdige Personen

Stefan Killermann

Papst Viktor II. (ca. 1020–1057)
Ein Eichstätter Bischof auf dem Stuhl Petri

Zum achten Mal in der Geschichte der Kirche wurde mit Joseph Kardinal Ratzinger ein Deutscher zum Nachfolger des Apostelfürsten Petrus gewählt. Doch nur zwei Vorgänger Benedikts XVI. waren wie er zunächst zum Bischof innerhalb der Grenzen des heutigen Bayern bestimmt worden: Clemens II. als Suitgar von Morsleben und Hornburg 1040 für Bamberg und Viktor II. als Gebhard I. Graf von Dollnstein-Hirschberg zwei Jahre später für Eichstätt. Viktor, dem von 1055 bis 1057 die Leitung der gesamten Kirche übertragen war, kann daher als letzter „bayerischer" Papst vor dem jetzigen Pontifex gelten. Fünfzehneinhalb Jahre lang führte er das Bistum des hl. Willibald.

Leben

Lange Zeit war es ungeklärt, ob Gebhard I. auch in der Diözese, der er später vorstand, geboren wurde. Zwar verweist sein Name auf zwei Orte in der Umgebung von Eichstätt. Die Adelsfamilie war jedoch alemannischen Ursprungs und hatte in Schwaben Besitztümer. Auf Grund verschiedener übereinstimmender Quellen kann heute davon ausgegangen werden, dass er auch in Schwaben zur Welt kam. Sein Geburtsjahr ist nicht bekannt; es lässt sich aber auf etwa 1020 datieren. Fest überliefert sind uns dagegen die Namen seiner Eltern: Hartwig und Biliza. Der Vater war entfernt mit dem salischen Königshaus verwandt, die Mutter entstammte wohl dem Geschlecht der Welfen. Über seinen Stiefonkel, den Bischof Gebhard III. von Regensburg, war Gebhard von Hirschberg auch mit dem Kaiser verwandt. Gebhard hatte drei ältere Brüder: Adalbert Graf von Calw, Gotebold Patriarch von Aquileja und Hartwig II. Vogt von Eichstätt.

Vom Leben und Wirken des Grafen, Bischofs und Papstes berichtet uns vor allem der so genannte Anonymus von Herrieden, bei dem es sich mit großer Wahrscheinlichkeit um einen Eichstätter Domherrn handelte. Seiner Überlieferung nach schlug Gebhard schon in jungen Jahren die geistliche Laufbahn ein und erhielt an der Regensburger Domschule eine Ausbildung zum Kanoniker. Waren seine Aussichten auf ein höheres Amt aus politischen Gründen auch gering, so erwies er sich umso mehr als hochbegabter Schüler und bestens geeigneter Kandidat. Bereits in jungen Jahren galt er als politisch versiert und besonders in Verwaltungsfragen als sehr talentiert.

Nach fast zwanzigjähriger Regierung Heriberts als Bischof von Eichstätt war dessen Nachfolger Gezemann bereits drei Tage nach seiner Weihe am 17. Oktober 1042 verstorben. Als einflussreicher Ratgeber Kaiser Heinrichs III. wollte Gebhard von Regensburg nun auf die Wiederbesetzung des vakanten Bischofsstuhles Einfluss nehmen. Nachdem er zunächst seinen Dompropst Chuno für dieses Amt vorgeschlagen hatte, dieser aber als Sohn eines Priesters auf Ablehnung beim Kaiser gestoßen war, fiel seine Wahl auf den jungen Gebhard. Der wohl erst zwanzigjährige Domherr verfügte zwar weder über das erforderliche kanonische Alter und engere Kontakte zum Bistum Eichstätt, noch dürfte er Heinrich III. persönlich bekannt gewesen sein. Doch scheint seine Ernennung auch auf die Zustimmung anderer Bischöfe gestoßen zu sein, die der Kaiser in dieser Sache konsultierte. Der Überlieferung nach sprach sich insbesondere der heilige Bischof Bardo von Mainz für den jungen Kandidaten aus und sagte diesem voraus, er werde einst noch ein viel höheres Amt bekleiden. An Weihnachten 1042 nominierte der Kaiser daraufhin Gebhard I. in Goslar zum 17. Bischof von Eichstätt.

Eichstätt selbst scheint Gebhard damals wenig bekannt gewesen zu sein. Über seinen Vater ließ er jedenfalls zunächst nachfragen, wer eigentlich Patron dieser Diözese sei. Zudem befand sich das Bistum zur damaligen Zeit in einer eher schwierigen Lage, hatte es doch unter Kaiser Heinrich II. große Gebiete an Bamberg abtreten müssen. Entschädigungsverhandlungen waren nach dessen Regierungszeit zwar aufgenommen, aber nicht erfolgreich zu Ende geführt worden. Der neue Bischof musste daher mit geringeren Mitteln als andere wirtschaften und sich durch umso größere Tüchtigkeit auszeichnen.

1046 machte sich Gebhard mit Kaiser Heinrich III., zu dessen engsten Beratern der junge Bischof schon bald gehörte, sowie bedeutenden kirchlichen und weltlichen Begleitern auf den Weg nach Rom. Zwei Jahre später war er zur Osterzeit am kaiserlichen Hof zu Regensburg. In Mainz nahm er als Beisitzer an der großen Synode teil, die dort im Oktober 1049 unter dem Vorsitz Papst Leos IX. und in Gegenwart des Kaisers tagte. Wie der Anonymus von Herrieden schreibt, war Gebhard damals der mächtigste Mann nach dem Kaiser und wurde von diesem nur noch durch den Thron überragt.

Immer wieder wirkte der Bischof von Eichstätt auf die Entscheidungen des Kaisers ein. Auch als dieser 1053 Papst Leo IX. im Kampf gegen die Normannen unterstützen wollte, machte Gebhard seinen Einfluss geltend und verhinderte dieses Vorhaben. Zwar erlitt der Papst eine vernichtende Niederlage und geriet in Benevent in neunmonatige Gefangenschaft. Die Unruhen in Baiern, die nach dem Aussterben des Geschlechtes der Ebersberger ihren Höhepunkt in einem Aufstand des bairischen Herzogs Konrad erreicht hatten, konnten auf diese Weise aber beendet werden. Im Dezember 1053 setzte der Kaiser den Herzog ab und ernannte, da er das Herzogtum seinem dreijährigen Sohn Heinrich IV. übertrug, Gebhard zum Regenten von Baiern. Dieses hohe Amt behielt der junge Bischof auch bei, nachdem der Kaiser Heinrichs Bruder, den erst 1052 geborenen Konrad, an dessen Stelle zum Herzog bestimmt hatte. Rechtskundig und geschickt stellte er den Frieden im Land wieder her und beeindruckte vor allem durch sein konsequentes Einschreiten gegen die räuberischen Grafen von Scheyern.

Am 19. April 1054 verstarb in Rom Papst Leo IX. Einen geeigneten Nachfolger für ihn zu finden, erschien nicht einfach. War eine Gesandtschaft aus Rom auch bald beim Kaiser eingetroffen und hatte sich zudem der damalige Subdiakon der römischen Kirche und Legat in Frankreich, Hildebrand, am Hof eingefunden, so vergingen doch Monate, bis beide auf einem Reichstag zu Mainz im September die entscheidende Initiative ergriffen

Viktor II., Miniatur aus dem Pontifikale Gundekarianum, Diözesanarchiv Eichstätt

und den Bischof von Eichstätt als neuen Papst vorschlugen. Kaiser Heinrich III. stimmte diesem Vorschlag gerne zu. Nur Gebhard selbst widersetzte sich, so gut er konnte. Während der von ihm erbetenen Bedenkzeit wollte er die Römer vor allem dadurch von seiner Wahl abbringen, dass er „kanonische Bedenken" gegen seine Berufung auf den Stuhl Petri ausarbeiten ließ. Erst Anfang März 1055 gab er auf einem Reichstag zu Regensburg seinen Widerstand auf und soll sich dem Kaiser gegenüber mit folgenden Worten zur Annahme der Wahl bereit erklärt haben: „Wohlan, so ergebe ich mich dem heiligen Petrus ganz und gar, mit Leib und Seele! Obwohl ich meine Unwürdigkeit zu so einer heiligen Stellung erkenne, unterwerfe ich mich Eurem Gebote, aber nur unter der Bedingung, dass Ihr dem heiligen Petrus zurückgebt, was ihm gehört." Der Kaiser ging auf die Bedingung ein. Auch der Eichstätter Bischofsstuhl blieb Gebhard erhalten. Die Regentschaft über Baiern dagegen gab er wieder an den Kaiser zurück. Am Ostersonntag, den 16. April 1055, wurde Gebhard von Dollnstein-Hirschberg feierlich im Petersdom zu Rom als Stellvertreter Jesu Christi auf Erden und Nachfolger des Apostelfürsten inthronisiert. Er nahm den Namen Viktor an und bezeugte auf diese Weise wohl seine Verbundenheit mit Viktor von Xanten, einem Märtyrer des 4. Jahrhunderts, der im Mittelalter als heiliger Krieger besonders verehrt wurde.

Noch im Frühsommer desselben Jahres begab sich Kaiser Heinrich III. nach Italien. Zusammen mit ihm und 120 Bischöfen hielt Viktor in Florenz eine Synode ab, die vor allem Beschlüsse gegen die Simonie und die Ehen von Priestern fasste. Der Kaiser bestimmte Viktor nunmehr auch zum Statthalter im Herzogtum Spoleto und in der Markgrafschaft Fermo, was faktisch einer Erweiterung des Kirchenstaates gleichkam. Im Hochsommer 1056 reiste der Papst zu Unterredungen politischer Art nach Deutschland, wo ihm am 8. September in Goslar ein ungewöhnlich herzlicher Empfang von Seiten der geistlichen und ebenso der weltlichen Fürsten bereitet wurde. So war er auch selbst gegenwärtig, als Heinrich III. zu Bodfeld im Harz schwer erkrankte und am 5. Oktober im Alter von 39 Jahren verschied. Sterbend hatte dieser seine Gemahlin, Kaiserin Agnes, und seinen knapp sechsjährigen Sohn Heinrich IV. noch dem persönlichen Schutz des Papstes anvertraut. Viktor begleitete den Leichnam zur Beisetzung im Speyerer Dom. Er erreichte auch, dass Heinrich IV. in Aachen zum König gekrönt wurde und gegnerische Fürsten ihren Widerstand gegen diese Wahl aufgaben. Nach Verhandlungen in Regensburg zur Beruhigung der Lage in Baiern und einem kurzen Aufenthalt in Eichstätt, bei dem er den Abbruch des Ostchores des Doms anordnete, kehrte der Papst dann Anfang 1057 in die Ewige Stadt zurück und blieb zunächst als Vormund des jungen Königs Verwalter des Reiches, bis er beide Ämter einige Wochen später der Kaiserwitwe übertrug.

Bald nach der Frühjahrssynode am 18. April 1057 im Lateran ordnete er in Tuscien die kirchlichen Verhältnisse und schlichtete am 23. Juli auf einer weiteren Synode zu Arezzo einen Rechtsstreit zwischen dem örtlichen Bischof und dessen Amtskollegen in Siena. Wenige Tage danach erkrankte er an heftigem Fieber und verstarb dort am 28. Juli in der bischöflichen Kurie, geschwächt nicht zuletzt durch viele anstrengende Reisen, auf dem Höhepunkt seiner Schaffenskraft.

Viktors sterbliche Überreste sollten nach dem Willen seiner Anhänger nach Eichstätt übergeführt und dort im Dom bestattet werden. In Ravenna aber wurde der Leichnam als kostbarer Schatz durch eine List geraubt und von den Einwohnern vor den Mauern der Stadt in der Kirche Santa Maria Rotonda, dem Mausoleum des Ostgotenkönigs Theoderich, beigesetzt. Bei einer späteren Plünderung des Grabes wurden die Gebeine erneut entwendet und sind seitdem verschollen.

Besonderheit des Wirkens

Wie keine andere Zeit im Mittelalter ist die Regierungszeit Viktors II. durch eine enge, vertrauensvolle Zusammenarbeit zwischen Papst und Kaiser gekennzeichnet. Nur etwa zwanzig Jahre vor Beginn des Investiturstreits prägten Einmütigkeit und gemeinsamer Einsatz für dieselben Ziele das Ineinanderwirken von kirchlichen und weltlichen Interessen. Es ist der klugen Weitsicht, dem diplomatischen Geschick und der unermüdlichen Reisetätigkeit Papst Viktors zu verdanken, dass auf diese Weise der innere Friede im Römischen Reich gefestigt und sowohl der Kaiser als auch die Stellung des Papsttums gestärkt werden konnten. In seiner nur kurzen Regierungszeit gelang es ihm, Brücken zu bauen und nachhaltig zur Versöhnung in Kirche und Reich beizutragen. Zielstrebig setzte er seinen umfassenden Friedensplan in die Tat um. Durch die Vergrößerung des Kirchenstaates, die zur damaligen Zeit entscheidend zum Gleichgewicht der politischen Mächte beitrug, konnte Viktor die Verhältnisse weiter stabilisieren. Nicht nur die Normannen im Süden Italiens, die noch zu Zeiten seines Vorgängers als bedrohliche Feinde galten, wurden durch die umsichtige Politik Viktors zu dessen Verbündeten. Auch die einst opponierenden lothringischen Fürsten Gottfried und Friedrich entwickelten sich nun zu Stützen des Reiches und der Kirche. Um die Eintracht zwischen diesen beiden Mächten nicht zu gefährden, sprach er unter Androhung des Bannes König Ferdinand von Leon und Kastilien das Recht ab, sich wie Heinrich III. ebenfalls Kaiser zu nennen.

Innerkirchlich setzte Viktor die von seinen Vorgängern eingeschlagene Reform tatkräftig fort und konnte sich dabei auch der Unterstützung des Kaisers sicher sein. Entschlossen und mit beachtlichem Durchsetzungsvermögen forderte er die Disziplin seiner Untergebenen ein. So stellte er das Kloster Vallombrosa unter seinen besonderen Schutz und zwang den ohne sein Einverständnis gewählten Abt von Montecassino zum Rücktritt. Vor allem aber bekämpfte er mit Ausdauer und Härte die Simonie und erwarb sich dadurch größte Sympathien der Reformpartei und deren Protagonisten Hildebrand, des späteren Papstes Gregor VII., den er an Stelle Friedrichs von Lothringen zum Leiter der päpstlichen Kanzlei berufen hatte. Bischöfe, die den moralischen Anforderungen ihres Amtes nicht gerecht wurden, setzte Viktor ohne Zögern ab. Allein in Frankreich legten 18 Bischöfe, die der Simonie für schuldig befunden wurden, auf seinen Wunsch hin freiwillig ihr Amt nieder. Unter Androhung der Exkommunikation verbot der Papst allen Bischöfen und Äbten, kirchliche Güter an Ritter oder Adelige zu veräußern. Er bekräftigte die Fastenvorschriften für die Quatembertage und verurteilte auf der Synode von Florenz scharf die Eucharistielehre des Berengar von Tours, dem zufolge Brot und Wein bei der Wandlung ihre Substanz behielten. Der später zum Kirchenlehrer erhobene Zeitgenosse des Papstes, Petrus Damiani, schilderte in seinem Liber Gomorrhianus so anschaulich den Sittenverfall des damaligen Klerus, dass Viktor sich veranlasst sah, das Buch zu verbieten.

*Denkmal für Papst Viktor II. im Eichstätter Dom
von Johanna Fischl, 1946*

Persönlich war Viktor II. ein unbescholtener und integerer Mann. Untadeliger Lebenswandel und uneingeschränkte Treue zur Kirche hatten ihn schon als Priester und Bischof gekennzeichnet. Der Anonymus von Herrieden rühmt Gebhards vorbildhafte Tugendhaftigkeit und das große Wissen, das ihn in geistlichen und weltlichen Dingen gegenüber anderen Reichsfürsten auszeichnete.

Freilich hatte Gebhard schon als Bischof von Eichstätt erkennen lassen, dass er seine Berufung eher in einem Wirken für die Kirche in ihrer Gesamtheit und einer diese begünstigenden politischen Einflussnahme sah als in der täglichen Sorge um Einzelfragen in der Leitung der ihm übertragenen Diözese. Es ist aber davon auszugehen, dass die Verwaltung seines Bistums dennoch den Anforderungen der Zeit entsprechend gewährleistet werden konnte und sich ein ständiges persönliches Eingreifen des Bischofs zum Wohl der Gläubigen nicht als notwendig erwies. Wenngleich sich Gebhard viel häufiger am Hof des Kaisers als in dem ihm zugewiesenen Bistum aufhielt, kann daraus nicht geschlossen werden, dass er dieses vernachlässigt hätte. Er förderte nicht nur die Eichstätter Domschule, wobei er unter anderem die dortigen Schüler in der Malerei ausbilden ließ und die Voraussetzungen dafür schuf, dass eine beachtliche Reihe hoher Prälaten und Bischöfe aus ihr hervorging. Auch den Neuaufbau des Domes, der zur Ruine verkommen war, betrachtete er als ein wichtiges Anliegen, das allerdings nicht mehr zu seinen Lebzeiten vollendet werden konnte. Keinem anderen als ihm ist es darüber hinaus zu verdanken, dass durch kaiserliche Schenkungen der Besitz des Bischofs von Eichstätt, dessen Territorium durch die Gründung des Bistums Bamberg verkleinert worden war, erneut erweitert wurde: Neu hinzu kamen nun die Gebiete an den Ufern der Wörnitz, die Märkte Beilngries und Waldkirchen samt Zollhoheit und kaiserlichem Bannrecht, das Weinbaugebiet von Rebdorf bis Inching sowie die Orte Gerolfing und Schelldorf.

Wirkungsgeschichte und Bedeutung für heute

Auf Grund seiner nur kurzen Regierungszeit auf dem Stuhl Petri ist Papst Viktor II. weithin in Vergessenheit geraten. Zu Unrecht aber würde man ihn als unbedeutenden Nachfolger des Apostelfürsten einstufen. Hervorzuheben sind nicht nur sein untadeliger persönlicher Lebenswandel und seine überdurchschnittlichen Fähigkeiten auf dem Gebiet der Verwaltung und der Politik. Auch seine Leistungen sind beachtlich. Die Entwicklung der Kirche im Hochmittelalter hat er maßgeblich beeinflusst und der Erstarkung des Papsttums durch seine weitblickenden Entscheidungen den Weg bereitet. Vorbildlich war vor allem sein unermüdliches Eintreten für Frieden und Versöhnung. Zwar widmete er sich in hohem Maß politischen Fragen. Die Politik aber und die weltlichen Machtansprüche, die er geltend machte, standen für ihn ganz im Dienst seines apostolischen Hirtenamtes. Durch seine Einflussnahme auf Kaiser und Fürsten war er stets bemüht, die Eintracht zwischen Papst und Reich sicherzustellen und so die Voraussetzungen dafür zu schaffen, dass die Kirche wirksam zum Heil der Menschen wachsen und gedeihen konnte. Nicht zu vergessen sind auch seine wegbereitenden Maßnahmen im Hinblick auf die weitere Stärkung der Disziplin und des Gebots der Ehelosigkeit der Priester sowie auf die Freiheit der Kirche von weltlicher Bevormundung bei der Vergabe geistlicher Ämter.

Weder in Ravenna noch in der Stadt Rom selbst wird das Andenken an diesen großen Papst lebendig gehalten. Einzig in der Klosterkirche zu Vallombrosa erinnert ein Deckenfresko mit seinem Abbild an den einstigen Schutzherrn der Abtei. Die Stadt Eichstätt und die Marktgemeinde Dollnstein ehren ihren früheren Oberhirten zwar jeweils durch eine nach Papst Viktor benannte Straße. In der Eichstätter Kathedrale wird zudem an zwei Stellen des bedeutenden Nachfolgers des hl. Willibald gedacht: gegenüber dem berühmten Pappenheimer Altar durch ein steinernes Denkmal, das die Bildhauerin Johanna Fischl im Jahre 1946 schuf, und oberhalb des Chorbogens über dem Willibaldsaltar durch die Inschrift: „arcum posuit Gebehardus I Victor P P II". Bedenkt man aber, dass im Lauf der Geschichte kein anderer von Eichstätt aus zu solch hohen Ehren gelangte und so große Macht erlangte wie Bischof Gebhard als Papst Viktor II., dann scheint es mehr als angebracht, die Erinnerung an diesen Mann wach zu halten und ihm viel größere Aufmerksamkeit zu schenken, als das bisher der Fall war.

Quellen- und Literaturhinweise

Quellen

SS VICTOR II, Epistolae et diplomata, in: Jean-Jacques Migne (Hrsg.), Patrologia Latina, CXLIII, S. 803–838.

ANONYMUS HASERENSIS, De gestis episcoporum Eistetensium ab initio usque ad Gundekarum (II) episcopum, in: Stefan Weinfurter (Hrsg.), Die Geschichte der Eichstätter Bischöfe des Anonymus Haserensis. Edition – Übersetzung – Kommentar (= Eichstätter Studien, Neue Folge 24), Regensburg 1987, S. 39–67.

Literatur

GÄDE, LISA, Die meisten von ihnen waren Päpste der Reformen: Die „Landsleute" Benedikts XVI. auf dem Stuhl Petri: Gregor V. (996–999), Clemens II. (1046–1047), Damasus II. (1048), Leo IX. (1049–1055), Viktor II. (1055–1057), Stephan IX. (1057–1059) und Hadrian VI. (1522–1523), in: Die Tagespost, Nr. 90 vom 30. Juli 2005, S. 12–13.

GRABER, RUDOLF, Der Eichstätter Papst Viktor II. (1055–1057), in: Historische Blätter für Stadt und Landkreis Eichstätt, 4 (1955), Nr. 7/8.

JUNG-INGLESSIS, EVA-MARIA, Die deutschen Päpste. Ihr Leben, ihr Wirken, ihre Zeit, Leipzig 2006.

KREITMEIR, KLAUS, Die Bischöfe von Eichstätt, Eichstätt 1992.

MITTERMAIER, KARL, Die deutschen Päpste. Gregor V., Clemens II., Damasus II., Leo IX., Viktor II., Stephan IX., Hadrian VI., Graz–Wien–Köln 1991.

PENTERIANI, ULDERICO, Victor II., in: Niccolò Del Re (Hrsg.), Vatikanlexikon, Augsburg 1998, S. 826–827.

WENDEHORST, ALFRED (Hrsg.), Die Bistümer der Kirchenprovinz Mainz. Das Bistum Eichstätt, I. Die Bischofsreihe bis 1535 (= Germania Sacra, Neue Folge 45), Berlin 2006.

Claudia Grund

Leodegar von Lechsgemünd (ca. 1005–1074)
Der Stifter des Benediktinerinnenklosters St. Walburg

„Schließlich hat er durch den Herrn Leodegar das Kloster der heiligen Walpurgis neu gegründet und dort, wo vorher Kanonissen wohnten, Nonnen eingeführt. Gemeint ist jener Leodegar seligen Angedenkens, der – obgleich an Herkunft, Sitten und Reichtum ein großmächtiger Graf – seine weltliche Macht und Ansehen um der Liebe zu Christus willen aufgab und nachdem er das Schwert abgelegt und sich der Rasur unterzogen hatte, Kanoniker an der Kirche des heiligen Willibald wurde, welcher ja selbst, obwohl er ein Königssohn war, das Königreich der Welt und allen Glanz des Irdischen für Christus verschmäht und sich in einem glücklichen Tausch durch die Entsagung der weltlichen Herrschaft die Gemeinschaft des himmlischen Reiches eingehandelt hat. In Nachahmung dieses Vorbildes übereignete auch der besagte Diener Gottes die Erbgüter, die er besaß, der heiligen Walpurgis, und zwar unter der Bedingung, dass der Konvent zahlenmäßig vergrößert und die monastische Lebensweise der Nonnen dort eingeführt werde. Dies ist auch geschehen".

Der „großmächtige Graf" Leodegar

Der Bericht von der bedeutenden Stiftung des Benediktinerinnenklosters St. Walburg durch den Grafen Leodegar im Jahre 1035 findet sich in „De Episcopis Eistetensibus", der Chronik der Eichstätter Bischöfe des so genannten Anonymus Haserensis. Die um 1078 oder bald danach entstandene Chronik ist das einzige überlieferte Werk eines unbekannten Autors, der als seine Heimat Herrieden angibt und Kanoniker am Dom zu Eichstätt gewesen sein dürfte. Die relativ ausführlichen biographischen Angaben zur Person des „großmächtigen Grafen" Leodegar stehen im Zusammenhang mit der Lebensbeschreibung des Eichstätter Bischofs Heribert (1022–1042), der die Eichstätter Klostergründung anregte und energisch förderte.

Daneben ist es der Stiftungsbrief des Klosters St. Walburg für das Jahr 1035 selbst, der uns wertvolle Informationen zur Person des Stifters „Liutigerus" liefert. Das Dokument setzt naturgemäß einen besonderen Schwerpunkt auf die Beweggründe des Stifters sowie Art und Umfang seiner Stiftungsgüter.

Wichtige Erkenntnisse zum geistlichen Rang Leodegars bzw. Liudgers innerhalb der geistlichen Hierarchie Eichstätts liefern außerdem zwei Urkunden von 1060 und 1068. In der dort aufgeführten Zeugenreihe erscheint Leodegar als Domkanoniker jeweils direkt nach den beiden Dignitären Dompropst und Domdekan, führt also rangmäßig die Reihe der Kanoniker an.

Welche Rückschlüsse über Person, Stand und Leistung Leodegars bzw. Liutigers lassen also die Quellen zu?

Zur Frage seiner Herkunft existieren mehrere Theorien. Während es im Stiftungsbrief nur heißt, Leodegar sei „nobili natus genere", hat sich entsprechend der Bezeichnung durch den Anonymus Haserensis traditionell der Titel eines Grafen eingebürgert. Ob Leodegar allerdings jemals ein Grafenamt innehatte oder der Titel nur für seine Zugehörigkeit zu einer Grafenfamilie steht, darüber geben die Quellen keine Auskunft. Die Theorie, dass Leodegar das Grafenamt ausübte, wird jedoch durch eine weitere Bemerkung des Anonymus gestützt: So habe sich Kaiser Heinrich III. gegenüber dem Eichstätter Bischof Gebhard scherzhaft geäußert, „dass er über die Eichstätter lachen müsse, die einfach sagten, sie hätten die Messe des Grafen gehört oder wollten sie hören". Traditionell rechnet man Leodegar der Sippe der Grafen von Lechsgemünd-Graisbach zu, da sich die Schenkungsgüter, die er zur Grundlage seiner Stiftung bestimmt, in genau der Region am Unterlauf des Lechs und beiderseits der Lechmündung in die Donau finden, wo die Lechsgemünder seit der zweiten Hälfte des 11. Jahrhunderts eine Adelsherrschaft aufbauten. Diese Zuordnung gilt insofern als nicht unproblematisch, als das Geschlecht der Lechsgemünder um 1035 historisch noch gar nicht greifbar und erst um 1080 zu fassen ist. Auch sei der in Bayern eher seltene Name Leodegar (bzw. Liutiger in der Stiftungsurkunde) in der Genealogie der Lechsgemünder sonst nicht gebräuchlich. So erwog man zeitweise, den Stifter von St. Walburg der Familie der Babonen, der Burggrafen zu Regensburg, zuzuordnen, da Leodegars Güterschwerpunkt Gempfing – der Ort gehörte 1035 zur Gründungsausstattung von St. Walburg – tatsächlich mit deren früherem Besitzstand in Verbindung zu bringen ist. Doch kann all dies nur Spekulation bleiben. Tatsächlich ist es bis heute nicht gelungen, Leodegar eindeutig einer Adelsfamilie zuzuordnen, wenn auch sicher mit Verbindungen zum schwäbischen Raum zu rechnen ist.

Die Vita Leodegars lässt sich mit einiger Kombinationsgabe aus den Quellen rückerschließen. Der Stiftungsbrief berichtet, dass Leodegar von Jugend an beabsichtigt, sein Leben und seine Güter Gott zu weihen und zu diesem Zweck ein Nonnenkloster zu errichten. Verschiedene „andere Beschäftigungen" verzögern die Umsetzung dieses „frommen und glücklichen" Wunsches, bis eine schwere Erkrankung die Wende bringt. Sozusagen auf dem Sterbebett entschließt sich Leodegar endgültig, in Nachfolge des hl. Willibald all seinem irdischen Besitz zu entsagen, ihn für eine Klostergründung zu übereignen und in den geistlichen Stand zu treten. In dieser Situation erhält er durch den, von ihm selbst herbeigerufenen, Eichstätter Bischof Heribert die Tonsur. Diese Begebenheiten dürften um das Jahr 1035, also dem Jahr der Stiftung, anzusiedeln sein. Der Anonymus Haserensis berichtet, bei seinem Eintritt in den geistlichen Stand sei Leodegar in „genügend fortgeschrittenem Alter", also alt genug gewesen, um die Priesterweihe empfangen zu können. Dies lässt auf ein Alter von etwa 30 Jahren und damit eine Geburt um 1005 schließen.

Wohl bald nach seiner Genesung setzt Leodegar seine geistliche Laufbahn fort. Laut Anonymus Haserensis tritt er beim Empfang der Weihen dennoch „mit so großer Bescheidenheit" auf, dass er „immer nur einen Weihegrad auf einmal annehmen und in diesem eine geraume Zeit gehorsam dienen wollte. Im Verlauf dieses Erhebungsvorganges gelangte er bis zur Priesterwürde". Dennoch scheint Leodegar die geistliche Laufbahn zügig durch-

Leodegar bringt der hl. Walburga seine Stiftung dar. Pergamentmalerei, Frontispiz aus dem Salbuch der Abtei St. Walburg, um 1360

laufen zu haben, denn 1042, im Jahr der Ausfertigung der Gründungsurkunde des Klosters St. Walburg, hat er bereits den Weihegrad des Diakons erreicht. Wie bereits angeführt, findet er sich 1060 als hochrangiger Kanoniker an der Eichstätter Domkirche.

Der Anonymus berichtet, Leodegar habe „fast 40 Jahre Gott mit größter Ehrfurcht im Klerikerstand" gedient. In der Verstorbenenliste des Bischofs Gundekar II. (1057/1075) von 1072/73 taucht er nicht auf, muss also noch am Leben gewesen sein. Andererseits dürfte sein Tod zur Entstehungszeit der „Geschichte der Eichstätter Bischöfe" um 1078 schon einige Jahre zurückliegen. Rechnet man zum Eintritt Leodegars in den geistlichen Stand im Jahre 1035 vierzig Jahre hinzu, lässt sich ein Sterbejahr um 1074 errechnen. Dieses Todesjahr nannte auch ein Dokument, das man angeblich bei der Öffnung seines Sarkophages zu St. Walburg im Zuge des Kirchenneubaus ab 1629 fand, inzwischen jedoch als verschollen gilt.

Allein beim Anonymus Haserensis findet sich der Bericht, dass Leodegar fünf Jahre vor seinem Tod „wie der alte Tobias des Augenlichts beraubt [wurde]; aber es verfaulte ihm auch nach dem Beispiel des heiligen Iob an manchen Stellen das Fleisch. Diese Versuchungen ertrug er so geduldig und so frohen Mutes, dass, mit Ausnahme seiner engsten Begleiter, niemand von sich aus sein Leiden überhaupt wahrgenommen hat." Mit der Schilderung dieser Leiden spielt der Anonymus auf die getreue Willibaldsnachfolge Leodegars an, welcher laut der ins Willibalds-Offizium aufgenommenen 6. Lesung ähnliche Qualen geduldig ertragen hatte.

In Vorahnung seines nahenden Todes will sich Leodegar nach St. Mang zu Füssen bringen lassen, um am Grab des hl. Magnus sein Leben zu beschließen. Er erreicht sein Ziel nicht mehr und stirbt in dem von ihm wohl selbst gegründeten Kloster Gempfing um 1074, laut Grabinschrift an einem 21. Februar. Im Nekrologium des Klosters St. Mang in Füssen (Abschrift von ca. 1450) ist sein Tod dagegen für den 22. Februar eingetragen. Ursache für die abweichenden Angaben könnte sein, dass Leodegar in der Nacht vom 21. auf den 22. Februar verstirbt.

Die emotionale Schilderung seiner Todesumstände durch den Anonymus könnte auf eine persönliche Bekanntschaft oder eine andere nahe Verbindung hindeuten. Sein Bericht über die letzten Augenblicke scheint direkt von dem Priester zu stammen, der die Sterbesakramente spendete. „Als seine Seele ausfuhr – so habe ich den Priester, der ihm den letzten Beistand leistete, glaubhaft sagen hören –, schlug eine Flamme wie die einer Kerze aus seinem Mund, und so großer Schrecken durchfuhr sämtliche Anwesende, dass, als alle zurückwichen, er selbst nur mit Zittern an seiner Seite ausharrte."

Auffällig ist, dass Leodegar trotz der St. Walburger Klostergründung und nach 40jähriger Zeit als Eichstätter Domkanoniker nicht in Eichstätt, sondern beim hl. Magnus begraben werden will. Dies könnte vor allem daraus zu erklären sein, dass er einem Familienkreis angehörte, der sein Totengedenken um den hl. Magnus zentriert hatte. Dadurch würden auch die durch den Anonymus geschilderten erbitterten Auseinandersetzungen um den Leichnam Leodegars erklärbar, die sich zwischen dem Familienkreis und dem Kloster Füssen einerseits und den Vertretern von St. Walburg andererseits abgespielt haben müssen. So wurde „sein Leichnam dem Rachen derer, die begierig nach ihm griffen, entrissen, ehrenvoll nach Eichstätt überführt und mitten in der Kirche des Klosters der heiligen Walpurgis, das er selbst hatte errichten lassen, genau am Todestag dieser heiligsten Jungfrau in gebührender Weise bestattet." So findet Leodegar nach seiner mehr oder weniger gewaltsamen Überführung seine letzte Ruhestätte am 25. Februar im Kirchenschiff von St. Walburg. Mit der genauen Ortsangabe „in medio ecclesiae" verweist der Anonymus auf die Mittelachse der Kirche und damit einen ganz besonders herausgehobenen Bestattungsort.

Die Klosterstiftung

Leodegar stiftet sein Benediktinerinnenkloster an einem Ort, an dem sich bereits seit dem 9. Jh. klösterliches Leben entwickelt hatte. An einem 21. September zwischen 870 und 879 waren die in Heidenheim erhobenen Gebeine der hl. Walburga nach Eichstätt transferiert worden. Wie aus dem Stiftungsbrief zu entnehmen, wurden die Reliquien nicht, wie zunächst vorgesehen, in den Dom verbracht, sondern in einer kleinen, laut späterer Überlieferung dem Heiligen Kreuz geweihten Kirche auf einem Hügel westlich von Eichstätt beigesetzt. Der Anonymus berichtet, dass bei dieser Kirche eine Gruppe von Kanonissen lebte, zu denen jedoch sonst keine genaueren Kenntnisse überliefert sind.

Sicherlich ist es Bischof Heriberts Einfluss zuzuschreiben, dass Leodegar die kleine Walburgiskirche und das offensichtlich wirtschaftlich schlecht gesicherte Kanonissenstift für seine Klosterstiftung auswählt. Denn nicht Eichstätt, sondern das Benediktinerinnenkloster zu Monheim, in das 893 ein Teil der Reliquien überführt worden war, ist zunächst Zentrum einer reichsweiten Verehrung der hl. Walburga. Bischof Heribert ist selbst ein großer Verehrer der Heiligen. Doch dürfte die Eichstätter Klostergründung ebenso seinen Interessen entsprungen sein, mit der Aufwertung der Eichstätter Grablege das Ansehen des Bischofssitzes zu erhöhen.

Bischof Heribert gehört dem höchsten Reichsadel, sehr wahrscheinlich dem mächtigen im Wormsgau begüterten Geschlecht der Konradiner, an. Als Neffe des Würzburger Bischofs war Heribert an der Domkirche von Würzburg aufgewachsen und dort erzogen worden und hatte sich eine ausgezeichnete Bildung und Fertigkeit in der Dichtkunst erworben. Auch zeichnete sich der Bischof durch eine ausgesprochene, in ihrem Umfang sogar durch den Anonymus Haserensis kritisierte, Baufreudigkeit aus. So ließ er dem Willibaldsdom seiner Vorgänger Bauten hinzufügen, ja er plante sogar eine Verlegung desselben. Im Westen des Domes ließ er einen neuen Bischofshof anlegen und offensichtlich auch die Ummauerung der Stadt beginnen. Diese bezog eventuell unter Heribert bereits den Marktbereich im Westen mit ein, so dass im Jahre 1035 die Lage des Hügels für die Errichtung des neuen Klosters St. Walburg in der Gründungsurkunde als „prope muros" bezeichnet werden kann.

Dieser Stiftungsbrief ist auf den 24. Juli 1035 datiert, jedoch erst nach dem Tod Bischof Heriberts, wahrscheinlich am 14. Oktober 1042, ausgestellt. Dennoch trägt er Heriberts Siegel, das älteste erhaltene eines Eichstätter Bischofs. In der Urkunde übereignet der reiche und fromme adelige Stifter „durch die Hand Gotebalds, der damals Vogt der Eichstätter [Kirche] war", einen Großteil seiner Erbgüter als Grundvermögen für das neue Kloster. Dank dieser großzügigen Ausstattung, zu der Heribert auch noch die Güter schlägt, die zuvor den am Grab der hl. Walburga ansässigen Kanonissen zur Nutzung überlassen, jedoch noch nicht fest übereignet worden waren, steht das neue Kloster von Anfang an auf einer wirtschaftlich gesunden Basis. Im Schlusssatz des Stiftungsbriefes wird die Intention der Schenkung betont, nämlich ausschließlich dem Unterhalt der Nonnen zu dienen. Leodegar übergibt Heribert die Benediktinerinnenabtei als bischöfliches Eigenkloster mit den sich daraus ergebenden Rechten, insbesondere dem Privileg, die Äbtissin einzusetzen. Allerdings wird bestimmt, „dass kein Bischof, der den Eichstätter Stuhl innehat, die Macht habe, eines dieser Güter dem Kloster zu entfremden und zum eigenen Nutzen sich anzueignen, sondern dass sie zum ewigen Nutzen den Dienerinnen Gottes, die sich dort aufhalten, zugehörten".

Zur Existenzsicherung des Klosters und seiner Bewohnerinnen bestimmt Leodegar umfangreiche Güter, die im Stiftungsbrief sorgfältig aufgezählt werden. Eine erste Gruppe von Gütern ergibt sich mit Langenaltheim, Sulzdorf, Dietfurt (hier die „Taverne"), Rehlingen,

Pappenheim und Dettenheim, also alle im Sualafeld gelegen. Ein zweiter Güterkomplex zentriert sich um Gempfing südlich der Donau im östlichen Lech-Donau-Winkel. Dort befand sich laut Bericht des Anonymus im Jahre 1074 ein durch Leodegar gegründetes Kloster, das 1035 wohl bereits bestanden haben muss, als Gempfing als Schenkung an St. Walburg übergeht. Ein dritter Bereich der Schenkung umfasst zwei Höfe am Markt Regensburg, was durchaus bemerkenswert ist, da Besitzungen in der „Hauptstadt" Bayerns eine besondere Bedeutung zukamen.

Geistig wird die neue Gründung von der von Gorze bzw. später von Hirsau ausgehenden benediktinischen Klosterreform des frühen 11. Jahrhunderts getragen, der Bischof Heribert nahe steht und die er auch in St. Walburg durchsetzen kann. Die erste Äbtissin wird Imma, eine Cousine Leodegars (Tochter der Schwester von Leodegars Vater), die im Nonnbergkloster St. Maria und St. Erentrudis zu Salzburg erzogen worden war. Auch hier war die Klosterreform bereits mit der Reformierung St. Peters im Jahre 987 fest verankert, was ebenfalls für eine Zuordnung St. Walburgs zum Kreis der benediktinischen Reformklöster spricht.

Im Zusammenhang mit der Errichtung des Benediktinerinnenklosters von St. Walburg zu Eichstätt scheinen auch an der angeblich uralten Kreuzkirche Baumaßnahmen durchgeführt worden zu sein. Jedenfalls berichtet der Stiftungsbrief, dass Heribert die alte Kreuzkirche „in melius… instauratam", also in eine bessere Form gebracht habe, was auf einen grundlegenden Umbau, wenn nicht sogar auf einen Neubau schließen lässt. Auch betont der Anonymus, dass Heribert mit Hilfe Leodegars das Kloster „erneuert" habe. Zudem lässt der zeitliche Abstand zwischen Klostergründung 1035 und endgültiger Weihe 1042 auf umfangreichere Baumaßnahmen schließen. Auch wenn der Anonymus nur allgemein von der Weihe des Klosters spricht, geht aus dem Eintrag ins „Pontifikale Gundekarianum" eindeutig hervor, dass am 14. Oktober gleichzeitig die Kirche der hl. Walburga eingeweiht wird. Heribert selbst erlebt die Weihe nicht mehr, sie wird durch seinen Nachfolger Bischof Gezmann zusammen mit Bischof Bruno von Würzburg vorgenommen. Zu dieser Kirche gibt es keine verlässlichen Bildquellen. Die älteste Abbildung, die Stadtansicht in Hartmann Schedels 1493 erschienener „Weltchronik", lässt einen einschiffigen Bau mit Chor in Form eines eingezogenen Joches und kleiner Apsis erkennen. Es ist dies allerdings der Zustand der Kirche nach der wiederum baulichen Instandsetzung um 1456 unter Bischof Johann III. von Eych (1445–1464), die jedoch sicher den Bau Heriberts mit einbezog.

Kostbare Erinnerungen

Das Grab Leodegars ist heute aus der Klosterkirche St. Walburg verschwunden. In seinem Visitationsbericht von 1602 berichtet der Eichstätter Generalvikar Vitus Priefer (1560/70–1632), dass sich die Stiftertumba inmitten der Kirche mit einem direkt angrenzenden Taufstein befand. Eine Beschreibung von 1750 schildert das Stiftergrab als einen steinernen, über der Erde auf zwei Steinpfeilern erhobenen Sarkophag.

Der barocke Neubau der Klosterkirche von 1629–1631 bedingt den Abbruch der alten Heribertschen Kirche, weshalb der Sarkophag Leodegars aus dem Kirchenschiff weichen muss. Seine Gebeine werden zunächst unter dem Altar des Nonnenchores beigesetzt, seit

1747 ruhen sie in einem Schrein im Kapitelsaal des Klosters. Die damals im Grab aufgefundenen Dokumente sind heute verschollen.

Die Abtei St. Walburg bewahrt auch weitere Kunstschätze, die bis heute das Gedächtnis an den Klosterstifter lebendig halten. Dabei stehen drei der Gegenstände in engem Zusammenhang mit Leodegars Grab. Denn wiederum Anton Luidl berichtet, dass man bei der Öffnung des Sarkophags im Jahr 1629 die Gebeine Leodegars in gelbe Seide und priesterliche Gewänder gehüllt vorfindet.

Die größte kulturhistorische Bedeutung kommt dabei dem seidenen Grabtuch zu, da es ins 11. Jahrhundert zu datieren und damit eventuell der originalen Bestattung zuzurechnen ist. Das 190 x 115 cm große Stück eines gelben, aufwändig gemusterten Seidendamastes scheint im byzantinischen Kulturbereich entstanden zu sein.

Dagegen dürfte das im Grab aufgefundene Messgewand, die sogenannte Stifterkasula, erst bei einer Öffnung des Grabes beziehungsweise Umbettung der Stifterreliquien anlässlich der Reformierung des Klosters und Renovierung seiner Baulichkeiten unter Bischof Johann III. von Eych in den Sarkophag gelegt worden sein. Der fein gemusterte Seidenstoff und die Stickereien datieren in die Zeit um 1430–40. Der rückseitig aufgestickte Kreuzstab zeigt den Gekreuzigten vor einem naturalistisch behandelten Kreuzstamm, an dessen Fuß Maria und Johannes im Kreise von drei Frauen stehen. Die Balkenenden des Kreuzstabes zieren Bildnisse der hll. Margareta, Katharina, Barbara und Ursula.

Welche Wertschätzung dem Klosterstifter und seinem Grab stets zuteil wurde, belegt auch der so genannte Stifterteppich. Laut Luidl diente dieser mehr als vier Quadratmeter große gewirkte Wollteppich vor der Erbauung der barocken Kirche zum Schmuck des Stiftergrabes an Festtagen. Er stammt aus dem Jahre 1522 und wurde eventuell im Kloster selbst gefertigt. Die aufgenähten Inschriften verweisen auf den Zweck des Teppichs als Erinnerung und Huldigung an den großen Klosterstifter.

Eine der größten Kostbarkeiten des Klosters ist der so genannte Leodegarkelch, dessen Bezeichnung sich in der ungesicherten Überlieferung begründet, dass er ebenfalls 1629 im Grab des Stifters gefunden worden sei. Da er der Zeit um 1280 angehört, kann er jedenfalls nicht zu den ursprünglichen Grabbeigaben gehört haben. Die figürliche Darstellungen Jesu Christi und der Eichstätter Diözesanheiligen in ausdrucksvoller plastischer Ausführung belegen, dass der Kelch auf jeden Fall von vorne herein für die Eichstätter Kirche, sehr wahrscheinlich direkt für St. Walburg, bestimmt war.

Immerwährendes Gedenken

Durch sein für alle sichtbares Grab in der Kirche kam dem Klosterstifter Leodegar eine selig-, ja fast heiligmäßige Bedeutung zu. Aber auch wenn er seit 1629 nicht mehr durch sein Grab allgemein gegenwärtig ist, wird das Gedächtnis an seine Person und seine bedeutende Stiftung in Abtei wie Stadt bis heute in Ehren gehalten. Im Kloster St. Walburg ist es von alters her Brauch, dass eine Nonne seinen Namen trägt. Requiem und Totenoffizium, die alljährlich am Todestag für Leodegar dargebracht werden, sind seit dem Jahr 1747 üblich. Früher täglich vollzogen, wird das Dankgebet zum seligen Stifter heute im Kloster nur noch an seinem Gedenktag am 21. Februar gebetet. In früheren Zeiten war es zudem, wie übrigens auch in Gempfing, üblich, den Armen am Todestag des Stifters eine Spende von mehreren tausend geweihten Broten zukommen zu lassen.

Bleibendste Erinnerung an Leodegar ist jedoch seine Klostergründung St. Walburg, die seit 1035 ohne Unterbrechung bis auf den heutigen Tag besteht. Sie ist lebendiges Zeugnis für die durchaus bemerkenswerte Vita eines adeligen Stifters, der, statt ein Männerkloster zu gründen und dort selbst Abt zu werden, ein reich dotiertes Frauenkloster stiftet, in dem eine Nichte zweiten Grades Äbtissin wird, während er selbst in fast 40 Jahren als Priester in Eichstätt und Angehöriger des Domkapitels weder das Bischofsamt noch eine Kapitelsdignität erreicht.

Der Anonymus von Haserensis überliefert die verschollene Grabinschrift, die fast poetisch Leben, Übertritt in den geistlichen Stand und Wirken des Klosterstifters Leodegar zusammenfasst:

„Siehe da, Leodegar, Mutter Erde gibst Du das Ihre zurück,
Dem Himmel hast Du die Seele, von dort einst erhalten, wieder gegeben.
Vom Grafen zum Priester aus Liebe zu Christus geworden
Hast Du einst Walpurgis das Deine geschenkt, nun Dich selber.
Der letzte Tag des irdischen Lebens, des ewigen aber der erste
War für Dich das neunte Licht des Kalenders des März.
Wir beten für Dich, Du, gütiger Vater, für uns,
Damit wir dereinst mit Dir den Frieden besitzen. Amen."

Literaturhinweise
Buchholz-Johanek, Ingeborg, Die Gründung des Klosters St. Walburg 1035 und ihre Quellen, in: Studien und Mitteilungen zur Geschichte des Benediktinerordens und seiner Zweige 90 (1979), S. 45–80.
Die Abtei St. Walburg. 900 Jahre in Wort und Bild, hrsg. von der Abtei St. Walburg, Eichstätt 1934.
Schlecht, Josef, Der Stiftungsbrief des Klosters St. Walburg, in: Sammelblatt des Historischen Vereins Eichstätt 1 (1886), S. 2–92.
Suttner, Joseph Georg, Notizen über Kirchen und Altäre im Bisthum Eichstätt, Die Pfarr- und Klosterkirche zu St. Walburg in Eichstätt, in: Pastoralblatt des Bisthums Eichstätt 10 (1863), S. 125–128, 135–136.
Weinfurter, Stefan, Die Geschichte der Eichstätter Bischöfe des Anonymus Haserensis. Edition – Übersetzung – Kommentar, Regensburg 1987 (= Eichstätter Studien, Neue Folge 24).
Zunker OSB, Maria Magdalena, Geschichte der Benediktinerinnenabtei St. Walburg von 1035 bis heute, Lindenberg im Allgäu 2009.

Gabriele Siegert

Christina Ebner OP (1277–1356)

Mystikerin im Kloster Engelthal

Wer sich heute mit den Patrizierfamilien in Nürnberg beschäftigt oder auch nur mit offenen Augen die Kirche St. Sebald in Nürnberg besucht, stößt unweigerlich auf die Familie Ebner von Eschenbach und auf Christina Ebner im Besonderen. Die Familie hat sich selbst dort 1429 mit der Stiftung eines Holzreliefs verewigt (siehe Abb. S. 176). Auch wenn diese Art der Selbstdarstellung für angesehene Geschlechter üblich war, beweist sie doch, dass die Familie Ebner nicht zuletzt durch ihre finanzielle Stabilität eine tragende Säule der Patrizierzeit in Nürnberg war.

Das Epitaph zeigt die wichtigsten Nachkommen der Familie und gibt einer Frau eine besondere Stellung: Christina, der nicht wie anderen bedeutenden Familienmitgliedern unter der Muttergottesdarstellung eine der fünf Tafeln mit den Jahreszahlen 1384 bis 1490 gewidmet wurde, sondern die oben der stillenden Mutter Gottes beigestellt ist. Christina wird somit aus diesem bedeutenden Geschlecht mit ihrer besonderen mystischen Gabe hervorgehoben. Bildlich bescheinigt wird ihr ihre körperlich empfundene Nähe zu Christus und ihre mystische Identifikation mit der stillenden Mutter Maria. Diese nicht überall unumstrittene religiöse Gabe und Hingabe zeigt sich hier wie selbstverständlich in der kirchlichen Öffentlichkeit und zwar in einer der beiden Hauptkirchen Nürnbergs, der freien Reichsstadt, und nicht im dörflichen Engelthal ungefähr 35 Kilometer vor den Toren Nürnbergs umgeben von Wald, Feldern und Wiesen, wo Christina Ebner die meiste Zeit ihres Lebens in einem Konvent der Dominikanerinnen verbrachte.

Spross eines Patriziergeschlechts – geprägt durch die Lebensumstände ihrer Zeit

Christina Ebners Werdegang ist eng an die Gegebenheiten ihrer Zeit und an die Möglichkeiten und Voraussetzungen ihres Standes als Patriziertochter gebunden. Der Blick in ihre Herkunftsbedingungen erklärt, wieso Christina Ebner einerseits 28 Jahre zurückgezogen in einem kontemplativen Kloster leben und andererseits dann zur wegweisenden religiösen Ratgeberin und zur kirchenpolitischen Ansprechpartnerin werden konnte.

Christina Ebner wurde als Tochter einer kleinen, reichen und deshalb einflussreichen Oberschicht geboren, einer Patrizierfamilie der freien Reichsstadt Nürnberg, deren Freiheit in erster Linie von der finanziellen Macht, dem Wirtschaftsvermögen, der Handwerkskunst und den handelspolitischen Fähigkeiten dieser Familien abhing.

Die Familien der Patrizier funktionierten wie heute kleinere mittelständische Betriebe. Die gesamte Großfamilie, Großeltern, Eltern, ledige Verwandte, Kinder und die meisten Angestellten, die für die Tätigkeiten im Haushalt nötig oder an der Produktion beziehungsweise der Verpackung der Waren beteiligt waren, wohnten unter einem Dach, wurden aber auf jeden Fall verköstigt.

In Ermangelung verlässlicher und schneller Kommunikationsmedien mussten die Handelspartner durch Reisen kontaktiert werden. Während der daraus resultierenden Abwesenheitszeiten des Hausherrn und seiner älteren Söhne hatte die Hausfrau die Aufgabe dem häuslichen Wirtschaftsbetrieb vorzustehen, die Mitarbeiter und Mitarbeiterinnen anzuleiten, für Ordnung und Disziplin zu sorgen, die aus- und eingehenden Handwerker und Bauern zu verköstigen und zu beherbergen und so alles beizutragen, um die Waren, die weiter verkauft werden sollten oder zum eigenen Lebensunterhalt dienten, anzukaufen, produzieren zu lassen und zu lagern. Selbstverständlich verfügten diese Patrizierfrauen über Geld und schlossen Verträge beziehungsweise erteilten auch außerhalb der Familie Aufträge aller Art. Um diesen Aufgaben gewachsen zu sein, wurden Söhne und Töchter gleichermaßen von Kindheit an dazu erzogen, in diesen Betrieben eigenverantwortlich in ihrer jeweiligen Rolle mitzuwirken.

Natürlich waren die Gesprächsthemen innerhalb der Familie von all diesen wirtschaftlichen Notwendigkeiten geprägt. Und auch wenn ausschließlich die Männer dem Rat der freien Reichsstadt Nürnberg angehörten, so wurden die anstehenden Entscheidungen und politischen wie religiösen Gegebenheiten und Veränderungen an den Tischen der Patri-

Epitaph der Christina Ebner, Thronende Maria mit Kind, Stiftertafel, um 1500, Sebalduskirche Nürnberg

zierfamilien diskutiert und von den in Bildung und Überblick den Männern in nichts nachstehenden Frauen mitgeprägt.

Ein weiteres wichtiges Lebensthema der Patrizierzeit war der religiöse Vollzug. Die Menschen erlebten sich trotz ihrer gewaltigen Anstrengung dem Unbill des Lebens hilflos ausgesetzt. Krankheit, plötzlicher Tod, Unfälle bei den vielfältigen körperlichen Tätigkeiten des Alltags, Seuchen bei Mensch und Tier, Unwetterschäden an der Ernte, ausgeraubte Handelszüge, Kriege und Religionsstreitigkeiten hatten eine unmittelbare Auswirkung auf ganze Familien und Städte. Umso wichtiger war die Sicherheit, nach dem Tod Erlösung zu finden und tatsächlich in göttlicher Nähe geborgen zu sein. Um dies zu erreichen, unternahmen die Menschen große Anstrengungen, vollzogen religiöse Riten – bis hin zu dem Wunsch, die täglichen Mahlzeiten nach dem Abendmahl auszurichten – und unterstützten nach besten Kräften die kirchlichen Einrichtungen, besonders kontemplative Ordensgemeinschaften, um sich durch das so bezahlte Fürbittgebet einen Platz im Himmel zu erwerben. Als besonders wirksam wurde das Gebet von eigenen Familienmitgliedern erlebt. Je nach den finanziellen Möglichkeiten wurden dafür Kinder unterrichtet und dann mit einer hohen Mitgift in entsprechenden Klöstern untergebracht. In der Familie Ebner fiel diese Wahl sehr früh auf Christina.

Christina Ebners Lebensdaten – gedeutete Wirklichkeit

Das meiste, was über Christina Ebner bekannt ist, stammt aus ihren eigenen Schriften „Von der Gnaden Überlast", die sie ab ihrem 40. Lebensjahr mit und unter der Führung ihres Beichtvaters, Konrad von Füssen, über sieben Jahre hinweg verfasste. Zu dieser Zeit hatte sie bereits 28 Jahre entbehrungsreiches Engelthaler Klosterleben hinter sich und offensichtlich mehrere Ämter bekleidet, wenn sie der neueren Forschung zufolge auch nie Äbtissin war. Durch ihre spirituelle Haltung war sie weit über die Klostermauern hinaus beim einfachen Volk wie bei den Mächtigen als Ratgeberin und Gesprächspartnerin bekannt.

Sie selbst erwähnt die Lebensumstände ihrer Kindheit nicht, nur dass ihr Geburtstag, der 26. März 1277, auf den Karfreitag fiel. Sie beschreibt die übergroßen Schmerzen und die übergroße Liebe der Mutter zu diesem zehnten Kind und ihre ersten visionären Erlebnisse, die sie als Kind als gegeben hinnahm und nicht hinterfragte. Der Name Christina wurde ihr selbstverständlich als Hinweis auf Christus gegeben, in dessen Nähe sie schon wegen ihres Geburtstages von ihren Eltern gestellt wurde. Zeigt dies einerseits die religiöse Verbundenheit der Eltern, die ihre Tochter wegen ihrer Visionen nicht brandmarkten oder wie das heute wohl geschehen würde als psychisch krank abstempelten, sondern im Gegenteil ihre religiöse Bildung gezielt durch Lehrerinnen und Priester förderten, so wird doch auch klar, dass diese Geschichten das Gefühl der Menschen, aber auch Christinas eigene Überzeugung wiedergeben, dass sie von Geburt an zu diesem Leben von Gott auserwählt war und ihr Umfeld sich diesem göttlichen Ruf nicht entgegenstellen konnte.

Ihre Gaben wurden als Geschenk empfunden und in das familiäre Leben eingebunden, so dass sich Christinas besondere Talente ungehindert entwickeln konnten. Und schließlich war es nur folgerichtig diese Tochter mit einer dementsprechenden Mitgift auszustatten, um sie ab ihrem 12. Lebensjahr in einem Kloster unterzubringen. Der Konvent der Dominikanerinnen in Engelthal bot sich an, weil er auf dem Weg zur familieneigenen Mühle nahe Hersbruck lag und dort bereits eine Cousine Christinas lebte. Auch die Entstehung des Konvents aus dem sozialen Wirken der Beginen in Nürnberg und deren Niederlassung in Engelthal war Eltern und Großeltern sicherlich vertraut. Als Ulrich II. nach dem Verlust seines männlichen Erben die Besitztümer, die er Jahre zuvor diesen Frauen zur Verfügung gestellt hatte, in deren Eigentum übergehen ließ, schuf er damit die Voraussetzung, dass aus der bestehenden Frauengemeinschaft ein vom Dominikanerorden und dem Papst 1248 anerkannter Konvent werden konnte. Unter Umständen begegnete Christina sogar noch Zeitzeuginnen dieses zähen Prozesses.

Auch wenn die Größe der Mitgift darauf schließen lassen könnte, dass die Frauen dort ein bürgerlich-gediegenes Leben führten, wie sie es aus ihren Herkunftsfamilien kannten, war das in Engelthal nicht der Fall. Der ganze Konvent lebte – vielleicht beflügelt durch den Geist der noch nicht lange zurückliegenden Gründung – überaus spartanisch und alle Klosterschwestern waren auf die mystische Vereinigung mit Christus und seinem Leiden ausgerichtet. Die Voraussetzung dafür war die Befreiung von der Last der Sünden und allen irdischen und fleischlichen Bedürfnissen. Zu dieser ‚via purgativa' gehörte neben der Buße folgerichtig eine allumfassende Askese bis hin zur Erzeugung von körperlichem Leid durch Kasteiung der unterschiedlichsten Art. Durch Nahrungsmittel- und Schlafentzug, stundenlanges Verharren in Gebetshaltung, Kälte und andere Widrigkeiten stellten sich bei den Frauen ekstatische und halluzinogene Zustände ein.

Und Christina tat sich von Anfang an in ihrer jugendlichen Entschlossenheit diesbezüglich besonders hervor. So lag sie bereits im ersten Winter nur mit einem Leinenhemd bekleidet nachts stundenlang auf dem eiskalten Steinboden, schlief ihr Leben lang auf Dornenzweigen oder geißelte sich selbst mit einer Igelhaut und anderen verletzenden Gegenständen. Sie und ihre Mitschwestern begründeten mit diesem radikal weltabgewandten, kargen und ausschließlich von religiösen Motiven geleiteten Lebensstil die Blüte des Klosters und dessen Bedeutung über die regionalen Grenzen hinweg in der ersten Hälfte des 14. Jahrhunderts. Die Mystikerin Christina Ebner aus dem Dominkanerinnen-Konvent Engelthal wird sicherlich auch wegen dieses entschiedenen Umfelds in einem Atemzug mit den großen Mystikerinnen ihrer Zeit wie Hildegard von Bingen oder Mechthild von Magdeburg genannt. Für die Bevölkerung der Region ging von diesen zur Hingabe an Jesus Christus entschiedenen Frauen eine tiefe Faszination aus, die dazu führte, dass viele an den Gebetszeiten und Gottesdiensten des Konvents teilnahmen und sich den Rat und das Gebet der Nonnen in verschiedensten Anliegen erbaten.

Auch wenn uns diese Dinge heute seltsam anmuten, so war es damals für eine kleinere Gruppe religiöser Menschen tiefstes Bedürfnis, das Leiden Christi körperlich nachempfinden zu können und sich so mit ihm ekstatisch zu vereinigen. In der Brautmystik – dabei ging es um die körperlich erlebte Herzensvereinigung mit dem Bräutigam Jesus – kam es sogar zu jungfräulich-erotischen Zuständen. Für viele Nonnen war es die größte Befriedigung, an den Folgen der zugefügten Wunden oder an anderen Krankheiten leidend siechend danieder zu liegen und über längere Zeit dem Tod näher als dem Leben zu sein. Dabei war es wohl gerade für Christina eine große Frage, wie sehr sie ihre eigenen religiösen Bedürfnisse nach Vereinigung mit Jesus Christus im Leid, aus der ihre Visionen entsprangen, den pflegenden Mitschwestern als Last zumuten durfte und ob das eine im Verhältnis zu dem anderen tatsächlich einen Nutzen für die Welt oder zumindest den Konvent habe.

Christina kämpfte zeitlebens mit den Inhalten ihrer Visionen. Wie deutlich aus ihren Aufzeichnungen zu entnehmen ist, plagte sie sich immer wieder damit, ob diese Begegnungen ihren eigenen Wunschvorstellungen entsprangen und wagte kaum darauf zu vertrauen, dass ihre in der Ekstase und in der Folge der körperlichen Entbehrungen entsprungenen Bilder tatsächlich Christusbegegnungen waren. Tagelang suchte sie nach entsprechenden Stellen in der Heiligen Schrift, wenn sich ihr die Bedeutung der Bilder ihrer Visionen nicht zeitnah offenbarten. Diese Bereitschaft sich selbst zu hinterfragen wird wohl ein wichtiger Beitrag zu ihrer allgemeinen Anerkennung als fränkische Mystikerin gewesen sein.

Gerade in den ersten Jahren ihres Klosterlebens hatte sie große Vorbehalte, sich nach ihren Visionen mitzuteilen. Einerseits wollte sie sich nicht hervortun, andererseits wollte sie mit den oft sehr konkreten Bildern über zukünftige Ereignisse nicht in Gottes Wirken eingreifen und schon gar nicht die betroffenen Menschen beunruhigen. So kam sie einmal sehr vielschichtig in Bedrängnis, als ihr der Tod eines Mönchs angekündigt wurde, sie aber ihn weder ängstigen noch den Plan Gottes vereiteln wollte und deshalb den Inhalt für sich behielt. Als der Mönch dann am Tag darauf ohne die damals sehr wichtigen Sterbesakramente verstarb, fühlte sie sich an ihm und ihren Visionen so schuldig, gescheitert und unwürdig, dass sie glaubte, nicht einmal die Beichte erbitten zu dürfen. Wiederholt fühlte sie sich grundsätzlich überfordert von der Gnade, die ihr zuteil wurde, und lastete sich diese Überforderung einzig und allein selbst an. So wird auch der Titel ihres Werkes „Von der Gnaden Überlast" eindrucksvoll verständlich. Sie war dann ganz auf die Fürsorge und den Zuspruch ihres Beichtvaters angewiesen, der sie einerseits zwang, ihre innere Not offen zu legen und ihr in Folge die Beichte und den Empfang des Altarsakraments nicht nur einmal aufdrängte.

Offensichtlich konnte er weitsichtig die Schwierigkeiten nachvollziehen, in die Christina mit ihren Visionen von konkreten Ereignissen kam, und hatte einen eher modernen Blick darauf, der zu Christinas Entlastung beitrug: Er sah die göttliche Gnade im Vordergrund, und wollte bei aller Bußwilligkeit und Selbstgeringschätzung Christinas ihr diese Verstrickung nicht anlasten.

Bei all dem kam Christina ihre Bildung und Prägung aus ihrer Herkunftsfamilie zu Gute. Sie muss neben der Fähigkeit sich selbst zurückzunehmen, ein außerordentliches Reflexionsvermögen besessen haben, hat sicherlich alle zur Verfügung stehenden Schriften der ihr vorausgegangenen Mystiker und Mystikerinnen studiert und sich in der Klosterbibliothek mit den Auslegungen der Heiligen Schrift befasst. Ohne die Chancen ihrer Herkunft und die deshalb emanzipierte Selbstverständlichkeit, sich als Frau ein eigenes und sehr selbständiges Urteil bilden zu dürfen, wäre ihr Weg weit beschwerlicher für sie gewesen.

Zeugnis davon, dass zu diesen günstigen Voraussetzungen eine echte und tiefgläubige Christusbeziehung kam, die sie sich sicherlich schmerzlich über die Jahre vor der schriftlichen Niederlegung ihres Gedankenguts erarbeitet und erbetet hat, liefert sie in vielfältiger Weise. Ihre Schriften beziehen sich nicht nur auf ihre eigenen Gottesbegegnungen, sondern auch auf den Ablauf des Klosterlebens. Immer versöhnlich und die begrenzten Möglichkeiten der Nonnen mit einbeziehend appelliert sie oft indirekt an ihre Mitschwestern, sich deutlich auf Christus und die mystische Vereinigung mit ihm zu konzentrieren.

Besonders auffällig sind die lebensbejahenden Bilder, die sie dabei verwendet. Gott sei ihr nahe wie Honig im Wachs und Wein im Fass. Sie sei ein Vogel in den Lüften, also dem Himmel nahe, und ein Fisch in den Wellen, was die mystische Erfahrung beschreibt, dass die inneren Begebenheiten zwar als Bilder beschrieben, nicht aber theologisch ergründet oder gar bewiesen werden können. Einerseits in Gedankenfluss und Wortwahl selbständig, bleibt sie doch ihrer Zeit und der vorliegenden Literatur treu. Gott als ausfließendes Licht, das der Vorstellung entspricht, dass Gott und die Welt gleichzeitig getrennt und verbunden wie das Licht und seine Lichtquelle seien, findet sich bei einigen namhaften Mystikern und Mystikerinnen wie Hildegard von Bingen, Mechthild von Magdeburg und Bernhard von Clairvaux.

Und immer geht es um die körperlich spürbare Vereinigung mit Christus, um sich ihm und seinem Wirken zur Verfügung zu stellen, niemals um den Selbstzweck oder ihre eigene persönliche Erhöhung. Christina Ebner begegnet Christus als Stillende und vollzieht sowohl die körperlichen als auch die psychischen Gefühle seiner Mutter Maria nach. Christus kommt zu ihr wie der Bräutigam ins Brautgemach und auch diese tiefe, teils erotische, in jedem Fall aber körperlich erlebte Vereinigung beschreibt sie.

Dass diese Art der Brautmystik, die sich bei Christina Ebner eher verhalten findet, wegen ihrer Nähe zur Sexualität innerhalb der leitenden Kirchenkreise umstritten war und vielfach abgelehnt wurde, verwundert nicht. Halt fand der Konvent im regen Austausch mit anderen dominikanischen Ordenshäusern, in denen ebenfalls derartige Ausprägungen der spirituellen Erfahrungen gelebt und gefördert wurden.

Christina beschreibt – wenn auch nicht unbeirrt, so aber doch konsequent und zunehmend klarer – die Berührung aller ihrer Sinne. Sie hört die Musik biblischer Gestalten, die sich mit ihren Instrumenten um ihr Bett versammeln oder riecht den Duft der Rosen, wenn Christus ihr zuspricht, dass er in diesem Duft zu ihr kommt.

In diese mystischen Erfahrungen sind oft tiefe theologische Wahrheiten verflochten. So schreibt Christina, dass sich die Hostie in ihrem Mund in drei Teile teilt und sie so die Dreifaltigkeit körperlich spüren und aufnehmen könne. Wenn sie Christus als Kind vor der Wandlung auf der Orgelempore und vor dem Altar spielen sieht und dann erlebt, wie er sich in die Hostie begibt, so sind das erlebte Bilder für die theologische, aber eben abstrakte Wahrheit, dass die Hostie in der Wandlung zum Leib Christi wird.

Zunehmend scheint sich Christina ihrer Erwähltheit sicherer zu werden. In den letzten Kapiteln, die sie Offenbarung nennt, versichert Christus ihr mehrfach, dass er sie erwählt habe. Und obwohl sie sich die Kraft zur Kasteiung bis zum Tod wünscht, die sie als Bedingung für den Zutritt Jesu in ihr Herz erlebt, nimmt ihr die göttliche Zuwendung auch darin die Sicherheit: Alles ist Gnade und nicht einmal die körperliche Selbstaufopferung kann die göttliche Zuwendung fördern. Damit setzt sich Christina in ihren Bildern mit den Fragen der kommenden Reformation auseinander.

Ob aus der Erwähnung der Geißler und deren Ablehnung durch die Geistlichkeit, die ungefähr zeitgleich mit dem Beginn ihrer schriftstellerischen Tätigkeit vermehrt als Wanderprediger auftauchen, abzulesen ist, dass sie und ihre Mitschwestern von mancher Kirchenobrigkeit mit diesen nicht kirchlich kontrollierten und in deren Augen selbsternannten Botschaftern Christi gleichgesetzt und folglich abgelehnt wurden, bleibt unklar. Die Geißler jedenfalls waren den Priestern unerwünscht und wurden vertrieben, denn deren Forderung nach so gestalteter Armut im Namen Christi stand im krassen Gegensatz zum feudalen Leben der Kirchenfürsten bzw. zum bürgerlich-situierten Auskommen der Stadtpfarrer.

Sehr erstaunlich sind die Berichte von Besuchen wichtiger Persönlichkeiten bei Christina. So kam der Priester Heinrich von Nördlingen, der vielfältig die Klosterliteratur im süddeutschen Raum unterstützte, völlig unüblich in ihre Kammer, obwohl sonst nur durch ein Gitter mit den Nonnen gesprochen werden konnte. Um 1350 besuchte König Karl IV. das Kloster, um von der berühmten Nonne Christina Ebner gesegnet zu werden, obwohl sie nicht Äbtissin war. Dieses von ihm geschickt gewählte Politikum konnte seine Wirkung nur deshalb entfalten, weil Christina Ebner zu dieser Zeit bereits hohes Ansehen und eine weitreichende Berühmtheit genoss. Christina beschreibt keinen Ablauf, sondern benennt dieses Ereignis schlicht als Wunder. Wenn sie ihn als Erbe des Himmelreichs und König wie David beschreibt, stellt sie ihm nicht nur ein Zeugnis über seine Frömmigkeit, sondern auch über seine berechtigten Machtansprüche aus. Über diese Wirkung war sich Christina Ebner sicherlich bewusst, wenn sie nicht sogar völlig absichtlich in die Kirchen- und Weltpolitik eingreifen wollte, um ihre eigene und die Bedeutung des Klosters Engelthal zu unterstreichen.

Bei all dem kam ihr tiefstes Anliegen, die Rettung aller Seelen durch Christus zu erbitten, nie zu kurz. Die Menschen honorierten diese Haltung, indem sie auch nach Christinas Tod 1356 bis weit ins 16. Jahrhundert hinein ihr Grab verehrten. Dass sie nicht selig und folglich nicht heilig gesprochen wurde, könnte mit den Wirren der bald nach ihrem Tod einsetzenden Religionskriege erklärt werden, in denen solche Bestrebungen untergingen.

Christina Ebner – überzeugende Zeitzeugin oder zeitübergreifende Ratgeberin?

Persönliche Identität, gelebte Glaubensüberzeugung, reflektierte Glaubenserfahrung, Ehrfurcht vor Gott und den Menschen und die Bereitschaft zum Austausch kamen in Christina Ebner auf besondere Weise zusammen. Solche nicht verbal fordernde, sondern gelebte Glaubenshaltung überzeugte damals und verfehlt auch heute nicht diese Wirkung.

Christinas Demut gegenüber ihren eigenen Visionen und ihre Bereitschaft, die für sich erkannten Inhalte zu leben, führte sie auf den Weg des Angebots. Sie berichtete von sich, ihren Erlebnissen und Überzeugungen und appellierte nur an ihre Mitschwestern, die bereits zu einem ähnlichen Weg entschlossen waren. Für die Gläubigen gleich welcher Position hatte sie ein offenes Ohr und ihre Worte berührten als hilfreiche Orientierung, ohne den Beigeschmack schmerzlicher Rat-„Schläge".

Deshalb kann es aus heutiger Sicht auch nicht um die Frage gehen, ob jedes einzelne Erlebnis Christinas einer historischen Überprüfung standhalten könnte. Ein Teil ihrer Schriften erzählt gedeutete Wirklichkeit wie jede Heiligenlegende.

Lernen können wir von ihr, ihrer Familie und dem Dominikanerorden der damaligen Zeit, dass es verschiedene Orte mit unterschiedlichen Glaubensformen braucht, dass Mystik neben stringenter theologischer Wissenschaft ihren Platz in den Herzen und Köpfen der Menschen hat und dass beides damals wie heute mit den Überzeugungen der Zeitgeschichte vereinbar ist. Diese Möglichkeit der religiösen Pluralität innerhalb der Kirche wurzelt in der Suche nach dem Verbindenden statt der Beharrung auf dem Trennenden und spiegelt die göttliche Zusage der Kindschaft Gottes im Leben wider.

Literaturhinweise
BAGORSKI, BARBARA, Christine Ebner (1277–1356), Mystikerin und Dominikanerin in Engelthal bei Nürnberg; in: Barbara Bagorski/Ludwig Brandl (Hrsg.), Zwölf Frauengestalten aus dem Bistum Eichstätt, Regensburg 2008, S. 52–61.
BINDER, MATTHIAS/BAUMANN, PETER/GIERSCH, ROBERT, Christina Ebner 1277–1356. Beiträge zum 650. Todesjahr der Engelthaler Dominikanerin und Mystikerin, Altnürnberger Landschaft e.V. 2007.
LAURIOUX, BRUNO, Tafelfreuden im Mittelalter. Die Esskultur der Ritter, Bürger und Bauersleut, Bechtermünz Verlag 1999.
OEHL, WILHELM, Das Büchlein von der Gnaden Überlast von Christine Ebnerin. Aus dem Altdeutschen übertragen und eingeleitet, Paderborn 1924.

Weblinks
Förderverein zur Erhaltung der Klostermauer Engelthal e.V.:
www.klostermauer-engelthal.de (20.08.2009)
Die mittelalterliche Frauenmystik Christine Ebner:
http://staff.fim.uni-passau.de/~schmidtb/philosophie/Kunst/Kunst_in_St_Sebald/
Frauenmystik.pdf (20.08.2009)
Patrizier und Patriziat (Nürnberg):
http://de.wikipedia.org/wiki/Patrizier (20.08.2009)

Thomas Henke

Johannes von Kastl OSB (ca. 1370–nach 1426)

Einheit von Theologie und Glaube im Licht der Tradition

Das Oberpfälzer Benediktinerkloster Kastl war im 15. Jahrhundert Zentrum einer bedeutenden spätmittelalterlichen monastischen Reformbewegung. Eine ihrer zentralen Figuren war der Prior des Konvents, Johannes von Kastl. Er gehört sicher nicht zu den „Strategen" der Reform; vielmehr war er einer ihrer wichtigsten „Ideologen", der die theologische Grundlegung für das geistliche Leben im Sinne der Reform lieferte. Auf den ersten Blick scheint sein Werk heute nur schwer zugänglich, liegen seine Gedankengänge doch quer zum „herrschenden Zeitgeist". Eine nähere Beschäftigung mit seinem Wirken im Kontext der Kastler Reform kann jedoch gerade in der Spannung zu aktuellen Welt-, Menschen- und Gottesbildern selbstverständlich gewordene Voraussetzungen und Denkweisen in Frage stellen und Anstöße für (theologische) Diskussionen liefern.

Biographische Eckdaten

Von Johannes von Kastl sind nur wenige äußere Lebensdaten überliefert. Geboren etwa zwischen 1370 und 1375 hält sich Johannes von Kastl im Zeitraum von 1386 bis 1397 mehrere Jahre an der Prager Universität zum Studium der Philosophie und Theologie auf, das er mit dem Bakkalaureat abschließt, und erwirbt den Magistertitel. Ob Johannes als Mönch in Prag studiert oder erst nach Abschluss seiner Studien in den Kastler Konvent eintritt, ist unklar. Dokumentiert ist jedoch, dass Abt Georg Kemnater (1399–1434) bei seinem Amtsantritt 1399 einen „Magister Johannes" in der Funktion des Priors im Kastler Konvent vorfindet. In dieser Zeit ist Johannes vermutlich mit dem Unterricht der Novizen des Klosters betraut und verfasst um 1400 sein umfangreichstes Werk, einen dreibändigen Kommentar zur Benediktusregel. Die Aufgabe des Priors nimmt er bis mindestens 1414 wahr. Im Jahr 1426 kommt es im Kloster Weihenstephan, das 1418 mit Hilfe Kastler Mönche reformiert worden war, anlässlich einer Visitation zu einer Begegnung mit den Visitatoren Johannes Grünwalder, dem Generalvikar aus Freising, Petrus von Rosenheim und Johannes Rothuet, dem Dekan des Augustinerchorherrenstifts Indersdorf. Ob Johannes von Kastl selbst an der Reform in Weihenstephan mitgewirkt hat, oder überhaupt unmittelbar an der Umsetzung der Kastler Reform in anderen Klöstern beteiligt war, ist nicht mit Sicherheit festzustellen. Auf jeden Fall ist Johannes Rothuet von dem Kastler Mönch derart beeindruckt, dass er ihn um eine Schrift für sein Kloster bittet. Mit seinem Traktat „Clendodium religiosorum" kommt Johannes von Kastl dieser Bitte nach. Danach verlieren sich seine Spuren in den Quellen.

Die Schriften des Johannes von Kastl und ihre Intention

Die wenigen gesicherten biographischen Daten stehen in Kontrast zum reichen Schrifttum des Johannes von Kastl. Die um 1400 entstandene „Expositio super regulam S. Benedicti" (im Folgenden kurz „Regelkommentar") stellt ein umfassendes Kompendium theologischer, geistlicher, rechtlicher und praktischer Themen des Ordenslebens und Ordensbrauchtums dar, zielt auf eine zeitgenössische Interpretation der Benediktusregel unter Verwendung vielfältiger Quellen und könnte als Überarbeitung und Zusammenfassung von Vorträgen etwa aus dem Unterricht von Novizen des Kastler Konvents entstanden sein. Relativ klar datierbar sind neben seinem nach 1426 verfassten „Clenodium religiosorum", das die Liebe und ihre Gefährdungen in (klösterlichen) Gemeinschaften zum zentralen Thema hat, die um 1410 verfassten Traktate „De lumine creato", eine überwiegend thomistisch beeinflusste Gnadenlehre, „De lumine increato", eine Trinitätslehre und Christologie, bei der er vor allem auf Gedankengut von Bernhard von Clairvaux und aus der Schule von St. Viktor zurückgreift, sowie inhaltlich und zeitlich zugehörig das Gebet „Eya Jesu Christe". Vermutlich in zeitlichem Zusammenhang mit diesen Traktaten verfasst, beschreibt der (in der Forschung bezüglich seiner Autorenschaft umstrittene) „Tractatus de sui ipsius vera et humili cognitione" den Weg der Selbsterkenntnis bis hin zur Gotteserkenntnis. Außerdem sind unserem Autor unter anderem ein Psalmenkommentar, eine „Ars moriendi", eine „Ars praedicandi" sowie die sich mit dem Ordensleben als christlichem Leben par excellence befassende Schrift „De fine religiosae perfectionis" zuzuordnen. Diese Abhandlung, deren Thema die Demut und die Loslösung von irdischen Bindungen ist und die auf reichhaltige Traditionen von Wüstenvätern und monastischen Reformbewegungen aufbaut, wurde in einer verkürzten Fassung unter dem Titel „De adhaerendo Deo" („Wie man Gott anhangen soll") tradiert und bis zu Beginn des letzten Jahrhunderts Albertus Magnus zugeschrieben.

In seinen Schriften legt Johannes von Kastl keinen eigenen, „originellen" theologischen Entwurf vor, sondern greift neben der Heiligen Schrift auf eine vielfältige Tradition mit einem breiten Spektrum von unterschiedlichen Quellen zurück: von antiken und patristischen Autoren über Bernhard von Clairvaux, Richard von St. Viktor und Adam von Perseigne bis hin zu Autoren der Hochscholastik – wobei Johannes von Kastl nicht immer die Originaltexte, sondern auch Exzerpte und Sekundärquellen verwendet. Neben juristischen Texten sind für ihn selbstverständlich monastische, bevorzugt benediktinische Schriften von besonderer Bedeutung, und hier wiederum die Regelkommentare des Bernhardus Ayglerius, Abt von Montecassino (1263–1282), und des Petrus Boerius in seiner um 1361 entstandenen ersten Fassung. Ohne dass er einer bestimmten theologischen Schule zuzuordnen wäre, bindet er die Elemente der Tradition in den jeweiligen Gesamtzusammenhang seiner Werke ein.

Neben dieser, in der Literatur überwiegend als „kompilatorisch" bezeichneten, „Methode" des Johannes von Kastl fällt dem heutigen Leser seiner Schriften auf, dass der Autor vom aktuellen Zeitgeschehen keine Notiz zu nehmen scheint beziehungsweise dass die konkrete gesellschaftliche, politische und kirchliche Situation in seinen Texten keinen unmittelbaren Niederschlag findet – und das, obwohl die Zeitumstände von folgenreichen Konflikten und Umbrüchen geprägt waren.

„Regelkommentar" (Kap. 23), Regensburger Handschrift 1476, Staatsbibliothek München

Man wird seinem Werk jedoch nicht gerecht, wenn Kontext und Zielrichtung seiner Schriften keine Berücksichtigung finden: die zeitgenössischen benediktinischen Reformbestrebungen, speziell die Kastler Reform. Nachdem die Missstände in vielen Klöstern unübersehbar waren, die Regeltreue der Mönche zu wünschen übrig ließ und die Ideale der Ordensgründer vergessen schienen, war das Ziel dieser Reformbemühungen, die Rückbindung an den Geist und die Intention des Ursprungs – mit Bezug zur Urkunde des Glaubens, der Heiligen Schrift – unter Berücksichtigung sowohl der Tradition der Kirche und des Ordens als auch der jeweiligen aktuellen Situation. Gefordert waren in den Reformprozessen also nicht in erster Linie große eigenständige, „originelle" theologische Entwürfe, substanzielle praktische Neuerungen oder Stellungnahmen zu politischen und kirchlichen Problemen, sondern einerseits die Besinnung auf die Ursprünge, d.h. das rechte Verstehen der Gestalt des hl. Benedikt, seiner Regel und ihrer Anliegen, andererseits das geistlich-spirituelle, glaubenspraktische und theologische „Eintauchen" in den lebendigen Strom der Überlieferung.

In der akademischen Tradition der (Prager) Universität stehend, bringt Johannes durch die Verwendung einer Vielfalt von Autoren unterschiedlicher Provenienz und einer Fülle unterschiedlicher Textarten seine Vertrautheit mit der Tradition und dem Bildungsgut seiner Zeit, seine umfassende universitäre Gelehrtheit und sein breites wissenschaftliches Interesse zum Ausdruck. Schon in seinem Regelkommentar, besonders aber in „De lumine creato" und „De lumine increato" geht es ihm um die theologische Grundlegung und Durchdringung des religiösen Lebens beziehungsweise der gelebten Frömmigkeit auf dem Hintergrund der Kastler Reformbewegung. Die Herausforderungen der Gegenwart erhellen sich für den Autor nur aus der Sicht der Überlieferung. So stellt er sich etwa durch den Bezug auf Bernhard von Clairvaux und Petrus Damiani bewusst in die Tradition monastischer Reformbestrebungen des 11. und 12. Jahrhunderts. Seine Persönlichkeit tritt in seinen Werken zugunsten der Tradition zurück, die sich in „bewährten" Autoren konkretisiert, deren Texte im Laufe der Zeit durch das Urteil vieler Frommer und Gelehrter eine Bestätigung erfahren haben. Die Ein- oder Unterordnung in beziehungsweise unter die Tradition bedeutet jedoch nicht, dass der Kastler Autor die Überlieferung als leblose Formeln weitergegeben hätte; vielmehr macht er durch seinen Umgang mit den Quellen deutlich, dass die bewährten Texte immer wieder angepasst und fortgeschrieben werden müssen, wachsend und sich ständig verändernd im lebendigen Strom der Tradition. Übrigens geht Johannes nicht nur mit seinen Bezugstexten so um, sondern auch mit seinen eigenen Schriften, die er vermutlich in mehreren Redaktionsstufen im Sinne einer lebendigen Weiterentwicklung verändert und angepasst hat. Die genannten Eigenheiten im Werk des Johannes von Kastl zeugen also nicht nur von seinem ausgeprägten Traditionsbewusstsein, sondern auch von seinem Bemühen um die Verbindung von Theologie und Frömmigkeit – und letztlich von der geistigen Weite und Freiheit dieses Autors.

Einblicke in die Theologie des Johannes von Kastl

Das Bemühen um eine Einheit von Theologie und geistlichem Leben kann als ein wesentlicher Grundzug im Werk des Johannes von Kastl betrachtet werden. Theologie hat für ihn weder die Funktion einer Befriedigung theoretisch-akademischer Neugier noch einer bloßen Erbauung; sie hat vielmehr die Aufgabe, überlieferte Frömmigkeitsformen zu vertiefen, Glaubens- und Lebenspraxis theologisch zu durchdringen und dem geistlichen Leben (des Mönchs) ein theologisches Fundament zu vermitteln.

Ausgangspunkt seiner Theologie ist allerdings nicht die geistliche Erfahrung, sondern die theologische Erkenntnis, wie sie sich in der Tradition niederschlägt. Auf diesem Hintergrund ist auch die gängige Einordnung des Johannes von Kastl als „Mystiker" differenziert zu betrachten. Ein Einblick in seine theologischen Gedankengänge lässt sich am Beispiel der Entfaltung des in seinen Schriften „De lumine creato" und „De lumine increato" zentralen Licht-Symbols gewinnen. Es geht Johannes von Kastl in seiner hier entwickelten Gnadenlehre nicht um eine Ontologie oder Metaphysik des Lichts; Ansatzpunkt ist vielmehr – inspiriert unter anderem durch Hugo von St. Viktor – der Erkenntnischarakter des Lichts. Symbol für den in sich vollkommenen, transzendenten Gott beziehungsweise für die Einheit des trinitarischen Gottes ist das ungeschaffene, unendliche Licht, das alles erfüllt und umgreift. Der Mensch ist wesenhaft auf dieses Licht hin ausgerichtet, kann aber durch die Dunkelheit der Sünde das Licht Gottes nicht erkennen. Allein das geschaffene Licht der Gnade als Teilhabe an der göttlichen Natur kann den Blick des Menschen erleuchten, denn durch dieses Gnaden-Licht sieht er seine Dunkelheit, erkennt er sein Sünder-Sein. Die Selbsterkenntnis der eigenen Verlorenheit aber ist ein notwendiger Schritt zur Erkenntnis der Größe Gottes, letztlich zum Schauen seiner Glorie. In diese theologische Konzeption integriert Johannes von Kastl seine Christologie und christologische Spiritualität: Durch das geschaffene Licht der Menschheit Christi leuchtet seine ungeschaffene Gottheit und der auf Gott ausgerichtete, von allen irdischen Bindungen gelöste und befreite Mensch, der sich in das Geheimnis des Lebens und Sterbens Christi versenkt, begegnet in der Menschheit Christi dem geschaffen Licht der Gnade, das ihn zur höchsten Schau des ungeschaffenen Lichts der Gottheit Christi führt.

Hier zeigt sich, dass die Theologie des Johannes von Kastl nicht unbeeinflusst ist von zeitgenössischen Strömungen, wie etwa einer (neuplatonischen) Tendenz der Entgegensetzung von Geist und Materie mit impliziter Abwertung des Materiellen, die in Spannung steht zu seiner Betrachtungsweise der Schöpfung, deren Ordnung für ihn im Sinne des christlichen Schöpfungsglaubens grundsätzlich gut ist. Der Gefahr einer einseitigen Christologie begegnet Johannes durch die Betonung der Einheit der Person Christi, in der alle Gegensätze aufgehoben sind. Dennoch stellt sich die Frage, ob die Menschheit Christi lediglich einen Weg beziehungsweise Durchgang zu seiner Gottheit darstellt. Verstärkt wird die Irritation des heutigen Lesers durch den vor allem im „Regelkommentar" zentralen Gedanken der „contemptus sui et mundi", der „Verachtung seiner selbst und der Welt", der in einer langen Tradition von Augustinus bis Thomas von Kempen steht. Im Hintergrund steht bei Johannes jedoch nicht eine selbstquälerische, depressive Daseinserfahrung, sondern ein theologisch orientiertes Menschenbild: Der Mensch ist nichts („nackt") vor Gott, damit Gott alles werden kann. Zugleich ist damit eine grundlegende Haltung des Menschen angesprochen, die ein ständiges Freiwerden in der Bewegung des Menschen auf Gott hin meint. Weltverachtung kann nur richtig verstanden werden im Kontext der Beziehung zwischen Mensch und Gott, die wesentlich von Freiheit bestimmt ist: Freiheit als höchstes Geschenk Gottes ist Antrieb für das Zugehen auf Gott; und Demut ist auf diesem Hintergrund die entscheidende Grundhaltung des Freiwerdens vor Gott und für Gott.

Insofern kann die in diesem Sinn zu verstehende „Weltverachtung" bestehen bleiben neben der bei Johannes immer wieder zu findenden positiven Qualifizierung der Schöpfung als ein Weg, Gott zu erkennen, zu loben und zu lieben. Zu Beginn des Traktats „De lumine increato" formuliert Johannes programmatisch die Grundperspektive seiner Theologie des geistlichen Lebens: „… so nämlich, dass ich von allem andern gelöst bin und ganz in mich zurückgezogen, nicht durch ein Zerstören oder Verdunkeln der Sinne und Kräfte, sondern durch die Zurücknahme der Bestrebungen und ihrer Aufgaben in mich; und dort sei alles und jedes ausgeschlossen und vergessen, und ich erstrebe hartnäckigst mit meinem ganzen Ich eben den verwundeten Herrn Jesus Christus" (zitiert nach Sudbrack, Die geistliche Theologie des Johannes von Kastl, Teil 1, S. 301).

Stellenwert der Bildung

Auf dem Hintergrund dieser theologischen Konzeption der Erkenntnis Gottes wäre eine eingehende Untersuchung des Bildungsbegriffs und seines Stellenwerts bei Johannes von Kastl interessant. An dieser Stelle müssen einige Andeutungen genügen. Die Bedeutung, die Johannes – selbst umfassend akademisch gebildet – insbesondere in seinem „Regelkommentar" Lektüre, Wissen, Bildung etc. zuweist, hat ihre Wurzeln in der benediktinischen Tradition der „doctrina sapientiae". Zugleich steht Johannes damit in der Linie der Reformbulle Papst Benedikt XII. „Summi magistri dignatio" (1336) über die Kastler Consuetudines bis hin zum Petershausener Provinzkapitel (1417), in denen die Sorge um Bildung und Bibliothekswesen in den benediktinischen Reformbestrebungen ihren Niederschlag findet. Als geistesgeschichtlicher Hintergrund ist die wachsende Bedeutung der Universitäten zu berücksichtigen: Bildung und Wissenschaften, bislang wesentlich von den Dom- und Klosterschulen getragen, werden zunehmend „autonom" und machen die Universitäten zu geistigen Zentren Europas.

In seinen Schriften kommt die Liebe des Magisters Johannes zu den Büchern deutlich zum Ausdruck. Er kann selbst auf eine reiche Ausstattung der Kastler Bibliothek zurückgreifen und widmet sich im „Regelkommentar" ausführlich den Büchern und dem Lesen. Bücher sind für ihn „res sacrae", denn „die himmlische Weisheit (ist) wie eine Quelle, die durch den Kanal der Bücher zu uns gelangt" (zitiert nach Sudbrack, S. 101). Bücher müssen deshalb sorgfältig kopiert, aufbewahrt und gepflegt werden. Das Studium gehört für Johannes zu den wichtigen Beschäftigungen eines Mönchs und steht in engem Zusammenhang zur „lectio divina" (dem Lesen der Heiligen Schriften, belehrt durch den Verstand), mit „meditatio" (die Betrachtung sucht den Sinn des Gelesenen zu erfassen und ermutigt zur sittlichen Tat) „oratio" und „contemplatio" (das Gebet wendet sich in Demut an Gott; seine höchste Erfahrung ist die Gabe des Schauens, in der der Beter staunend etwas vom Wesen Gottes erkennt).

Gegenstand des Studiums sind keineswegs nur biblische Texte, theologische Werke oder geistliche Literatur, vielmehr erfährt die Wissenschaft insgesamt, auch die profanen Disziplinen, die Hochschätzung des Kastler Magisters. Er integriert das Wissen seiner Zeit (u.a. die Erkenntnisse der Medizin) in seine Schriften; der zweite Band seines Regelkommentars erscheint teilweise als regelrechte Enzyklopädie des Allgemeinwissens. Zur Förderung des Studiums empfiehlt er mit ausgeprägter wissenschaftlicher Kenntnis, theologischer Kompetenz und literarischer Sensibilität Bücher für den Grundbestand einer Klosterbibliothek und Lesestoffe für die Mönche. Ziel des Studiums ist nicht die Anhäufung von Wissen, sondern das eigenständige Urteil über das Gelesene.

Im Übrigen gilt (erfahrungsbezogenes) Wissen für Johannes von Kastl als hervorragende Eigenschaft eines Abtes beziehungsweise als bedeutsames Kriterium für die Kandidatensuche bei der Abtswahl. In enger Verbindung mit Glauben, Demut, Geduld, Gerechtigkeit und Weitsicht zielt das Wissen auf die Fähigkeit der Führungspersönlichkeit ab, die Mönche die klösterliche Lebensweise und die Umkehr zu lehren.

Bei aller Wertschätzung von Lektüre, Wissen und Gelehrtheit verfällt Johannes keineswegs einem platten „Bildungsoptimismus". Nachdrücklich empfiehlt er Vorsicht beim Studium und warnt vor einem ungeistlichen Literaturstudium, das von rein theoretischer Neugierde getrieben keinem tieferen Ziel dient, das vom geistlichen Leben ablenkt, übermäßig in den Bann zieht, das Verstehensvermögen übersteigt oder nicht in die Praxis umgesetzt wird. Blindes Vertrauen in die Literatur lehnt er genauso ab wie Abhängigkeit von Büchern.

Kastl, Klosterburg

Vor allem aber stehen Bildung und menschliche Erkenntnis bei Johannes unter einem grundlegenden theologischen Vorbehalt: Der Mensch kann auch durch noch so angestrengtes Studium und umfassende Bildung nicht von sich aus zur letzten (Gottes-)Erkenntnis gelangen. Skepsis ist also angebracht gegenüber menschlichem Wissen, zum einen, weil es zu Hochmut führen kann, und zum anderen, weil es (ohne die Erleuchtung durch das Licht der Gnade) grundsätzlich dunkel bleibt. Um zur wahren Erkenntnis zu kommen, muss der Mensch ganz von sich selbst absehen, demütig seine eigene Nichtigkeit erkennen, damit er durch das Gnaden-Licht das Licht Gottes erkennt. Letztes Ziel der Erkenntnis ist also Gott, dem der Mensch allein anhangen soll. Um dieses Ziel zu erreichen, ist ein (gnadengewirkter) Akt der Befreiung notwendig: das Freiwerden von der Konzentration auf Vordergründiges und auf sich selbst.

Die Kastler Reform

Johannes von Kastl lebt und wirkt in einer politischen, wirtschaftlichen und geistlichen Blütezeit der Abtei. Um 1098 in der bewegten Zeit des Investiturstreits gegründet, um 1103 mit Mönchen der Hirsauer Observanz aus Petershausen besiedelt, erlebt das Kastler Kloster nach Niedergang und Verarmung im 14. und 15. Jahrhundert einen neuerlichen Aufstieg, der in politischer Hinsicht 1413 mit der Erlangung der Reichsunmittelbarkeit und 1434 mit der Verleihung der Hochgerichtsbarkeit durch den Kaiser gipfelt. Gleichzeitig geht von diesem Kloster eine geistliche Erneuerungsbewegung aus, die sich gegen Verfallserscheinungen des klösterlichen Lebens wendet und bis in die zwanziger Jahre des 16. Jahrhunderts eine beachtliche Verbreitung von der Diözese Eichstätt über die Bistümer Bamberg, Regensburg, Augsburg und Würzburg bis in die Diözesen Freising, Konstanz und Paderborn erfährt.

Ein klar definierbares Datum für den Beginn der Kastler Reformbestrebungen ist nicht festzumachen, ihr Anfang ist aber wohl bereits in der Regierungszeit von Abt Hermann (1323–1356) zu suchen, der das Kloster nicht nur zu einem wichtigen Wirtschaftszentrum in der Oberpfalz ausbaut, sondern auch sein Skriptorium zur Blüte bringt. Die Reforminitiative von außen schreiben die Quellen Pfalzgraf Ruprecht zu, dem Vogt der Klöster Kastl und Reichenbach. Als innerklösterliche Autorität zur Durchführung der Erneuerung ist zweifellos Abt Otto Nortweiner (1378–1399) anzusehen, der Texte für die Umsetzung der Reform in enger Anlehnung an päpstliche Reformerlasse und die Hirsauer Statuten schriftlich ausarbeiten lässt – u.a. 1378 die „Consuetudines Castellenses", in denen die bereits ausgebildete Observanz greifbar wird. Unter seinem Nachfolger Georg Kemnater (1399-1434) entwickelt die Kastler Reform ihre beachtliche Strahlkraft nicht zuletzt durch die vom Abt initiierten Gebetsverbrüderungen mit zahlreichen anderen (auch Zisterzienser-) Klöstern. Beeinflusst ist die Reform von böhmischen Reformideen: Mönche, die in Prag studieren, kommen in Verbindung mit den Erneuerungsversuchen beispielsweise in den Benediktinerklöstern Břevnov und Kladrau. Zu ihnen gehört neben Johannes von Kastl auch der spätere Kastler Superior Franz von Böhmen, der zudem (vermutlich um 1390) in Subiaco die dortige Praxis kennengelernt hat und so böhmische und italienische Einflüsse vereinigt.

Es ist eines der Charakteristiken der Kastler Reform, dass sie nicht strategisch organisiert und durch Strukturen abgesichert ist – anders als die Bursfelder Reform, die von den Erneuerungsbewegungen des Spätmittelalters als einzige mit einem rechtlich fundierten, nachhaltig wirksamen Zusammenschluss unter der Präsidentschaft eines Abts („Bursfelder Kongregation") aufwarten kann. So wie der Melker versteht auch der Kastler Reformzweig Gemeinschaften zwischen den Klöstern eher in einem geistlichen Sinn. Die Versuche von Kastl, mit Unterstützung des Eichstätter Bischofs Johann von Eych (1445–1464) eine Art Union zu etablieren, scheitern spätestens 1464, als sie mit dem Tod von Eychs einen ihrer wichtigsten Fürsprecher verlieren. Die Kastler Reform bildet also keinen Klosterverband aus, sondern setzt auf die Ausstrahlung des gelebten Vorbilds, die Überzeugungskraft seiner Ideen, den Erfahrungsaustausch und die Einflüsse von Persönlichkeiten auf erneuerungswillige Klöster. Damit hängt eine zweite Besonderheit der Kastler Reform zusammen: Die reformierten Klöster entwickeln sich selbst wieder zu Reformzentren im Sinne der Kastler Observanz.

Ein solches Zentrum ist beispielsweise das 1118 von Kastl aus gegründete Kloster Reichenbach. 1393/94 veranlasst Pfalzgraf Ruprecht die Übertragung der Kastler Reform auf das Reichenbacher Kloster. Die Einsetzung des Reformabts Johannes Strolenfelser (1394–1417) aus Kastl ist allerdings nur gegen erhebliche Widerstände und durch Einschaltung des Apostolischen Stuhls und Papst Bonifaz IX. möglich. Von Reichenbach aus werden unter anderem die Klöster in Frauenzell, Metten und Weltenburg reformiert, sowie 1418 – nach mehreren vergeblichen Versuchen – das (bis dahin iroschottische) Ägidienkloster in Nürnberg, das selbst wieder zu einem bedeutenden Reformzentrum im Sinne der Kastler Tradition wird – unter anderem für Füssen, Mönchröden, Münsterschwarzach und Donauwörth.

Nachdem 1439 der Zellerar des Ägidienklosters Heinrich Schmidlein Abt im Heiligkreuzkloster Donauwörth geworden ist und als Anhänger der Kastler Reform die Widerstände des mit Melk verbundenen Konvents überwunden hat, strahlt das Heiligkreuzkloster die Kastler Reformkraft bis in die zweite Hälfte des 15. Jahrhunderts aus – unter anderem auf das Kloster Plankstetten. 1458 lässt nämlich Bischof Johann von Eych das Kloster Plankstetten visitieren und den Konvent mit Hilfe von Mönchen aus Donauwörth im Sinne der Kastler Observanz erneuern. 1461 übernimmt Ulrich V. Dürner (1461–1494) in Plankstetten das Amt des Abts und festigt die Abtei nicht nur in wirtschaftlicher Hinsicht, sondern vor allem auch auf geistlichem Gebiet. Sein solides Reformprogramm zeitigt nachhaltige Wirkung, so dass er als „zweiter Gründer" des Klosters gilt.

Insgesamt zählt Peter Maier in seiner Untersuchung der Ausbreitung der Kastler Reform 26 namentlich bekannte Klöster, in denen eine Einführung des Kastler Reformguts nachweislich versucht wurde; dazu kommen fünf Klöster, die namentlich nicht bekannt sind, aber auf Veranlassung Ruprechts von der Pfalz durch Kastler Reformmönche erneuert wurden, sowie quellenmäßig nicht mehr erfassbare weitere Klöster in den Diözesen Eichstätt, Regensburg, Bamberg und Würzburg. Bezeugt ist auch der Einfluss auf die Reformen in Fulda, nachdem es 1406 zu einer Verbrüderung zwischen dem Fuldaer Hauptkloster und seinen Nebenklöstern mit dem Kloster Kastl gekommen war. Die ausgewählten Beispiele zeigen, dass die Einführung der Reform nicht immer geradlinig geschieht, immer wieder erneuert werden muss, oft nicht ohne Intervention von außen durchsetzbar ist und gelegentlich auch erfolglos bleibt. In den zwanziger Jahren des 16. Jahrhunderts verliert die Kastler Reform im engeren Sinn an Bedeutung und Durchsetzungskraft; die Abtei selbst fällt Brandschatzungen, Plünderungen und schließlich der Reformation zum Opfer.

Zusammenfassung

Die Kastler Reformbewegung scheint eine beachtliche Überzeugungskraft ausgestrahlt zu haben, denn ihre Ideen wirken weit über den unmittelbaren Einflussbereich des Klosters hinaus. So beeinflussen ihre Consuetudines beispielsweise die Reformbeschlüsse des im Zusammenhang mit dem Konstanzer Konzil 1417 in Petershausen einberufene erste Kapitel der Provinz Mainz-Bamberg. Äbte der Kastler Reform werden wiederholt zu Präsidenten des Mainz-Bamberger Provinzkapitels und zu Visitatoren von Klöstern bestellt. Die vielfältigen Beziehungen des Kastler Klosters beschränken sich nicht auf benediktinische Abteien, sondern schließen Gebetsverbrüderungen unter anderem mit der Kartause Nürnberg, mit den Zisterziensern in Heilsbronn, den Dominikanern in Nürnberg, den Augustinerchorherren in Neunkirchen und Markt Indersdorf ein und zeugen so von einer großen Offenheit der Abtei. Auf dem Basler Konzil sind unter den führenden Reformern der Kirche auch leitende Figuren der Kastler Richtung anwesend, so dass deren Reformideen auch über den monastischen Bereich hinaus Einfluss gewinnen.

Andererseits ist die weitgehend fehlende Organisationsstruktur dieser Reformbewegung wohl nicht ganz unbeteiligt am allmählichen Verlust ihrer Durchsetzungskraft. Die überzeugenden Ideen sind nicht ausreichend operationalisiert beziehungsweise strukturell und rechtlich abgesichert worden. Als geistliche Größen, wie die Äbte Nortweiner und Kemnater oder der Theologe Johannes von Kastl, keine Nachfolger finden, lässt der Schwung nach. Die wesentlich straffer organisierte Busfelder Kongregation übersteht auch die Wirren der Reformation, kann sich aber in Süddeutschland nicht etablieren.

Einen wesentlichen Anteil an der Strahlkraft der Kastler Reform hat Johannes von Kastl. Seine Wirkung bleibt nicht auf das Kloster in der Oberpfalz beschränkt, zumindest erfahren seine Schriften eine beachtliche Verbreitung. Kopien seines „Regelkommentars" beispielsweise finden sich auch in Klosterbibliotheken der Melker Observanz und in Zisterzienserabteien. Diese Observanz übergreifende und Ordensgrenzen überschreitende Verwendung seiner Texte zeigt, dass seine theologischen Grundlagen in der Lage waren, Differenzen und Grenzen in grundsätzlichen und praktischen Reformfragen zu überwinden.

Auch wenn Theologie und Regelinterpretationen des Johannes von Kastl radikal vom Zielgedanken der ungeteilten Ausrichtung auf Gott geprägt ist, zeichnen sich seine Gedankengänge doch durch eine bemerkenswerte Nüchternheit aus. Dies ist nicht zuletzt dem Einfluss seiner universitären Bildung zuzuschreiben, denn die universitäre Denkweise beziehungsweise Geisteshaltung bleibt seinen Werken nicht äußerlich, sondern bildet ihr inneres Konstruktionsprinzip – und bestimmt wohl auch die Grundeinstellung unseres Autors. Diese Nüchternheit legt er im Übrigen auch gegenüber den Erscheinungen der Mystik an den Tag, genauso wie gegenüber der Praxis der Askese: Die „contemplatio" als höchste Stufe der Gebetserfahrung hat für ihn nichts mit äußeren Zeichen der Ekstase zu tun, sondern meint primär den Vorgang der inneren Sammlung, des ganz auf Gott ausgerichteten Menschen. Ebenso wehrt er sich gegen einen Übereifer bei der Abtötung des Fleisches, weil er nicht nur zu gesundheitlichen Schäden führen, sondern auch von Hochmut und Selbstgerechtigkeit motiviert sein kann.

Intention der Schriften des Johannes von Kastl ist es nicht, eine abstrakte, spekulative oder mystische Theologie zu entfalten, sondern das Christusleben als Idealform, als höchstes Ziel vor Augen zu führen. Von daher bilden für ihn Erkenntnis und Erfahrung, Gebet und Studium, geistliches Leben und theologisches Reflektieren keine Gegensätze. Es ist ihm zwar nicht gelungen, beziehungsweise es lag nicht in seiner Absicht, ein eigenes („geschlossenes") theologisches System zu entwickeln, aber er hat sich um etwas bemüht, das bis heute eine bleibende Herausforderung darstellt: die Einheit von Theologie und gelebtem Glauben.

Literaturhinweise

Bosl, Karl, Das Nordgaukloster Kastl. Gründung, Gründer, Wirtschafts- und Geistesgeschichte (= Verhandlungen des Historischen Vereins von Oberpfalz und Regensburg, Bd. 89), Regensburg 1939.

Johannes von Kastl, Vom ungeschaffenen Licht. Ausgewählt, übersetzt und kommentiert von Josef Sudbrack. (Klassiker der Meditation), Zürich-Einsiedeln-Köln 1981.

Maier, Peter, Die Reform von Kastl, in: Ulrich Faust/Franz Quarthal (Bearb.), Die Reformverbände und Kongregationen der Benediktiner im deutschen Sprachraum (= Germania Benedictina, Bd. 1), St. Ottilien 1999, S. 225–269.

Schreiner, Klaus, Benediktinische Klosterreform als zeitgebundene Auslegung der Regel. Geistige, religiöse und soziale Erneuerung in spätmittelalterlichen Klöstern Südwestdeutschlands im Zeichen der Kastler, Melker und Bursfelder Reform, in: Blätter für Württembergische Kirchengeschichte 86 (1986), S. 105–195.

Sonnenberg OSB, Beda Maria, Die Abtswahl nach Johannes von Kastl. Untersuchungen und Textedition (= Studien und Mitteilungen zur Geschichte des Benediktinerordens und seiner Zweige, Ergänzungsband 45), St. Ottilien 2008.

Sudbrack, Josef, Die geistliche Theologie des Johannes von Kastl. Studien zur Frömmigkeitsgeschichte des Spätmittelalters (= Beiträge zur Geschichte des alten Mönchtums und des Benediktinerordens, Bd. 27,1–2) Teil 1: Darstellung. Teil 2: Texte und Untersuchungen, Münster 1966–1967.

Barbara Buckl

Agnes Aislinger († 1504)
Leben vor Gott in Heiligkeit

„Wohl denen, die da wandeln, vor Gott in Heiligkeit,
nach seinem Worte handeln und leben allezeit.
Die recht von Herzen suchen Gott und seiner Weisung folgen,
sind stets bei ihm in Gnad."

Kurze Lebensskizze

In der direkten Nachbarschaft des Augustiner-Chorherrenstifts Rebdorf bei Eichstätt starb im Jahre 1504 eine fromme Frau im „Geruch der Heiligkeit", deren Glaubensstärke und Frömmigkeit als vorbildlich und verehrungswürdig gilt, nämlich Agnes Aislinger.

Die Vita der Agnes Aislinger, oder der Aislingerin, wie sie auch genannt wurde, ist nicht sehr ergiebig. Aus den Quellen kann aber erschlossen werden, dass sie eine „Matron und Hausfrau" und nicht verheiratet war. Sie kam aus dem Schwäbischen, wo sie in Aislingen, einem kleinen Dorf in der Nähe von Dillingen an der Donau, als Kind frommer Eltern aufwuchs. Zumindest die letzten Jahre ihres Lebens verbrachte Agnes in der Nähe von Eichstätt. Im Jahr 1504 starb sie in relativ hohem Alter und wurde in der Kirche der Rebdorfer Augustiner-Chorherren begraben.

Agnes Aislinger besaß einen eigenen Hausstand und hatte eine Dienerin oder eine jüngere Gefährtin bei sich, der lateinische Text der Handschrift 101 des Diözesanarchivs, der ihre Vita beschreibt, spricht von einer „ancilla", einer Magd. Agnes Aislinger verdiente sich ihren Lebensunterhalt selbst und betreute zudem Kranke in einem eigenen „Leprosorium".

Der Überlieferung nach lebte sie in selbstgewählter Jungfräulichkeit und gehörte keiner Klostergemeinschaft an, auch war sie keine Rekluse, wie Monika Fink-Lang in ihrem Artikel „Die Rebdorfer Vita der Agnes Aislingerin – ein Beispiel klösterlicher Hagiographie am Ausgang des Mittelalters" im Sammelblatt des Historischen Vereins Eichstätt (1990) schreibt.

Enge Verbindung pflegte Agnes zu den Augustiner-Chorherren in Rebdorf. Das Chorherrenstift in Rebdorf war in den Jahren 1453 unter dem Pontifikat des Eichstätter Bischofs Johann von Eych reformiert worden und erlebte einen neuen geistlichen Aufschwung, der mit dem reichen Schaffen von Kilian Leib, seit 1503 Prior in Rebdorf, einen Höhepunkt erfuhr. Es ist anzunehmen, dass Kilian Leib auch den Auftrag zur Abfassung der Vita der Agnes Aislinger (siehe Seite 196) gab, um ihre Verehrung zu fördern. Kilian Leibs besondere Sorge galt stets den Nonnen in Marienburg und Mariastein und dem Ideal der Jung-

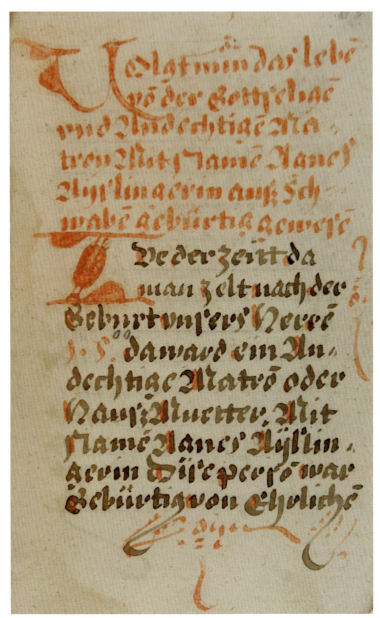

Anfang der Lebensbeschreibung der Agnes Aislinger, dt. Übersetzung des lat. Textes von Hieronymus Bickenhuser, Diözesanarchiv Eichstätt

fräulichkeit. Monika Fink-Lang vermutet, dass durch die Vita der Agnes Aislinger diesem Ideal Rechnung getragen werden sollte.

Bei den Augustiner-Chorherren besuchte Agnes die Heilige Messe und empfing die Sakramente, auch ihr Beichtvater gehörte dem Chorherrenstift an.

Kontakte pflegte Agnes auch zu einer, in den Quellen nicht näher bezeichneten Nonnenkommunität. Es ist anzunehmen, dass es sich hierbei um das Kloster Mariastein handelt, das unter der Obhut von Rebdorf stand.

Interessant ist, dass die „Aislingerin" offensichtlich seit früher Kindheit immer wieder auf Wallfahrt ging. In einem Kalender für katholische Christen von 1873 ist über das Kind Agnes zu lesen: „Öfters unternahm sie Wallfahrten in näher gelegene Wallfahrtsorte".

Diese Gewohnheit behielt sie ihr ganzes Leben lang bei, so ist in dem Kalender zu lesen: „...sie machte zu Zeiten größere Wallfahrten. Auf diesen Wanderungen schien sie, wie ehedem der heilige Bischof Ulrich von Augsburg bis nach St. Moritz im Königreiche Burgund gekommen zu sein".

Das Leben der Agnes wird beschrieben als ein Leben, das Versuchungen und Nachstellungen ausgesetzt war. Bereits ihre Kindheit wird als ständiger Kampf gegen das Unheil und das Böse geschildert. So wird ein Unglück in der Donau, das sie wunderbar überlebte, als Kampf über den Feind gedeutet. „Weil der Feind der frommen Seele nichts anhaben konnte, so plagte er sie leiblich und brachte sie in Lebensgefahren." Aber immer schützte der Herr das fromme Kind in außerordentlicher Weise und „erhob sein Gemüt, das mit großen Gnaden erfüllt wurde, zum Himmlischen".

Diese Anfeindungen sollten die fromme Frau ein Leben lang begleiten. „Diesen Nachstellungen des Feindes konnte sie nirgendwo entgehen. Einst flüchtete sie sich aus Anlass einer Verfolgung vom Feinde in das Totenhaus und blieb darin einen ganzen Tag und eine ganze Nacht, im fortwährenden Kampfe gegen den Feind ihrer Seele und in unablässigem Bitten und Flehen für die Seelen der Abgestorbenen".

Die Nachstellungen und die Streiche des „leidigen Satan" werden geradezu zum Beweis für die Heiligkeit der Agnes Aislinger. Die immer wieder geforderte Entscheidung des Heiligen gegen das Böse wird so ganz realistisch als Kampf gegen den Teufel dargestellt. Die sinnliche Darstellung des Bösen in der Gestalt des Teufels, wie sie sich in der Vita der Agnes Aislingerin findet, hatte in der Hagiographie bereits eine lange Tradition. Vor allem Angriffe auf die Keuschheit und Jungfräulichkeit und deren standhafte Abwehr verstärken den „Geruch der Heiligkeit".

Beginen

Agnes Aislinger befand sich in einer eigenartigen Stellung zwischen Ordens- und Laienstand. Nach allem, was sich heute feststellen lässt, entsprach ihre Lebensweise der einer Begine. Seit dem 13. Jahrhundert schlossen sich viele alleinstehende Frauen und Witwen ungeachtet ihres Vermögens oder ihres Standes zu religiösen Gemeinschaften zusammen und verzichteten auf jeden persönlichen Besitz. Sie lebten oftmals in ordensähnlichen Hausgemeinschaften und stellten ihren Unterhalt durch Handarbeit, Krankenpflege, Leichenwäsche oder der Betreuung Verlassener sicher. Gebet und Kontemplation waren wesentliche Lebensinhalte. Ziel dieser Bewegung war die Verwirklichung eines Lebens in der Nachfolge Christi. Männer, die diesem Ideal folgten, wurden Begarden genannt, auch sie schlossen sich vielerorts zu Gemeinschaften zusammen.

Die Beginen- oder Begardengemeinschaften standen oftmals parallel beziehungsweise in Opposition zu den katholischen Orden, von denen sie sich durch ihr Laientum prinzipiell unterschieden und hatten den ortsansässigen Klerus oftmals gegen sich. Neben den sesshaften Beginen entstanden in der zweiten Hälfte des 13. Jahrhunderts auch wandernde Gemeinschaften, die meist vom Betteln lebten. Gerade diese Gruppen gerieten bald in den Verdacht, Häretikern nahe zu stehen und wurden deshalb von der Amtskirche teilweise verbannt, beziehungsweise verfolgt. Erst Papst Nikolaus V. nahm 1453 alle damals noch bestehenden Beginen- und Begardenkonvente in den Schoß der Kirche auf und verlieh ihnen die Rechte der Franziskaner-Tertiarier.

Beispiele für solche Gemeinschaften, die aus einer Beginengründung bis in unsere Zeit überlebten, sind die Dillinger Franziskanerinnen und die Franziskanerinnen von Maria Stern in Augsburg. Im süddeutschen Raum verschwanden die Beginen und Begarden mit dem 16. Jahrhundert, in Norddeutschland nahmen sie meist die Lehre Luthers an.

Es gilt heute als wahrscheinlich, dass Agnes Aislinger dem Stande der Beginen zuzuordnen ist. Wie die Beginen wählte sie ihre Seelsorger und Beichtväter frei aus. Nach Art der Beginen beschäftigte sie sich mit dem Dienst an den Toten, denn sie hielt sich oft zu Arbeit und Gebet auf Friedhöfen und Beinhäusern auf und ließ für einen verstorbenen Rebdorfer Chorherren eine Heilige Messe feiern.

Heute lässt sich nicht mehr sagen, ob Agnes Aislinger als Begine alleine gelebt hat, ob sie aus einer aufgelösten Beginengemeinschaft stammte oder gar in einer Beginengemeinschaft lebte. Im Bistum Eichstätt findet sich für das 15. und 16. Jahrhundert kein sicherer Beleg für eine Beginengemeinschaft. Allerdings werden in der Fronleichnamsordnung von 1451, nach Jungfrauen und Witwen, Betschwestern aufgeführt, die man mit einigem Recht als Beginen identifizieren kann. Für Eichstätt sind für das frühe 14. Jahrhundert durch einen Vertrag zwischen Bischof Wilhelm von Rathsamhausen und der Stadt Eichstätt Beginen, die „die man bestswester" nennt, belegt.

Da die Beginen immer Verdächtigungen ausgesetzt waren, wundert es nicht, dass Agnes Aislinger in ihrer Vita nicht als Begine bezeichnet wird. Die Handschrift des Diözesanarchivs des Bistums Eichstätt berichtet, dass auch Agnes Verdächtigungen ausgesetzt war: „nit mögen hatt bleiben kinden ohn Grosse nachred böser und unwissender Menschen". Der Kalender für katholische Christen aus dem Jahre 1873 schildert diese Verleumdungen in drastischen Worten: „Und damit ihr von allen Eigenschaften der wahren Diener Gottes keine fehle, wurde die fromme Seele trotz der Reinheit ihres Wandels und der Gottseeligkeit ihres ganzen Wesens ganz unbarmherzig in den Schmutz der schändlichsten Verleumdungen und der schmachvollen Lästerungen herabgezogen."

Verehrung in der frühen Neuzeit

So war Agnes auch umstritten in ihrer Lebensführung und Gesinnung. Wohl deshalb kamen nach ihrem Tod mehrere Bischöfe nach Eichstätt, um sich von ihrer Rechtgläubigkeit und Heiligkeit zu überzeugen. Dabei manifestierte sich die Heiligkeit der Agnes von Aislingen nicht durch ein an anderen Personen gewirktes Wunder oder durch ein Wunder an ihrem Grab, sondern durch ihr wunderbares Verschont-Bleiben von Verletzungen durch die Anschläge Satans. In der Vita finden sich keine Schilderungen mystischer Erlebnisse, auch Visionen werden nur vorsichtig angedeutet.

„Der selige Tod dieser gottseligen Braut des göttlichen Bräutigams fällt in das Jahr 1504. Ihr heiliger Wandel und ihre in heroischer Weise geübten Tugenden wurden von mehreren Bischöfen geprüft und begutachtet. Ihr Leichnam wurde im Kreuzgang des Chorherrenstifts nächst der Kapelle der heiligen Anna zur Erde bestattet. Im Jahre 1652 wurde ihr Leichnam erhoben. Diese Erhebung hatte sie bei Lebzeiten schon vorausgesehen und darüber ihren Beichtvater Mitteilung gemacht. Man fand bei derselben noch ihren ehemaligen einfachen Hauptschmuck ganz unversehrt und ihr Name ist noch immer in gesegnetem Andenken", so ein Auszug aus dem Kalender für katholische Christen von 1873.

Zur Ehre der Altäre ist Agnes von Aislingen nie erhoben worden, die Erhebung ihrer Gebeine und ihre Umbettung vom Kreuzgang in die Kirche deuten auf einen gewissen Höhepunkt der Verehrung in der ersten Hälfte des 17. Jahrhunderts hin.

Agnes selbst und ihr Leben gerieten im Laufe der Zeit weithin in Vergessenheit. Ihr Gedenktag ist der 21. Januar, der auch ihr Todestag ist.

Das Leben der Agnes Aislinger mag den Rebdorfer Chorherren, allen voran Kilian Leib, als geeignet erschienen sein, die Volksfrömmigkeit der Laien zu fördern. Vor allem auch theologisch Ungebildete sollten durch die Tugenden ihrer christlichen Lebenspraxis angesprochen werden.

Bedeutung für heute

So trägt die Vita der Agnes typische Züge mittelalterlicher Hagiographien, deren Ziel es ist, die Gottnähe der Heiligen zu beschreiben. Nicht die individuelle Person ist wichtig, sondern die überzeitliche Bedeutung als „exemplum". Menschen, die auf diese Weise Gott suchen und seiner Weisung folgen, sind „stets bei ihm in Gnad".

Die Vita der Agnes Aislinger wurde nicht zuletzt zum Zwecke der Apologie geschrieben. Nicht eine unbekannte Heilige sollte vorgestellt werden, vielmehr eine zumindest im Eichstätter Raum allseits bekannte Persönlichkeit wurde als Heilige herausgestellt und ins rechte Licht gerückt.

Auch wenn uns heute vieles an der Biographie der Agnes Aislinger fremd anmutet, so war sie eine Frau, die sich ihren Lebensunterhalt durch ihrer Hände Arbeit verdiente und in ihrem ganzen Dasein ein konsequentes Leben in der Nachfolge Jesu lebte. Sie war vor Spott und Verleumdungen nicht sicher, dies hinderte sie nicht in ihrer Konsequenz. Ihre Selbständigkeit, ihr Durchhalten und Ausharren, ihr gottgefälliges Leben mit Gebet, Wallfahrt, dem Empfang der Sakramente und dem Engagement für Notleidende und Sterbende beeindruckte nicht nur die gebildeten Chorherren in Rebdorf. Der Lobgesang des Liedes im Gotteslob, der heiliges Leben und seine Konsequenz vorstellt, trifft die Lebenshaltung der „Aislingerin" und macht sie zum Vorbild, auch für Menschen heute. Sie verbindet in ihrer Person Frömmigkeit und daraus folgende Nächstenliebe. Wie Papst Benedikt XVI.

im September 2009 beim Mittagsgebet in der päpstlichen Sommerresidenz Castelgandolfo formulierte, müssen Christen ihren Glauben auch in konkreten Taten bezeugen, „derjenige habe Gott erkannt, der seinen Nächsten mit reinem und großzügigem Herzen liebe". Agnes Aislinger hat versucht, diesem Ideal mit ihrer Lebensgestaltung zu entsprechen.

Literaturhinweise
Die selige Agnes, Handschrift 101 des Diözesanarchivs Eichstätt.
Die Aislingerin in Rebdorf, in: Kalender für katholische Christen 33, 1873.
FINK-LANG, MONIKA, Die Rebdorfer Vita der Agnes Aislingerin – ein Beispiel klösterlicher Hagiographie am Ausgang des Mittelalters, in: Sammelblatt des Historischen Vereins Eichstätt 83 (1990), S. 39–60.
UNGER, HELGA, Die Beginen. Eine Geschichte von Aufbruch und Unterdrückung der Frauen, Freiburg/Basel/Wien 2005.
REICHENSTEIN, FRANK-MICHAEL, Das Beginenwesen in Deutschland, Berlin 2001.

Stefan Janson

Caritas Pirckheimer OSCI (1467–1532)
Im Dienst der Wahrheit, in Treue zum Glauben

(…) Jungfrau, höchste Zier Deutschlands,
Caritas, die ich in meinem Herzen immer verehren werde, (…)
Empfiehl mich Deinen Heiligen und den Gebeten Deiner Schwestern!"
aus dem „Gedicht des Conrad Celtis an Caritas aus der Familie Pirckheimer…"

„Nächste Woche soll ich einen Aulavortrag über Pirckheimer halten – ich bin noch nicht dazu gekommen, etwas zu notieren", schrieb Carl Jakob Burckhardt am 3. Januar 1937 aus Genf an einen Freund, den Schweizer Essayisten und Gelehrten Max Rychner. Dieser referierte seinerseits Jahrzehnte später vor der Nürnberger Pirckheimer-Gesellschaft über den Humanisten, worüber er am 28. Juni 1960 an Burckhardt berichtete. Für den Namen Pirckheimer steht vorderhand hier niemand anderer als Willibald Pirckheimer, in dessen Schatten sich seine Schwester Barbara, die spätere Ordensfrau Caritas, nur schemenhaft ausnimmt. Gleichwohl ist die Dynastie der Pirckheimers insgesamt von beachtlicher Präsenz in einer Zeit, in der das Bürgertum erstarkt und geistiger wie wirtschaftlicher Fortschritt in Blüte stehen. Auf diesem Boden konnten Luther und die Reformationsbewegung Eroberungen machen. Gerade in dem Widerspiel gegenläufiger Kräfte, wie sie die Herausforderungen der Epoche zwangsläufig zeitigte, kommt nicht nur der geistigen Potenz Willibalds, sondern auch der seiner Schwester eine gleichermaßen bedeutende, exemplarische Rolle zu.

Das Elternhaus hatte den zahlreichen Kindern, die aus der Ehe zwischen Johann Pirckheimer und Barbara Löffelholz hervorgegangen waren, die bestmöglichen Bildungschancen eingeräumt. Allerdings bot sich Willibald, als dem einzigen männlichen Spross, Gelegenheit zu einer besonders breit gefächerten Bildung – vor allem in Italien, das bereits der Vater bereist hatte – die er zu seinem Vorteil zu nutzen verstand.

Die Wege zu solcher Bildungskapazität hatte der aus dem Donauries stammende Vater, Dr. Johann Pirckheimer, geebnet. Er selbst war in verantwortlicher Stellung im Dienst des Eichstätter Bischofs Wilhelm von Reichenau tätig, mit dem er in Padua studiert hatte. Die Erziehung der Kinder lag in Eichstätt, wo Barbara am 21. März 1467 geboren wurde, anfänglich in seinen Händen, dann bot sich für die sieben Mädchen die Ausbildung in der weithin hoch geschätzten Bildungsstätte der Klarissinnen in Nürnberg an. Nicht nur Barbara, auch weitere Geschwister, ebenso Nichten, fanden den Weg dorthin und traten später dem Orden der Klarissinnen oder den Benediktinerinnen bei.

Willibald verfügte nach seinen Studien schon bald über ein Beziehungsnetz bis in die Bereiche von Politik und Kunst, das der Nürnberger Rat sich zunutze zu machen wusste, was seiner Schwester Caritas in Zeiten reformatorischer Bedrängnis zu gewissem Vorteil gereichen sollte. Zeitbedingt eröffneten sich Caritas nicht die gleichen Bildungsmöglichkeiten wie ihrem Bruder, dennoch stand sie seinem Bildungseifer in nichts nach. Das bezog sich nachhaltig auf das Erlernen der lateinischen Sprache und die Aneignung theologischen Wissens. Dass sie dann im Widerstand gegen den Zeitgeist als Äbtissin des Nürnberger Klarissinnenklosters den Konvent über Jahre vor dem Ansturm der Reformation schützen konnte, ist letztlich ihrer Intelligenz, ihrer theologischen Kompetenz und Überzeugungskraft zuzuschreiben.

Obgleich mit dem Besuch der Nürnberger Bildungsstätte von St. Klara in keiner Weise eine Nötigung zum Ordensbeitritt verbunden war, war Barbara bereits sehr früh, mit etwa 14 Jahren, zu diesem Schritt entschlossen, kaum dass sie seit zwei Jahren in St. Klara lebte und lernte. Der Orden übte eine Anziehungskraft auf sie aus. Dabei galt der Klarissinnenorden von seinem Selbstverständnis her von vornherein nicht als eine Gemeinschaft, die eine Verknüpfung von Spiritualität mit hoher Geistigkeit zum Ziel gehabt hätte. Stattdessen wird die besondere Bedeutung des Armutsideals schon in den Ursprüngen des Ordens im Umfeld des hl. Franziskus erkennbar.

Das erste Klarissinnenkloster diesseits der Alpen war 1233 gegründet worden, 1279 entstand die Niederlassung in Nürnberg, die nur bis 1590 Bestand haben sollte. In deren Gründungsphase war Nürnberg reich an Klöstern, die, von den Pfarreien abgesehen, nicht der Aufsicht und Verfügungsgewalt des Bamberger Bischofs unterstanden, sondern unmittelbar dem Rat der Stadt als Schutzvogtei kraft königlichem Privileg. So blieb es bis zur Auflösung von St. Klara. Den anderen Nürnberger Klöstern, wie auch St. Klara, war ein vom Rat der Stadt bestellter weltlicher Pfleger beigeordnet.

Als Ordensfrau, als Klarissin in Nürnberg, stieß Caritas Pirckheimer in den dort politisch relativ unaufgeregten vorreformatorischen Jahren noch uneingeschränkt auf das Wohlwollen der Bürger. Die strenge Klausur, das abgeschiedene, sozial wohltätige Leben der Nonnen fand Anerkennung, ja Bewunderung. Dem verschloss sich auch nicht der Rat der Stadt, der den Nutzen zum Wohl Nürnbergs sehr wohl erkannte. St. Klara war und blieb nämlich eine Anlaufstelle für das Patriziat der wohlhabenden Stadt, das diese Bildungsstätte für den eigenen weiblichen Nachwuchs bevorzugt in Anspruch nahm, denn die öffentlichen Schulen waren dem Unterricht der Knaben vorbehalten. Zu Zeiten Caritas Pirckheimers zeigte Nürnbergs Rat vermehrtes Interesse an der Heranbildung einer geistigen Elite, um politisch, wirtschaftlich und auch kulturell konkurrieren zu können, denn Nürnberg stand im Ruf, nicht nur ein gewichtiges Zentrum des Reichs, sondern auch Europas zu sein, wie Conrad Celtis behauptete. Der geistliche Nachwuchs für die Klöster der Stadt war erwünscht, aber er erfolgte selbsttätig ohne Einfluss des Rats der Stadt. Die Bildung des geistlichen Nachwuchses in den Frauenklöstern oblag je nach Schwerpunkt und Ausrichtung den Orden selbst.

Caritas ihrerseits hatte als Nonne nicht nur durch Predigten und geistliche Gespräche mit dem jeweiligen franziskanischen Spiritual ihre geistliche Bildung betrieben, sondern auch im Selbststudium sich theologisch eingehend orientiert. Bücher der Mystik standen ihr zur Verfügung, und überdies brachten häufige Krankheitsfälle eine vertiefende Erfahrung im Geiste christlicher Leidensmystik mit sich. Vor allem aber stand sie schon früh in zwangsläufig nur brieflichem, wohl aber intensivem Kontakt mit bedeutenden Nürnberger Vertretern des Humanismus. Ihre theologische Einsicht und Kompetenz spiegelt sich in den an sie gerichteten Briefen, darunter solchen aus der Feder eines Conrad Celtis, Christoph Scheuerl oder Sixtus Tucher und nicht zuletzt ihres Bruders Willibald.

Der Briefwechsel zeigt Caritas Pirckheimers aber nicht nur rezeptiv, sondern ebenso initiativ als Ratgeberin, mehr noch als gleichsam pädagogisch ermunternde Gesprächspartnerin, die ihr Gegenüber zuweilen daran erinnert, humanistische Gelehrsamkeit nicht um ihrer selbst willen zu betreiben, sondern in den Dienst der Frömmigkeit und des rechten Glaubens zu stellen.

Äbtissin und geistliche Lehrerin

Am 20. Dezember 1503 wählte der Nürnberger Klarissinnenkonvent Caritas Pirckheimer zu seiner Äbtissin. Die Nonnen entschieden sich somit für eine Frau in diesem Amt, die sich zuvor in der Gemeinschaft in exponierten Aufgabenbereichen bewährt hatte. Hinter ihr lagen fünfundzwanzig Jahre Ordensleben, das auch aus der Sicht der Mitschwestern nicht anders als vorbildhaft bezeichnet werden konnte. Vor allem hatte sie als Novizenmeisterin mit großem Engagement die geistliche und intellektuelle Bildung unter dem Nachwuchs auf ein hohes Niveau geführt. Die Wertschätzung und ihr Ansehen unter den sechzig Mitschwestern war offenkundig.

Als Äbtissin eines der angesehensten Konvente Nürnbergs hatte Caritas einige Verantwortung, die sich nicht nur auf das geistliche Leben ihrer Mitschwestern zu beziehen hatte, sondern auch auf die Ordnung weltlicher Klosterbelange. Auf der einen Seite oblag Caritas die Supervision des religiösen Tages- und Jahreslaufs der Klostergemeinschaft einschließlich des Bibelstudiums, andererseits hatte sie persönlich die Verantwortung für das umfängliche Liegenschaftswesen des Klostereigentums – unbeschadet der Überwachung von Verwaltung und Besitz des Klosters durch den Pfleger. Um 1500 verfügte das Kloster über Grundbesitz in über 70 Orten der Umgebung Nürnbergs. Die Kooperation zwischen Äbtissin und Pfleger stand anfänglich im Zeichen gegenseitigen Vertrauens, spitzte sich aber problematisch zu, weil der 1514 vom Rat der Stadt eingesetzte Pfleger, Kaspar Nützel, alsbald zu den führenden Köpfen der reformatorischen Bewegung in Nürnberg zählte. Dessen anfangs noch sehr engagierte Unterstützung der Klarissinnen erfuhr eine empfindliche Wende, seit er nach 1525 auf die Aufhebung des Klosters hinarbeitete.

Der Konvent beachtete sorgfältig die der Ordensregel gemäße persönliche Armut im Geist des hl. Franziskus und trug zum Broterwerb durch Handarbeitswerkstätten bei, in denen Paramente hergestellt wurden. Aber der intakten geistlichen Verfassung der Schwesterngemeinschaft stand eine desaströse wirtschaftliche Situation des Klosters gegenüber. Schuld waren der marode Bauzustand wesentlicher Gebäudeteile und längst nicht abgeschlossene Renovierungsarbeiten aus Zeiten vor der Ägide Caritas' als Äbtissin, offene Rechnungen und ungeklärte Rechtsfragen. Die gegebene Situation ermutigte sie, nicht nur private Spender um Hilfe zu bitten, sondern sich in ihrer Not unmittelbar an den Papst zu wenden. Die bedrohliche Bausubstanz des Klosters war eines der zentralen Anliegen, die die Äbtissin in ihrem Schreiben an den Papst am 19. Juli 1505, nur zwei Jahre nach ihrem Amtsantritt, mitteilt.

Die eigentliche Herausforderung für die Äbtissin brachte aber die Einführung der Reformation in Nürnberg mit sich. Dabei darf nicht übersehen werden, dass die Reformation nicht etwa durch den Rat gleichsam der Stadt und ihren Bewohnern ‚übergestülpt' und von Amts wegen verordnet worden ist. Vielmehr war ein nahezu demokratisches Verfahren gefunden, durch das die Bevölkerung selbst darüber zu befinden hatte, wie sie sich zur Reformation stellen wollte. Die Religionsgespräche im Nürnberger Rathaus im März 1525 führten in der Konsequenz zur Annahme der Reformation auf breiter Ebene, zum Teil sogar in großer Bereitwilligkeit unter den Ordensgemeinschaften der Stadt. Hier setzte Caritas' entschiedener, zäher und langwieriger Widerstand ein, der dem Kloster nur einen Teilerfolg einbrachte, schließlich im Zuge der reformatorischen Dominanz in Nürnberg die Ausblutung des Klosters zur Folge hatte.

Der Weg in dieses Schicksal nahm seinen Anfang bei Anfragen an das klösterliche Selbstverständnis, die rechten Lehren und ein wahrhaft christliches Leben. Damit waren fundamentale Probleme berührt wie etwa die Gewissensfreiheit, das Verhältnis von Schrift und Tradition. War denn – und falls ja, mit welchem Recht – eine Reformierung allein schon des klösterlichen Selbstverständnisses vonnöten? Wer durfte sich das Recht zusprechen, kirchliche Lehre und Tradition infrage zu stellen?

Die Dringlichkeit solcher Überlegungen lag auf der Hand, denn mit dem Einzug des reformatorischen Geistes in Nürnberg waren erhebliche Konsequenzen gerade für das Klosterleben zu gewärtigen. So sprach der Rat bereits am 17. März 1525 das Predigtverbot aus und untersagte die geistliche Betreuung in St. Klara durch Patres des Franziskanerordens. Allein schon durch diesen massiven Eingriff in die Autonomie des Klosters wurde Druck auf die Äbtissin und ihre Nonnen ausgeübt, um deren Unterwerfung unter die Eigengesetzlichkeit der Reformation herbeizuzwingen. Ein diplomatisch gefasstes Schreiben des Rates vom 18. Mai 1525 sicherte den Nonnen zumindest ihren Verbleib im Kloster zu.

Diese Zusage bot wenig Aussicht auf Bestandssicherung und kaum Vorteile aus Sicht der Äbtissin. Am 21. März 1525 hatten letztmalig die Franziskaner in St. Klara gepredigt. Der reformatorischen Richtung sich zurechnende Geistliche wurden jetzt vom Rat bestellt, um durch Predigt und geistliche Unterweisung auch in diesem Nürnberger Kloster die reformatorische Glaubenshaltung verbindlich zu machen. Der ehemalige Würzburger Domprediger Johann Poliander war der erste, der in diesem Sinn in St. Klara predigte. Auf seine polemischen Ausführungen reagierten die Nonnen überhaupt nicht. In einer Art „innerer Emigration" widersetzten sie sich jedem Dialog. Unangenehmer wurde die Situation durch zunehmende Störungen der Gottesdienste und die Sorge, es könnte gewaltsam in das Kloster eingedrungen werden. Um diesen Irritationen und sich abzeichnenden Gefahren zu entgehen und Schlimmeres vom Kloster fernzuhalten, änderte Caritas ihren Kurs. In Beratung mit dem Konvent wurde der innere Widerstand in Teilen aufgegeben: Die vom Rat angezielte Öffnung des Klosters nach außen wurde formal zugestanden, indem man bereit war, zum Beispiel die Ordenstracht abzulegen und den Klosterbesitz in allen Einzelheiten öffentlich nachzuweisen. Caritas handelte hier insofern klug, als sie die Gehorsamspflicht gegenüber dem Rat nicht nur zugestand, sondern auch erkennbar werden ließ. Aber die Verweltlichung des Konvents, beginnend bei der Entbindung der Nonnen von ihren Gelübden, stand für sie nie zur Disposition. Die Kompromissbereitschaft gegenüber dem Rat sollte Grenzen haben. Es zeigt der Briefwechsel Caritas' aus diesen Tagen, dass ihrem Empfinden nach die Gefahr einer Auflösung des Klosters im Raum stand und die fast unmittelbar nach dem Religionsgespräch durch den Rat übermittelte Bestandsgarantie für den Konvent Makulaturwert besaß.

Unterdessen befand sich der Pfleger des Klosters, Kaspar Nützel, weiterhin in Amt und Würden. Die Hoffnungen, die der Rat in ihn setzte, erfüllten sich dagegen nicht. Es blieb ihm der persönliche Erfolg verwehrt, die Klarissinnen für die lutherische Lehre zu gewinnen. Die Anfechtbarkeit der lutherischen Lehre hatte Caritas ohnehin durchschaut, gerade auch die Ambivalenz, die in der ausschließlichen Berufung auf die Heilige Schrift deutlich zum Ausdruck kam. Infolgedessen schlug sie die Lutheraner mit ihren eigenen Waffen, indem sie darauf verwies, dass dem Wort und Sinn der Heiligen Schrift das klösterlich abgeschlossene Ordensleben auf den Buchstaben gerade gemäß sei im Antrieb zu uneingeschränkter Nachfolge Christi, zumal im Verständnis von Gnade und Rechtfertigung. Damit hatte Caritas das Hauptproblem der Auseinandersetzung angesprochen, nämlich den Zwiespalt in der Auslegung der letztendlich für beide Glaubensrichtungen relevanten Bibel. In der Konsequenz, so argumentierte Caritas, musste dann die Forderung dahingehend lauten, jedem Christen die Freiheit zuzugestehen, nach individuellem Gewissen und Verständnis seinen Glauben auszuleben. Wenn dem so sei, sei auch die Heiligenverehrung in ihrer Mittlerstellung zwischen Gott und Mensch zu tolerieren, insbesondere das Vorbild des hl. Franziskus in dessen bedingungslos gelebter Armut und Nächstenliebe.

Mit solchen vor allem in den Briefen formulierten Ansichten widersprach Caritas den Verdächtigungen, gerade in den Klöstern kultiviere man einseitig und engstirnig einen obskuren Heilsoptimismus. Eine ähnliche Position vertrat sie im Streitpunkt der Berufung zum geistlichen Stand, die für sie ganz unabdingbar mit der Freiheit der Gewissensentscheidung verknüpft war.

Schließlich waren es soziale Gesichtspunkte, über die Caritas Pirckheimer auf geschickte Weise dem Rat unmissverständlich vor Augen führte, wie unverzichtbar das St.-Klara-Kloster für Nürnberg war. Mit dem Wegbrechen der durch die Klöster der Stadt in ihrer Gesamtheit wahrgenommenen sozialen Aufgaben, mit denen sie die Kommune über die Maßen entlasteten und von mancher Verantwortung frei hielten, würde ein gewaltiger Anteil sozialer Verpflichtungen an den Rat zurückfallen, ganz abgesehen von den finanziellen Belastungen, die ihm daraus erwüchsen.

Reformation und Diplomatie

Der Kampf, den Caritas hier führte, stand auf seinem Höhepunkt, war aber noch nicht entschieden. Es ist ein Gewinn gewesen, dass in diesem Entscheidungsmoment Philipp Melanchthon in den Gesichtskreis der Diskussion eintrat, angeregt durch Caritas' Bruder Willibald. Melanchthon war als Protestant von anderem Zuschnitt als Martin Luther. Er war toleranter, weniger rigoros als dieser in der Umsetzung der reformatorischen Ziele. Im Dialog war er aufgeschlossen für die Argumente der anderen Seite. Im Wissen darum hatte Willibald Pirckheimer Melanchthons Besuch bei seiner Schwester ermöglicht. Willibald, selbst der neuen Lehre aufgeschlossen, aber ihr auch aufgeklärt-kritisch gegenübertretend, stand mit Melanchthon in engem Kontakt. Er schuf ein gutes Klima im Vorfeld der Begegnung und wusste, dass auf beiden Seiten letztlich nur überzeugende Argumente zwar nicht zur Klärung, immerhin aber zu einer Harmonisierung der bestehenden Meinungsverschiedenheiten führen konnten. Das Gegenüber einer intelligenten Ordensfrau und eines gemäßigten Reformators konnte spannend werden. Das Gespräch zwischen Caritas Pirckheimer und Philipp Melanchthon war denn auch danach, jedenfalls entwickelte es sich ganz und gar nicht zu einem heftigen Schlagabtausch. Melanchthon nahm aus Caritas' Argumenten zustimmend zunächst den Eindruck mit, dass ein aufgelöstes Nonnenkloster der Stadt in mancher Hinsicht zum Schaden gereichen würde. Vor allem konnte Caritas in theologischer Hinsicht verdeutlichen, dass auch für sie und ihre Mitschwestern die Gnade Gottes und nicht die Werkgerechtigkeit das Fundament ihrer Glaubenshoffnung ausmachten. Damit war einvernehmlich, in gegenseitigem Respekt, für das Kloster ein Weg aus der Krise geebnet, mehr noch: Melanchthon setzte sich nach diesem Gespräch beim Rat dafür ein, auf jede Gewalt gegen das Klarissinnenkloster zu verzichten und den quasi-autonomen Status nicht nur dieses Klosters als solchen anzuerkennen. Dank Caritas' Überzeugungskunst wurde über Melanchthon den Reformatoren einsichtig, was Caritas seit je vermitteln wollte: dass die Freiheit des Menschen, gerade auch seine Gewissensfreiheit, unter Anwendung von jedweder Gewalt nicht niederzuzwingen sei.

Die Einzigartigkeit der intellektuell geführten Opposition Caritas Pirckheimers gegen den Reformationsgeist wird erst aus dem Vergleich ersichtlich. Die eigens von Papst Leo X. und Kaiser Maximilian I. bestätigte Äbtissin des Quedlinburger Stifts, wenngleich generell nach freieren Regeln lebend, erlag samt ihren Stiftsdamen dem geistlichen Einfluss städtischer Prediger, und das, wie der Regensburger Historiker Horst Fuhrmann ausführt, angesichts eines standfesten Georg des Bärtigen von Sachsen, dem Luther zutiefst verhasst war. Nur ein Jahr nach seinem Tod trat diese reichsunmittelbare Fürstabtei mit der Äbtissin als der vornehmsten unter den Reichsfürstinnen zum protestantischen Glauben über.

In einem Punkt war Caritas mit Melanchthon uneins, nämlich in der Frage der Ordensgelübde, was Auswirkungen zeitigen sollte. 1527 forderte der Rat von der Äbtissin, die Schwestern von ihrem Gelübde zu entbinden – eine unsinnige Forderung, der nachzukommen allein schon aus formal-kirchenrechtlichen Gründen der Äbtissin weder zustand noch oblag. Auch Einzelbefragungen der Nonnen durch den Rat zeitigten keine Ergebnisse, die Handhabe geboten hätten, über solche Umwege die Auflösung des Klosters doch noch zu bewerkstelligen. Bis auf einen Fall wünschten sämtliche Schwestern den Verbleib im Kloster unter Führung ihrer Äbtissin.

In der Reformationsauseinandersetzung mit den Nürnberger Klarissinnen scheiterte der Rat der Stadt Nürnberg, nicht der Konvent von St. Klara unter der geschickten, niemals trotzigen Führung seiner Äbtissin. Das hatte zur Folge, dass das Kloster in Ruhe fortexistieren konnte, freilich unter Einschränkungen, zumal im geistlich-seelsorglichen Bereich. Noch gravierender wirkte sich das Verbot der Nachwuchswerbung aus. Dadurch war St. Klara zum Aussterben verurteilt. Die Äbtissin hatte das Überstehen der Reformation dem Kloster ermöglichen können, nicht hingegen dessen Überleben. In der Geborgenheit des ihr in guten wie in schwierigen Tagen vertrauend zugewandten Konvents starb sie am 19. August 1532.

Kupferstich (posthum) der Caritas Pirckheimer, ca. 1532, Stadtarchiv Nürnberg

Die Frage nach der Bestimmbarkeit ihrer Grabstätte im Klosterbereich fand im Zusammenhang von Grabungen in den Jahren 1934–1936 noch keine Antwort, mit sicherer Zuverlässigkeit aber 1959 im Zuge der Errichtung des Caritas-Pirckheimer-Hauses in Trägerschaft des Ordens der Gesellschaft Jesu. Ihr Grab befindet sich heute unmittelbar im Altarbereich der St.-Klara-Kirche.

Caritas Pirkheimers Nachruhm

Die Pflege des Andenkens an Caritas Pirckheimer begann bald nach ihrem Tod. Durch historische Veröffentlichungen ihrer Schriften und Briefausgaben in Auswahl, darunter der Briefwechsel zwischen Caritas und ihrem Bruder Willibald, ist das Gedächtnis an sie schon früh gesichert worden. Im Zuge der 400-Jahr-Feier im Gedenken an ihren Todestag waren umfänglichere Veröffentlichungen ihrer Schriften und Briefe erwogen, aber nicht realisiert worden. Gleiches betrifft Bemühungen jener Zeit um Einleitung eines Seligsprechungsverfahrens, das über Ansätze nicht hinauskam.

Was machte letztlich das Wesen Caritas Pirckheimers aus, worin lag ihre Faszination?

Sie war eine Frau mit einer klaren Vorstellung, was sie von ihrem Leben erwartete. Ihre frühe Begeisterung für das Ordensleben gestaltete sich zwanglos. Ihre Bildungsfähigkeit und ihr Bildungseifer schufen die Voraussetzungen, um als Nonne der Schrift gemäß nicht nur zu leben, sondern sie auch bis ins Tiefste zu begreifen. Ihr theologischer Dialog mit der geistigen Prominenz ihrer Umgebung und ihrer Zeit war nicht Dünkel, sondern Ausfluss ihres stets zielorientierten Suchens und Disputierens. Gerade ihr Austausch mit Melanchthon macht sensibel im Blick auf den ökumenischen Dialog unserer Tage, insbesondere im Sinn eines bei Caritas erlebten, vorbildhaften Hinhörens auf den jeweiligen Gegenpart. Modern gesprochen, hatte Caritas Pirckheimer schon früh ein Netzwerk theologischer Diskussion ins Werk gesetzt, das man durchaus in vieler Hinsicht als außerordentlich bezeichnen kann. Wenngleich in retrospektiver Sicht auf ihre Zeit die Beurteilungskriterien anmaßend erscheinen könnten, darf man Caritas Pirckheimers Kampf gegen die Reformation – bei aller gebotenen Sensibilität der Differenzierung – wohl in Parallele stellen zu den Kriterien, die den Widerstand gegen Gewalt in der Zeitgeschichte als solchen herausstellen. Es sind Mut, Klugheit im Vorgehen und eine Kompromissbereitschaft, die zuletzt das Mittel zum Zweck als taugliche Waffe zu rechtfertigen weiß. Vor allem ist es die Souveränität des Rechts und der Freiheit jedes einzelnen, die Caritas in bemerkenswerter Weise ohne Rücksicht auf Person und Ansehen des Gegners erstreitet. Entscheidend ist und bleibt der opferbereite Einsatz im Widerstand, nicht der am Ende erzielte Erfolg. Dass Caritas Pirckheimer entgegen den Zeitströmungen den Mut aufgebracht hatte, einer aus ihrer Sicht auf Irrwegen sich fortentwickelnden Kirche Schranken aufzuzeigen, macht sie gleichermaßen zu einer Glaubenszeugin von Format, die gerade auch in heutiger Zeit Vorbildfunktion haben könnte. Vor solchem Hintergrund ist es bedauerlich, dass der einstmals angestrebte Seligsprechungsprozess auf halbem Weg sich verloren hatte. Er wäre verdient gewesen. Der gerechten und bewundernden Verehrung Caritas Pirckheimers, wie sie ein Conrad Celtis noch zu Lebzeiten zum Ausdruck brachte, steht dies in unseren Tagen nicht entgegen.

Literaturhinweise

Caritas Pirckheimer 1467–1532. Eine Ausstellung der Katholischen Stadtkirche Nürnberg. 26. Juni–8. August 1982 (Ausstellungskatalog), München 1982.

DEICHSTETTER, GEORG (Hrsg.), Caritas Pirckheimer. Ordensfrau und Humanistin – ein Vorbild für die Ökumene. Festschrift zum 450. Todestag, Köln 1982.

Bernhard Löhlein

Pater Jakob Rem SJ (1546–1618)
Erzieher – Marienverehrer – Mystiker

6. April 1604: Wie an jedem Abend versammelt sich der Jesuitenpater Jakob Rem mit einigen Studenten im Marianischen Kolleg zu Ingolstadt. Sie sind tief im Gebet vor einem Marienbild versunken. Dieses Bild ist eine Kopie des in S. Maria Maggiore in Rom hochverehrten Marienbildes „Salus Populi Romani". Um die Verbindung in alle Welt und zu Rom auszudrücken, haben die Jesuiten mit Zustimmung des Papstes sieben Nachbildungen von diesem Bild malen lassen und in ihre wichtigsten Niederlassungen geschickt – eine davon kam nach Ingolstadt.

An diesem Dienstag der Passionswoche betet nun die kleine Gruppe gemeinsam in der Kapelle. Sie singen „Du wunderbare Mutter, bitte für uns." Da geschieht es: Wie schwebend – so erzählen es später die Studenten – betet Pater Jakob Rem. Abgehoben, einen Meter über dem Boden, ganz im Gebet versunken. Er winkt den Vorsänger heran: „Lass die Anrufung dreimal singen!" Von diesem Augenblick an trägt das Bild den Titel „Du dreimal wunderbare Mutter". Und nicht nur in Ingolstadt, sondern an vielen Orten der Welt wird die Anrufung „Du wunderbare Mutter" dreimal wiederholt.

Dieses Ereignis ist wohl die bekannteste Begebenheit aus dem Leben von Jakob Rem. Mit Sicherheit ist sie ein Grund dafür, dass schon bald nach seinem Tod, am 12. Oktober 1618, der Seligsprechungsprozess eingeleitet wurde. Doch damit allein wird man dem Leben dieses genügsamen und bescheidenen Mystikers nicht gerecht. Jakob Rem war keiner, der sich selbst in den Mittelpunkt stellte. Auf Ruhm war er nie bedacht, eine große Karriere strebte der promovierte Theologe nicht an. Sein Lebensstil war schlicht und einfach. Ihm, der später von seinen Mitbrüdern „Apostel der Jugend" bezeichnet wurde, war es vielmehr ein Anliegen, junge Menschen zu einem tugendsamen Leben zu verhelfen. Im Verborgenen Gutes tun – diese Maxime zieht sich wie ein roter Faden durch sein Leben.

Biographische Skizze

Jakob Rem wird im Juni 1546 (der genaue Tag lässt sich nicht bestimmen) in Bregenz am Bodensee als Sohn einer Gastwirtfamilie geboren. 1556 siedelt die Familie nach Kißlegg im Allgäu um. Um ihm eine humanistische Bildung zu ermöglichen, besucht Jakob die Lateinschule in Dillingen. Anschließend geht er dort an die Hochschule, die ein paar Jahre zuvor von den Jesuiten übernommen worden war. Mit Erfolg: Er gilt als der beste Schüler seines Kurses. Am 23. März 1566 erwirbt er das Bakkalaureat in Philosophie, die notwendige Vorstufe zum Doktorat. Da unternimmt er einen entscheidenden Schritt: Er entschließt sich, in den Jesuitenorden einzutreten. Zu diesem Zeitpunkt hatte sich die

„Gesellschaft Jesu", wie sie sich seit jeher nennt, als katholischer Reformorden besonders hervorgetan.

Die Entscheidung, sich diesem Orden anzuschließen, kommt nicht von ungefähr. Jakob Rem hat in den Jahren zuvor viel zur Gottesmutter gebetet, er geht ganz in der Marienfrömmigkeit auf. Er fühlt sich von Maria geführt. In der Gesellschaft Jesu sieht er die Möglichkeit, sein Lebensideal als Lehrer und Erzieher zu verwirklichen. Während andere Kandidaten zurückgestellt werden, wird ihm die Aufnahme bei den Jesuiten dank seiner Begabung ohne Zögern gewährt.

Man schickt den jungen Studenten nach Rom, wo der viel versprechende Kandidat sein Noviziat absolvieren soll. Am 18. September 1566 kommt er in der Ewigen Stadt an und bezieht ein Zimmer im Professhaus der Gesellschaft Jesu. Wie bescheiden und genügsam er sich in seine neue Rolle einfügt, zeigt folgendes Ereignis, das von einem Zeitgenossen festgehalten wird: „Nach dem Brauche der Gesellschaft Jesu verbrachte er die ersten Tage auf einem Zimmer außerhalb der Ordensgemeinschaft und bekam in Folge der sicher zu verurteilenden Sorglosigkeit des Pater Minister drei Tage nichts zu essen. Jacob ertrug diese Entbehrung mit Geduld und hätte noch weiter gefastet, wenn er nicht zufällig vom Rector des Kollegs gefragt worden wäre, wie ihm das Essen bekomme. Bescheiden antwortete der Jüngling, er habe bisher noch nichts gekostet. Aufs Höchste überrascht und ziemlich entrüstet ließ Pater Rektor ihm sofort Essen bringen." Bis zu seinem Lebensende sollte Jakob Rem auf feine Leckerbissen freiwillig verzichten. Er begnügt sich mit einfacher Kost, selbst im Alter und in Krankheit.

In Rom siedelt er ein Jahr später an das Collegium Romanum um. In dieser Ausbildungsstätte der Jesuiten kommt er auch zum ersten Mal mit der Marianischen Kongregation in Berührung, die ihn sehr beeindruckt. In ihm wächst der Wunsch, auch in seiner Heimat eine solche fromme Gemeinschaft zu gründen, die nach dem Vorbild der Gottesmutter ein tiefes Gebetsleben führt. Tatsächlich tritt Jakob Rem den Weg zurück nach Deutschland eher als erwartet an. In Rom leidet er unter gesundheitlichen Problemen, er verträgt das Klima in der Stadt nicht. Darum wird er 1568 zurück nach Dillingen geschickt. Dort schließt er sein Studium in Philosophie mit dem Doktortitel ab und vollendet seine in Rom begonnenen theologischen Studien. In dieser Zeit lebt er zusammen mit Petrus Canisius unter einem Dach und bekommt somit die Gelegenheit, den von Päpsten und Kaisern hochgeschätzten Mann näher kennen zu lernen. Am 16. Mai 1573 wird er in Augsburg zum Priester geweiht.

Doch Jakob Rem ist immer wieder krank, ständig leidet er an Kopfschmerzen. Sein Gesundheitszustand ist besorgniserregend. Er kann daher nicht wie ursprünglich vorgesehen als Dozent wirken. Stattdessen wird er als Subregens am Dillinger Jesuitenkonvikt eingesetzt. Diesem Amt widmet er sich mit ganzer Hingabe. Die Erziehung der Studenten liegt ihm sehr am Herzen. Aufgrund seines stillen, bescheidenen Wesens gewinnt er das Vertrauen der ihm anvertrauten Zöglinge. Im Herbst 1585 wird Rem an das Münchner Michaelskolleg – einem Gymnasium der Jesuiten – berufen, ein Jahr später kommt er nach Ingolstadt. Im Ignatius-Konvikt, das der dortigen Universität angeschlossen ist, übernimmt er die Stelle des Subregens.

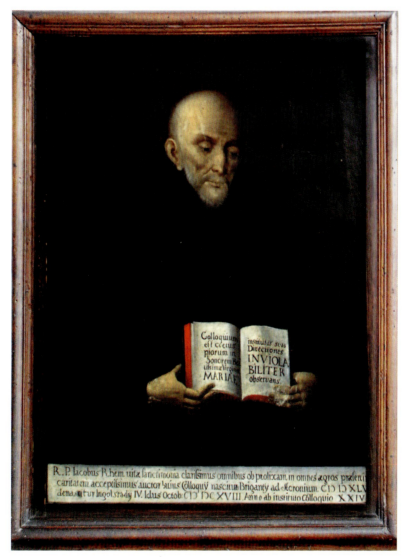

Pater Jakob Rem SJ, Ölgemälde aus der Mitte des 17. Jh., Liebfrauenmünster Ingolstadt

Jakob Rem ist inzwischen 40 Jahre alt. Sein Gesundheitszustand lässt keine weitere „große Karriere" zu. Er tritt nicht, wie ursprünglich von seinen Ordensoberen vorgesehen, als Theologe und Dozent in Erscheinung, auch nicht an der damaligen bayerischen Landesuniversität, die in ganz Europa einen sehr guten Ruf genießt. Im Jesuitenkonvikt kümmert er sich vielmehr um die Erziehung der Studenten, die aus verschiedenen Ständen und Ländern stammen: Laien und Ordensleute, Söhne von Herzögen und Fürsten. Ferner wird ihm noch die Leitung des Konvikts für die Ordensleute übertragen. Da aber die Zahl der Zöglinge derart anwächst, gibt er nach fünf Jahren dieses zusätzliche Amt ab. Er bleibt weiterhin Präfekt. Mit Geduld und Beharrlichkeit, mit Gebet und Demut geht er an die Aufgabe heran, die jungen Menschen zu erziehen. Mitunter legt er auch eine gewisse Strenge an den Tag: So manchen „Tunichtgut" lässt er aus dem Konvikt entfernen, damit dieser mit seinem schlechten Beispiel nicht die anderen Schüler in Versuchung führt.

Seinen Dienst als Erzieher versieht Jakob Rem bis ins Jahr 1610. Dann muss er aus Altersgründen sein Amt niederlegen. In seinen letzten Lebensjahren betreut er die Kranken des Kollegs und Konvikts in Ingolstadt. Er stirbt am 12. Oktober 1618. Der Nachruf beginnt mit den Worten: „Wir haben in diesem Jahr einen Mann verloren, der nach dem allgemeinen Ruf und Urteil als ein Heiliger bekannt war und zuerst in der Gruft unserer Kirche beigesetzt wurde. Es ist Pater Jakob Rem, gestorben am 12. Oktober [1618], ein Mann von höchster Tugend, der aber durch seine Bescheidenheit dieselbe so verhüllte, dass es den Anschein haben wird, wir führten zu wenig an, um den Ruf seiner Heiligkeit zu beweisen."

Der Erzieher

Zum Zeitpunkt seines Todes war der Ruf seiner Heiligkeit so weit verbreitet, dass Jakob Rem überall „der Heilige" genannt wurde. In Anbetracht seines eher unspektakulären Lebens mag das zunächst verwundern. Von ihm sind keine großen Schriften zur Verteidigung des Glaubens erhalten; er verkehrte auch nicht mit den Fürsten des Landes, übte keinen Einfluss in Gesellschaft und Politik aus; er gründete keinen Orden, tat sich nicht als herausragender Prediger hervor, bekehrte keine Massen zu glühenden Glaubenszeugen und eines Märtyrertodes starb er auch nicht.

Dennoch beeinflusste Jakob Rem durch seine stille und unaufdringliche Erziehertätigkeit mehr Personen als wir es heute einschätzen können. Eine ganze Reihe seiner Zöglinge – ob in Dillingen, München oder Ingolstadt – erhielt später wichtige Stellungen in Staat und Kirche, darunter unter anderem der Großkanzler des Königreich Polens, mehrere Bischöfe, Äbte, Fürsten, Herzöge. Jakob Rem war ihr Präfekt und Beichtvater, väterlicher Freund und Seelsorger. Von den 52 Jahren seines Ordenslebens verbrachte er 49 Jahre Tag und Nacht mitten unter der studierenden Jugend. Über ihn wurde 1592 im Ordenskatalog vermerkt: „Sorgt für die Förderung der Wissenschaft und Frömmigkeit im Konvikt." Und zwei Jahre später betonte der Chronist: „Im Konvikt stand es nie besser als in diesem Jahre. Es beherbergte über 140 junge Leute, die nicht nur wegen ihres reifen Alters und ihrer Herkunft Achtung verdienten, sondern sich auch durch hervorragende Frömmigkeit, Sittenreinheit und freudigen Gehorsam auszeichneten."

Seinen Erzieherberuf nahm Pater Rem in jeder Hinsicht gewissenhaft und ernst. Mit großer Geduld sorgte er für jeden einzelnen seiner Zöglinge. War etwa einer erkrankt oder kam er mit dem Studium nicht nach, bemühte er sich umgehend um Hilfe und Unterstützung. Andererseits achtete er auch fest darauf, dass seine Schüler und Studenten zu charakterfesten Männern heranwachsen sollten. Schlechtes Benehmen ließ er nicht durchgehen. Wenn nötig, konnte der sonst so gütige Priester ganz energisch durchgreifen, immer aber mit Augenmaß und liebevoller Zuwendung, da der Jugend sein ganzes Herz gehörte. Und die schätzte ihn bis ins hohe Alter. Wenn die Studenten beispielsweise ihren Unmut über die übrigen Lehrer und Erzieher los wurden, fügten sie stets an: „Mit Ausnahme Pater Rems."

Jakob Rem war ein begnadeter Erzieher in schweren Zeiten. Zu Beginn der Neuzeit herrschte eine weit verbreitete Abneigung gegen den Ordensstand. Die geistliche Erneuerung, die gerade die Jesuiten voranbringen wollten, konnte somit nur erfolgreich sein, wenn an den katholischen Schulen die Jugend durch fromme und tugendhafte Vorbilder erzogen wurde. In der Tat haben sich auf diesem Gebiet die Kollegien von Dillingen und Ingolstadt große Verdienste erworben, was in besonderem Maß eben auf Jakob Rem zurückzuführen ist. Viele Ordensberufungen wurden erweckt, die wissenschaftliche Ausbildung der Studenten wurde zum Vorbild für viele andere Kollegien. Die Saat, die Rem als Präfekt säte, hat hundertfältige Früchte hervorgebracht.

Eine Zahl macht das besonders deutlich: In der Zeit, als Jakob Rem die jungen Ordensleute in Ingolstadt betreute (1586–1610), traten 244 Religiosen in das Jesuitenkonvikt ein. Davon wurden später nachweisbar 37 zu Äbten und Prälaten gewählt. Die große Bedeutung der Dillinger und Ingolstädter Konvikte für die Klosterreform wurde von immer mehr Außenstehenden anerkannt. So schrieb am 16. Juni 1594 der apostolische Visitator der Bayerischen Benediktinerklöster, „… dass er keine bessern Mönche gefunden habe als die in Ingolstadt ausgebildeten. Er wünschte, dass in allen Klöstern Mönche wären, die dort ihre Studien gemacht hätten." Wenn auch in derartigen Berichten nicht unbedingt die Rede von Jakob Rem ist, so wissen wir doch heute, dass er es gewesen ist, der still und beinahe unbemerkt durch seine verborgene Erziehertätigkeit zur Reform der verschiedenen Orden in Süddeutschland, Österreich und der Schweiz maßgeblichen Einfluss ausgeübt hat. Mit seiner tiefen Liebe zu Gott und zu den Menschen ist er ein Vorbild für alle christlichen Erzieher geworden. Eine große Hilfe bei der Ausbildung der jungen Menschen waren ihm dabei die Marianischen Kongregationen, die er in Dillingen und in Ingolstadt errichtete.

Der Marienverehrer

Pater Jakob Rem war ein glühender Marienverehrer. Da er seine eigene Mutter früh verloren hatte, vertraute er sich – entgegen dem Zeitgeist – schon in seiner Kindheit ganz der Gottesmutter an. Von ihr fühlte er sich während seiner Schulzeit begleitet und beschützt. Zudem reifte in ihm als Student der Wunsch, die selber erfahrene Zuwendung Mariens auch anderen zukommen zu lassen. Diesen Wunsch teilte er mit dem Belgier Johannes Leunis, der in Rom 1563 die erste Marianische Kongregation gründete. Leunis

Gnadenbild der „Dreimal Wunderbaren Mutter" in der Gnadenkapelle des Ingolstädter Münsters, um 1570

sammelte eine junge Schar von Studenten, so genannte Sodalen, um sich. „Durch Maria zu Jesus!" – diesem Grundsatz hatten sie sich im Gebet und im apostolischen Bemühen ganz verschrieben.

Als Jakob Rem 1576 ins römische Kolleg kam, lernte er die Marianische Kongregation aus nächster Nähe kennen. Von diesem Zusammenschluss beeindruckt gründete er auch in Deutschland Marianische Kongregationen, zunächst 1574 in Dillingen, später auch in Ingolstadt. Diese Form der Marienverehrung breitete sich rasch aus, andere Jesuitenkollegien folgten dem Beispiel. Die Oberen begrüßten diese Gründungen und unterstützten die Kongregationen maßgeblich. Gerade in den Städten erleichterten sie dem Orden die Seelsorge. Für die Jesuiten waren diese Kongregationen eine willkommene Gelegenheit, mit der soeben begonnenen katholischen Reform als Gegenbewegung zum Protestantismus Fuß zu fassen.

Ingolstadt war für diese Zwecke ein besonders gutes Pflaster. Hier befand sich eine über die Grenzen hinaus bekannte Universität, hier studierten zahlreiche junge Männer, die bewusst ein Leben aus dem Glauben führen wollten. Die Zahl derer, die um Aufnahme in die Marianische Kongregation baten, wuchs beständig. Für Jakob Rem war es auf der einen Seite durchaus erfreulich, dass sich so viele junge Menschen für dieses Ideal begeisterten. Auf der anderen Seite erkannte er aber auch, dass nicht alle die festen Riten und Regeln beachteten und allem Anschein nach nicht mit ganzem Herzen dabei waren. Um daher einer gewissen Äußerlichkeit vorzubeugen, gründete Pater Rem innerhalb der Kongregation mit einer kleinen Anzahl an Studenten eine Art Elite. Diesen Kernkreis nannte er „Colloquium Marianum". Die Mitglieder sollten in einer noch innigeren Marienverehrung geschult werden. Weiterhin sollten sie Christus mit reinem Herzen dienen, schwere Sünden meiden und auch in der Praxis apostolisch wirken. Der regelmäßige Empfang der Sakramente war Voraussetzung. Wachstum und Fortbildung im Glauben ermöglichten die regelmäßigen Ansprachen, Betrachtungen und Vorträge zu geistlichen Themen.

Hier kommt nun das eingangs bereits erwähnte Marienbild ins Spiel, das der Ordensgeneral Franz Borgia um 1570 dem Jesuitenkolleg Ingolstadt geschenkt hatte. Jakob Rem kannte das Original aus seiner Zeit in Rom. Viele Stunden hatte er als Novize davor meditierend verbracht. Nun fand er die Kopie dieses Bildes in Ingolstadt vor. Das Bild blieb auch nach seinem Tod in Ingolstadt bis zur damaligen Auflösung des Jesuitenordens 1773. Im Jahr 1800 gelangte es an die Universität Landshut. Dort hat man ihm im 19. Jahrhundert keine größere Bedeutung beigemessen. 1881 wurde es zurück nach Ingolstadt gebracht. Seitdem befindet es sich in der Marienkapelle des Liebfrauenmünsters und wird von den Gläubigen der Stadt und der ganzen Diözese sehr verehrt. Im Kriegsjahr 1942 hatte erstmals Bischof Michael Rackl das Bistum unter den Schutz der „Dreimal wunderbaren Mutter" gestellt, weil auch der Papst im Krieg die Welt Maria anvertraut hatte. Seitdem haben alle seine Nachfolger diese Weihe an Maria bekräftigt, zuletzt am 16. Juli 2009 Bischof Gregor Maria Hanke OSB. In Zukunft wird der 11. Oktober im Bistum Eichstätt als „Gedenktag der Seligen Jungfrau Maria, der Dreimal Wunderbaren Mutter", begangen. Die römische „Kongregation für den Gottesdienst und die Sakramentenordnung" hatte einem entsprechenden Antrag der Diözese Eichstätt stattgegeben, diesen Tag als Gedenktag („memoria ad libitum") im liturgischen Kalender des Bistums Eichstätt zu verankern. Am 11. Oktober 1942 hatte Bischof Rackl im Ingolstädter Münster erstmals die Marienweihe des Bistums in feierlicher Form vollzogen; der 12. Oktober ist der Todestag von Pater Jakob Rem.

Bis heute übt das Gemälde eine große Anziehungskraft auf Marienverehrer und Heilsuchende aus. Dem Fürbittbuch, das vor dem Gnadenbild ausliegt, vertrauen viele Menschen ihre Sorgen und Nöte an. Sie empfinden Trost vor dem Bild, das Maria zeigt, wie sie auf Jesus verweist. Diese Wegweiserfunktion von Maria ist die tiefere Aussage des Bildes: Jesus Christus ist der Weg, die Wahrheit und das Leben.

Der Mystiker

Als Erzieher und als Marienverehrer ist Pater Jakob Rem bis heute geschätzt und geachtet. Dass er auch mystische Gnadengaben empfing, ist dagegen kaum bekannt. In unserer aufgeklärten Zeit mögen seine übernatürlichen Erscheinungen weniger gefragt sein. Dennoch haben sie wesentlich dazu beigetragen, dass er schon zu Lebzeiten wie ein Heiliger verehrt wurde.

Besonders auffällig war seine große Liebe zu den armen Seelen im Fegefeuer. In der ersten Lebensbeschreibung des Jesuiten Matthäus Rader, die nur wenige Jahre nach Rems Tod verfasst wurde, heißt es: „Die Seelen der Verstorbenen pflegten zu Pater Rem wie zu einem gemeinsamen Fürsprecher ihre Zuflucht zu nehmen. Sie klopften an seine Türe und zwar umso heftiger, je dringender sie der Hilfe bedurften. Mehrere berichten, man habe öfter gehört, wie sie auf dem benachbarten Friedhof unter lautem Wehklagen und Jammern Pater Jakob namentlich um Hilfe angegangen hätten." Wiederholt geschah es, dass Jakob Rem vom Tod eines Mitbruders oder früheren Schülers wusste, noch bevor die Todesnachricht übermittelt wurde. Als er einmal gefragt wurde, für wen er die Messe gefeiert habe, sagte Pater Rem: „Für einen in der Donau ertrunkenen Mitbruder". Erst Tage später wurde bekannt, dass tatsächlich ein Jesuit, der von Ingolstadt nach Regensburg geschickt wurde, um diese Zeit bei einem Schiffbruch auf der Donau ums Leben gekommen ist. Diese Beispiele zeigen, wie sehr sich Jakob Rem mit den Verstorbenen verbunden fühlte. Die Gemeinschaft der Heiligen, die über den Tod hinaus gilt, war für ihn ein tiefes Geheimnis des Glaubens.

Dass Jakob Rem auch Zukünftiges voraussagen konnte, ist durch viele glaubhafte Zeugen verbürgt. So prophezeite er in Briefen einige Jahre zuvor, was sich in den Jahren 1619 bis 1620 ereignen sollte: Der Sieg des Herzogs Maximilian von Bayern über die Böhmen. Weitere Voraussagungen bezogen sich auf den Dreißigjährigen Krieg, den Rem selber nicht mehr erlebte. Er sah die düsteren Ereignisse voraus und teilte ihm vertrauten Personen mit, was er geschaut hatte, zum Beispiel, dass Ingolstadt zwar belagert, aber vom Feind nicht erobert werden sollte. Und er fügte hinzu: „Ist eine Festung, ist eine Festung". Auch das Schicksal Eichstätts sah er voraus: „Durch Eichstätt wird ein Blutbächlein fließen". Tatsächlich wurde in der Nacht vom 6. auf den 7. Februar 1634 die Stadt vom Landgrafen von Hessen eingenommen. Später hieß es, ein wahrer Blutstrom rötete die Erde und ergoss sich auf dem Weg zur Willibaldsburg, wo viele hofften, Unterschlupf zu finden. Weissagungen über Staat und Reich, über Aufstände und Bürgerkriege, aber auch über persönliche Schicksale seiner Weggefährten – es verwundert nicht, dass viele, die Pater Rem persönlich kannten, ihn für einen Heiligen hielten. In dieses Bild passt auch, dass schon zu Lebzeiten auf seine Fürbitte hin Heilungen erfolgt sein sollen. Beim Lesen der Heiligen Messe musste er immer wieder inne halten, weil er so sehr von der himmlischen Freude ergriffen war. Mehr als einmal sah man ihn bei der Feier über der Erde erhoben. So vermerkte der Geschichtsschreiber des Ingolstädter Kollegs im Jahr 1618 zum Tod von Jakob Rem: „Nach einstimmiger Beteuerung aller, die vertrauter mit ihm verkehrt haben, war er ein nicht gewöhnlicher heiliger Mann."

Darum wurde schon bald nach seinem Tod versucht, die Seligsprechung einzuleiten. Doch der Dreißigjährige Krieg und die strenge Auslegung der Bestimmungen Urbans VIII. über die Heiligsprechung schoben diese Bemühung hinaus. Im 19. Jahrhundert wurde ein erneuter Versuch gestartet. Aber infolge des Kulturkampfes und der langen Verbannung der Jesuiten aus Deutschland blieb es bei der guten Absicht. Einen weiteren Anlauf unternahm 1930 die Marianische Männerkongregation aus Bregenz, der Heimatstadt Rems. Ihr schlossen sich über 350 Kongregationen weltweit an. Zunächst auch wieder ohne Erfolg. Erst 80 Jahre später, am 17. Januar 2010, wurde das Seligsprechungsverfahren mit einem feierlichen Gottesdienst im Ingolstädter Liebfrauenmünster neu eröffnet. Hier ruhen in einer Seitenkapelle seine Gebeine, ganz nahe beim Bild der „Dreimal Wunderbaren Mutter".

Seine Bedeutung für heute

Die Marianische Kongregation von Pater Jakob Rem existiert in dieser Form heute nicht mehr. Als offenkundige Erbin darf sich aber die Marianische Bürger-Kongregation bezeichnen, die noch zu Lebzeiten Pater Rems im Jahr 1612 in Ingolstadt gegründet wurde. Ob er selber daran beteiligt war, ist ungewiss. Sicher ist, dass seine Mitbrüder, auf deren Betreiben diese Kongregation ins Leben gerufen wurde, sich seiner Erfahrungen beim Aufbau von Gebetsgemeinschaften bedient haben. Die Bürger wählten als Anrufung der Gottesmutter den Titel „Maria de Victoria", zu Deutsch: „Maria vom Sieg." Dieser Titel ging auf die Seeschlacht von Lepanto zurück, bei dem 1571 die christlichen Mittelmeermächte einen Sieg gegen das Osmanische Reich erzielten. Dieser Sieg wurde der Fürbitte Mariens zugeschrieben. Die Bürger-Kongregation hält bis zum heutigen Tag treu an dem Auftrag von Jakob Rem fest, indem ihre Mitglieder zu Gebeten zusammenkommen und sich laut ihren Statuten zu einem christlichen Lebenswandel verpflichten.

Noch eine weitere geistliche Gruppierung hält das Andenken an Jakob Rem bis heute lebendig: die Schönstatt-Bewegung. Der Pallottinerpater Josef Kentenich gründete 1914 im Studienheim Schönstatt bei Vallendar für die dortigen Schüler nach dem Vorbild Rems eine Marianische Kongregation. Das Ziel der religiösen Erneuerung von Welt und Kirche fasste Kentenich unter die Worte „Parallele Ingolstadt-Schönstatt". Unter diesem Namen hatte die Gründergeneration Schönstatts im Ersten Weltkrieg ihr Ziel gesteckt: Wie von Ingolstadt in der Zeit der Gegenreformation, so sollte von Schönstatt in der neuesten Zeit eine Erneuerungsbewegung ausgehen, deren Träger junge, engagierte, tiefgläubige Menschen waren. Seit 1915 wird Maria auch in der Schönstatt-Bewegung als „Dreimal Wunderbare Mutter" verehrt.

Jakob Rem ist eine Gestalt, die der Kirche heute etwas zu sagen hat. Seine Art, den Glauben im Verborgenen und in aller Unaufdringlichkeit zu leben und dabei dennoch authentisch zu bleiben, ist beispielhaft. Jakob Rem war „echt". Das haben die Schüler und Studenten seiner Zeit gewusst. Authentische Männer und Frauen als kompetente Lehrerinnen und Lehrer – das erwarten die jungen Menschen auch heute. Jakob Rem wäre ein idealer Patron für alle Erzieher, die aus dem Glauben heraus motiviert sind.

Literaturhinweise
BAGORSKI, BARBARA, Jakob Rem SJ (1546–1618). Begnadeter Erzieher der Jugend, in: Barbara Bagorski/Ludwig Brandl/Michael Heberling (Hrsg.), 12 Männerprofile aus dem Bistum Eichstätt, Regensburg 2010, S. 108-121.
HAUB, RITA, Pater Jakob Rem und die Gesellschaft Jesu, in: Pater Jakob Rem SJ – 400 Jahre Dreimal Wunderbare Mutter in Ingolstadt, München-Ingolstadt 2004, S. 5–30.
HÖSS, ANTON, Pater Jakob Rem SJ – Künder der Wunderbaren Mutter, München 1953.
LÖHLEIN, BERNHARD, Erzieher – Marienverehrer – Mystiker: Pater Jakob Rem, in: Der Mittwoch-Abend mit „radio K1", Hörfunkbeitrag vom 20. Januar 2010.
METZLER, JOHANNES, Ein Apostel der Jugend. Der Ehrwürdige Pater Jakob Rem SJ, München 1936.
RADER, MATTHÄUS, Bavaria Pia, München 1627, S. 161–166.
WITTMANN, DORIS, Die Bürger-Kongregation Maria vom Sieg, in: Pater Jakob Rem SJ – 400 Jahre Dreimal Wunderbare Mutter in Ingolstadt, München-Ingolstadt 2004, S. 49–76.

Martin Swientek

Pater Simon Elperle OFMCap († 1631)

Ein Märtyrer aus dem Dreißigjährigen Krieg

Als am 18. Oktober 1631 während des Dreißigjährigen Kriegs die Schweden die Festung Marienberg in Würzburg eroberten, fanden in dem grausamen Gemetzel auch zwei Kapuzinerpatres den Tod: Pater Leopold von Gumppenberg aus Pöttmes und Pater Simon Elperle aus Greding. „Mancherlei Bilder von ihnen sind angefertigt und in den Häusern in Ehren gehalten worden. In einigen unserer Klöster sind solche noch anzutreffen: Auf dem Käppele und in Karlstadt haben sie einen Ehrenplatz im Refektorium, zu Königshofen im Grabfeld hängen sie im Gang neben der Konventuhr", stellt der „Provinzbote der Bayerischen Kapuziner" in seiner Ausgabe von 1932 fest. Die Bilder belegen, dass die Erinnerung an die beiden Blutzeugen über lange Zeit hinweg lebendig war, auch wenn die beiden Ordensleute heute nahezu in Vergessenheit geraten sind. Das gilt vor allem für Simon Elperle, der gemeinsam mit dem Guardian des Würzburger Kapuzinerklosters, Pater Leopold von Gumppenberg, den Tod fand.

Wer sich auf die Suche nach den erwähnten Bildern macht, wird zunächst enttäuscht: Im Refektorium der Kapuziner im Würzburger Käppele ist nur noch ein kleines Bild mit dem Porträt des Simon Elperle zu finden, das wohl aus dem frühen 18. Jahrhundert stammt. Die anderen, noch 1932 genannten Bilder sind nicht mehr an ihrem Platz. Dem Bemühen eines Würzburger Diözesanpriesters ist es zu verdanken, dass die beiden Darstellungen des ermordeten Ordenspriesters im März 2009 wiederentdeckt und fotografiert wurden. Beide Bilder, die ebenfalls dem 18. Jahrhundert zuzuordnen sind und wohl auf eine ältere Vorlage zurückgreifen, geben Hinweise auf den Tod von Simon Elperle. In drastischer Weise stellen sie die Wunden dar, an denen der Kapuzinerpater starb: Drei tiefe Narben ziehen sich über das Gesicht des Märtyrers. Aus einer lateinischen Inschrift auf einem der beiden Bilder geht hervor, dass Elperle, in Treue zum Glauben und zu seinen Ordensgelübden, bei der Eroberung der Festung Marienberg durch „schwedisches Schwert" zu Tode kam.

Ermordung als Militärseelsorger

Nähere Angaben zum Tod der beiden Kapuziner im Jahr 1631 liefern Aufzeichnungen, die der Würzburger Generalvikar Joachim Ganzhorn nur wenige Jahre nach den Ereignissen niedergeschrieben hat und die im Staatsarchiv Würzburg verwahrt werden. Ihn und offensichtlich weitere Quellen zitiert der „Kalender für Katholische Christen" in seiner Ausgabe von 1873:

Holztafel mit dem Bildnis von Pater Simon, Refektorium des Würzburger Käppele, frühes 18. Jh.

„Als am 18. Oktober des nämlichen Jahres Morgens 5 Uhr die Schweden das Schloß Marienberg erstürmten, befand sich P. Leopold mit seinem Begleiter P. Simon in der Schloßkirche, um der heil. Messe beizuwohnen, welche der Schloßkaplan celebriren sollte. Da stürmten die Schweden, Alles niederschmetternd, in die Kirche. Als diese über die beiden Kapuziner herfielen – der Schloßkaplan hatte sich noch rechtzeitig geflüchtet – bat P. Leopold, sie wenigstens nicht in der Kirche zu ermorden und das Heiligthum nicht durch solche Greuelthat zu entheiligen. Diese, eines Heiligen würdige Bitte wurde erfüllt. Die wüthenden Soldaten schleppten die beiden Ordenspriester hinaus und erschlugen sie unmittelbar vor der Kirchthüre mit Beilen."

Der Dreißigjährige Krieg war 1631 in seiner ganzen Härte nach Franken gekommen. Nach der Schlacht bei Breitenfeld im September 1631, in der die kaiserliche Armee unter ihrem Feldherrn Tilly eine schwere Niederlage gegen Gustav Adolf erlitten hat, stieß der Schwedenkönig rasch in die katholischen süddeutschen Territorien vor. Mit einem Heer von 30 000 Mann erreichte er den Main, wobei nach dem schnellen Fall der Festung Königshofen eine allgemeine Fluchtbewegung sein Vorwärtskommen erleichterte. Auch der Würzburger Fürstbischof Franz von Hatzfeld, der erst wenige Wochen zuvor sein Amt angetreten hatte, floh nach Frankfurt. Würzburg selbst erreichten die Schweden am 14. Oktober. Am darauffolgenden Tag zog Gustav Adolf nach bedingungsloser Kapitulation der Stadt in Würzburg ein. Drei Tage später erstürmten die Schweden die Festung Marienberg, die nur kurz dem Ansturm Widerstand leisten konnte. Ein Übergabeangebot der Belagerten wurde nicht akzeptiert, bei dem Blutbad in der Festung machten die Eroberer zwischen Soldaten und Zivilisten keinen Unterschied. Für einige Jahre blieb Würzburg besetzt. Die schwedische Herrschaft in Süddeutschland brach erst nach der Schlacht bei Nördlingen vom 6. September 1634 zusammen, am 14. Oktober 1634 wurde Würzburg von den kaiserlichen Truppen zurückerobert.

Einer Aufforderung des Fürstbischofs folgend waren die Würzburger Kapuziner vor dem Anrücken der Schweden aus ihrem etwas außerhalb gelegenen Kloster in das Stadtzentrum gezogen. Offensichtlich waren dafür nicht nur Fragen der Sicherheit und der besseren Versorgung maßgeblich. Der wichtigste Grund war vielmehr, dass die Ordensleute nach der Flucht vieler Weltpriester dringend in der Seelsorge benötigt wurden: „Sie zogen deßhalb unter Vorantragung des Kreuzes in die innere Stadt und übernahmen bereitwillig die Seelsorge", berichtet der Chronist. Zwei von ihnen waren auf Wunsch des Fürstbischofs als Militärseelsorger auf die Festung Marienberg gegangen und blieben auch während der Belagerung und Eroberung bei den Soldaten, „um ihnen tröstlich zuzusprechen und Sacramentalia verrichten zu können": Pater Leopold von Pöttmes und Pater Simon von Greding. So wurden sie Opfer des Blutbads. Über den Tod von Simon Elperle schreibt Pater

Angelikus Eberl in der 1902 veröffentlichten „Geschichte der Bayrischen Kapuziner-Ordensprovinz": „Seine Todeswunde über die Nase hin war ungemein groß und weitere zwei Schläge über die Stirne vollendeten sein Opfer". Als der Schwedenkönig Gustav Adolf im Laufe des Vormittags auf den Marienberg kam, sei er über die Schandtat sehr aufgebracht gewesen, so wird überliefert.

Die beiden ermordeten Kapuziner wurden in die Stadt gebracht und, weil das eigene Kloster von den feindlichen Truppen besetzt war, im Kreuzgang des Minoritenklosters beigesetzt. Ihre Ruhestätte bezeichnet noch heute eine Tafel im Kreuzgang des Klosters in der Würzburger Franziskanergasse. Sie trägt die Inschrift:

„Anno 1631 die 18. Octobris dum castellum Herbipolense a rege Sueciae caperetur, caesi sunt R. R. P. P. Leopoldus Guardianus F. F. Capucinorum et P. Simon ejusdem ordinis sacerdos, hoc loco sepulti, quorum animae vivant Deo in aeternum. Amen." (Als am 18. Oktober des Jahres 1631 die Würzburger Festung vom Schwedenkönig erobert wurde, sind die ehrwürdigen Patres Leopold, der Guardian der Kapuzinerbrüder, und P. Simon, Priester desselben Ordens, getötet worden. An diesem Ort sind sie bestattet. Ihre Seelen mögen bei Gott leben in Ewigkeit.)

Begeisterung für die Aufbruchbewegung der Kapuziner

Die weiteren Lebensdaten von Pater Simon Elperle sind spärlich. In der „Geschichte der Bayrischen Kapuziner-Ordensprovinz" heißt es über ihn: „P. Simon von Greding in der Eichstätter Diözese hieß in der Welt Jodok Elperle und wurde am 1. November 1608 zu Salzburg unter dem Magister P. Johann Baptist von Ala eingekleidet". Ob die Erwähnung eines Johannes Elperle 1607 aus Greding in einem Dokument im Würzburger Diözesanarchiv sich auf den späteren Ordenspriester Simon Elperle bezieht, ist ungeklärt. Die Notiz bezeichnet ihn als „logicus" an der Universität Dillingen.

Als sich Elperle den Kapuzinern anschloss, war der Orden noch sehr jung. Nach der kirchlichen Bestätigung 1528 für den Kapuzinerorden wurde 1594 ein Kloster in Innsbruck gegründet, als erste Niederlassung im tirolisch-bayerischen Raum. In seiner unmittelbaren Heimat konnte Elperle noch keine intensivere Bekanntschaft mit den Kapuzinern gemacht haben. Denn das Eichstätter Kapuzinerkloster wurde 1623 errichtet und in Neumarkt ließen sich 1627 die Kapuziner nieder. Wie Elperle von Greding aus in Kontakt zu den Kapuzinern kam, ist nicht bekannt. Sicher ist jedoch: Die Kapuziner standen für einen religiösen Aufbruch, für Erneuerung des Glaubens und überzeugende, volksnahe Seelsorge. Die rasch anwachsende Zahl der Kapuzinerklöster ab 1600 in Bayern lässt die besondere Aktualität

Pater Simon, Ölbild aus dem Kapuzinerkloster St. Magdalena in Altötting, 18. Jh.

Epitaph für Pater Simon im Kreuzgang des Franziskaner-Minoritenklosters in Würzburg

und Anziehungskraft des Ordens erkennen. „Nicht nur Leute und Bürger aus dem Volk, sondern ebenso Adelige, Fürsten, Könige und Kaiser wie auch Bischöfe wetteiferten miteinander, den Kapuzinern Behausung und Unterhalt zu gewähren. Ebenso strömten dem Orden Berufe aus allen Schichten zu", so Alfons Sprinkart im Handbuch der bayerischen Kirchengeschichte.

Dieser Bewegung schloss sich Elperle ganz zu Beginn ihres Aufblühens in Bayern an. „Er war zwar nur sacerdos simplex, aber trotzdem von großem Seeleneifer belebt", schreibt Pater Eberl in seiner Ordensgeschichte von 1902. Ein Motiv, den Kapuzinern beizutreten, war für Elperle sicher ihr vorbildlicher Einsatz im Bereich der Verkündigung und bei der Spendung der Sakramente. Gerade in der Anfangszeit des Ordens in Bayern und besonders in den wirren Zeiten des Krieges wurden sie oft zur Aushilfe an Brennpunkten der Pastoral gerufen, so etwa zur Seelsorge an Kranken und Sterbenden. Für Pater Simon Elperle führte dieser Dienst zum Martyrium: Er starb als Militärseelsorger an einem wahren Brennpunkt der Seelsorge.

Literaturhinweise:
Edgar Krausen, Leopold von Gumppenberg, in: Georg Schwaiger (Hrsg.), Bavaria Sancta Bd. III, Regensburg 1973, S. 321–327, bes. 324 f.
Handbuch der Bayerischen Kirchengeschichte, hrsg. von Walter Brandmüller, Bd. II, St. Ottilien 1993.
Geschichte der Bayerischen Kapuziner-Ordensprovinz, bearbeitet von P. Angelikus Eberl, Freiburg 1902.

Norbert Staudt

Michael Weigmann († 1643)
Der fromme Schuster von Ingolstadt

In Ingolstadt lebte im 17. Jahrhundert ein Mann, der einen für die damalige Zeit üblichen Lebenslauf hatte. Von Herkunft und Jugend wissen wir nichts, nur dass er verheiratet war, bald seine erste Frau verlor, wieder heiratete und nach seinem Tod sieben Kinder hinterließ. Außerdem kennen wir seinen Beruf: Er war Schuster. Außergewöhnlich ist, dass er – zunächst namenlos – in einer Heiligenbeschreibung des 19. Jahrhunderts auftaucht: Die „Bavaria Sancta" aus dem Jahr 1862, ein Werk, in dem das Leben von knapp 200 Heiligen und Seligen aus Bayern geschildert wird, zeigt ein kurzes Lebensbild des Mannes.

„Im Anfange des 17. Jahrhunderts lebte zu Ingolstadt ein frommer Mann, der sich von der Arbeit seiner Hände nährte und der ganzen Stadt ein ausgezeichnetes Beispiel wahrer Frömmigkeit gab. Sein Name ist nicht bekannt geworden."

Ein Ingolstädter Bürger des 17. Jahrhunderts

Es ist aber nicht die einzige Quelle, die uns vom Leben dieses Mannes erzählt. Bereits 1678 finden sich erste handschriftliche Notizen über den frommen Schuster in einem Buch des Jesuitenpaters Benignus Kybler: „Wunder-Spiegl oder Göttliche Wunderwerck auß dem Alt- und Neuen Testament" nennt sich das dreibändige Werk in den Litterae Annuae des Ingolstädter Jesuitenkollegs. Maximilian Rassler bezieht sich in seinem ebenfalls dreibändigen Werk „Das Heilige Selige und Gottselige Bayerland" im Jahr 1714 auf Kybler. Der Namen und die Lebensdaten waren bis dato nicht von Interesse, so kommt die „Bavaria Sancta" noch im 19. Jahrhundert zu dem Schluss, dass der fromme Schuster namentlich schlichtweg nicht bekannt sei. Erst 1951 erforschte dann Johann Haselmayer Näheres über den bis dahin unbekannten Schuster und fand seinen Namen und sein Todesdatum heraus: Michael Weigmann ist am 11. März 1643 in den Sterbematrikeln der Münsterpfarrei verzeichnet.

Die Eckdaten der Vita von Michael Weigmann sind knapp gehalten. Wir wissen nicht, wann er geboren wurde und auch nicht wo. Aber er war, wie auch seine erste Ehefrau, Kind von Ingolstädter Bürgern. Die erste verfügbare Quelle verweist auf den 19. Dezember 1622. Zu diesem Zeitpunkt erhielt Weigmann zusammen mit seiner Ehefrau Barbara das Ingolstädter Bürgerrecht. Vermutlich fand dies kurz nach der Eheschließung statt, die folglich 1622 stattgefunden haben dürfte.

Aus der Ehe gingen drei Söhne und eine Tochter hervor: Johann (1623), Lorenz (1625), Anna Maria (1627) und Mathias (1630). Der älteste Sohn Johann wurde Benediktinerpater. Er trat 1642 unter dem Ordensnamen Pater Ämilian in das Benediktinerkloster Thierhaupten ein. Anna Maria starb 1641 im Alter von nur 14 Jahren. Mathias lernte das Schusterhandwerk wie sein Vater und heiratete 1657 nach Amberg. Das Schicksal des zweiten Sohnes Lorenz ist nicht bekannt.

Die erste Ehefrau, Barbara Weigmann, starb am 17. Oktober 1634 vermutlich an der Pest, die damals in Ingolstadt wütete. Da war der jüngste Sohn gerade vier Jahre alt. Bereits vier Monate später heiratete Michael Weigmann erneut. Die Heiratsmatrikel der Pfarrei zur Schönen Unserer Lieben Frau (Münsterpfarrei) verzeichnen unter dem 13. Februar 1635 die Trauung mit Eva Ginter. Aus dieser Ehe gingen zwei Töchter und ein Sohn hervor: Maria (1637), Katharina (1638) und Sebastian (1643). Sebastian war noch nicht einmal zwei Monate alt, als sein Vater starb. Mutter Eva heiratete fünf Monate später Peter Lind(n)er aus Füssen, ebenfalls einen Schuster, der am 30. September 1643 in Ingolstadt als Bürger aufgenommen wurde. Sohn Sebastian erlernte das Handwerk seines Vaters und Stiefvaters, heiratete mit 21 Jahren, kaufte ein Haus in der damaligen Schloßstraße (heute Ludwigstraße) und ließ sich dort ebenfalls als Schuster nieder. Eva Lindner, verwitwete Weigmann, überlebte auch ihren zweiten Ehemann und starb am 15. Mai 1689 vermutlich in hohem Alter.

Der fromme Schuster

Dieser Lebenslauf mag nicht ungewöhnlich für die damalige Zeit sein. Da war ein rechtschaffener Handwerker, der Frau und Kinder über die Runden bringen musste. Krankheit, Tod und Leid waren ständige Begleiter. Wir wissen nicht, ob es sich bei den genannten Eheschließungen um Liebesheiraten handelte, zur damaligen Zeit wäre das eher ungewöhnlich gewesen. Zumindest bei der zweiten Ehe des Schusters waren kleine Kinder zu versorgen, ebenso nach seinem eigenen Tod. Der erstgeborene Sohn ergriff einen geistigen Beruf und ging ins Kloster, die anderen erlernten das Handwerk des Vaters. Die Lebensgeschichten der Töchter sind uns, bis auf den frühen Tod der ersten Tochter, nicht bekannt. Doch was ist es, dass wir heute noch, zu Beginn des 21. Jahrhunderts von dem einfachen Handwerker wissen, und mit Bewunderung auf ihn schauen? Der Artikel aus „Bavaria Sancta" von 1862 gibt in der schwülstigen Sprache des 19. Jahrhunderts nähere Ansatzpunkte:

„Jeden Morgen begab sich der fromme Mann schon um fünf Uhr in die Kirche, um dem heiligen Messopfer beizuwohnen. Da empfahl er jedesmal sich und sein Eheweib der gnädigen Fürsorge Gottes und bat um Segen für seine Arbeit und für sein Haus. Dann verfügte er sich in seine Werkstätte und war unermüdet bei seiner harten Arbeit, die er im Namen des Herrn begann und unablässig dem lieben Gott aufopferte. Um ja der Eitelkeit und Hoffart keine Nahrung zu geben, verfertigte er keine anderen Schuhe als solche, welche Gemeine und Bauersleute trugen. Er war ein Mitglied der Bruderschaft „Maria vom Sieg". Die Mitglieder dieser Bruderschaft verpflichteten sich, so oft als möglich das hochwürdige Gut zu begleiten, wenn es zu Sterbenden getragen wurde, und den Kranken und Sterbenden beizustehen. So oft nun das Glöcklein, welches das Versehen eines Kranken ankündete, geläutet wurde, verließ er seine Arbeit und begleitete das hochwürdige Gut. Eben so eifrig war er in Begleitung der Leichen. Gerade damals raffte eine ansteckende Krankheit eine Menge Leute dahin. Der fromme Schuster fürchtete keine Ansteckung. Er nahm die Leichen auf seine Schultern und trug sie auf den Gottesacker.

An jedem Sonntage ging er in aller Früh zur heiligen Beicht und empfing dann mit größter Andacht die heilige Kommunion. Darauf blieb er in der Klosterkirche, bis man in seiner Pfarrkirche die Predigt läutete. Die Predigt hörte er immer mit der größten Aufmerksamkeit, und auch beim ganzen Pfarrgottesdienste harrte er aus. Er war gewöhnlich der Erste in der Kirche, so auch der Letzte aus der Kirche. Jetzt erst sorgte er für seine leibliche Nahrung. Nachmittags hörte er immer zuerst die Predigt bei den PP. Franziskanern, dann ging er in seine Bruderschaftskirche und verrichtete dort seine Andacht. Zuletzt wohnte er noch der Vesper bei. Die übrige Zeit des Sonntags brachte er mit Lesung geistlicher Bücher zu, oder er besuchte noch andere Kirchen.

Der fromme Mann arbeitete ganz allein, ohne Gesellen; dessen ungeachtet war doch immer in seinem Laden ein großer Vorrath von Schuhen, und jede Bestellung besorgte er ganz schnell, wie man es verlangte. Die ganze Stadt meinte, weil man den Mann so häufig mit Werken der Andacht und der Barmherzigkeit beschäftigt sah, es müssten etwa die Engel bei ihm die Arbeit besorgen, wie sie dem heiligen Isidor den Pflug führten. Allein das Gebet macht hurtige Hände und frohen Muth, und da geht es dann mit der Arbeit doppelt gut. Es war dieß der Segen des Herrn, der dem frommen Arbeiter verheißen ist. Der treue Diener Gottes verdiente nicht bloß, was er täglich für sich und sein Weib nothwendig hatte, sondern er konnte noch viel Almosen geben. Außerdem konnte er vor seinem Hinscheiden außer dem nothwendigen Bedarfe für sein Eheweib noch 200 Gulden an die Pfarrkirche und 50 Gulden an die Bruderschaft „Maria vom Sieg" zur Unterstützung armer Mitglieder abgeben. „Denn die Gottseligkeit ist zu Allem nütze und hat die Verheißung dieses und des zukünftigen Lebens." Er starb im Jahre 1643. Ganz Ingolstadt behielt das Andenken des „frommen Schusters" in Ehren, ohne sich um seinen Namen zu kümmern."

Aus der aufgeklärten Sicht des 21. Jahrhunderts stellt sich dem Betrachter zunächst ein Mann dar, dessen Attribut „der fromme Schuster von Ingolstadt" treffend gewählt scheint. Jeden Tag um 5 Uhr früh die Heilige Messe mitfeiern, den Priester bei jedem Gang zum Sterbenden zu begleiten, zumindest „so oft als möglich" und außerdem der Dienst an den Verstorbenen der Pestepidemie jener Zeit: Das sind Werke der Frömmigkeit und Caritas, die wohl schon damals nicht als selbstverständlich angesehen wurden. Den Sonntag widmete Weigmann schließlich komplett dem geistlichen Werk: Nach dem Empfang des Bußsakramentes feierte er den Gottesdienst mit, empfing die Heilige Kommunion und nahm an Andachten und Stundengebet teil. Und sollte freie Zeit bleiben, so widmete sich der fromme Schuster der geistlichen Lesung. Die Überlieferung berichtet von einem Mann, dessen Tagesablauf von der Beziehung zu Gott geprägt war. Man muss wohl davon ausgehen, dass es diese tiefe Beziehung zu Gott und der Kirche war, die sein gesamtes Leben durchdrungen hatte. Nicht anders ist zu erklären, dass Weigmann auch in seinem beruflichen Leben und schließlich auch im Ehrenamt als außergewöhnlich geschildert wurde.

Beruf und Person als Einheit

Da wird zunächst davon erzählt, dass der Schuster seine Arbeit ordentlich machte. Er hatte eine gute Auswahl im Angebot und erledigte Aufträge prompt und zuverlässig. Erwähnt wird auch seine Bescheidenheit: „Um der Hoffart keine Chance zu geben", fertigte er nur Schuhe für die einfachen Leute an. Der Chronist merkte 1862 aber auch noch an, dass er die Arbeit „im Namen des Herrn begann und unablässig dem lieben Gott aufopferte". Es heißt nicht, dass hier ein frommer Bürger Ingolstadts den Beruf des Schusters ausübte. Es ist vom frommen Schuster die Rede. Der Beruf des Michael Weigmann ist Teil seiner Person und untrennbar mit seiner Frömmigkeit verwoben.

Aus diesen Worten ergibt sich eine Grundhaltung, die in den Milieugesellschaften des 21. Jahrhunderts nur noch selten anzutreffen ist. Das private, berufliche und religiöse Leben des frommen Schusters ist nicht in mehrere Teile zu trennen, wie es bei heutigen Arbeitnehmern oft der Fall ist. In Zeiten, in denen der Beruf zum Job geworden ist, rein um den persönlichen Lebensunterhalt – oder im günstigsten Fall den der Familie – zu gewährleisten, muss zwangsläufig zwischen „Beruf" und sonstigem Leben unterschieden werden. Sichtbaren Ausdruck erfährt diese Grundhaltung in dem Satz, man müsse arbeiten, um zu leben. Aus dem christlichen Menschenbild ergibt sich aber, dass die Arbeit ein Teil des Lebens ist. So dürfte es eigentlich keine Entfremdung zwischen Beruf, Familienleben, Freizeit und gegebenenfalls dem religiösen Leben geben. Eine Einstellung zur menschlichen Arbeit, die freilich nicht nur als Vorbild und Forderung an den christlichen Arbeitnehmer gestellt werden kann, sondern die auch vom Arbeitgeber, von der Gesellschaft, von den immer wieder zitierten „Rahmenbedingungen" her möglich sein muss. Es ist modern geworden, seinen Beruf innerhalb der Biographie öfter zu wechseln. Deutlich wird das auch in der Art der Rede. Michael Weigmann ist Schuster. Viele Zeitgenossen des 21. Jahrhunderts können sich mit ihrem Beruf nicht so umfassend identifizieren.

Weigmann übt seinen Beruf nicht nur für sich und seine Familie aus. Er dient seinen Mitmenschen durch seine qualifizierte Arbeit und durch seine Einstellung zur Arbeit. Der Dienst an Gott, den er im Gottesdienst, aber auch durch die Widmung seiner Arbeit ausübt, wird zum Dienst an seinen Mitmenschen.

Mitglied der Bruderschaft „Maria vom Sieg"

Weigmann ist Mitglied der Bruderschaft „Maria vom Sieg". Im Jahre 1612 gegründet, erfuhr sie raschen Zuwachs an Mitgliedern, zunächst nur Männern, ab 1629 aber mit bischöflicher Erlaubnis auch an Frauen. Ziele aller marianischen Kongregationen der damaligen Zeit waren die Förderung des Seelenheils durch regelmäßigen Empfang der Sakramente der Eucharistie und Versöhnung sowie durch tägliches Gebet und Teilnahme an monatlichen gottesdienstlichen Versammlungen, in denen die Predigt, exhortatio genannt, Impulse für den Alltag vermittelte. Auch das Apostolat kam nicht zu kurz: Krankenbesuch, Gebet für die Verstorbenen, Teilnahme an Prozessionen und Wallfahrten.

Die Quellen belegen nicht, ob es seine innere Verbundenheit zum eucharistischen Sakrament ist, dass er den Priester so oft es geht zu Sterbenden begleitet, oder ob es christliche Nächstenliebe ist, die ihn diesen Dienst ausführen lässt. Vermutlich lässt sich auch hier das Eine nicht von dem Anderen trennen. Bemerkenswert ist aber auch, dass Weigmann einen weiteren Dienst an den Toten versah: „Er nahm sie auf seine Schultern" und trug sie zum Friedhof. Und das während einer Pestepidemie. Ein Dienst, der etwas an Mutter Teresa von Kalkutta erinnert.

Bei allem Engagement – die Quellen bezeugen auch noch weitere ehrenamtliche Tätigkeiten – war seine Arbeit auch wirtschaftlich erfolgreich. Weigmann führte als „Kerzen-" bzw. „Zunftmeister" das Ingolstädter Schusterhandwerk an, er bildete Lehrlinge aus und wird mehrfach als „Vormund" bezeichnet. Wie er all das zeitlich schaffen konnte, war wohl auch seinen Zeitgenossen schleierhaft, zumal er keinen Gesellen beschäftigte. Deshalb kam der „Verdacht" auf, dass ihm wohl Engel die Arbeit besorgen müssten. Dass seine Arbeit „von Gott gesegnet" war, hatte schließlich zur Folge, dass er nicht nur selbst viel Almosen verteilen konnte, sondern nach seinem Tod seiner Witwe ein gutes Erbe hinterlassen konnte und sogar noch die Pfarrkirchenstiftung und die Bruderschaft „Maria vom Sieg" mit beträchtlichen Summen „für die Armen" beschenken konnte.

Literaturhinweise
HAUSFELDER, EDMUND, Der fromme Schuster von Ingolstadt, in: Sammelblatt des Historischen Vereins Ingolstadt 118 (2009), S. 257–260.
JOCHAM, MAGNUS, Der fromme Schuster, in: ders. (Bearb.), Bavaria Sancta Bd. II, München 1862, S. 426-428.
KYBLER, BENIGNUS, Wunder-Spiegl oder Göttliche Wunderwerck auß dem Alt- und Neuen Testament …, Bd. 1, München 1678, 6. Tractat, S. 1097 f.
RASSLER, MAXIMILIAN, Das Heilige Selige und Gottselige Bayerland, Bd. III, Gottseliges Bayer-Land, Augsburg 1714, S. 334 f.
Ingolstädter Heimatblätter 14 (1951), Nr. 11, S. 42 f.

Peter Neumann

Pater Philipp Jeningen SJ (1642–1704)

Ein gehorsamer Diener Gottes

Tod und Zerstörung, Leid und Not schlimmsten Ausmaßes und ohne Hoffnung auf ein Ende brachte der Dreißigjährige Krieg über die Stadt Eichstätt. In den fünf Jahren von 1630 bis 1634 starben 2622 Menschen bei maximal fünftausend Einwohnern. 444 Häuser und sechs Kirchen brannten nieder.

Zu dieser Zeit war der ehemalige Fürstpropst von Ellwangen, Johann Christoph von Westerstetten, Bischof von Eichstätt (Regierungszeit 1612–1637). Er setzte sich von Anfang an über das vor seiner Bischofsernennung vom Domkapitel beschlossene Verbot der Einführung neuer Orden hinweg und holte nach und nach Jesuiten in die Stadt Eichstätt. So übernahmen die Jesuiten 1614 das Collegium Willibaldinum und gründeten 1615 eine Marianische Kongregation. 1620 konnte eine Jesuitenkirche, die Schutzengelkirche, eingeweiht werden, die aber 1634 von den Schweden niedergebrannt wurde.

Auch der Nachfolger von Bischof Johann Christoph, Marquard II. Schenk von Castell (Regierungszeit 1637–1685), war ein Förderer der Jesuiten und sorgte für die Wiedererrichtung des Jesuitenkollegs und der Schutzengelkirche, die jedoch erst im 18. Jahrhundert vollendet wurde.

Ein Jahr, nachdem die Schweden Eichstätt großenteils zerstört hatten, heiratete am 24. September 1634 der aus Schwabach stammende Goldschmied Nikolaus Jeningen (geb. 1611) die Soldatenwitwe Anna König. Im Vorfeld der Heirat war er zur katholischen Kirche übergetreten. Elf Kinder entstammten dieser Ehe. Zeitlebens blieb Nikolaus arm und verschuldet und konnte den Lebensunterhalt für seine Familie nur sehr mühsam verdienen.

Am 5. Januar 1642 wurde laut Taufmatrikel in der Dompfarrei das vierte Kind des Ehepaars Jeningen auf den Namen Johann Philipp getauft. Auf ihn, als dem ältesten Sohn nach drei Mädchen, wurde wahrscheinlich von den Eltern große Hoffnung für die finanzielle „Zukunft" der Familie gesetzt.

Dieses Jahr 1642 war ein weiteres Kriegsjahr, in dem die Leidensgeschichte der Bevölkerung andauerte, wie es die Priorin des Klosters Mariastein bei Eichstätt, Clara Staiger, in ihrem „Tagebuch" festhielt: „Dan laider nichts anderes als fraindt und feindt zu fürchten gewest" und „ist ein groß wehe clagen unter Den leütten gewesen / mit welchem sich Das alte Jahr geendet / und das neüe angefangen". Und 1643 waren zudem die „preß reutter", die Steuereintreiber, im Fürstbistum Eichstätt unterwegs.

Philipps Kinderjahre, über die keine Einzelheiten bekannt sind, fielen in die Endphase dieses Dreißigjährigen Krieges. Drangsale, Not und Kriegsfurcht, wie sie Clara Staiger skizzierte, hielten an. Erst 1650 – Philipp war acht Jahre alt – wurde am 7. Juli, dem Festtag des hl. Willibald, in Eichstätt der Friede verkündet.

Vom Herbst 1651 bis 1659 besuchte Philipp das Gymnasium der Jesuiten neben der Schutzengelkirche. Auch aus dieser Zeit ist im Grunde nichts Persönliches bekannt. Nachweisbar ist nur, dass er 1654 in die Marianische Kongregation aufgenommen wurde, die sich um die religiöse und sittliche Formung ihrer Mitglieder bemühte. Zweimal wurde er in den Magistrat dieser Kongregation gewählt.

Aus seinen späteren Briefen geht hervor, dass er vom 14. Lebensjahr an fest entschlossen war, in die Gesellschaft Jesu einzutreten. Aber seine Eltern weigerten sich vehement, ihre Einwilligung zu geben.

Statt ins Noviziat zu gehen, begann Philipp deshalb 1659 in Ingolstadt das Studium der Philosophie, das er nach zwei Jahren mit dem Magistergrad abschloss. Während dieser Zeit prägte und bestärkte ihn auf seinem Berufungsweg auch seine tätige Mitgliedschaft in der Ingolstädter Marianischen Kongregation. Dort lernte er auch als Mitstudent Johann Christoph Adelmann von Adelmannsfelden kennen, den er später als Fürstpropst in Ellwangen wieder traf.

Da seine Eltern ihr Nein zum ersehnten Ordenseintritt bekräftigten, blieb Philipp zunächst in Ingolstadt und begann Theologie zu studieren. Erst ein Jahr später, nach sieben Jahren geduldig ertragener Warte- und Leidenszeit, bekam er von seinem Vater die Erlaubnis zum Ordenseintritt. Eine schwere Krankheit hatte den Vater zu diesem Sinneswandel bewogen. Seine Mutter blieb jedoch zeitlebens über den geistlichen Weg ihres Sohnes als Jesuit verbittert.

1663 verließ Philipp Jeningen seine Vaterstadt Eichstätt, um in Landsberg am Lech in die Gesellschaft Jesu einzutreten und das Noviziat zu beginnen. Dort lebte er mit etwa 50 Novizen in armen Verhältnissen. Im geistlichen Mittelpunkt standen die intensive Einführung und Einübung in das Ordensleben, vor allem durch die dreißigtägigen ignatianischen Einzelexerzitien. Er musste aber auch mit den anderen Novizen stets vielfältige, niedere Arbeiten im Haus und im Garten erledigen und bei der sonntäglichen Christenlehre in 14 Ortschaften der Umgebung mitarbeiten. Diese Jahre waren für ihn „ein Weg in die Tiefe".

Noch bevor das zweite Noviziatsjahr zu Ende war, wurde Philipp Jeningen 1665 als Lehrer im Jesuitengymnasium in Mindelheim eingesetzt. Dort legte er die ersten Ordensgelübde ab. Danach wurde er ein Jahr lang Lehrer in Dillingen und von 1666 bis 1668 war er als Lehrer der Grammatik in Ingolstadt tätig. Dabei ist bemerkenswert: Obwohl er noch nicht Priester war, betreute er als geistlicher Begleiter eine Studentengruppe des Collegium Marianum der von Jakob Rem 1595 gegründeten Marianischen Kongregation.

1668 begann Philipp in Ingolstadt erneut Theologie zu studieren, verbunden mit praktischen Übungen für die spätere Seelsorgetätigkeit, wie z. B. Übungspredigten und Religionsunterricht in den umliegenden Pfarreien.

Ein Jahr später schrieb er seinen ersten Brief an seinen Ordensgeneral mit der Bitte, ihn als Missionar nach Indien zu senden. Wenigstens zwanzig derartiger, aber erfolgloser Briefe

Pater Philipp Jeningen, um 1760, Pfarramt St. Sebald, Schwabach

hat er bis 1701 „mit glühendem Missionseifer" geschrieben. Seine Bittgesuche waren vor allem auch mit einem Privatgelübde verbunden, das er als Dank ablegte, da ihm in einer lebensbedrohlichen Krankheit der hl. Franz Xaver erschienen sei und ihn geheilt habe. In diesem Privatgelübde gelobte er, dem Beispiel Franz Xavers als Missionar zu folgen und in Asien die christliche Botschaft zu verkünden.

Ende Februar 1672 bestand er das Schlussexamen und beendete seinen Aufenthalt in Ingolstadt.

Am 11. Juni 1672 wurde er im Dom zu Eichstätt von Weihbischof Wilhelm Ludwig Benz zum Priester geweiht. Vorausgegangen waren in Eintagesfahrten nach Eichstätt die niederen Weihen sowie die Subdiakonats- und Diakonatsweihe. Auch das Wiedersehen in der Heimatstadt anlässlich der Priesterweihe dauerte nicht lange, denn schon am Nachmittag des Weihetages kehrten die Neupriester nach Ingolstadt zurück, um dort am nächsten Tag ihre erste heilige Messe zu feiern.

Nach dem abgeschlossenen Studium in Ingolstadt musste Philipp Jeningen noch das sogenannte dritte Probejahr, das Tertiat, in Altötting absolvieren. Auch hier standen neben dem Studium der Ordensregeln die dreißigtägigen Exerzitien im Mittelpunkt, zudem galt es in dem Marienwallfahrtsort seelsorgliche Erfahrungen zu sammeln. Dazu gehörte insbesondere: Glaubensunterricht zu halten, Beichte zu hören, heilige Messen zu zelebrieren und zu predigen.

In den Jahren 1673–1680 waren seine Haupttätigkeiten, als Lehrer und Erzieher zu wirken, zunächst zwei Jahre am Jesuitengymnasium in Mindelheim und anschließend am Kolleg in Dillingen, wo er am 2. Februar 1677 seine vier Professgelübde ablegte und so „endgültig" Jesuit wurde. Neben seinen pädagogischen Aufgaben wirkte er als Seelsorger, hielt geistliche Vorträge für die Laienbrüder des Jesuitenkollegs und erteilte in Kirchen Katechismusunterricht.

Pater Philipp Jeningen SJ, der immer noch Heidenmissionar in Indien oder sonst wo auf der Welt werden wollte, wurde im Marienmonat Mai 1680 als 38jähriger Jesuit nach Ellwangen entsandt, wo er bis zu seinem Tod am 8. Februar 1704 lebte. In diesem Zusammenhang ist bemerkenswert, dass ebenfalls 1704 der hl. Franz Xaver zum zweiten Stadtpatron Eichstätts erwählt wurde.

Einerseits fühlte sich Pater Philipp in Ellwangen innigst geborgen wie im Mutterschoß, doch gleichzeitig ersehnte er ganz ungestüm, fast bis zu seinem Tode, seine „Geburt", um als Heidenmissionar nach dem Vorbild des hl. Franz Xaver wirken zu dürfen. So schrieb er am 15. August 1701 zum zwanzigsten Mal nach Rom an seinen Generaloberen: „Beinahe sechzig Jahre alt, habe ich das erste Jahr des wahren Lebens noch nicht begonnen und doch trägt mich bei den Missionen die seligste Jungfrau Maria vom Schönenberg in Ellwangen, die Königin der Märtyrer, schon mehr als zwanzig Jahre in ihrem Mutterschoß. Am Feste der Himmelfahrt Mariens aber dränge ich mit neuem Ungestüm zu meiner Geburt. Dann endlich werde ich das Licht der Welt erblicken, wenn ich ins Land des heiligen Franz Xaver oder anderswohin zur Bekehrung der Heiden gesandt werde." Es wäre für ihn die „so ersehnte Geburt, die mir Gott und die Gottesgebärerin anbefohlen haben", gewesen. Ellwangen und das Missionsland ringsum war und blieb jedoch „sein Indien".

Besonderheit des Wirkens von Pater Philipp Jeningen SJ

Wenige Monate nach seiner Ankunft in Ellwangen, am 24. September 1680, schrieb Pater Philipp in einem Brief an einen unbekannten Empfänger thesenhaft nieder, was seine Herzensanliegen sind, für die er um Gebetshilfe ersucht.

„Bezüglich Gott und seiner Heiligen:
einen großen Schmerz über die Beleidigungen Gottes;
Glaube, Hoffnung und Liebe immerdar;
einen ständigen Wandel in Gottes Gegenwart;
eine besondere Liebe zur seligsten Jungfrau Maria;
einen recht vertrauten Verkehr mit den Engeln und Heiligen.
Bezüglich meiner selbst:
dass ich immer danach verlange, verachtet zu werden und zu leiden
aus Liebe zu Jesus und Maria und dass ich Märtyrer werde;
dass ich immer demütig sei;
dass ich niemand gering schätze, noch voreilig beurteile;
dass ich aufs genaueste keusch, arm und gehorsam sei;
dass ich stark sei an Leib und Seele nach Gottes heiligstem Willen
und zum Nutzen des Nächsten.
Bezüglich des Nächsten:
die Gnade, dem Nächsten Gott, Jesus und die Gottesmutter ins Herz einzuprägen;
Ungläubige und Irrgläubige zu bekehren;
die Betrübten zu trösten;
durch die seligste Jungfrau Maria die Leiden des Leibes und der Seele zu heilen;
wirksam zu predigen und zu sprechen."

In diesen Anliegen wird, wenn man sie vertiefend betrachtet, „das Leitbild sichtbar, an dem Pater Jeningen sein Ringen und Mühen ausrichtet. So möchte er leben, so möchte er sein Verhältnis zu Gott, zu sich selber und zu den Mitmenschen gestalten. Danach strebt er mit allem Einsatz und zugleich weiß er, wie es die Bitte um das Gebet zeigt, dass er dies nur als Geschenk von Gott erhalten kann. Was er hier schreibt, zeigt ihn als verständigen Schüler des hl. Ignatius, der den Sinn und das Ziel der Exerzitien immer besser erfasst".

Sein ursprünglicher Auftrag war, in der Marienkapelle auf dem Schönenberg täglich die heilige Messe zu feiern, Beichte zu hören und die Wallfahrer zu betreuen, die einzeln und in Prozessionen zum Marienheiligtum kamen. Ferner gehörte dazu, als Beichtvater für die Jesuiten in Ellwangen und in der Stiftskirche der Stadt zu wirken sowie aushilfsweise seelsorgliche Tätigkeiten zu übernehmen in der Stadt und in den umliegenden Pfarreien, die als Folge des Dreißigjährigen Krieges häufig immer noch ohne eigenen Pfarrer waren.

Für Pater Philipp war kennzeichnend, dass er großes Vertrauen, ja eine innige Beziehung, zur Gottesmutter Maria hatte. So schrieb er, ein mystisch begnadeter Mensch, in seinem Tagebuch immer wieder davon, dass Maria ihm erschienen sei. Am 3. Februar 1681 sagte sie in einer Schauung zu ihm: „Ich werde dir zeigen, dass ich eine Mutter bin." Derart

*Andachtsbild mit Bildnis von Pater Philipp Jeningen
(Ölgemälde, um 1760, Diözesanmuseum Eichstätt)*

mystisch beseelt wollte er auch den Pilgern „zeigen", dass Maria auch für sie Mutter ist und dass sie sich ihrer mütterlichen Anteilnahme und ihrer Fürsprache sicher sein dürfen. Was ihn getragen und getröstet hat, gab er an die Gläubigen und Suchenden weiter.

Durch seine authentische Ausstrahlung und durch sein segensreiches Wirken als Wallfahrtsseelsorger und Beichtvater nahm der Strom der Pilger auf den Schönenberg derart zu, dass schon bald die Gnadenkapelle zu klein war. Doch für einen Neubau gab es in jenen Zeiten keinerlei Aussicht auf Finanzquellen.

In dieser Not betete und vertraute er auf die Fürsprache der Gottesmutter, die ihm am 14. September 1681 auf ungewöhnliche Weise half. Pater Philipp war an diesem Tag mit dem Fürstpropst Johann Christoph Adelmann von Adelmannsfelden auf dem Schloss oberhalb von Ellwangen zusammen. Da sahen beide bei einem Gewitter, wie ein Blitz ein Haus in Brand setzte und dass wegen des ungünstigen Windes die Gefahr bestand, dass die ganze Stadt durch das Feuer zerstört würde. Da empfahl Pater Philipp dem Fürstpropst, Maria eine neue Wallfahrtskirche zu versprechen, um die Zerstörung abzuwenden. Und es geschah, dass das Feuer nicht auf die Stadt übergriff.

Der Fürstpropst hielt sein Versprechen ein und Pater Philipp sorgte dafür, dass das Versprechen bald umgesetzt wurde. Er selbst bettelte das für den Bau erforderliche Geld zusammen und setzte sich mit aller Kraft dafür ein, „dass der Schönenberg wirklich schön werde", wie man es in einem seiner Briefe nachlesen kann.

Bereits 1683 wurde Pater Philipp lange vor der Vollendung des Baus der neuen Kirche „wegen seines rastlosen Einsatzes und seiner großen Tüchtigkeit" als Wallfahrtsseelsorger abgelöst und erhielt den Auftrag, im Umkreis von Ellwangen Volksmissionen durchzuführen. Damit wurde er in ein ständig wachsendes Arbeitsfeld gesandt, das er bis zu seinem Lebensende bis an die Grenzen seiner Kräfte bearbeitete. Aber der Schönenberg blieb seine Heimat, zu dem er immer wieder zurückkehrte. Dort wirkte er bei seinen Besuchen weiterhin als Beichtvater. Ebenso blieb er in der Stadt als Seelsorger tätig, betreute Alte und Sterbende, Arme und Kranke, Gefangene und zum Tode Verurteilte. Und natürlich empfahl er aus eigener herzlicher Verbundenheit den Menschen bei all seinen seelsorglichen Diensten das Marienheiligtum auf dem Schönenberg.

Dass er als unermüdlicher Volksmissionar in mehreren Bistümern agierte, liegt zunächst geografisch daran, dass die Diözesen Augsburg (zu der damals Ellwangen gehörte), Eichstätt und Würzburg in diesem Gebiet eng aneinander grenzten. Er machte jedoch nicht an den Bistumsgrenzen halt, wie es vielleicht andere taten nach dem Motto: „Dafür bin ich nicht zuständig."

Einen kleinen Eindruck für die „Besonderheit" seines beherzten und unermüdlichen apostolischen Engagements vermittelt ein Auszug seines Briefes vom 17. Oktober 1687 an den Stiftsdekan Ignatius Desiderius von Peutingen: Er habe sich eigentlich nach einer anstrengenden Mission, wo er über tausend Beichten gehört hatte, nach dem Mittagessen zur leiblichen und seelischen Rekreation zurückziehen wollen. Doch dann: „Ein plötzlicher innerer Antrieb ließ mich nach Dalkingen gehen. Mit Billigung und Freude des hochwürdigen Herrn Pfarrers eilte ich, wie außer mir, von Haus zu Haus und lud alle Bewohner mit den Worten, die mir der Heilige Geist eingab, zur Buße und zur Hilfeleistung für die armen Seelen im Fegefeuer ein. Ich fand so williges Gehör, dass am folgenden Tag nach der Predigt hundertdreißig heilige Kommunionen ausgeteilt werden konnten. Sonntagnachmittag legte ich den zahlreich herbeigekommenen Kindern und Erwachsenen die christliche Lehre dar. Wie aus einem Munde riefen am Schluss die Kleinen mit den anderen: ‚Zur größeren Ehre Gottes! Zur größeren Ehre Gottes!' In der Hoffnung auf weitere Ernte eilte ich noch am selben Tag nach dem Dorfe Buch, wo viele Kinder und Erwachsene in der Kirche zusammenkamen, um das Brot des Wortes Gottes zu empfangen. Ich selber gewann, indem ich es ihnen reichte. Gestern, einem Werktag, hörte ich in Schwabsberg die Beichten von dreiundvierzig Kranken, Greisen und anderen bußfertig Gesinnten. Nach der heiligen Messe hielt ich Predigt und Christenlehre unter starker Beteiligung sowohl der Kinder wie der Erwachsenen."

Bei all dem, bei diesem Stressprogramm würde man heute sagen, wird von ihm berichtet, dass er gegenüber den Mitmenschen nicht zu einem verkrampften und hartherzigen Menschen geworden war. „In dem äußerlich abgezehrten und abgemühten Mann schlägt ein gütiges Herz, das allen helfen und sie trösten will. Gerade auch da, wo er selber Buße tut, ist er gütig und milde, tröstet er, gibt er neuen Mut und richtet auf. Das

Volk nennt ihn den guten Philipp. In diesem Namen fasst es alle Erfahrungen mit ihm zusammen."

Bereits im Jahresbericht 1704 der Ellwanger Jesuiten – Pater Philipp Jeningen war am 8. Februar 1704 verstorben – wurde berichtet, dass viele Menschen sein Grab aufsuchen und sich seiner Fürbitte empfehlen. Auch spätere Berichte erwähnen die fortdauernde Verehrung des guten Paters Philipp und Gebetserhörungen in körperlichen und seelischen Leiden, sodass die Verehrung nicht abnahm.

Die Aufhebung des Jesuitenordens 1773 und die Säkularisation führten jedoch dazu, die ablehnende Haltung der Aufklärung gegenüber Heiligenverehrungen durchzusetzen. Von 1802 bis 1842 ließen die Stuttgarter Behörden den Kreuzgang der Stiftskirche, in dem Pater Philipp bestattet war, schließen. Vierzig Jahre lang blieb der Kreuzgang und damit der Zugang zum Grab Pater Philipps verschlossen. Aber es gab immer wieder Gläubige, die das Wissen um Pater Philipp tradierten und schließlich das Aufleben der Jeningenverehrung in der zweiten Hälfte des 19. Jahrhunderts unterstützten.

1901 wurde in Rottenburg der bischöfliche Prozess für die Seligsprechung Pater Philipps geführt und 1945 der Seligsprechungsprozess in Rom eingeleitet. Ein bedeutsames Ereignis war 1953 die Überführung seiner Gebeine vom Kreuzgang der Stiftskirche in die Liebfrauenkapelle der Basilika St. Vitus. Aber erst 1989 wurde der „heroische Tugendgrad" festgestellt, sodass Pater Philipp Jeningen SJ seither „ehrwürdiger Diener Gottes" genannt werden darf. Bei all dem Bemühen um seine Seligsprechung bleibt aber entscheidend, dass der „gute Pater Philipp" ein lebendiges Vorbild bleibt und möglichst viele Menschen näher zu Gott führt.

Auch heute kommen noch viele Gläubige mit ihren Sorgen, Ängsten und Nöten an sein Grab mit der Bitte: „Philipp, du Gottesmann, bitt für dein Volk!" Für die vielen unterschiedlichen Wallfahrergruppen kann beispielhaft die Gruppe „action spurensuche" der Pfarrei St. Vitus in Ellwangen genannt werden, die unter anderem seit Jahren eine Fußwallfahrt „auf den Spuren Philipp Jeningens" von Eichstätt nach Ellwangen unternimmt.

In der Eichstätter Schutzengelkirche, unweit des Pater-Philipp-Jeningen-Platzes, erinnert ein Bild an Pater Philipp und unter dem dortigen Bild der Mater Ter Admirabilis steht eine Einladung, dass die herantretenden Gläubigen sich der Bitte anschließen sollen: „Dreimal Wunderbare Mutter, erbitte die Seligsprechung des guten Paters Philipp Jeningen SJ".

Literaturhinweise

Fina, Ortrun (Hrsg.), Klara Staigers Tagebuch. Aufzeichnungen während des Dreißigjährigen Krieges im Kloster Mariastein bei Eichstätt, Regensburg 1981.

Haub, Rita/Gadient, Lorenz, „Der gute Pater Philipp". Pater Philipp Jeningen SJ (1642–1704). Lebensbild und Andacht, Eichstätt-München 2004.

Hauser, Patriz, Philipp Jeningen. Ein Jesuit, wie er im Buche steht, Ostfildern 1995.

Höss, Anton, Pater Philipp Jeningen SJ. Ein Volksmissionär und Mystiker des 17. Jahrhunderts, Ellwangen/Jagst ³1948.

Oswald SJ, Julius (Hrsg.), „Auch auf Erd ist Gott mein Himmel". Pater Philipp Jeningen – Missionar und Mystiker, Ostfildern 2004.

Stock, Klemens, Pater Philipp Jeningen SJ, 1642 bis 1704, in: Hans Pfeifer (Hrsg.), Wallfahrt Schönenberg 1638–1988. Festschrift zum 350jährigen Jubiläum, Ellwangen/Jagst 1988, S. 60–82.

Werner J. Hentschel

Maurus Xaverius Herbst OSB (1701–1757)

Abt des Klosters Plankstetten

Kurze biographische Skizze

Leben und Wirken des Benediktinerabtes Maurus Xaverius Herbst ist sehr eng mit dem Bistum Eichstätt und dem Hochstift Eichstätt verbunden. Mit dem Taufnamen Florian Johann Friedrich Herbst (oder Hoerbst) wurde er am 14. September 1701, dem Fest „Kreuzerhöhung", in Pleinfeld geboren. Sein Vater Andreas Herbst stand in diesem fürstbischöflich-eichstättischen Marktort als Zollbeamter im Dienst des Fürstbischofs von Eichstätt. Mit seiner Ehefrau Anna Maria Klara, geb. von Marstaller, hatte er nach dem Erstgeborenen Friedrich zwei weitere Kinder.

In den Jahren seiner Kindheit wurde Europa von den Auswirkungen des Spanischen Erbfolgekriegs (1701–1714) heimgesucht. Zwar hatte dieser Krieg nicht die verheerenden, flächenverwüstenden Folgen wie der Dreißigjährige Krieg im Jahrhundert zuvor, doch gelangten die Kriegshandlungen auch nach Süddeutschland. In den Jahren 1703 und 1704 kam es zu Kämpfen in der Oberpfalz bei Amberg, Neumarkt und Velburg. Französische Truppen besetzten bei Mörnsheim Eichstätter Hochstiftsgebiet und Fürstbischof Johann Martin von Eyb musste im Juli 1704 vor den herannahenden Truppen aus Eichstätt fliehen. Diese unsicheren Verhältnisse haben möglicherweise den Zollbeamten Herbst und seine Familie bewogen, 1707 von Pleinfeld in die weiter östlich gelegene Hochstiftsstadt Berching umzuziehen.

Von Berching aus hat der junge Friedrich erste Eindrücke vom Leben der Benediktinermönche in Plankstetten gewinnen können. Möglicherweise war er ab 1711 als Chorknabe in Plankstetten eingesetzt und erhielt so eine erste musikalische und erzieherische Ausbildung. 1715 ermöglichten die Eltern dem 14jährigen eine gymnasiale Erziehung bei den Jesuiten in Neuburg/Donau, in deren Internat „Zum heiligen Kreuz" er Aufnahme fand. Im Herbst 1718 nahm er seine Studien an der Universität in Ingolstadt auf und wurde Alumnus des Georgianums, dem von Jesuiten geführten Theologenkonvikt. Bereits im Jahr darauf entschied er sich, in das Benediktinerkloster Plankstetten einzutreten. Es folgten für Frater Maurus, so sein benediktinischer Ordensname, zwei Jahre des Kennenlernens und Einübens in das Ordensleben. Dabei hatten sein Novizenmeister, Pater Marian Roth (1685–1761), und der damalige Abt Benedikt Schmid (1666–1726) prägenden Einfluss für seinen weiteren geistlichen Werdegang, besonders im Blick auf die Verehrung der Gottesmutter und der Betrachtung der Passion Christi. Am 11. November 1721 konnte er seine ewige Profess ablegen und erhielt dabei endgültig Maurus als Ordensnamen und somit

Abt Maurus Xaverius Herbst OSB, Gemälde aus dem 18. Jh.

den hl. Maurus, einen Schüler des hl. Benedikt, als besonderen Schutzpatron im Orden. Seine weiteren philosophisch-theologischen Studien absolvierte er ordensintern in Plankstetten selbst und im Kloster Michelfeld bei Auerbach in der Oberpfalz, wo die Benediktiner damals eine Art Ordenshochschule betrieben. Nach einem Praxisjahr, in dem er die unmittelbare Seelsorgearbeit kennenlernte, wurde er am 6. April 1726 vom Eichstätter Weihbischof Johann Adam Nieberlein (1662–1748) zum Priester geweiht. Am 23. April feierte er in Plankstetten seine Primiz. Nach Jahren zurückgezogenen Wirkens im Kloster übernahm er 1732 die Kaplanstelle der Pfarrei Plankstetten, zu der fünf Filialen gehörten. Bereits in diesen frühen Jahren seines priesterlichen Wirkens fand er als liebenswürdiger und selbstloser Seelsorger und herausragender Prediger Beachtung und Anerkennung.

Die ersten Jahre der Regierungszeit von Abt Dominikus III. von Eisenberg (1683–1742) brachten den Plankstettener Konvent durch dessen Leitungsstil in eine Krisensituation. Diese konnte aber durch das Eingreifen des Eichstätter Fürstbischofs, dem das Kloster als bischöfliches Eigenkloster bis zur Säkularisation unterstellt war, behoben werden. Als der kränkliche Abt am 3. September 1742 starb, erfolgte die Neuwahl eines Abtes am 24. September 1742 unter der Leitung des Generalvikars Dr. Johann Raphael von Heugel (1677–1754). Bereits im ersten Wahlgang wurde Pater Maurus mit zehn der siebzehn abgegebenen Stimmen gewählt. Der neugeweihte Abt wies die Annahme der Wahl heftig zurück. Diese Szene schien sich sehr dramatisch abgespielt zu haben, denn noch in der Beerdigungsansprache kam 1757 der Prediger, Pater Johannes Martin Zinsmeister, auf die Situation zu sprechen und schilderte, wie der neugewählte Abt Maurus sich auf den Boden stürzte, auf Knien und unter Tränen bat, dieses Amt nicht antreten zu müssen. Doch entsprach er letztlich dem Wahlergebnis und nahm im Gehorsam die Wahl an, obwohl er sich dafür als unwürdig einschätzte. In der erwähnten Beerdigungsansprache heißt es darum: „Seine Zung und Feder gaben ihm allzeit den Beynamen Peccator, der Sünder. Er nannte und unterschrieb sich nicht anders als Maurus Peccator, Maurus der Sünder." Nach seiner Abtsweihe durch Weihbischof Johann Adam Nieberlein am 30. September übernahm Maurus Herbst unverzüglich die ihm als Abt auferlegte Verantwortung. Seine Hauptaufgabe war die Führung des Konvents. Die Regel des hl. Benedikt schildert ausführlich, wie der Abt seinen Brüdern in der Gemeinschaft begegnen solle: Der Abt vertritt zwar im Kloster die Stelle Christi, aber er solle mehr helfen als herrschen.

In den Jahren von 1742 bis 1757, in denen Abt Maurus das Kloster leitete, entfaltete er auf sehr unterschiedlichen Gebieten sein segensreiches Wirken. Er erweiterte den Bibliotheksbestand und förderte im Haus das theologische Studium und literarische Arbeiten, wie sich der damaligen Tagesordnung des Klosters entnehmen lässt.

Im Bereich der Ausstattung des Klosters setzte Abt Maurus Akzente. Die Ausschmückung des Klosters im Stil der Zeit galt nicht nur so sehr als Zeichen barocken Überschwanges oder gar vordergründiger Prunksucht, sondern sollte auf Erden einen Verweis auf das ewig Wahre, Gute und Schöne des Himmels sein. Farbe, Form und Glanz von Bibliothekssälen bis hin zu Ausmalungen und neuen Seitenaltären in der Klosterkirche sollten schon auf Erden die „gloria dei", die Herrlichkeit Gottes, mehren. Dieses Zeitgefühl spiegelte sich in Ansätzen auch in den Maßnahmen der Äbte jenes Jahrhunderts in Plankstetten wieder. Dabei entdeckt man das Wirken des Abtes in seinem Wappentier, dem Pelikan, als Symbol der aufopfernden Liebe, z. B. an der neuen Orgel. Er ließ zwei Seitenaltäre (hl. Benedikt und Rosenkranzkönigin) errichten und gründete dazu eine Rosenkranzbruderschaft.

Abt Maurus tritt uns meist unter dem Namen „Maurus Xaverius" gegenüber. „Xaverius" leitet sich von dem großen Jesuitenheiligen und Glaubensboten Franz Xaver (1506–1552) ab. Abt Maurus kam ja bereits als Kind mit den Jesuiten in Neuburg in Berührung und wurde geistig und geistlich entscheidend geprägt, auch wenn er letztlich dem Benediktinerorden beitrat. Am hl. Franz Xaver beeindruckte Abt Maurus vor allem sein seelsorglicher Eifer. Dieses innere Nacheifern des Jesuitenheiligen dokumentierte Abt Maurus etwa ab 1750 durch die Beifügung des zweiten Vornamen „Xaverius". Weiterhin bemühte er sich aus dieser Franz-Xaver-Verehrung heraus intensiv um die Beschaffung einer Reliquie des Heiligen aus Indien, was ihm 1753 schließlich gelang.

In seinem seelsorglichen Dienst war ihm das Predigen ein Anliegen. So ist überliefert, wie er schweißüberströmt nach der Predigt von der Kanzel herabstieg, so sehr gab er seine ganze Persönlichkeit psychisch wie physisch in diesen Dienst. Er schenkte dem Kloster und den Gläubigen „viele Jahre mit flüssiger Wohlredenheit", wie Pater Zinsmeister formulierte.

Dem Abt des Klosters obliegt es nicht nur, sich um das geistliche Leben des Konvents und dessen Fortschritt zu bemühen, sondern er hat auch Verantwortung für den Bestand der Abtei, ihre wirtschaftliche Ausstattung und den Erhalt von Gebäude und Liegenschaften. Rege Bautätigkeit, wie wir sie nach Überwindung des Dreißigjährigen Krieges und seiner Folgen in ganz Süddeutschland feststellen können, hatte schon vor Maurus' Abtwahl stattgefunden. Verbunden mit dieser Baufreudigkeit entwickelte sich in unseren Breiten eine Art barocker Klosterkultur, mit einer Blüte von Wissenschaft, Kunst, Musik und Kultur, an der – in bescheidener Weise – auch Kloster Plankstetten teilnahm.

Neben notwendigen Bauarbeiten sowie der Mehrung der Klostereinkünfte ist der Bau der neuen Orgel zu nennen und die Anschaffung zweier Monstranzen und diverser liturgischer Gewänder. Abt Maurus ließ auch Gebäude umgestalten und Gärten erweitern, um durch passendere Räumlichkeiten und abwechslungsreichere Ernährung im Alltag der Mönche eine gewisse Annehmlichkeit und Geborgenheit zu ermöglichen. Dies wurde bei der Visitation durch den Eichstätter Generalvikar 1754 positiv gewürdigt und die Anzahl der Neueintritte in das Kloster stieg in der Zeit von Abt Maurus spürbar an.

Zu seinem Bewusstsein, als Sünder vor Gott zu stehen, korrespondiert bei Abt Maurus die Haltung der Demut. Sie ist der Ausgangspunkt für die Entfaltung seines geistlichen Lebens. Aus dieser demütigen Grundhaltung heraus wollte er dienen und so allen alles sein. Er verzichtete nicht nur auf die üblichen Tätigkeiten und Annehmlichkeiten barocker Prälaten, sondern er legte sich strengste Buß- und Fastenübungen auf, um ganz gegenwärtig zu sein für den Dienst an den Menschen, z. B. als Friedensstifter, Beichtvater, und – ganz konkret – als Helfer der Armen und Kranken, die er aufsuchte und an gewissen Festtagen sogar persönlich bediente. Sein besonderer Ruf als geistlicher Begleiter und Seelenführer mit außergewöhnlichen Fähigkeiten, bis hin zur Seelenschau, machten ihn über das Bistum hinaus bekannt. Allmählich entwickelte Abt Maurus Xaverius eine umfangreiche seelsorgliche Korrespondenz, einem Briefapostolat vergleichbar. Zudem wurde er außerordentlicher Beichtvater bei den Augustinerinnen des Klosters Marienburg bei Abenberg. Dazu begab er sich mehrmals im Jahr dorthin und begleitete die Nonnen auch schriftlich, wenn sie seinen Rat suchten.

Sein Ruf, ein heiligmäßiger Mönch mit außergewöhnlichen Fähigkeiten zu sein, verbreitete sich bereits zu seinen Lebzeiten. Besondere Bekanntheit erlangte die Heilung eines achtjährigen, von Geburt an gelähmten Mädchens namens Walburga aus Mörnsheim, das Abt Maurus durch Handauflegung und Gebet geheilt haben soll. Auch soll er während einer Predigt in der Klosterkirche die Männer von Fribertshofen zum Löschen eines Feuers aufgerufen haben, das gerade in ihrem Dorf, oben auf der von Plankstetten aus nicht sichtbaren Ebene am Berg ausgebrochen war. Neben den Bußübungen, die er seinem Körper abverlangte, ging er ganz in seiner Sendung auf und verlangte sich und seinem Körper das äußerste ab. Bereits durch Krankheit geschwächt, begab er sich in der Fastenzeit 1757 nach Kloster Marienburg, um bei den dortigen Schwestern seinen Aufgaben als Beichtvater nachzukommen. Wegen einer Schwester, die von unerklärlichen Erscheinungen geplagt wurde, entsprach er der Bitte des Generalvikars, dies zu untersuchen. Sein Gesundheitszustand verschlechterte sich im Kloster Marienburg so, dass er am 4. April 1757, dem Montag in der Karwoche, dort verstarb.

Besonderheit des Wirkens

Im Taufregister wurde zu Abt Maurus' Taufnamen nachträglich eingefügt: „Er starb im Rufe der Heiligkeit". Sein Leben zeigt eindrucksvoll und facettenreich, wie entschlossen und konsequent er sich als Mönch in die Nachfolge Christi stellte. Die grundlegende Prägung seiner natürlichen Anlagen durch die jesuitische Erziehung, – vorher sicherlich schon im Elternhaus –, durch Einzelpersönlichkeiten, auf die der junge Student und Mönch Maurus Xaverius besonders blickte und das Heranreifen durch das Leben im Geist der Mönchsregel des hl. Benedikt und die Gnade Gottes selbst, ließen ihn zu einer hochgeachteten Abtspersönlichkeit und zu einem überzeugenden Jünger Christi werden. Was waren seine persönlichen geistigen Quellen, was waren die Kräfte, die ihn in seinem Wirken trugen und anspornten? Welchen Bereichen galt in seinem apostolischen Eifer seine besondere Aufmerksamkeit? Sehr ausgeprägt ist bei Abt Maurus Xaverius sein Streben nach Demut. Ausgehend von seiner sündigen Existenz, die er unablässig auch öffentlich unterstrich („Maurus Peccator") wurde die Demut das Fundament seines geistlichen Lebens. In der Regel des hl. Benedikt selbst hat die Demut einen hohen Stellenwert: Um den Gipfel der Demut zu erreichen, sollen die Mönche in zwölf näher erläuterten Stufen voranschreiten um „zu jener vollendeten Gottesliebe zu gelangen, die alle Furcht vertreibt" (Regel 7). Wenn der Mönch alle Stufen der Demut durchlaufen hat, handelt er nicht mehr aus Furcht vor der Hölle, „sondern aus Liebe zu Christus, aus guter Gewohnheit und aus Freude an der Tugend" (Regel 7).

In seiner Spiritualität fällt weiter die Verehrung des Leidens Christi und der Gottesmutter als der schmerzreichen Mutter und Trösterin der Betrübten auf. Abt Maurus förderte die Kreuzwegandacht und er ließ in verschiedenen Kirchen Kreuzwegstationen und oberhalb von Plankstetten einen Kalvarienberg errichten. Diese Verehrung der Passion Christi und das Hineinversenken in die einzelnen Leidensstationen waren ihm eine geistliche Kraftquelle, die ihm Trost und Hilfe bei seinen alltäglichen Pflichten war. „Lieben, leiden und sterben" – in Treue zu diesen drei Begriffen wollte er sein Leben als Sünder führen. Diese uns heute negativ oder heilspessimistisch erscheinende Grundhaltung wird in Verbindung mit den Seligpreisungen Jesu in der Bergpredigt eher verständlich: Den Armen, den Trauernden, den Friedfertigen, den Barmherzigen stellt Jesus eine freudige Zukunft bei Gott in Aussicht. Der Demütige sucht förmlich für Jesus Leiden auf sich zu nehmen, um so einst in die Herrlichkeit des Himmels einzugehen. Hier ist für Abt Maurus der Wurzelgrund der Demut und das sich innerliche und äußerliche Vereinen mit dem Leiden Christi.

Abt Maurus Xaverius Herbst, Gemälde (auf Holz) auf der Sakristeitüre der Abteikirche Plankstetten

Bodenplatte an der Grabstätte von Abt Maurus Xaverius Herbst, Abteikirche Plankstetten

Abt Maurus hat sich dazu verschiedene Übungen zur Buße und Abtötung auferlegt, die ihm auch körperliche Schmerzen eintrugen, nur um tiefer in das Leiden Christi hineinzuwachsen. Er drückte dies so aus: „… Der Himmel ist alles wert. Ich darf kein zärtliches Glied des gekreuzigten Heilandes sein. Wieviel Heiliges kann man doch lernen vom Kreuze."

Innig verbunden mit der Passionsfrömmigkeit war für Abt Maurus seine Verehrung der Gottesmutter Maria als der „Schmerzhaften Mutter". Es ist ein sichtbares Zeichen für diese Verehrung, dass Abt Maurus in Plankstetten im ehemaligen Kreuzgang seine letzte Ruhestätte zu Füßen der Statue der Schmerzhaften Mutter fand, die er im Leben so verehrte. Seine innige Marienverehrung geht wohl auf seine jesuitische Prägung zurück. Die Verehrung der Schmerzensmutter lernte er zweifellos in seiner Noviziatszeit 1719 bis 1720 und den darauffolgenden Jahren näher durch seinen Novizenmeister, Prior Pater Marian Roth OSB, kennen. Ihm lag diese Andachtsform besonders am Herzen. Doch ist die Verehrung Marias als schmerzensreiche Mutter nicht nur eine privat-individuelle Andachtsform jener Zeit barocken Überschwangs. Vielmehr gibt das Neue Testament selbst Hinweise zu diesem Aspekt im Leben Marias: Die Weissagung des Simeon (Lk 2, 35 b: Dir selbst aber wird ein Schwert durch die Seele dringen) und Marias Stehen unter dem Kreuz (Joh 19, 25 f.), wo sie nicht ohne göttliche Absicht stand und heftig mit ihrem Sohn litt und sich mit seinem Opfer im mütterlichen Geist verband, wie die Kirchenkonstitution des II. Vatikanischen Konzils hervorhebt (Lumen Gentium 58). Dieser Aspekt der Marienverehrung hat biblische Wurzeln und kontrastiert in gewisser Hinsicht das Bild von Maria, der glorreichen, in die Verklärung entrückten Himmelskönigin. Das Schmerzensmotiv stellt Maria in ihrer außerordentlichen Stellung im Heilsplan Gottes als jungfräuliche Gottesmutter wieder unter die Bedingungen normalen Menschseins und macht sie so gerade für Menschen in Not und Leid zu einer „solidarischen mütterlichen" Frau und zu einer leidensfähig-verständnisvollen Fürbitterin bei Christus, ihrem Sohn. Diese Frömmigkeitsform war seit dem Mittelalter sehr beliebt und fand in Gebeten, Liedern und in der Kunst vielfache Ausdrucksformen (Hymnus „Stabat Mater dolorosa" – „Christi Mutter stand mit Schmerzen", die „Pieta", „Vesperbilder" und die Darstellung „Maria mit den sieben Schwertern (Schmerzen), die in ihr Herz dringen).

Im kirchlichen Bewusstsein war diese Andachtsform damals schon mehr als nur eine einzelne Meditationsform neben anderen: Durch Marias enge Verbindung als Mutter Jesu Christi, ihr Mitwirken bei der Menschwerdung, ihr Leben und ihr Glauben im Dienst Jesu, gipfelnd mit dem Stehen unter dem Kreuz ließ in der Tradition den Gedanken reifen: Maria hat durch ihr Mitleiden zur Erlösung beigetragen. Als Mutter Jesu und Mutter

Gottes steht sie gleichsam an der Spitze der Menschheit an einem besonderen Platz im göttlichen Heilsplan. Ganz auf unserer Seite als Erlöste und zu Erlösende stehend, hat sie als Frau voll der Gnade durch ihre gläubige Hingabe gerade unter dem Kreuz ganz nah bei ihrem Sohn mitgelitten. „Durch diesen Glauben ist Maria vollkommen mit Christus in seiner Entäußerung verbunden. Durch den Glauben nimmt Maria teil am Tod des Sohnes – an seinem Erlösertod", schreibt Papst Johannes Paul II. in seiner Enzyklika „Mutter des Erlösers" von 1987. Daraus ergibt sich theologisch eine besondere Mittlerschaft Mariens, die Papst Johannes Paul II. als „doppeltes Band" bezeichnet, das die Mutter Gottes mit Christus und mit der Kirche verbindet. Durch dieses „doppelte Band" ist Maria nicht nur ein einzelnes vorbildliches Heiligenschicksal, sondern sie hat im Geheimnis Christi und im Geheimnis der Kirche eine besondere mütterliche Vermittlungsaufgabe, auf die unser Fürbittgebet abhebt. Diese Vermittlung oder „Mittlerschaft" Mariens vollzieht sich in der Weise der Fürbitte.

Auf dem Hintergrund dieser theologischen Folie lässt sich erkennen, dass Abt Maurus mit seiner besonderen Wertschätzung Marias als der Schmerzensmutter in die Herzmitte unseres Glaubens zielt: christlicher Glaube ist Kreuzesgemeinschaft. Im Kreuzcharakter unseres Glaubens wird dieser Glaube ganz er selbst. Im Blick auf Maria erwächst uns ein Zeichen der Hoffnung. Denn Maria ist diesen Kreuzweg schon gegangen und ist durch ihre Nähe als Mutter des Erlösers auch unsere Fürbitterin, ja „Mutter der Glaubenden und Mutter der Kirche", wie es Papst Paul VI. formulierte.

Das geistliche Leben des heiligmäßigen Abtes wird uns auch durch seine Verehrung des hl. Franz Xaver greifbar. Hier wird wiederum die jesuitische Prägung seiner Erziehung greifbar. Hielt sich Abt Maurus Xaverius in Eichstätt auf, so feierte er die Messe stets am Franz-Xaver-Altar in der Schutzengelkirche. Der Heilige (1506–1552) gehört zu den Gründergestalten des Jesuitenordens und war in Indien, Japan und China als Missionar tätig. Er zeichnete sich dabei als wagemutiger, zäher und optimistischer Seelsorger aus, der sich für sein Missionswerk die jeweiligen kulturellen Verhältnisse vor Ort genau ansah und nutzbar machte; 1622 heiliggesprochen, wurde er in der Barockzeit ein besonders geschätzter Heiliger des Jesuitenordens; bis in die jüngste Vergangenheit hinein war er darum auch ein populärer Namensgeber und -patron. Abt Maurus fügte ab etwa 1750 seinem Ordensnamen den Namen Xaverius hinzu und verlieh so seiner Wertschätzung für den Heiligen öffentlich Ausdruck. Maurus Xaverius sah im hl. Franz Xaver vor allem den eifrigen Seelsorger. Darin wollte er ihm nacheifern. Dieser Eifer konkretisierte sich bei Abt Maurus Xaverius in seinem Predigtdienst, durch den er die Zuhörer mit der Kraft seiner Sprache tief beeindruckte. Der Besuch von Kranken, selbst bei Ansteckungsgefahr, war ihm wichtig. Um die verschiedenen Formen der damaligen Volksfrömmigkeit bemühte er sich nachdrücklich. Seine selbstlose Nächstenliebe und sein Bemühen um arme Menschen trugen ihm den Beinamen „Mann des Friedens, Vater des Volkes und Freund der Armen" bei. Er setzte sich dabei über gängige Konventionen hinweg und ging als Angehöriger des hohen und gebildeten Prälatenstandes auf die einfachen Menschen zu, von der sich in der Regel die Oberschicht fernzuhalten hatte. In Erzählungen von einzelnen Begebenheiten werden uns diese Züge der Person von Abt Maurus Xaverius überliefert, z. B. schenkte er einem barfüßig daherwandernden Handwerksgesellen unterwegs seine eigenen Schuhe und kehrte selbst barfuß in die Abtei zurück. An Weihnachten und am Gründonnerstag bewirtete und beschenkte er („mit dem weißen Fleck umgürtet") Bedürftige, wie noch in der Leichenpredigt berichtet wird. Als Beichtvater und Seelenführer war Maurus Xaverius in weitem Umkreis bekannt und viele suchten ihn auf. Sein Ausspruch „Welche Geduld und Liebe verdient eine einzige Seele!" belegt den großen Seelsorgseifer, der ihn antrieb.

Sein geistliches Wirken, so wird überliefert, umfasste auch Heilungen von Krankheiten und Befreiung von Besessenheit (Exorzismus). Sicher war die damalige Zeit noch nicht sehr bewandert in der Beurteilung und Behandlung psychischer Erkrankungen bei Menschen. Das hatte zur Folge, dass man sehr oft dämonische Kräfte hinter menschlichen Auffälligkeiten sah. Doch trotz allem Aberglaubens der Zeit sah Maurus Xaverius das aktive Wirken von Dämonen im Menschen als reale Möglichkeit und nahm gegen diese den Kampf auf, „und es scheint, dass er hier manchmal des Guten zuviel tat", wie der Kirchenhistoriker Ernst Reiter resümiert. Besondere Bekanntheit erlangten die Exorzismen, die er bei zwei Nonnen in Marienburg bei Abenberg vornahm. Dazu trat er Ende März 1757 eine Reise nach Kloster Marienburg an, bereits von Krankheit gezeichnet und mit Todesahnungen im Herzen. Einer Ordensfrau konnte er helfen, die andere verspürte erst Heilung in der Gegenwart des verstorbenen Abtes.

Wirkungsgeschichte und Bedeutung für heute

Abt Maurus Xaverius starb am 4. April 1757 in Abenberg. Wunschgemäß wurde er in der Plankstettener Klosterkirche vor der Statue der Schmerzhaften Mutter, die er so innig verehrte, begraben. Sein Grab trägt die Inschrift: „Zu Füßen der Schmerzhaften Mutter liegt der gottselige Abt Maurus Herbst OSB. Schon zu Lebzeiten hoch verehrt wegen seiner Wundermacht und Weissagungsgabe, starb der seeleifrige Knecht Maurus am 4. April 1757." Die Wertschätzung und Verehrung, die ihm zu Lebzeiten entgegengebracht wurde, setzte sich nach seinem Tod fort. Schon bei seiner Leichenrede wurde von seiner Wundertätigkeit nach seinem Tod berichtet. Gläubige suchten und suchen bis heute an seinem Grab im Gebet Zuflucht und Trost. Krankenheilungen, die nach seinem Tod auf seine Fürbitte hin eingetreten sein sollen, werden überliefert. Das Andenken an diese herausragende, heiligmäßige Abtgestalt wurde von den Benediktinern in Plankstetten stets in hohen Ehren gehalten. Das belegen sein sorgsam aufbewahrter Briefnachlass im Kloster Scheyern, verschiedene Veröffentlichungen über Abt Maurus Xaverius im 19. Jahrhundert, die rasche Verbreitung seiner Verehrung in der bayerischen Benediktinerkongregation und das Gebet um seine Seligsprechung, die durch das Drucken von Andachtsbildern gefördert wurde. Auch seitens der Gläubigen kann man von einer ungebrochenen, wenn auch eher überschaubaren Tradition seiner Verehrung sprechen. Die Todes- und Gedenktage, den Abt betreffend, beging man in der jüngeren Vergangenheit mit feierlichen Gottesdiensten und eine Abt-Maurus-Gebetsgemeinschaft setzt sich dafür ein, die Verehrung von Abt Maurus Xaverius mit dem Ziel seiner Seligsprechung zu fördern.

Abt Maurus Xaverius wählte sich nach seiner Wahl zum Abt den Pelikan als Wappentier. Dieser reißt sich – so die mythologische Vorstellung – die Brust auf, um seine Jungen zu nähren. Auf Christus hin gedeutet, trifft man dieses Bild an vielen barocken Altarantependien und Tabernakeln. Maurus Xaverius hat sich dieses Sinnbild der aufopfernden Liebe als Leitmotiv seines Wirkens gegeben und in seinem Leben nachvollzogen. Mit Blick auf die schmerzensreiche Mutter und die Passion Christi und seiner tätigen selbstlosen Liebe wurde Abt Maurus Xaverius eine außergewöhnliche Gestalt in der Nachfolge Christi. Wir Heutigen finden vielleicht aufgrund zeitlich bedingter Ausprägungen zu seiner Frömmigkeit nicht leicht Zugang, dennoch beeindruckt seine so greifbare „Configuratio" mit Christus und lässt bei uns Vertrauen wachsen in seine Fürbitte beim Herrn.

Quellen- und Literaturhinweise

Quellen

Des Schlaffenden Caroli Alberti Aller Durchleuchtigistes, Kayserliches Wachendes Hertz, Die Schmertzhaffte Mutter Maria, In dem Löblichen Seraphischen Closter Dietfurt ... Fürgestellet, Stadt am Hof 1751, 1752.
Der Ablass Portiuncula Ein Ewiger Antheil des in Gott Schlaffenden Ertz-Catholischen Ertz-Getreuen, Ertz-Marianischen Caroli Alberti, Aller Durchleuchtigsten, Kayserlichen, Wachenden, Gecrönten Hertzens: Mariae Der Schmerzhafften Mutter. Vorgetragen In dem Löblichen Seraphischen Closter, und dasigen Gottes-Hauß Dietfurt, Stadt am Hof 1752.
Briefe: Diözesanarchiv Eichstätt (Sign. p 205).

Literatur

Bauer, Petrus, Maurus Xaverius Herbst: Abt von Plankstetten, in: Jahresbericht des Historischen Vereins für Neumarkt in der Oberpfalz und Umgebung (JberNeumarkt) 19, 1990, S. 47–51.
Götz, Franz Sales, Maurus Xaverius Herbst. Abt von Plankstetten. Ein Lebensbild aus dem 18. Jahrhundert, hrsg. von der Benediktinerabtei Plankstetten, München 1928.
Knedlik, Manfred, Herbst, Maurus Xaverius, in: Biographisch-bibliographisches Kirchenlexikon XXI (2003), Sp. 646–648.
Maier, Konstantin, Abt Maurus Xaverius Herbst von Plankstetten und die barocke Klosterkultur des 18. Jahrhunderts, in: Erbe und Auftrag 69 (5/1993), S. 380–393.
Reiter, Ernst, Maurus Xaverius Herbst, Abt von Plankstetten, in: Georg Schwaiger (Hrsg.), Bavaria Sancta Bd. II, Regensburg 1971, S. 283–295.
Sonnenberg OSB, Beda Maria, Abt Maurus Xaverius Herbst OSB (1701–1757), in: Barbara Bagorski/Ludwig Brandl/Michael Heberling (Hrsg.), Zwölf Männerprofile aus dem Bistum Eichstätt, Regensburg 2010, S. 138-155.
Suttner, Joseph Georg, Bibliotheca Eystettensis Dioecesana. Ein Beitrag zur Herstellung von Annalen der Litteratur des Bisthums Eichstätt, Eichstätt 1866, Nr. 864, 865, 872, 873.
Zinsmeister, Johann Martin, MAURUS der Sünder/Ein Beschämer der Gerechten. Das ist: Leich- und Sitten-Rede Uber den hochen Todfall Deß Weyland Hochwürdigen in Gott ... HERRN MAURI XAVERII ... Würdigsten Abbten, Eichstätt 1757.

Maria Ludden

Bruder Fidel Kircher OP
(1625–1646)
Ein jung verstorbener Dominikanernovize im Ruf der Heiligkeit

Von Fidel Kircher weiß selbst mancher Kenner der Diözesangeschichte kaum mehr, als dass er ein Mönch des Eichstätter Dominikanerklosters war und im Rufe der Heiligkeit steht. Es lohnt sich also, dieser Gestalt des 17. Jahrhunderts biographisch nachzuforschen und zu verfolgen, welche Spuren sie in der kultischen Tradition der Diözese hinterlassen hat.

Die Familie

Am 2. September 1625 wurde in der Eichstätter Liebfrauenkirche das Kind Johannes Fidel der Eheleute Johannes Friedrich und Catharina Kircher („Kürchner") getauft. Die Eltern gehörten dem gehobenen Bürgertum Eichstätts an, hatte doch Johannes Friedrich Kircher, Doktor beider Rechte, hier im Jahr zuvor das Amt eines fürstbischöflichen Hofrats angetreten. Rund drei Jahrzehnte sollte er in Diensten der Fürstbischöfe Johann Christoph von Westerstetten (1613–1637) und Marquard II. Schenk von Castell (1637–1685) stehen; zusätzlich wird er 1637 als Verwalter des Stadtrichteramtes, 1643 als fürstbischöflicher Gesandter beim Landgericht Hirschberg genannt.

Die Familie der Kircher stammte aus Weissenhorn bei Neu-Ulm und war dort zumindest im 19. Jahrhundert noch ansässig. Bevor Johannes Friedrich Kircher im Alter von annähernd 50 Jahren nach Eichstätt kam, war er wahrscheinlich in Sigmaringen, Residenz des Fürstentums Hohenzollern-Sigmaringen, und im schwäbischen Wertingen, damals Lehensbesitz der Grafen von Pappenheim, tätig gewesen. Dort nämlich wurden die älteren Söhne Georg Friedrich, Jacob Bernhard und Franz Martin geboren, wie aus den Aufzeichnungen des Eichstätter Jesuitenkollegs hervorgeht. In Eichstätt kam nach Fidel als wohl jüngstes Kind 1628 die Tochter Maria Elisabeth zur Welt. Noch zwei weitere Töchter der Kirchers sind in den Matrikeln der Liebfrauenpfarrei nachweisbar, Maria Magdalena, die ledig blieb, und Catharina, die wie Maria Elisabeth einen Beamten des fürstbischöflichen Hofes heiratete.

Über die beiden ältesten Brüder Fidel Kirchers wissen wir, dass sie die geistliche Laufbahn einschlugen, Jacob Bernhard als Kanoniker des Chorherrenstifts Herrieden, dann des Kollegiatstifts St. Johannes der Täufer in Regensburg, Georg Friedrich als Seelsorger in verschiedenen Pfarreien, darunter Aurach und Elbersroth.

Catharina Kircher, die Ehefrau und Mutter, starb 1640 in Eichstätt. Aus der Angabe auf Fidels späterem Epitaph, es sei „von seinen Eltern" gesetzt worden, hat man abgeleitet, daß der verwitwete Vater in schon betagtem Alter eine weitere Ehe einging; dies lässt sich aus den Trauungsmatrikeln beider Eichstätter Stadtpfarreien allerdings nicht bestätigen. Johannes Friedrich Kircher, „Senior unter den Hofräten", starb 1683 im 87. Lebensjahr und wurde auf dem Friedhof der Pfarrei St. Walburg beigesetzt.

Der Lebensweg

Von Fidel Kircher selbst ist nur ein einziges persönliches Zeugnis überliefert, nämlich die Abschrift eines lateinischsprachigen Notats im Einschreibbuch (Liber pro inscribendis) der Eichstätter Dominikaner. Es lautet übersetzt: „Ich, Bruder Fidelis Kircher aus Eichstätt, tue kund, dass ich am 14. Juni des Jahres 1645 unter dem Hochwürdigsten Generalmeister für den gesamten Predigerorden, dem Vater und Bruder Thomas Turcus, und unter dem Generalprediger und Prior des Eichstätter Konvents, dem gar ehrwürdigen Vater und Bruder Vincentius Sengler, aus freiem Willen die Profeß abgelegt habe".

Unter den wenigen zeitgenössischen Quellen, die uns etwas über Fidel Kircher mitteilen, sind vom Taufeintrag abgesehen als erste das Schülerverzeichnis und das Diarium des Eichstätter Jesuitenkollegs zu nennen, die beide im Februar 1635 einsetzen. Seit der weitgehenden Zerstörung Eichstätts durch die Schweden genau ein Jahr zuvor war das Gymnasium Academicum der Jesuiten in einem Notquartier, dem „Muggenthaler Haus", untergebracht, bis dass gegen Ende 1638 Teile des Kolleggebäudes wieder zur Verfügung standen. Die Aufzeichnungen seitens der Kollegleitung ab 1635 belegen unter den Schülern alle vier Söhne Johannes Friedrich Kirchers unter Angabe ihres Alters, Geburtsortes und der jeweiligen Schulklasse. Johannes Fidelis Kircher, in Eichstätt geborener neun Jahre alter Sohn des Johannes Friedrich Kircher, absolviert 1635 die Rudimenta, also die erste von insgesamt sechs Klassen der Studia inferiora. Diese sollten zu einer umfassenden Kenntnis des Lateinischen und Griechischen führen, neben der Religion als weiterem Hauptfach. Die sich an die Inferiora anschließenden, auf Philosophie und Theologie konzentrierten Studia superiora umfassten mindestens zwei, eventuell auch drei oder vier Jahre. Den Angaben des Tagebuchs zufolge (die Schülerlisten setzen nach 1635 bis 1648 ganz aus) durchlief Fidel Kircher die unteren Klassen der Inferiora bis zur vorletzten, der Humanitas-Klasse; danach und letztmalig ist sein Name 1643/44 unter den Schülern der Logik-Klasse aufgeführt, also bereits auf der Ebene der Studia superiora. Dem liegt womöglich ein Fehler bei der Auflistung zugrunde, denn auch davor finden wir seinen Namen in zwei Klassen der Inferiora gar nicht, dafür in zwei anderen zweimal hintereinander.

Im Juni 1644 trat Fidel Kircher dem Konvent der Eichstätter Dominikaner bei, aus welchem Anlaß er im Auftrag der Familie eine fromme Gabe überreichte: „... hat Fidelis Kircher Novize anstatt seines Herrn Vaters und Schwestern Unserer Lieben Frau ein[en] schönen korallenen Rosenkranz mit einem Ring in welchem ein Türkis verehrt", notierte der Prior Pater Vincentius Sengler in sein Weißbuch (Manuale Priorum). Das Kloster der Dominikaner in Eichstätt ging auf eine Stiftung der Gräfin Sophia von Hirschberg (1236–1289) und ihrer beiden Söhne im Jahre 1271 zurück. Die Auswirkungen des 30jährigen Krieges und im Besonderen die Verwüstungen des Stadtbrandes von 1634 brachten das Kloster in erhebliche materielle Bedrängnis. Das Weißbuch berichtet ab 1636 mehrfach von der Misere, in der sich der soeben installierte Prior Sengler und seine zunächst vier

Mitbrüder befanden: „ … viel Schulden und wenig Fratres, kleinen Kirchenschatz, keinen Haus- und Vorrat". Erst zur Zeit von Fidel Kirchers Klostereintritt 1644 hatte eine Phase wirtschaftlicher Erholung eingesetzt, die in den folgenden Jahrzehnten die Erneuerung von Kirchenschatz und Baubestand ermöglichen sollte. Fromme Schenkungen von Bürgern der Stadt, unter ihnen zwei der Schwestern Kircher, trugen zur Finanzierung bei.

Als Motiv von Fidels Kirchers Entscheidung für ein Leben als Dominikanermönch nennt der Diözesanhistoriker Georg Suttner (1827–1888) dessen ausgeprägte Frömmigkeit sowie die damals hervorragende „Ordnung" des Klosters, welche auf den jungen Mann anziehend gewirkt habe. Wesentlich für den Orden, auf den seine Wahl fiel, waren Armut, Studium und Predigt, also die Verbindung aus seelsorglichem Wirken in der Welt und geistig-asketischem Leben in der Abgeschiedenheit des Klosters. Fidel Kirchers Entscheidung bedeutete somit den Verzicht auf eine durch Status und Annehmlichkeiten geprägte Existenz, wie sie ihm vorgegeben schien.

Sein erstes Jahr im Konvent, in dem er wie die anderen Neulinge unter Anleitung des Novizenmeisters Pater Alanus Schmid die Regeln klösterlichen Lebens zu erlernen hatte, endete durch das am 14. Juni 1645 im Einschreibbuch bekundete zeitliche Ordensgelübde, also der Verpflichtung zu Armut, Ehelosigkeit und Gehorsam sowie auf die Ordenssatzungen. Nach einigen Jahren folgte mit der feierlichen Profeß gemeinhin die immerwährende Bindung an den Orden, die zugleich Voraussetzung für Priesterweihe und Predigtamt war. Auch Fidel Kircher schlug diesen Weg ein (dessen Vollendung ihm versagt bleiben sollte), indem er im Kloster ein Studium der Philosophie begann. Bereits seit dem Mittelalter pflegten die Dominikaner die Tradition der ordensinternen wissenschaftlichen Ausbildung ihres Priesternachwuchses. Diese fand in Konventen mit eigenem Prior unter Leitung eines „Lektor" oder „Lesmeister" genannten Dozenten in Philosophie und Theologie statt. Das Weißbuch des Eichstätter Konvents führt eine immerhin bis in das 14. Jahrhundert zurückreichende, wenngleich nicht lückenlose Serie von Lektoren auf. Hier hatte im Frühsommer 1645, nach mehreren Jahren der Vakanz, der aus der Landshuter Niederlassung stammende Pater Dominikus Lehmayr das Lektorenamt angetreten; am 5. Oktober 1645 notierte der Prior: „… hat allhier in unserm Convent das Studium philosophicum angehebt, mit R. P. Dominico Lehrmair, und sieben Fratribus". Unter letzteren muß sich einer, Fidel Kircher, bald hervorgetan haben, denn er wurde zum Paedagogus bestellt, welcher mit der Aufsicht über Fleiß und Betragen seiner Mitschüler betraut war. Disziplin und Gehorsam, anders gesagt: die vorbehaltlose Einfügung in eine bestehende Ordnung, die sich hier andeuten, werden auch in den späteren Charakterisierungen Fidels stets unter seinen Tugenden angeführt.

Die nächsten Nachrichten über ihn stehen bereits im Zusammenhang mit seinem Sterben und den bemerkenswerten (wundersamen) Dingen, die damit einhergingen. „Anno 1646 den 20. Januar ist allhier in Gott gar seeliglich eingeschlafen der jederzeit sehr andächtig, gehorsame und züchtigste Fr. Fidelis Kircher, dies Konvents Filius, und im Noviziat paedagogus", hebt der Bericht im Weißbuch an, verfasst von Pater Vincentius Sengler als einem Augenzeugen der in Rede stehenden Ereignisse. Am genauesten und nachhaltigsten dürfte die Schilderung des Lektors Pater Dominikus Lehmayr sein, der Fidel Kircher während seiner letzten Tage zur Seite stand; auf ihr gründet die Aura des Außergewöhnlichen und Heiligen, die seinen Namen seither umgibt. „Kurzer Bericht über Krankheit und Tod des frommen Bruders Fidelis Kircher" hebt der lateinischsprachige Text im Einschreibbuch des Klosters an, der sich zumindest abschriftlich erhalten hat und zusammengefaßt lautet wie folgt:

Am 13. Januar 1646 erkrankte Fidel Kircher schwer; da weder ein Aderlaß noch Arzneien halfen und sein Zustand innerhalb kürzester Zeit kritisch wurde, legte ihm sein Seelenführer die Generalbeichte nahe (solange er noch bei Verstand sei), worin der Schwerkranke auch ohne Zögern einwilligte. In der Beichte offenbarte er sein reines, von jeder schweren Sünde unbeflecktes Leben. Später trug man ihm vorsichtig fragend – da er selbst flüssige Nahrung kaum noch zu schlucken vermochte – die heilige Kommunion an, zu der er sich sofort und nachdrücklich bereit erklärte. Als er den Leib Christi mit der gebotenen Hingabe und ganz ohne Mühe zu sich nahm, begriffen die Anwesenden dies als ein Wunder. Während der folgenden Tage verfiel er in heftige Fieberkrämpfe und geriet dermaßen außer sich, daß er um sich schlagend kaum im Bett zu halten war; doch die bloße Gegenwart seiner Vorgesetzten – des Priors Vincentius Sengler und seines Lektors – sowie das Vorlesen geistlicher Texte wirkten beruhigend auf ihn. Dann wieder betete er mit wachsender Inbrunst den Rosenkranz so lange, bis ihm die Stimme versagte und er auf Weisung des Arztes damit aufhören musste.
Es war frühmorgens am 20. Januar, dem Gedenktag des hl. Sebastian, als der Sterbende nach tagelangem Delirium plötzlich sein freudig erleuchtetes Gesicht zur Tür wandte und rief: „Sieh, der hl. Vater Dominikus tritt ein!", um dann dreimal hintereinander laut und heftig zu fordern: „Machen wir ihm Platz!" Auf Rat seines zutiefst bewegten Lektors betete Fidel nun das Responsorium des hl. Dominikus: „O spem miram quam dedisti mortis hora te flentibus, dum post mortem promisisti te profuturum fratribus …" (Oh wunderbare Hoffnung, die Du Deinen Brüdern gabst, als sie in der Stunde des Todes um Dich weinten und Du ihnen versprachest, nach Deinem Hinscheiden für sie zu beten …). Dem fügte er Verse aus dem 109. und fast den gesamten 131. Psalm hinzu, und nachdem er seine Schutzheiligen um Beistand angefleht hatte, begann die Seele aus ihm zu weichen. Nun versammelte sich der ganze Konvent, um für ihn zu beten und seine Seele anzuempfehlen, und während dies geschah, verschied er friedlich im Herrn.

Der kürzere, in Deutsch verfasste Bericht des Priors Sengler enthält nur wenige über Lehmayr hinausgehende Elemente, so den für die spätere Verklärung Fidels wesentlichen Gedanken, wie sehr es für dessen Erhabenheit spreche, „daß der h. Dominicus Vater und Jungfrau heimzusuchen sich gewürdiget habe Seinen Fidelem Sohn und Jungfrau", zum anderen die Benennung der Begräbnisstätte: „… neben der Mauer am Eck des Kreuzgärtleins, wie man von dem Kapitelhaus in die Kirche und Chor zu gehen pflegt". Die Beerdigung im Kreuzgang des Klosters und dem von diesem umschlossenen Innenhof war bis zum barocken Umbau der Kirche 1716 für Konventualen üblich. Zusätzlich zum Grabstein mit Namen und Sterbedatum Fidels wurde an einer nahen Mauer das „von den Eltern" gestiftete Epitaph in vergoldeten Lettern angebracht, darüber eine szenische Darstellung des Sterbenden und des ihm erscheinenden hl. Dominikus. Auf sie bezog sich eine danebenstehende Inschrift, die Pater Apollinar Nittermaier um 1790 in seinen Nekrolog der Eichstätter Dominikaner aufnahm: „Im Jahr Christi 1646 am Festtag des hl. Martyrers Sebastiani den 20. Jan. frater Fidelis Kircher Predigerordens ein Jüngling einer großen Hoffnung, und Frommkeit seines Alters 21 Jahr, im hl. Orden anderthalb Jahr, welcher nit allein den Namen nach Fidelis, sondern auch in der Tat selbsten fidelis und getrey seim Herrn. Hat bis in Tod sein Seel von aller tödlichen Makel unbefleckt – wie dies bezeugt wird – seim Erlöser gegeben; welchen auch der hl. Vater Dominicus in sein Todsnöten heimgesucht, und sich gewürdiget ihn in den Himmel zu begleiten, allwo er die ewige Kron empfangen würde".

Tradierung des Gedenkens

Fidel Kircher ließ im Sterben die Züge eines Heiligen erkennen – dieses Gefühl einte die Wenigen, die ihm bis zuletzt beistanden. Wie aber konnte das Wissen um ihn, der bis zu seinem frühen Tod ein kaum anderthalb Jahre währendes, zurückgezogenes Klosterleben führte, in die Außen- und Nachwelt getragen werden, unter Verwandlung des einfachen Mönches in eine für heilig erachtete Gestalt der Eichstätter Diözesangeschichte?

Dieser Prozeß setzte nicht lange nach seinem Tod ein, als der nunmehr resignierte Prior Pater Vincentius Sengler, auch Generalprediger des Ordens, das 1650 in Rom versammelte Generalkapitel der Dominikaner von den Ereignissen in Kenntnis setzte. In Sengler vereinigt sich also die Person des Augenzeugen mit der des Berichterstatters an die Nachwelt, hier über das mit besonderer Aufmerksamkeit bedachte Forum des Generalkapitels als höchster Ordensinstanz. Unter der Rubrik „Brüder und Schwestern, die in der erhabenen Anschauung Gottes verstarben" wird aus der Provinz Teutonia neben zwei weiteren Ordensbrüdern Fidel Kircher vorgestellt. Dieser habe sich durch Tugendhaftigkeit, Geistesschärfe, Frömmigkeit und die Freiheit von schweren Sünden ausgezeichnet, so dass er in der Todesstunde des hl. Dominikus ansichtig werden durfte.

Wohl der erste, der in fast wörtlicher Anlehnung an die Würdigung vor dem Generalkapitel die Kunde von Fidel Kircher weitergab, war 1661 der Würzburger Dominikaner und Theologieprofessor Pater Friedrich Steill in seinem zweibändigen Werk „Ephemerides Dominicano-Sacrae".

Die Anfänge der Fidel-Kircher-Überlieferung liegen also auf überdiözesaner Ebene; stärkere Wirkung aber entfaltete sie, wenig überraschend, im Kontext der Eichstätter Traditionsbildung. Hier hören wir erstmals nachweislich und an prominenter Stelle anlässlich der Milleniumsfeiern des Bistums 1745 von ihm. Als der Domprediger Pater Adam Thurner SJ die Aufmerksamkeit seiner Zuhörer auf die wegen ihrer „Heilig- und Frommheit" berühmten Eichstätter lenkt, kommt er auch auf Fidel Kircher zu sprechen und preist ihn einen „wegen Unschuld eingefleischte[n] Engel". Diese eigentümliche Bezeichnung ist in der christlichen Hagiographie gemeinhin dem hl. Aloysius von Gonzaga (1568–1591) vorbehalten, mit dem Fidel Kircher in der Tat einige äußere Merkmale teilte: Auch Aloysius verzichtete auf das väterliche Erbe und trat einem Orden (dem der Jesuiten) bei, zeichnete sich durch Bildungseifer, Frömmigkeit, Keuschheit sowie Marienverehrung aus und starb in jungen Jahren. Bereits 14 Jahre nach seinem Tod wurde er selig-, 1726 heiliggesprochen.

Einem entschiedenen Anwalt der Aufnahme Fidel Kirchers in die Familie der Bistumsheiligen begegnen wir in dem bereits erwähnten Pater Apollinar Nittermaier (1745–1820), bis zur Aufhebung des Klosters 1806 dort als Prediger und Archivar tätig, danach Domprediger, zudem ein beachtenswerter Diözesanhistoriker. Um die Wende des 18. zum 19. Jahrhundert verfasste Nittermaier einen zweibändigen Nekrolog des Eichstätter Konvents, in dem er unter anderem die damals noch sichtbaren Grabinschriften inventarisierte und für die Nachwelt sicherte; auch hatte er als Archivar Zugang zu Schriftgut, das mit der Säkularisation in den Besitz des Staates gelangen oder in der Folgezeit verlorengehen sollte. Seine von daher so wichtige Abschrift des Dominikus-Lehmayr-Berichts aus dem Einschreibbuch des Klosters ergänzte er um eine eigene Würdigung Fidel Kirchers, die geprägt ist von der Absicht, den Verehrten in eine Aura der Erhabenheit zu entrücken:

Er ragte durch eine Reihe von Eigenschaften hervor – Abstand gegenüber weltlichen Dingen, moralische Unbefleckheit, absoluten Gehorsam, Hingabe an das Gebet, inniges Verlangen, „mit Christus zu sein" und Verehrung der Gottesmutter; indem er all diese Tugenden in sich vereine, so der Laudator, könne Fidel Kircher nur mit den hervorragendsten Persönlichkeiten der Ordensgeschichte verglichen werden.

Zwar habe sich der Sterbenskranke auch durch unangenehme, höchst menschliche Züge hervorgetan, erklärbar aus der Raserei des Fiebers; signifikant aber seien allein die zutage getretenen übermenschlichen Kräfte und die Zeichen besonderer Frömmigkeit und Reinheit: Gerade weil sie sich im Zustand weitgehender Besinnungslosigkeit äußerten, offenbarten sie seine wahre Natur, denn im Sterben eines Menschen scheine bekanntlich auf, wie er gelebt habe. Die Wesenszüge des sterbenden Fidel müssten daher als „Indizien" eines heiligen Lebens gewertet werden.

Das Sterben eines Menschen als Konzentrat seines Lebens, als Ausweis seines Charakters – auf diese Weise begegnet der Anwalt von Fidel Kirchers Heiligmäßigkeit dem möglichen Einwand der Schemenhaftigkeit seiner Person vor jenen letzten Tagen, in denen er als ein Besonderer erkannt wurde.

Erhebung der Gebeine

Rund drei Jahrzehnte, nachdem Pater Apollinar Nittermaier das Profil des gleichsam heiligen Fidel Kircher entworfen hatte, rückte ihn die Verlegung seiner Grabstätte im Jahre 1822 erneut in das Blickfeld einzelner Persönlichkeiten, die sich sein Gedenken zum Anliegen machten. In der 1806 profanierten Klosterkirche sollten, als einer Filiale der neu errichteten Dompfarrei, wieder Gottesdienste stattfinden, daher die ebenfalls für weltliche Zwecke genutzten Konventsgebäude durch eine Mauer von der Kirche abgetrennt werden. Diese Maßnahme hätte die Unversehrtheit von Fidel Kirchers Grab im Kreuzgang des Klosters gefährdet, so dass man die Umbettung an einen sicheren Ort im Inneren der Kirche beschloss.

Es stellt sich die Frage, wer angesichts der weitgehenden Unbekanntheit seiner Person wohl auch unter den Diözesanoberen die Initiative zur Grabverlegung ergriffen hatte. Laut Erhebungsprotokoll war es der anwesende Schuhmacher und Distriktvorsteher Benedikt Schweiger, ein Verehrer sowohl Kirchers wie Nittermaiers. Er hatte sich wegen der drohenden Beschädigung des Grabes an Domprediger Johann Georg Hoffmann (1777–1846) gewandt, der daraufhin Fürstbischof Joseph Graf von Stubenberg (1791–1824) alarmierte und sogleich von diesem beauftragt wurde, das Notwendige in die Wege zu leiten.

Die von Domprediger Hoffmann genauestens protokollierte Graböffnung und Umbettung am 6./7. Februar 1822 im Beisein von Vertretern der Diözese und Stadt Eichstätt lief nach den kirchlichen Vorschriften ab. Die mit aller Sorgfalt gehobenen Gebeine wurden unter Beigabe einer Fassung des Erhebungsprotokolls in einem neuen Sarg im Chor der Kirche, nahe dem Dominikusaltar, beigesetzt. Eine Platte aus Solnhofener Stein mit Namen und Todesdatum markierte die Stelle.

Ein im Dompfarrarchiv Eichstätt verwahrtes Schreiben enthält Andeutungen, dass die Gebeine unmittelbar nach Beisetzung in der Kirche wegen einer drohenden Denunziation, die allerdings jeder Grundlage entbehrte, von Magistratsbeamten heimlich wieder in das alte Grab zurückgelegt wurden.

Aus dem Erhebungsprotokoll geht im übrigen hervor, dass zu dieser Zeit Grabstein und vergoldetes Epitaph noch erhalten waren, während Wandbild und -inschrift zumindest keine Erwähnung mehr finden. Über den Verbleib des Epitaphs äußert sich Hoffmann widersprüchlich, nämlich im Erhebungsprotokoll dahingehend, dass man den Stein im Zuge der Umbettung an einem Pfeiler nahe dem Grab angebracht habe, während er laut späteren Aufzeichnungen in private Verwahrung kam, um bei passender Gelegenheit an der nahe gelegenen Wand befestigt zu werden. Vielleicht erklärt sich der Widerspruch in dem Sinne, dass die Aufhängung am Pfeiler nicht von Dauer war.

Wie die meisten Grabstätten, von denen das Eichstätter Dominikanerkloster als bevorzugte Begräbnisstätte des lokalen Adels und vornehmen Bürgertums ungewöhnlich viele aufwies, gilt auch die Fidel Kirchers in der Filialkirche St. Peter, so der offizielle Name seit 1822, als verschollen; ob dies unmittelbar der Brandkatastrophe vom Oktober 1918 oder späteren Baumaßnahmen auf dem Ruinengelände zuzuschreiben ist, scheint mir nicht sicher.

Das Erhebungsprotokoll und weitere Aufzeichnungen Domvikar Hoffmanns über Fidel Kircher sind aufschlussreich hinsichtlich der Frage, wie dieser fast zwei Jahrhunderte nach seinem Tod wahrgenommen wurde.

Eine Rekapitulation der bekannten Nachrichten und Deutungen mündet auch bei Hoffmann in ein entschiedenes Plädoyer für die Heiligkeit des Verehrten: Diese leite sich aus so offenkundigen Tatsachen ab, dass ein „in der Wissenschaft der Heiligen erleuchteter Verstand" sicher zu einem fundierten Urteil gelangen könne. Seine Lobpreisung beendet Hoffmann, Apollinar Nittermaier zitierend, mit der Feststellung, dass die „letzten Tugendakte, [die Fidel Kircher] … in der Annäherung des Todes in sich zeigte, vollgültige Zeugnisse waren einer vollendeten Frömmigkeit und eines hl. Lebens".

Das Protokoll selbst ist in zweifacher Hinsicht bezeichnend für die Sicht auf Fidel Kircher: Zum einen lässt es die Absicht erkennen, die Zuordnung der vorgefundenen Gebeine zu der historisch gesicherten Gestalt außer Frage zu stellen; denn bevor man Fidels sterbliche Überreste bergen konnte, war man unerwartet auf die von drei anderen Personen gestoßen (eventuell als Folge einer größeren Umbettungsmaßnahme um 1715 aus der Kirche in den Innenhof). Die Lage der Fundstelle, das heißt ihre Nähe zu Grabstein und Wandepitaph, sowie die Beschaffenheit des Skeletts, insbesondere der hervorragende Gebisszustand und Knochenbau – „wer muss daraus nicht unsern F. Fidelis erkennen". Dachte Domprediger Hoffmann hier an die für den Kult eines Heiligen so zentrale Verehrung der Grabstätte, die von vornherein keinem Zweifel ob ihrer Authentizität unterliegen sollte? Des weiteren werden die bekannten „wundersamen" Elemente um neue ergänzt, die sich sämtlich auf den hl. Sebastian beziehen: Zum Todestag Fidels und eigentlichen Sebastianstag, dem 20. Januar, fügte es sich seltsam, dass die Diözese Eichstätt im Jahr 1822 das Gedenken des Märtyrers ausnahmsweise am Tag der Graböffnung, dem 6. Februar, beging; und (nur scheinbar?) zufällig hatte die Zinnkapsel, in welche das dem neuen Sarg beigegebene Erhebungsprotokoll gelegt wurde, der Aufbewahrung von Sebastians-Reliquien in der 1818 abgebrochenen Eichstätter Stiftspfarrkirche gedient. Als weitere Koinzidenz verweist Domprediger Hoffmann auf die von Vincentius Sengler berichtete Anrufung des hl. Sebastian durch Fidel Kircher im Angesicht des Todes. Der Verehrte wird also deutlich in Relation zu einem „hochkarätigen" Heiligen gesetzt, dessen Ansehen den noch unbekannten, erwünschten, potentiellen Heiligen aufwerten konnte.

Fazit

Mit der Verlegung des Grabes in die Klosterkirche endete der Prozess von Fidel Kirchers „Heiligwerdung" über fast zwei Jahrhunderte hinweg. Zwar fand er auch danach noch vereinzelt Beachtung, jedoch vor allem in beschreibender und wissenschaftlicher Absicht, kaum aber, um der Diözese und dem Dominikanerorden einen bislang unbekannten Heiligen zu entdecken oder gar zu konstruieren.

Fidel Kircher geriet dank derer, die ihr Wissen um ihn in die Überlieferung einbrachten, nie endgültig in Vergessenheit. Wie ein offizielles Heiligsprechungsverfahren am Ende befunden hätte, unter kritischer Prüfung der ihm nachgesagten wunderwirkenden Kraft und herausragenden Tugendhaftigkeit, können wir nicht wissen. Sicher aber entbehrte er der Voraussetzungen zu einem Volksheiligen; das ihm nachgesagte Mirakulöse war zu wenig spektakulär, zumal es sich im Verborgenen ereignete. Ein asketischer, vergeistigt anmutender Dominikanermönch hätte in einer Zeit wie dem 17. und 18. Jahrhundert, mit ihrem überreichen „Angebot" an populären Heiligen (die nicht notwendig auch kanonisierte Heilige waren), kaum Beachtung finden, geschweige denn einen veritablen Kult auslösen können. Die Fidel Kircher entgegengebrachte Verehrung gründete in der übermenschlich anmutenden Konsequenz, mit der er sein Leben nach dem Willen Gottes ausrichtete und die ihn herkömmlicher, irdischer Begrenztheiten enthob. Als reine Seele und Vorbild an christlicher Tugend war es ihm bestimmt, nur von Einzelnen, meist geistlichen Persönlichkeiten, erkannt und sogar für heiligungswürdig gehalten zu werden.

Literaturhinweise:
BUCHTA, WOLFGANG, Abgegangene Grabdenkmäler des ehemaligen Dominikanerklosters zu Eichstätt, in: Sammelblatt des Historischen Vereins Eichstätt 77/78 (1984/85), S. 49 ff.
SUTTNER, JOSEPH GEORG, Fr. Fidelis Kircher, in: Pastoralblatt des Bisthums Eichstätt 13 (1863), S. 182 ff.
VONWERDEN, FERDINAND, Die ehemalige Peterskirche in Eichstätt, in: Sammelblatt des Historischen Vereins Eichstätt 33 (1918), S. 5 ff.

Franz Heiler

Pater Apollinar Nittermaier OP (1745–1820)

Mönch, Seelsorger und Gelehrter

Zur Biographie

Die Taufmatrikel der alten Eichstätter Stadtpfarrei zu Unserer Lieben Frau (Collegiata) verzeichnet für den letzten Tag des Jahres 1745 die Taufe eines Sohnes der Eheleute Joseph und Maria Anna „Nidermeyr". Das Kind erhielt den Namen Georg Willibald, als Rufname sollte sich später freilich Willibald durchsetzen. Dem damaligen Usus entsprechend, muss davon ausgegangen werden, dass der kleine Erdenbürger am 30. oder 31. Dezember 1745 zur Welt kam (das Epitaph in der Westenkapelle – s. Seite 262 – datiert die Geburt irrtümlicherweise ein Jahr zu früh). Die Familie Nittermaier (so die häufigste Form des in verschiedenen Varianten begegnenden Familiennamens) bewohnte ein eigenes Haus in der Webergasse, lebte ansonsten jedoch in bescheidenen Verhältnissen. Der Vater bekleidete das Amt des „Brothüters", dessen Aufgabe darin bestand, die von den örtlichen Bäckern an das sogenannte „Brothaus" im Erdgeschoss des Rathauses gelieferten Backwaren zu prüfen und auch zu verkaufen.

Schon wenige Jahre später (im Februar 1750) starb der Vater, worauf sich die Mutter wegen der beiden unmündigen Kinder (Willibald und eine ältere Schwester namens Maria Anna – ein weiteres Kind war bereits früh gestorben) gezwungen sah, sich erneut zu verehelichen. Im April 1750 heiratete sie Mathias Endres, der daraufhin den Brothüterdienst übernahm. Aber auch die Mutter starb bald danach (im November 1750), sodass die Kinder fortan als Waisen bei ihren Stiefeltern lebten, zu denen Willibald, so berichtet sein Biograph, nie eine enge Beziehung entwickelte. Obwohl er gerne studiert hätte, wurde ihm dies verweigert. Stattdessen schickte man ihn zunächst in eine Schuhmacherlehre. Diese brach er nach eineinhalb Jahren ab, um doch noch, seiner Neigung gehorchend, die Lateinschule der Jesuiten zu besuchen (ab 1760).

Da Willibald in dieser Zeit nicht wieder bei seinen Stiefeltern aufgenommen wurde, musste er im sogenannten Fabrikgebäude in der Webergasse zur Miete wohnen, wo er – zumal ihm jedwede Geldzuwendung aus seinem elterlichen Erbteil vorenthalten wurde – ein kärgliches Dasein fristete. Seine schulischen Leistungen waren anfangs nur mittelmäßig. Das änderte sich erst, als sich im Jahre 1762 der Priester Johann Michael Birkel seiner annahm und sein Talent nach Kräften förderte. Nachdem Willibald Nittermaier ungefähr drei Jahre bei Birkel gewohnt hatte, übernahm er 1765 die Stelle eines Hauslehrers im Gasthof „Zum schwarzen Adler".

Pater Apollinar Nittermaier, Kupferstich

Zwei Jahre später, nach dem Abschluss der Rhetorikklasse, fasste er den Entschluss, dem Jesuitenorden beizutreten. Die Oberen der Societas Jesu machten ihm jedoch zur Auflage, erst noch ein Jahr Philosophie zu studieren und sich sein Vorhaben inzwischen noch einmal gründlich zu überlegen. Nicht zuletzt auf Anraten des Lizentiaten Stephan Morger entschied sich Nittermaier schließlich um und trat im August 1768 in den Dominikanerorden ein. Nun endlich bekam er sein väterliches Erbteil ausbezahlt, wofür er sich einen Habit und andere notwendige Dinge kaufte; den Rest verschenkte er an die Armen.

Von seinem Orden wurde er zunächst zum Noviziat ins schwäbische Obermedlingen geschickt. 1769 legte er die Ordensgelübde ab und nahm den Namen „Apollinaris" an. Daraufhin wurde er zum Studium der Philosophie und Theologie an das Generalstudium des Ordens nach Augsburg abgeordnet, wo er auch die niederen Weihen und das Subdiakonat erhielt. Infolge einer Erkrankung musste Apollinar im Mai 1772 nach Eichstätt zurückkehren. Nach seiner Genesung konnte er am 19. September 1772 die Priesterweihe empfangen und tags darauf Primiz feiern. Weitere theologische Studien, zunächst in Eichstätt, dann in Bamberg (ab Oktober 1773) folgten. Nach dem Abschluss der Theologie schickte ihn der Orden zum Studium des Kirchenrechts nach Würzburg.

Wann genau er von dort wieder nach Eichstätt zurückkehrte, ist unbekannt, zumindest erscheint er im April 1777 erstmals wieder in seiner Heimatstadt, und zwar im Rahmen einer der monatlichen Disputationen. Im Mai des darauffolgenden Jahres ist er als „Lector examinatus et approbatus" belegt. Während des Jahres 1780 fungierte Pater Apollinar für mehrere Monate (mindestens von Mitte April bis Mitte August) als Prediger in der Dominikanerkirche. Nach dem Weggang von Pater Georg Lienhard erhielt er im Juni 1780 vom Provinzial des Ordens zusätzlich den Auftrag, Lienhards Stelle als Repetitor zu vertreten, bis er am 3. Juli das Patent als „wirklicher Lector" verliehen bekam und in der Folgezeit für die Studenten des hiesigen Ordensstudiums theologische Vorlesungen hielt. Seine Stellung war damit in gewisser Weise der eines Professors an einer „weltlichen" Universität vergleichbar.

Im Herbst 1782 wurde Pater Apollinar als Lektor der Philosophie nach Obermedlingen berufen. Darüber hinaus hatte er die Bibliothek des dortigen Konvents zu betreuen. Durch die intensive Beschäftigung mit den Buch- und Handschriftenbeständen erwarb er sich im Laufe der Zeit in vielen Bereichen ein fundiertes Wissen, vor allem aber auf dem Gebiet der Geschichte, die nach und nach zum bevorzugten Gegenstand seiner Forschungen wurde. Aus seiner bibliothekarischen Tätigkeit ergaben sich auch Bekanntschaften mit anderen Gelehrten seiner Zeit wie etwa Johann Michael Sailer (er wirkte seit 1784 als Professor für Ethik und Pastoraltheologie im nahen Dillingen), dem er zeitlebens freundschaftlich verbunden blieb. Herzog Karl Eugen von Württemberg (Regierungszeit 1737–1793), der auf einer seiner Bibliotheksreisen nach Obermedlingen kam, bot Apollinar sogar die Stelle eines Hofpredigers an, was dieser jedoch ablehnte.

Nach etwa vierjährigem Aufenthalt im Medlinger Konvent wurde Nittermaier von der Provinzleitung nach Eichstätt zurückbeordert (das genaue Datum ist nicht überliefert, ab 1787 ist er jedoch erneut in seiner Heimatstadt nachgewiesen). Hier übertrug man ihm ebenfalls das Amt des Bibliothekars. Ab Januar 1791 fungierte er außerdem erneut als „ordentlicher Prediger" („Concionator ordinarius") in der Dominikanerkirche. In dieser Eigenschaft war er zugleich Präses der Rosenkranzbruderschaft. Als man im Jahr 1797 das Noviziat der Ordensprovinz nach Eichstätt verlegte, wurde er zusätzlich noch zum Novizenmeister ernannt.

Die im Gefolge der Französischen Revolution von 1789 unruhiger gewordenen Zeiten gingen auch am Eichstätter Dominikanerkonvent nicht unbemerkt vorüber: Zweimal, nämlich 1796 und dann noch einmal 1800, musste er den Einmarsch der Franzosen in Eichstätt erleben. Mit der Abdankung von Fürstbischof Joseph von Stubenberg am 27. November 1802 war das Ende des Fürstbistums gekommen. Im Februar 1803 fiel der größere Teil des Hochstifts (und damit auch die Residenzstadt Eichstätt) zunächst an Großherzog Ferdinand von Toskana-Salzburg, der zumindest die Klöster in ihrem Bestand unangetastet ließ. Dies änderte sich nach dem Übergang des Eichstätter Territoriums an das neu errichtete Königreich Bayern im Januar beziehungsweise März 1806. Wie so viele andere fiel nun auch das Dominikanerkloster der Säkularisation zum Opfer. Jeder Pater erhielt jährlich 300 Gulden aus der Staatskasse sowie einmalig 50 Gulden zur Anschaffung weltlicher Kleidung, da der Ordenshabit fortan nicht mehr getragen werden durfte. Bis zum 16. August 1806 musste der Konvent geräumt sein. Zwar erwirkte der Prokurator des Klosters, Pater Alexius Hartnagel, beim königlichen Kommissar für sich, Apollinar und den Koch noch einen Aufschub (zumindest solange, bis die Übernahme des Klosters abgewickelt war), aber im Oktober verließen auch die letzten drei Konventsmitglieder das Kloster und fanden vorübergehend Aufnahme in einem Haus, das dem Schwager Hartnagels gehörte.

Noch im September 1806 wurde Nittermaier von Bischof Stubenberg zum Domprediger ernannt. Apollinar übte das Amt nur für wenige Monate aus, bis er Anfang März 1807 durch eine Erkrankung daran gehindert wurde. Weil er diese Stelle mit Blick auf sein Alter und seine angegriffene Gesundheit ohnehin nur widerwillig angetreten hatte, resignierte er nach seiner Genesung ganz darauf. Nachfolger wurde auf Apollinars Empfehlung hin sein späterer Biograph, Johann Georg Hoffmann. In der Folgezeit widmete sich Nittermaier weitgehend der Diözesangeschichte. Die letzten Lebensjahre waren durch eine zunehmende Verschlechterung seines Gesundheitszustandes geprägt: Er hatte Gicht und – wie es scheint – auch ein Venenleiden an beiden Beinen, was ihm beständige Schmerzen verursachte. Als er in den Faschingstagen des Jahres 1820 trotz seiner Beschwerden stundenlang Beichte hörte, erlitt er einen Schwächeanfall, von dem er sich aber wieder erholte. Derartige durchaus lebensbedrohliche gesundheitliche Krisen wiederholten sich in den folgenden Monaten noch mehrfach, bis im November auch noch Atembeschwerden hinzukamen. In der ersten Morgenstunde des 26. November 1820 verstarb er und wurde, da er seit mehreren Jahren am Walburgiberg gewohnt hatte, am 27. auf dem damaligen Friedhof der Pfarrei St. Walburg (heute „Westenfriedhof") beerdigt.

Mit Befremden liest man in seiner Lebensbeschreibung, dass bei ihm noch kurz vor dem Begräbnis, „trotz aller Erstarrung seiner Glieder und übrigen Todeszeichen", im Brustbereich „eine beständige Wärme" festzustellen war. Das gibt Grund zu der Vermutung, dass Nittermaier zu diesem Zeitpunkt möglicherweise nur scheintot war, was angesichts der damals recht beschränkten Möglichkeiten medizinischer Diagnostik jedoch unter Umständen nicht zweifelsfrei zu erkennen war. Von Nittermaiers Grab auf dem noch in der ersten Hälfte des 19. Jahrhunderts aufgelassenen Westenfriedhof finden sich keine Spuren mehr. Die zu seinen Ehren in die Südwand des Chores der Friedhofskapelle eingelassene Gedenktafel mit lateinischer Inschrift (siehe Seite 258) hat sich dagegen bis heute erhalten.

Apollinar als Priester

Mit den 1826 in Augsburg erschienenen „Denkwürdigkeiten aus dem Leben eines würdigen Priesters des neunzehenten Jahrhunderts" (2. unveränderte Auflage 1831) hat Johann Georg Hoffmann dem Priester und Menschen Willibald/Apollinar Nittermaier ein literarisches Denkmal gesetzt (siehe Abb. rechts). Hoffmann (1777–1846) wurde am 7. September 1806 in Eichstätt zum Priester geweiht, trat (wie schon erwähnt) im März 1807 die Nachfolge Nittermaiers als Domprediger an, bekleidete daneben zwischen Oktober 1816 und Juni 1822 provisorisch das Amt des Vize-Regens des Seminars, wurde im November 1821 zum Domvikar und schließlich im Oktober 1833 zum Domkapitular ernannt. Auch wenn die von Hoffmann verfasste Lebensbeschreibung in manchen Passagen aus der Sicht eines Lesers unserer Tage stark legendenhafte Züge trägt (so werden beispielsweise schon aus Willibalds früher Kindheit übernatürliche Erscheinungen berichtet), ist das Werk dennoch die wichtigste Quelle für Nittermaiers Leben und Wirken. Hoffmann kannte Nittermaier wohl seit 1806. Bedingt durch den über Jahre hinweg gepflegten freundschaftlich-vertrauten Umgang miteinander (Apollinar wurde dem jungen Geistlichen priesterliches Vorbild, Ratgeber und Seelenführer zugleich) flossen in Hoffmanns Darstellung viele Informationen „aus erster Hand" ein, die es dem Verfasser ermöglichten, ein recht lebendiges Bild von der Person des verehrten und bewunderten Zeitgenossen zu zeichnen.

Als hervorstechendste Charaktereigenschaften Willibald/Apollinar Nittermaiers werden Demut, Bescheidenheit und ausgesprochene Wahrheitsliebe angeführt. Dabei waren ihm gerade die beiden Erstgenannten nicht in die Wiege gelegt: Apollinar selber beschreibt sein Temperament in der Jugend als aufbrausend und ehrgeizig und es bedurfte aus seiner Sicht eines nie endenden Ringens mit sich selbst, um nicht der „eitlen Selbstgefälligkeit" zu erliegen. In der Konsequenz waren ihm Ehrungen jedweder Art zuwider. So sollte ihm etwa unter Prior Paulus Frey (1796–1801) der Ehrentitel eines „Magister Cathedrae" (der innerhalb des Dominikanerordens als hohe Auszeichnung galt) verliehen werden. Pater Apollinar jedoch verweigerte geradezu hartnäckig die Annahme der Urkunde, was bei seinen Mitbrüdern auf offenes Unverständnis stieß. Weit wichtiger erschien ihm selbst jedoch seine eigene sittlich-religiöse Vervollkommnung, an der er bis zu seinem Lebensende beharrlich arbeitete.

Dementsprechend war seine bescheidene Lebensführung nur folgerichtig. Als einzigen „Luxus", den Nittermaier sich gönnte, nennt Hoffmann die Vorliebe für Schnupftabak und Kaffee. Ansonsten spendete er alles, was er irgendwie erübrigen konnte, als Almosen an die Armen (wegen seines schon mehrfach geflickten Habits handelte er sich einmal sogar eine Rüge seines Priors ein). Überhaupt lag Apollinar die Sorge für die Armen – wohl nicht zuletzt aufgrund seiner eigenen Erfahrungen aus der Kinder- und Jugendzeit – sehr am Herzen, wie das folgende Beispiel zeigt: Als im Jahre 1801 (ausgelöst durch die von den französischen Besatzern erpressten Kontributionszahlungen) eine spürbare Verschlechterung der allgemeinen Lebensverhältnisse eintrat, von der vor allem die unteren Schichten der Stadtbevölkerung betroffen waren, nahm Pater Apollinar gegen den Willen des Bruderschaftsrates 2000 Gulden aus dem Vermögen der Rosenkranzbruderschaft, um dafür Brot zu kaufen und es an die Bedürftigen zu verteilen (zur Verdeutlichung der Größenordnung sei hier daran erinnert, dass die jährliche Pension, die Nittermaier nach der Säkularisation vom Staat erhielt, 300 Gulden betrug).

Der Weg zum Priestertum war Willibald Nittermaier keineswegs vorgezeichnet. Dass der mittelmäßige Jesuitenschüler, der eine Zeit lang regelmäßig im Gasthaus „Zum braunen Ochsen" verkehrte, dann doch die geistliche Laufbahn einschlug, war in erster Linie das Verdienst Johann Michael Birkels, der ihn durch sein eigenes vorbildliches Priesterleben maßgeblich beeinflusste (ähnlich wie auch ein frommer Eremit unbekannten Namens, der damals eine Klause auf dem Frauenberg bewohnte). Während seines Ordenslebens erlangte nur Pater Georg Lienhard (in den Jahren 1785–91 und nochmals 1793–96 Prior des Eichstätter Konvents) für Apollinar eine vergleichbar große Bedeutung als Lehrer und geistlicher Begleiter. Jahre später war es Nittermaier selbst, der nun einer ganzen Reihe von jungen Geistlichen (unter ihnen eben auch Johann Georg Hoffmann) zum Vorbild und Seelenführer wurde.

Titelseite der 1826 erschienenen Apollinar-Biographie von Johann Georg Hoffmann

Als Prediger war es Apollinars Hauptanliegen, vom gemeinen Volk verstanden zu werden. Er verwendete daher eine bewusst einfache Sprache und verzichtete konsequent darauf – anders als so mancher Prediger der Zeit –, vor allem seine eigene Gelehrsamkeit zur Schau zu tragen. Der Inhalt war ihm wichtiger als die glänzende sprachliche Form. Insofern stand er gerade nicht in der Tradition jener typischen „Barockprediger", die zwei, drei Generationen früher die Gläubigen mithilfe einer bildgewaltigen, bisweilen auch derben Sprache in ihren Bann zu schlagen verstanden hatten. Wie sein Biograph freimütig einräumt, war seiner Predigttätigkeit, gemessen an der Zahl seiner Zuhörer, allerdings auch nur recht mäßiger Erfolg beschieden. Das lag wohl mit daran, dass seine Predigten von wenig wohlmeinenden Zeitgenossen ganz offen als „bigotter, alberner Wortkram" abgetan wurden. In dieser Kritik manifestiert sich deutlich jener kirchen- und religionsfeindliche Zeitgeist der Aufklärung, der letztendlich zur Säkularisation führte.

Von der rabiaten Enteignung von Kirchengut waren zwar in erster Linie die Klöster und Ordensniederlassungen betroffen, aber auch der Weltklerus blieb von massiver staatlicher Einflussnahme nicht verschont. Infolgedessen machte sich nach 1806 rasch ein eklatanter Priestermangel bemerkbar, der durch die nunmehr freigewordenen Ordensgeistlichen nur teilweise kompensiert werden konnte. Obwohl Apollinar Nittermaier nicht unmittelbar einer Pfarrei zugeordnet wurde, blieb er doch weiterhin seelsorgerlich tätig: Er las täglich die Messe (zunächst in der Schutzengelkirche, später in St. Walburg) und hörte – wie schon als Dominikanermönch – regelmäßig Beichte. Darüber hinaus erteilte er armen Kindern (und manchmal ganzen Familien) privaten Religionsunterricht. Als Beichtvater hatte er offenbar großen Zulauf, sodass manche Gläubige sogar aus den umliegenden Dörfern kamen, um bei ihm statt beim jeweiligen Ortspfarrer zu beichten. Apollinar verfügte, wie es scheint, über eine gute Menschenkenntnis und seine Beichtkinder schätzten ihn als geduldigen und verständnisvollen Zuhörer. Überdies sagte man ihm gewisse seherische Fähigkeiten nach. Sozusagen als „Kronzeugen" dafür führt sein Biograph keinen geringeren als den späteren Regensburger Bischof Johann Michael Sailer an, der Apollinar mehr als einmal mit dem Seher Daniel aus dem Alten Testament verglich.

In der Tat stellt Hoffmann den von ihm verehrten Apollinar Nittermaier als frommen, gottesfürchtigen und in jeder Hinsicht vorbildlichen Priester dar. Was daran „Zutat" oder wohlwollende Übertreibung des Autors ist, mag dahingestellt bleiben, denn es fehlt an Quellen, um Hoffmanns Ausführungen im Einzelnen zu überprüfen. Einmal mehr mag hier das Urteil Sailers stehen, der sich gegenüber Hoffmann in einem Brief vom 19. Februar 1821 wie folgt äußerte: „Erat viva religio ipsamet, quae humilitate et abnegatione sui perpetua Deo serviens, ad Deum homines reduxit, Christus referens moribus, Deum portans spiritu et corpore" (in Hoffmanns Übersetzung: „Er war die Religion selbst dargestellt, die, durch immer sich gleiche Demut und Selbstverleugnung Gott dienend, die Menschen zu Gott führte, indem er Christus vorbildete im Umgange und Gott trug im Geiste und im Leibe"). Schon zu Lebzeiten hatte Sailer Apollinar einmal als den „Heiligen auf dem Berge" bezeichnet (Nittermaier wohnte damals am Walburgiberg) und auch für Apollinars Anhänger stand schon bald nach seinem Tod außer Frage, „daß er ihres Gebethes für ihn nicht mehr bedürfe, sondern daß vielmehr Er für sie ein mächtiger Fürbitter sey." Überraschend nüchtern fällt dagegen der Eintrag in die Sterbematrikel aus: „der hochwürdige Herr Willibald Apollinar Niettermajer, Haus Nr. D 330, aus dem Dominikanerordenskloster und bei der Auflösung Domprediger". Unter „Bemerkungen" findet sich lediglich die Angabe, dass er die heiligen Sterbesakramente empfangen hatte. Kommt darin eventuell eine gewisse Distanziertheit des damaligen Stadtpfarrers von St. Walburg (Jakob Brentano-Mezzegra) gegenüber der Person Nittermaiers zum Ausdruck? Wir wissen es nicht. Allerdings räumt selbst Apollinars Biograph – wenn auch nur beiläufig – ein, dass ihn „die Welt mißkannte", und deutet damit schon an, dass das Urteil der Zeitgenossen über ihn anscheinend keineswegs einhellig ausfiel. Das mag erklären, warum sein heiligmäßiges Leben (wie es von Hoffmann geschildert wird) während der folgenden Jahrzehnte nach und nach in Vergessenheit geriet. Bis in die Gegenwart in Erinnerung geblieben ist jedoch der Bibliothekar und Historiker Apollinar Nittermaier.

Apollinar als Historiker

Im „Heimgarten" (der damals gerade erst ins Leben gerufenen heimatgeschichtlichen Beilage zum „Eichstätter Kurier") erschien zum 100. Todestag im November 1920 ein kurzer, nur wenige Zeilen umfassender Beitrag (wahrscheinlich aus der Feder Franz von Hofers), der außer den biographischen Daten nur den Hinweis auf Nittermaiers historische Forschungen enthält, dessen Wirken als Priester aber gänzlich unerwähnt lässt. Bereits zwölf Jahre früher, im Februar 1908, hatte Martin Grabmann, der große Erforscher der mittelalterlichen Theologie- und Geistesgeschichte, beim Historischen Verein Eichstätt einen Vortrag über „den verdienten Bibliothekar und Eichstätter Historiker Pater Apollinar Nittermayer" gehalten – ohne dabei jedoch den Aspekt einer möglichen „Heiligkeit" Apollinars zu thematisieren.

Die Grundlagen für sein umfangreiches historisches Wissen hatte Nittermaier, wie schon gesagt, während seines Aufenthaltes in Obermedlingen gelegt. Dank seiner paläographischen Kenntnisse galt er außerdem als Experte in der Handschriftenkunde. Nach seiner Rückkehr nach Eichstätt (wohl 1787) wurde er hier ebenfalls mit dem Amt des Bibliothekars (und Archivars) betraut, das er (im Unterschied zu anderen ihm zeitweise übertragenen Aufgaben) durchgehend bis zur Aufhebung des Klosters im Jahre 1806 ausübte. Neben der Geschichte des Eichstätter Dominikanerkonvents rückte nun auch mehr und mehr die Geschichte der Diözese und des Fürstbistums Eichstätt in den Mittelpunkt seines Interesses. Akribisch und unermüdlich durchforstete und exzerpierte er Bücher und Handschriften, schrieb Grabinschriften ab und sammelte eifrig Material zur Geschichte zahlreicher Pfarreien der Diözese. Noch intensiver konnte er dieser Beschäftigung nachgehen, seit er im Frühjahr 1807 auf die Domprädikatur verzichtet hatte, auch wenn ihm seit der Säkularisierung seines Klosters die dortigen Bestände nicht mehr zur Verfügung standen.

Nittermaier betrieb seine Forschungen nicht für sich und sozusagen im stillen Kämmerlein des Gelehrten, sondern tauschte sich regelmäßig mit Gleichgesinnten aus. So stand er in engem Kontakt mit einer Reihe von Pfarrern, die er dazu anregte, sich mit der Geschichte ihrer eigenen Pfarrei zu beschäftigen (wobei er sie mit Rat und Tat unterstützte) oder bei denen er anfragte, um nähere Informationen zu diesem oder jenem historischen Sachverhalt zu bekommen. Bei Besuchen vor Ort konnte Apollinar außerdem verschie-

Epitaph für Pater Apollinar, Westenkapelle Eichstätt

dentlich für eine bessere Ordnung des jeweiligen Pfarrarchivs sorgen. In seiner bescheiden-selbstlosen Art gab er sein Wissen und das von ihm gesammelte Material bereitwillig an andere Interessierte weiter.

Das gilt auch für die jahrelange intensive Zusammenarbeit mit dem Archivar und Bibliothekar des Rebdorfer Augustinerchorherrenstifts Andreas Strauß (1751–1805): „Omnia mea tua, cum volueris, erunt" („Alles was ich habe, wird Ihnen gehören, wenn Sie es wollen") schreibt Nittermaier etwa am 4. Juni 1802 an Strauß (im Unterschied zu den lateinischen Briefen spricht Apollinar Strauß auf Deutsch mit „Sie" an). Obwohl nur fragmentarisch erhalten, bildet Nittermaiers (fast durchweg lateinisch verfasste) Korrespondenz mit Strauß den Kernbestand einer umfangreichen pfarrgeschichtlichen Materialsammlung, die unter der Signatur v256 im Diözesanarchiv Eichstätt (DAEI) verwahrt wird (leider ist darin kein einziges Antwortschreiben von Strauß enthalten). Es erscheint fraglich, ob wirklich eine enge Freundschaft zwischen Nittermaier und dem knapp sechs Jahre jüngeren Strauß bestand, wie dies Grabmann und Neuhofer schreiben. Mit Sicherheit verband die beiden keine „tiefe Seelenverwandtschaft" – zu unterschiedlich waren wohl die Charaktere: Bei Strauß war seine schriftstellerische Tätigkeit zweifellos mit dadurch motiviert, dass er sich einen Namen machen wollte. Nittermaier hingegen, dem in seiner Bescheidenheit (wie schon erwähnt) das Streben nach Ruhm und Ehre ferne lag, hat kein einziges seiner Werke in Druck gebracht, ja nicht einmal eines seiner Manuskripte mit Namen gekennzeichnet. Vielfach verrät ihn nur seine typische, gut leserliche Handschrift als Urheber oder Bearbeiter. In seinen Briefen an Strauß (den er bezeichnenderweise meist als „vir clarissime" – hochberühmter Mann – tituliert) klingen auch immer wieder kritische Töne bezüglich dessen Arbeitsweise an, so wenn er einmal schreibt: „Sitim in te desidero videndi fontes" (frei übersetzt: „ich würde mir wünschen, Sie hätten das Bedürfnis, die Quellen zu sehen"). Die darin zum Ausdruck kommenden Dissonanzen hinsichtlich der wissenschaftlichen „Methodik" schlagen sich auch in der unterschiedlichen Art der Darstellung nieder: Apollinar schreibt eher sachlich-nüchtern, der „panegyrische" Stil von Strauß ist ihm zuwider, wie er in einem Brief an den Pfarrer von Böhmfeld, Georg Anselm Mayr, vom 16. November 1814 unmissverständlich zum Ausdruck bringt: „Straus ist blos Lobredner und das ist ekelhaft".

Während also der Priester Apollinar Nittermaier mit seiner tiefreligiösen Frömmigkeit in dem von Aufklärung und Säkularisation geprägten zeitlichen Umfeld beinahe wie ein Relikt aus einer vergangenen Epoche erscheint, wirkt der Historiker durch seine intensive Quellenarbeit sowie durch seinen streng an den belegbaren Fakten orientierten Umgang mit der geschichtlichen Materie – gerade im Vergleich zu seinem Zeitgenossen Andreas Strauß – erstaunlich „modern" und gilt daher zu Recht bis heute als einer der Väter der Eichstätter Diözesangeschichtsschreibung.

Quellen- und Literaturhinweise

Werke
„Bibliothecae initia, progressus, status modernus" (in: DAEI, B 153 „Manuale Priorum").
„De rebus literariis eiusdem domus. Lectores serie chronologica recensiti" (in: DAEI, B 153 „Manuale Priorum").
Geschichte der Pfarrer und Pfarreien des Landkapitels Kipfenberg (von Nittermaier noch zu Lebzeiten an das Archiv des Landkapitels Kipfenberg geschenkt, inzwischen verschollen).
„Necrologium Eystettense Fratrum Praedicatorum, Pars I" (DAEI, B 151).
„Necrologii Eichstadiani fratrum Praedicatorum, Pars altera" (DAEI, B 152).
„Ovum Paschale oblatum Andreae Straus ab Apollinare. Historiola Bibliothecae Praedicatorum Eystettensium" (DAEI, p126a).
„Res memorabiles de domo Eystettensi fratrum Praedicatorum" (in: DAEI, B 153 „Manuale Priorum").

Literaturhinweise
BITTL, THERESIA/KLEINERT, ANDREAS/RAUH, MONIKA, Andreas Strauß – der letzte Bibliothekar des Augustinerchorherrenstifts Rebdorf, in: Sammelblatt des Historischen Vereins Eichstätt 83 (1990), S. 61–76.
BUCHTA, WOLFGANG, Die Grabdenkmäler des ehemaligen Dominikanerklosters zu Eichstätt, in: Sammelblatt des Historischen Vereins Eichstätt 76 (1983), S. 95–115.
GRABMANN, MARTIN, P. Apollinar Nittermayer (hdschr. Redemanuskript oder Konzept zu dem am 8. Februar 1908 vor dem Historischen Verein Eichstätt gehaltenen Vortrag), Martin-Grabmann-Forschungsinstitut München, Köstler/Ott Nr. 4.2.9.
HOFFMANN, JOHANN GEORG, Denkwürdigkeiten aus dem Leben eines würdigen Priesters des neunzehenten Jahrhunderts, Augsburg 1826 (2. unveränderte Auflage 1831).
KREITMEIR, KLAUS, Das Dominikanerkloster in Eichstätt mit besonderer Berücksichtigung der Studien im 18. Jahrhundert, theol. Diplomarbeit (masch.), Eichstätt 1981.
LENGENFELDER, BRUNO, Die Diözese Eichstätt zwischen Aufklärung und Restauration. Kirche und Staat 1773–1821 (= Eichstätter Studien, Neue Folge 28), Regensburg 1990.
NEUHOFER, THEODOR, Aus der Geschichte des Eichstätter Dominikanerklosters (= Wissenschaftliche Beilage zum Jahresbericht des Deutschen Gymnasiums Eichstätt), Eichstätt 1958.

Peter Ulrich

Pater Viktrizius Weiß OFMCap (1842–1924)
Ein Leben für den Orden: Gott im Herzen – das Ohr am Menschen

Das Leben und Wirken von Pater Viktrizius Weiß im ausgehenden 19. Jahrhundert fällt in eine Zeit, in der Bayern von einer katholischen Frömmigkeit geprägt ist, die Georg Schwaiger mit der Kategorie „Bavaria Sancta" bezeichnet. Intensives persönliches Gebet und Heiligkeitsstreben verband sich mit universaler Kirchlichkeit. Die Frömmigkeit war durch das Bemühen gekennzeichnet, Christus als Vorbild zu haben und ihn im Leben und Glauben „nachzuahmen". Eine Prägung, die den mittelalterlichen Gedanken der „imitatio Christi" wieder lebendig werden ließ. Das Priesterbild des 19. Jahrhunderts hat noch keine eigene Charakteristik entwickelt, aber zu dieser Zeit waren viele Priester anzutreffen, die mit seelsorglicher Weitsicht und großer Güte den Menschen ihrer Zeit begegneten.

Zu diesen Zeugen des christlichen Glaubens in Bayern, an denen die Frömmigkeit des 19. Jahrhunderts besonders deutlich zu Tage tritt, gehört auch der Kapuzinerpater Viktrizius Weiß. Er war auch für Eichstätt eine prägende Gestalt, besonders durch seinen intensiven Einsatz in der Volksmission, wobei er vielen Christen ein beliebter Seelsorger war und schon damals viel Wert auf eine „hin-gehende" Pastoral legte. Zudem hatte er durch seine gütige Art, gerade als Beichtvater in der Kapuzinerkirche, Zugang in die Herzen der Gläubigen gefunden.

Studium und Kaplanszeit

Viktrizius Weiß wurde am 18. Dezember 1842 in Eggenfelden geboren. Er war das zweitälteste von elf Kindern der Eheleute Maria Anna und Anton Weiß und wurde auf den Namen Anton Nikolaus getauft. Nach dem Besuch der Volksschule zu Eggenfelden wechselte er in die Lateinschule nach Landshut. In verschiedenen Charakterisierungen wird der Schüler als zart, kränklich und schüchtern bezeichnet, aber auch als zuvorkommend, geduldig und hilfsbereit. In allen Zeugnissen wird er als der Klassenbeste erwähnt.

Viktrizius Weiß hatte sich eine Zeit lang überlegt, Medizin zu studieren, ging dann aber zum Wintersemester 1861/62 an die Universität München, um die theologische Ausbildung zu beginnen. Nach Beendigung seines Studiums empfing er am 29. Juni 1866 im Dom zu Freising die Priesterweihe. Die Primiz feierte er in der Pfarrkirche St. Jodok zu Landshut.

Nach zweieinhalbjähriger Seelsorge wurde er 1869 als Präfekt und Dozent ins Klerikalseminar Freising versetzt. In dieser Zeit bereitete er neben seiner Lehrtätigkeit im Seminar seine Promotion an der Universität München vor. Am 22. Juli 1871 wurde er dort zum Doktor der Theologie promoviert.

Viktrizius Weiß als Alumnus des Klerikalseminars in Freising

Als junger Dozent hatte Viktrizius Weiß im Seminar zunächst Homiletik zu lehren, zeitweilig auch die Vorlesungen im Kirchenrecht zu übernehmen. Neben seiner Tätigkeit als Präfekt und Dozent blieb er stets der Seelsorge verbunden, als Prediger im Freisinger Dom und als Aushilfe, aber auch im Beichtstuhl. Für ihn war es wichtig, nahe am Menschen zu sein. Das seelsorgliche Gespräch, sowohl mit den Gläubigen wie mit seinen Mitbrüdern, lag ihm sehr am Herzen. Noch im Ruhestand nahm er sich viel Zeit für suchende, ringende und verzweifelte Menschen. Besonders Männer und Burschen suchten den ehrwürdigen Greis auf.

Im Kapuzinerorden

Auf Bitten von Viktrizius Weiß gab der Erzbischof von München und Freising, Gregor von Scherr, im Juli 1875 die Erlaubnis zum Eintritt bei den bayerischen Kapuzinern. Am 20. August trat er in Burghausen in den Orden ein und erhielt den Ordensnamen Viktrizius (der Siegreiche). Er wollte den Namen des hl. Bernhard, des Tagesheiligen, den er hoch verehrte, annehmen. Aber als damals übliche asketische Übung gehörte stets auch die Auferlegung eines neuen, oft recht fremdartigen und ungewöhnlich klingenden Namens. Die Wünsche der Kandidaten wurden in der Regel nicht berücksichtigt.

Ein Jahr später legte er am 21. August die einfache Profess ab und wurde vier Tage danach für zwei Jahre als Aushilfspater und Instruktor der Laienbrüder ins Kapuzinerkloster nach Eichstätt versetzt. Im August 1878 kam er nach Burghausen, um den Novizenmeister der Kleriker in seiner Arbeit zu unterstützen. Als das Noviziat im August 1880 nach Laufen verlegt wurde, wechselte er auch dorthin. 1882 kehrte er wieder als Vikar und Magister der Kleriker ins Kloster Eichstätt zurück. Nach einjähriger Tätigkeit in Eichstätt (1882/83) wechselte er nach Laufen, diesmal als Guardian. Bereits ein Jahr später wurde er am 29. Juli 1884 in Altötting zum Provinzial der bayerischen Kapuziner gewählt. Zweimal nacheinander hatte er dieses Amt inne. Anschließend wirkte er ein Jahr in Altötting, kam dann 1891 als Guardian und Magister der Kleriker nach Burghausen, wo er bis 1893 blieb. Wieder berief ihn sein Orden am 23. August 1893 und am 5. August 1896 zum Provinzial bis 1899. Danach war er für ein Jahr als einfacher Pater in Neuötting tätig und leitete anschließend als Guardian das Studienkloster in Eichstätt (1900–1903). Zugleich wurde ihm das Amt eines Magisters für die dortigen Kapuzinertheologen auferlegt. Nach Ablauf der dreijährigen Amtsperiode in Eichstätt wechselte er als Vikar, als Stellvertreter des Guardians, in das Kloster Karlstadt am Main. Nach seiner fünften Amtszeit als Provinzial legte der nun 66jährige Pater Viktrizius im August 1908 das Provinzialat endgültig nieder und zog sich ins Kloster Vilsbiburg zurück. Hier verbrachte er die letzten sechzehn Jahre seines Lebens und unterstützte die Seelsorge, soweit es seine Gesundheit zuließ. Am 8. Oktober 1924 starb er im Alter von fast 82 Jahren.

Pater Viktrizius Weiß, 1893

Wirken in Eichstätt

Pater Weiß hielt sich insgesamt dreimal mit je unterschiedlichen Aufgaben im Kloster Eichstätt auf, wobei die intensivste und wirksamste Zeit die Jahre als Guardian waren.

Sein Alltag in der ersten Phase war geprägt durch die Aushilfe in der Seelsorge, die vor allem darin bestand, Beichte zu hören, Eucharistie zu feiern und zu predigen. Gerade zu Beginn seines pastoralen Wirkens im Eichstätter Kloster hat er sich sehr stark der Volksmission gewidmet. Die Begegnung mit den Menschen, sich ihrer Sorgen und Nöte in der Beichte anzunehmen und die Verkündigung des Glaubens waren ihm wichtig. Die Gläubigen schätzten ihn als einen, der die Seelsorge sehr ernst nahm. Gerade in den stürmischen Jahren um das Erste Vatikanische Konzil (1869/70) und in Zeiten der theologischen und politischen Auseinandersetzungen um die Unfehlbarkeit des Papstes und um die Trennung von Staat und Kirche bot er durch sein Engagement in der Seelsorge einen ruhenden Gegenpol.

In seiner zweiten Phase als Vikar und Magister der Kleriker wie auch in der dritten als Guardian prägt er die Klostergemeinschaft durch seine Sorge um die Ordensbrüder und ihre Belange. Für die Ordenskleriker war er aufgrund seiner theologischen Bildung eine Bereicherung. Als Lesemeister sorgte er für eine fundierte theologische Unterweisung. Im Eichstätter Kapuzinerorden legte er so die theologisch-spirituelle Basis einer Seelsorge, die das Kloster über die Zeit hinaus bekannt und beliebt machte. Über Pater Ingbert Naab, der als erster eine Biographie über Pater Viktrizius verfasste, und seine politische Grundhaltung, über den bekannten Bruder Egdon und seine Armenspeisung hinaus bis zur Auflösung des Klosters im Jahre 2009 prägte sein geistiges Erbe die Geschichte Eichstätts und seines Kapuzinerklosters.

Seligsprechung

Das Andenken an Pater Viktrizius Weiß ist bis heute lebendig geblieben, weit über Vilsbiburg und Eichstätt hinaus. Beliebt machte ihn seine Art der Seelsorge, die auf die Sorgen und Nöte der Menschen hörte. Weit vor allen äußeren Leistungen pflegte und schätzte er die Innerlichkeit, die geistliche Spiritualität. Dies hatte er auch im Umgang mit den ihm anvertrauten Mitbrüdern im Blick, wobei er sich selbst strengeren Kriterien unterwarf. Auf Bitten der Bischöflichen Kurie Passau wurde 1935 der Seligsprechungsprozess durch den Regensburger Bischof Michael Buchberger eröffnet. Am 10. Mai 1979 erließ Papst Johannes Paul II. ein Dekret, welches den „heroischen Tugendgrad" feststellt. Dann ruhte das Verfahren.

Die bayerischen Bischöfe haben 1983 bei ihrem Ad-limina-Besuch Johannes Paul II. gebeten, Viktrizius Weiß, Rupert Mayer, Edith Stein sowie die Arme Schulschwester

Gruppenbild von der Grundsteinlegung der Kirche St. Anton in München, 11. Juni 1893, Pater Viktrizius Weiß in der vorderen Reihe (Mitte)

Theresia Gerhardinger selig zu sprechen. Der Kapuzinerpater Weiß ist bis heute der einzige aus dieser Liste, bei dem der Papst den Wunsch aus Bayern noch nicht erfüllt hat. So sind es die Kapuziner, die sich sehr um die Seligsprechung von Pater Weiß bemühen und die Lücke, die noch vorhanden ist – es fehlt noch ein Zeichen des Himmels: ein Wunder – zu schließen versuchen.

Literaturhinweise:
Naab, Ingbert, P. Viktrizius Weiß, O. M. C., München 1930.
Ritter, Emmeram H., Victricius Weiß, in: LThK³ X (1993), Sp. 1047.
Schwaiger, Georg, Pater Viktrizius Weiß, in: ders. (Hrsg.), Bavaria Sancta Bd. III, Regensburg 1973, S. 458–474.

Maria Hauk-Rakos

Bruder Balthasar Werner OFM (1887–1943)
Ein „Heiliger des Alltags"

Im Totenbuch der bayerischen Franziskanerprovinz sind alle verstorbenen Franziskanerbrüder jeweils an ihrem Sterbetag mit einer kurzen Würdigung ihrer Verdienste verzeichnet. Am 3. Oktober, der zugleich der Sterbetag des hl. Franziskus und Bruder Balthasar Werners ist, findet sich darin folgender Eintrag:

„1943 in München, St. Anna: Frater Balthasar Werner aus Dietfurt; Schuster und Unterpförtner, ein Jahr in albanischer Mission als Koch; während seines ganzen übrigen Ordenslebens Mitglied dieses Konventes. Er vereinigte den Geist des Gebetes und der Andacht aufs beste und mit der größten Aufmerksamkeit; geduldig in mancherlei Leiden, in der Tat und in Wahrheit liebevoll gegen die Mitbrüder, in allem ein Vorbild der Laienbrüder, sowohl im Haus wie einst draußen auf der Kollektur. Im Ruf der Heiligkeit starb er eines plötzlichen Todes, als er bei einem Luftangriff Wache stand. 56 ½ Jahre alt, 32 davon im Orden."

In diesen wenigen Zeilen spiegeln sich bereits die wesentlichen Wesenszüge Bruder Balthasars, der am 14. April 1887 als Georg Werner im oberpfälzischen Dietfurt an der Altmühl zur Welt kam. Als zweiter Sohn von Georg Werner und dessen zweiter Frau Therese wuchs Georg in ärmlichen Verhältnissen auf. Die Familie besaß nur ein paar Kühe und wenig Feld und so musste sich der Vater des kleinen „Girgls", wie Georg im Ort genannt wurde, als Taglöhner verdingen, um die rasch auf schließlich insgesamt neun Kinder anwachsende Familie einigermaßen versorgen zu können. Schon als Kind zeichnete sich Georg Werner durch Charakterstärke aus. Als „Ausnahmemenschen, den man nicht vergißt" bezeichnete ihn sein damaliger Klassenkamerad und Schulfreund Josef Öxl. Als beglaubigter Augenzeuge der Voruntersuchung zu dem am 3. Dezember 1959 eingeleiteten Seligsprechungsprozess Bruder Balthasars, berichtete er über die gemeinsame Schulzeit:

„Einen so guten Kameraden wie den Georg gibt es nur einmal. Allen hat er geholfen, die schwächer waren im Lernen als er. Und immer war er zwar still, aber dabei doch fröhlich und heiter, aber nie ausgelassen. Wenn es etwas zu lachen gab, war er dabei – außer wenn es etwas war, das gegen die Liebe oder die Wahrheit ging. Wenn einem anderen dabei wehgetan wurde, da konnte er richtig zornig werden. Aber sogar wenn er zornig war, hat sich der Georg beherrscht und niemals geschimpft. Obwohl das bestimmt oft schwer war für ihn. Denn unser Lehrer war recht jähzornig und er hat den Georg nicht leiden können. Deshalb hat er an ihm seine Wut ausgelassen, obwohl ihm Georg nie einen Anlaß gegeben hat für seinen Zorn. Er hat keine Dummheiten gemacht wie wir anderen und immer alles

Bruder Balthasar als junger Mönch

gewußt, was abgefragt wurde. Dabei ist ihm das Lernen oft schwer gefallen, aber er war enorm fleißig und hat es damit ausgeglichen. Vielleicht hat das dem Lehrer nicht gepaßt. Vielleicht hat es den Lehrer aber auch geärgert, dass Georg diese ungerechte Behandlung mit einer Engelsgeduld ertragen hat. Oft hat er für einen anderen den Kopf hinhalten müssen beim Lehrer. Doch Georg hat es den Schuldigen nie spüren lassen, wenn er beim Lehrer wieder mal für einen anderen dran glauben musste."

Engagement für Schwächere, Geduld mit- und Rücksichtnahme aufeinander – auch dann, wenn dies mitunter persönliche Benachteiligung mit sich bringen kann – diese Prinzipien erlebte Georg im Elternhaus und setzte sie selbst schon früh um, getreu seinem Leitspruch, dem er sich auch später als Franziskanerbruder verschrieb: „Alles, wie Gott es will." Mit der inneren Überzeugung, dass „der Mensch, der dem Herrn seine Wege befiehlt" darauf vertrauen kann, dass Gott es „für ihn fügen wird", wie es in Psalm 37,5 heißt, trug und ertrug Bruder Balthasar viele Wege und Um-Wege im Leben. Wege, die er oft nicht so geplant und sich nicht immer so vorgestellt und gewünscht hatte – die ihn mit Gottes Hilfe jedoch letztlich zu der Persönlichkeit geformt haben, die uns heute noch Vorbild sein kann.

So erfüllte sich die Sehnsucht Georgs, Gott und den Menschen als Priester dienen zu können, nicht. Trotz äußerst beschränkter finanzieller Verhältnisse ermöglichten Georg und Therese Werner ihrem begabten Sohn zunächst Lateinstunden, die als Grundlage für ein mögliches Theologiestudium erforderlich waren. Da es keine Seltenheit war, dass der Franziskanerorden begabte, aber mittellose Jungen auf Kosten des Ordens studieren ließ, war die finanzielle Situation der Familie Werner sicher nicht der ausschlaggebende Faktor, an dem das Studium und somit der Priesterberuf Georgs schließlich scheiterten. Eigentlicher Grund dafür, dass Georgs großer Wunsch nicht Wirklichkeit wurde, war laut Aussage Anna Werners, einer Schwester Georgs, der unterrichtende Franziskanerpater, der Georg und einem weiteren, potentiellen Studienkandidaten Lateinunterricht gab:

„Beim Vorunterricht war noch ein zweiter Bub dabei, der aber immer recht faul war und nicht lernte. Da sagte eines Tages der Pater Magister: „Wenn ihr nichts könnt, dann bleibt daheim." Daraufhin kam Georg weinend heim, denn er hatte ein gutes Gewissen und stets fleißig studiert. Da aber der Pater Magister ein ziemlich gestrenger Mann war, traute sich unser Vater nicht mehr, Georg weiter zu ihm ins Kloster zu schicken."

Nach Abschluss der Volksschule, die Georg Werner vom 21. September 1893 bis Ende Juli 1900 besuchte, erhielt er eine Lehrstelle bei dem Schuhmachermeister Xaver Meid in

Dietfurt. Drei Jahre lang vertiefte sich Georg nun statt ins Studium theologischer Schriften in das Schuhmacherhandwerk – und tat dies mit der ihm eigenen Sorgfalt und Aufmerksamkeit. Durch seinen Fleiß, seine Freundlichkeit und Geduld erwarb er sich den Respekt und die Wertschätzung seines Lehrherrn und dessen ganzer Familie, die ihn nur schweren Herzens seiner eigentlichen Berufung entgegenziehen ließ; jene Berufung, die ihn seit seiner Kindheit nicht losgelassen hatte – und die ihn nun fort von Dietfurt nach Freystadt in den Franziskanerkonvent führen sollte. So stellte Schuhmachermeister Meid seinem scheidenden Lehrling am 7. November 1903 folgendes Zeugnis aus:

„Unterzeichneter (Xaver Meid, Anm. d. V.) bestätigt hierdurch, dass Georg Werner, Schuhmacher von Dietfurt, bei mir von August 1900 bis August 1903 als Lehrling, und von dieser Zeit an als Schuhmachergehilfe beschäftigt war. Er hat sich während dieser Zeit durch Fleiß, Treue und sehr gutes Betragen meine volle Zufriedenheit erworben, weshalb ich ihn auch länger gehalten hätte, wenn er nicht infolge seiner Berufsänderung seine Entlassung selbst verlangt hätte."

Unvergessen blieb er auch den Kindern der Familie Meid, die Georg am Sonntag, in seiner Freizeit, auf ausdrücklichen Wunsch seines Lehrmeisters hin betreute, mit ihnen spazieren ging, sie religiös unterwies und mit ihnen betete.

„An dem Tag, an dem Georg erfuhr, dass er endlich als Kandidat im Franziskanerkonvent in Freystadt aufgenommen wird, da sah er aus wie einer, der sein Glück gefunden hat" – so formulierte es Jahre später im Informativprozeß Franz-Xaxer Meid, ältester Sohn des damaligen o. g. Schuhmachermeisters.

Der großen Freude über die Aufnahme in den Orden des hl. Franziskus folgten insgesamt acht Jahre Aufenthalt als Kandidat in den Klöstern Freystadt, Landshut, Füssen und Hammelburg. Diese lange Kandidaturzeit, unterbrochen vom zeitweiligen Militärdienst von 1907 bis 1909 im 20. bayerischen Infanterieregiment, stellten die Geduld und Bereitschaft Georgs, sein Leben Gottes Führung zu überlassen, auf eine harte Probe. Obwohl ausgebildeter Schuhmacher wurde Georg Werner nicht in seinem erlernten Beruf eingesetzt, sondern arbeitete zunächst als Küchenhelfer und später als Koch in den verschiedenen Konventen.

„Bescheiden und stets zuverlässig, zurückhaltend, aber nicht eigenbrötlerisch; herzlich, fröhlich – aber nicht beliebig: Georg Werner war anders als ich, als wir. Er war gewissenhafter und fester. In dem steckt was! Das haben wir oft über ihn gesagt" – so beschrieb ihn Frater Landelin Reuther, einer der Mitkandidaten Bruder Balthasars. Diese Festigkeit im Glauben, das Vertrauen darauf, dass Gott die Dinge „wohl lenken wird", – bewies Bruder Balthasar ein weiteres Mal, als sein erneuter Vorstoß, am Gymnasium aufgenommen zu werden, schließlich an den strengen staatlichen Vorschriften hinsichtlich der festgelegten Altersgrenze, die Balthasar längst überschritten hatte, scheiterte. Dadurch blieb ihm endgültig der Weg zu Abitur, Studium und damit auch zum Priesteramt verwehrt. „Wie gefasst und erwachsen Georg dieser schmerzlichen Niederlage beggenete, hat sowohl uns jungen Kandidaten wie auch den älteren Mitbrüdern großen Respekt eingeflößt" – so einer seiner damaligen Mitkandidaten. Mit der Einkleidung durch Pater Cäsar Minges erfüllte sich am 17. Oktober 1911 für den stillen Schuhmachergesellen aus Dietfurt zumindest ein langersehnter Traum: Der Kandidat Georg Werner wurde Novize und trug von nun an den

Ordensnamen Frater Balthasar. Nach einer einjährigen Noviziatszeit legte Balthasar am 18. Oktober 1912 in die Hände seines Guardians, Pater Ulrich Schmidt, in der Münchner Klosterkirche St. Anna die erste zeitliche Profeß für drei Jahre ab.

Als die franziskanischen Mitbrüder im Sommer 1913 für die Mission in Albanien um Unterstützung durch Laienbrüder baten, stellte die Provinzleitung mehrere Brüder zur Verfügung. Einer von ihnen war Frater Balthasar Werner, der sich danach sehnte, „als Missionar tätig sein und die Botschaft Jesu in die Welt tragen zu dürfen", wie er es gegenüber einem Mitbruder einmal ausdrückte. Zusammen mit drei weiteren Mitbrüdern wurde Bruder Balthasar ins Kloster Arra Madhe nach Skutari entsandt. Dort arbeitete er, wie er in einem Briefwechsel an seinen Magister im Dezember 1913 in München berichtet „…vormittags als Koch und nachmittags als Schuster. An Arbeit fehlt es nicht. Wir müssen aber keinen Hunger leiden, wenn auch Fleisch und Gemüse wenig sind, so haben wir doch sehr gutes Brot, wovon ein jeder essen kann, was und soviel er will."

Die Zeit in Albanien endete für Bruder Balthasar mit dem Ausbruch des ersten Weltkriegs im Sommer 1914. Nach seiner Rückkehr nach Deutschland wird er als Soldat eingezogen und nach kurzer Zeit bereits als Koch in seiner Kompanie eingesetzt. Dort sorgt er (nicht nur) für das leibliche Wohl der Soldaten: Es spricht sich schnell herum, dass Georg Werner (von dem kaum ein Soldat seiner Kompanie weiß, dass er franziskanischer Laienbruder ist) sich nicht nur hervorragend auf das Kochen und das Reparieren von Schuhen und Stiefeln versteht, sondern ebenso gut darauf, seinen Kameraden Mut und Trost zuzusprechen und dadurch ein Licht der Hoffnung in der Dunkelheit des Krieges zu entzünden. Ein Kriegskamerad fasste später in einer eidesstattlichen Erklärung seinen Eindruck des Soldaten Georg Werner so zusammen: „Ich hatte mir damals schon im Feld draußen mein Urteil gebildet: So wie er müsste eigentlich ein Heiliger beschaffen sein."

Mit Kriegsende kehrte Frater Balthasar im Dezember 1918 wieder ins Kloster St. Anna zurück. Dort legte er am 9. Februar 1920 seine ewige Profess ab. Bereits seit seiner Heimkehr und bis zu seinem Tod war Bruder Balthasar in der klostereigenen Werkstatt nun in seinem eigentlichen Zivilberuf tätig: Als Schuster für 180 Mitbrüder. Große Geduld erforderte in seiner Werkstatt nicht nur die Reparatur und Neuanfertigung zahlreicher Schuhe und das Einweisen manch ungeschickter Kandidaten ins Schusterhandwerk, sondern auch die Tatsache, dass die Klosterschusterei gleichzeitig als Telefonzentrale diente, in der selten Ruhe einkehrte, wie einer der damaligen Kandidaten, die von Balthasar im Schuhmacherhandwerk angelernt wurden, treffend in einem Brief beschreibt:

„Dutzend Male am Tag musste Bruder Balthasar sein Werkzeug aus der Hand legen, wenn das Telefon oder die Pfortenglocke läutete oder einer der Mitbrüder ihn um einen Dienst bat. Aber zum Balthasar ging halt jeder am liebsten mit all seinen kleinen Nöten, weil man seine Dienstbereitschaft kannte. Wo er konnte, half er aus".

Franziskanische Gelassenheit und Einfachheit paarten sich im Wesen Bruder Balthasars mit großer Liebe zum Gebet und zur Armut um der Armen und Christi willen. Auf das Angebot, sich mit Hilfe einer Spende eine Lederwalze anschaffen zu können, antwortete er nach Aussage eines seiner klösterlichen Schusterlehrlinge:

„Wofür sind wir denn arme Franziskaner? Wir sind schon immer arm gewesen wie unser Vater Franziskus und so wollen wir auch bleiben. Ein Stein [zum Bearbeiten des Leders,

Bruder Balthasar in seiner Schusterwerkstatt in München-St. Anna

Anm. d. Verf.] ist besser für uns Franziskaner. Du wirst sehen – es geht auch so!"

Kurz vor Ausbruch des zweiten Weltkriegs wurde Bruder Balthasar als sogenannter „Sammelbruder" im Umkreis von München eingesetzt, um Almosen für das Kloster zu erbitten und diese auf einem Handkarren vom Dachauer Hinterland zu Fuß heim zu bringen. Seine bescheidene Art, aber auch seine Fähigkeit, mit anzupacken, wenn es nötig war, nahm die Menschen auch auf seinen Sammelgängen für ihn ein. Ihn, der seit seinem Aufenthalt in Albanien selbst von einem chronischen, schweren Magenleiden geplagt war, zeichnete vor allem sein Mitleiden und Verständnis für die kleinen und großen Nöte der Menschen, denen er begegnete, aus – wie auch aus den zahlreichen Zuschriften im Archiv der Vize-Postulatoren hervorgeht:

„Bruder Balthasar hat uns immer viel mehr gegeben als wir ihm, denn die Gespräche mit ihm haben mich und meine Familie in dieser schweren Kriegszeit getröstet und gestärkt. Man konnte mit ihm reden wie mit einem Vater. Wenn Bruder Balthasar zu uns ins Haus kam, das war wie Sonntag!"

Bereits in den ersten Jahren des Zweiten Weltkrieges wurde es notwendig, bei Fliegerangriffen auf den Speichern der Häuser, des Klosters und der Kirche Wachen aufzustellen, um einschlagende Brandbomben sofort unschädlich machen und somit die Gebäude vor größeren Brandschäden bewahren zu können. Auch dieser schwierigen, lebensgefährlichen Aufgabe stellte sich Frater Balthasar im Vertrauen auf Gott. In der Nacht des 2. Oktober 1943 hatte sich Bruder Balthasar erneut freiwillig als Brandwache einteilen lassen und bezog kurz vor Mitternacht, nachdem Fliegeralarm ausgelöst wurde, seinen Posten über dem südlichen Stiegenhaus des Pfarreitraktes. Pater Leonhard Geuß, damaliger 1. Kooperator in München/St. Anna berichtete als unmittelbarer Augenzeuge:

„Nach dem für uns alle überraschenden und furchtbaren Angriff mit Sprengbomben statt mit Brandbomben kamen Pater Donat und Frater Valentin, dem Bruder Balthasar oft in der Sakristei als Aushilfsmesner beigestanden hatte, verschmutzt, aber heil von ihrem Wachtposten auf dem Speicher herunter. Da Balthasar auf ihr Zurufen nicht geantwortet hatte, gingen sie davon aus, dass er ihnen bereits vorausgeeilt war. Als er aber im Luftschutzkeller nicht zu finden war, stiegen sie über die Trümmer des Dachstuhls nochmals zum Speicher hinauf und fanden unseren Mitbruder tot, auf dem Platz, der ihm für die Brandwache zugewiesen war – mit einer großen Wunde an der Hüfte. (…) Ob die Verletzung oder bereits der Luftdruck Balthasars Tod herbeigeführt hatte, ließ sich nicht mehr feststellen. (…) Auf einer losgerissenen Speichertür haben wir ihn heruntergetragen und ihn im Drittordenszimmer aufgebahrt. Wir konnten es alle kaum glauben, unseren „Balthes", wie wir ihn nannten, verloren zu haben."

Am 6. Oktober 1943 wurde Bruder Balthasar Werner in der Gruft des St. Anna-Klosters unter großer Anteilnahme der Bevölkerung beigesetzt. Schon bald nach seinem Tod nahmen viele Menschen, die durch die Freundlichkeit und Güte dem – stets für alle Nöte offenen Bruder „Balthes" – bereits zu seinen Lebzeiten ihre Alltagssorgen anvertrauten, auch nach seinem Tod Zuflucht zu ihm. Zahlreiche berichtete Gebetserhörungen an seinem Grab veranlassen schließlich am 16. April 1949 den damaligen Provinzial der bayerischen Franziskanerprovinz, Pater Franz Sales Aschenauer, zu einem Rundschreiben, in dem er die Oberen und Mitbrüder im Rahmen einer privaten Voruntersuchung bat, alles niederzuschreiben bzw. niederschreiben zu lassen, was ihnen über Bruder Balthasar in Erinnerung sei. Gleichzeitig wurden auch außerhalb des Klosters Nachforschungen bei Augenzeugen begonnen, die Bruder Balthasar noch zu Lebzeiten gekannt hatten. Nach Abschluss der Voruntersuchung leitete Josef Kardinal Wendel am 3. Dezember 1959 den Seligsprechungsprozess für Bruder Balthasar Werner ein. Am 2. Oktober 1961 öffnete eine Kommission des kirchlichen Gerichts in Anwesenheit des Notars Domvikar Kronberger und mehrerer vereidigter Zeugen das Grab Bruder Balthasars. Sein Leichnam wurde feierlich zur Transitusfeier am Vorabend des Franziskusfestes überführt und in eine eigene Grabkapelle in der Klosterkirche St. Anna umgebettet. Auch heute noch wird sein Grab von vielen Menschen besucht.

Anlässlich des 120. Geburtstages Bruder Balthasars im Jahr 2007 erinnerte die „Sieben-Täler-Bühne" der Kolpingfamilie Dietfurt im Frühjahr 2008 mit dem Theaterstück: „Steh auf und folge ihm nach" unter der Leitung von Charlotte Meier-Röll an diesen Sohn der Stadt – einen einfachen und doch ganz besonderen Mann und Christen.

Bruder Balthasars Weg in der Nachfolge Jesu überzeugt – damals wie heute – durch die Macht und Wirkung kleiner und leiser Worte und Taten, durch die er allen, denen er begegnete, die Menschenfreundlichkeit und Güte Gottes spürbar machte; wie es auch Heinrich Geith, ein ehemaliger Mitbruder, beschreibt, der Balthasar in seinem Brief an die Untersuchungskommission im Vorfeld des Seligsprechungsprozesses ein poetisches Denkmal setzt:

„Balthes! Du unermüdlicher Schuhmacher und freundlicher Pförtner, du Fernsprechvermittler, der nie aus der Ruhe zu bringen war. Du bescheidener Weggefährte und stiller Mann – mit großer Liebe zu Gott und den Menschen: Allen, die Dir begegneten, bist Du im Herzen lebendig geblieben. Sind Menschen, die so aus dem Glauben und der Liebe leben wie Balthasar nicht längst schon – auch ohne die Ehre der Altäre – die unerkannten Heiligen Gottes?"

Literaturhinweise
Augenzeugenberichte unter Eid beglaubigt, Archiv des Franziskanerkonvents, München/St. Anna.
Hauk-Rakos, Maria, „Steh auf – und folge ihm nach": Das Leben des Franziskanerbruders Balthasar Werner (Theaterstück) 2007, Dietfurt/Altmühl.
List, Theobald, Bruder Balthasar Werner. Ein Muster männlicher Frömmigkeit und schlichter Alltagsheiligkeit, München 1952.
Pauleser, Saturnin, Dienst in Stille. Franziskanerbruder Balthasar Werner, Miltenberg 1954, in: Christkönigsheft 16, Landshut.
Streidel, Paschalis, Bruder Balthasar aus dem Franziskanerkloster München, München 1961.
Streidel, Paschalis, Neuntägige Andacht zum Diener Gottes Bruder Balthasar Werner, München 1959 und 1992, Neuauflage von Mall, Egbert.
Wagner, Maximilian, „Bruder Balthasar Werner OFM starb im Rufe der Heiligkeit". Vortrag des Provinzials der bayerischen Franziskaner, Dr. Maximilian Wagner, 2007 in Dietfurt/Altmühl.

Peter Nothaft

Bruder Gottlieb (Johann Baptist) Auer OSB (1887–1952)

Ein Glaubenszeuge in Tat und Leben

Biographische Skizze

Ein härterer Kontrast ist wohl kaum vorstellbar, als in der beschaulichen und tief katholischen westlichen Oberpfalz geboren zu werden, dort aufzuwachsen und eine echte religiöse Prägung zu erfahren und dann als Ordensmann im Norden Koreas dem erstarkenden diktatorischen Kommunismus zu Opfer zu fallen. Dieser Kontrast kennzeichnet den Lebensweg eines Glaubenszeugen aus der ersten Hälfte des 20. Jahrhunderts: Bruder Gottlieb Auer, Missionsbenediktiner der Abtei Tokwon in Nordkorea. Er wurde als Johann Baptist Auer am 25. Oktober 1887 in Lauterhofen geboren. Seine Eltern, Michael und Katharina, waren Gütler, d. h. sie betrieben eine bescheidene Landwirtschaft, die Eltern, Großeltern und sieben Kinder ernähren musste. Johann Baptist erlernte das Handwerk eines Zimmermanns und verspürte während seiner Lehrzeit den Ruf, als Ordensmann, genauer als Ordensbruder, in die besondere Nachfolge Jesu zu treten. Er wollte geistliches Leben, Handwerk und auch bewusst eine missionarische Ausrichtung verbinden. Daher trat er 1906 in die bekannte Abtei St. Ottilien der Missionsbenediktiner ein und wurde am 4. Oktober 1907 als Bruder Gottlieb ins Noviziat aufgenommen. Am 10. Oktober 1909 folgte die Profess und der noch junge Ordensmann wurde fast zeitgleich mit dem Beginn des Ersten Weltkrieges am 3. Mai 1914 nach Seoul entsandt. Von der deutschen Militärbehörde eingezogen als Infanterist nach Tsingtau, kam er in japanische Gefangenschaft, aus der er erst 1920 entlassen wurde. Gemeinsam mit mehreren Ordensbrüdern pflegte Bruder Gottlieb auch während der Gefangenschaft soweit als möglich das gemeinsame Gebet und den geistlichen Austausch. Sie waren als Krankenpfleger und Dienstboten mitgefangener Offiziere beliebt und gut versorgt. Es gelang ihnen sogar von ihrem „Sold" Ersparnisse zu sammeln, die sie nach der Rückkehr aus der Gefangenschaft ihrem Vater Abt übergeben konnten. Für Bruder Gottlieb war diese Zeit auch im Blick auf seinen Beruf nicht völlig verloren, denn er erlernte in der Gefangenschaft von Kameraden das Bauzeichnen, das er die folgenden Jahrzehnte in den Dienst seiner klösterlichen Gemeinschaft und der Missionsarbeit stellen konnte.

Die Abtei Tokwon wurde 1927 nahe Wonsan gegründet und hatte ein weites Missionsgebiet zu betreuen. Dabei waren europäische Mönche ebenso aktiv wie auch zunehmend einheimische Ordensleute und Priester, die im angeschlossenen Priesterseminar ihre Ausbildung erhielten.

*Gruppenfoto der Missionsbenediktiner in Korea mit Bruder Gottlieb Auer
(2. Reihe von unten rechts außen)*

Nachdem Russland am 8. August 1945 Japan den Krieg erklärt hatte, marschierte die russische Armee in die Mandschurei und Korea ein. In diesem Zusammenhang fand ein erster Missionar, Pater Witmar Farrenkopf OSB, den Tod. Er wurde von den Kommunisten aus glaubensfeindlichen Motiven ermordet. Nach acht Monaten unter russischer Hoheit folgte die Herrschaft der koreanischen Kommunisten, die im Herbst 1948 durch eine erste „Einheitslistenwahl" gefestigt wurde. Ab diesem Zeitpunkt war jegliche christliche Missionstätigkeit behindert, Schulen wurden verstaatlicht, Missionare beobachtet und in ihrer Bewegungsfreiheit eingeschränkt. Die Ordensleute blieben in ihrer antikommunistischen Haltung standhaft und klar, was den Konflikt verschärfte. So kam es ab Mai 1949 zum offenen Angriff auf alle christliche Missionstätigkeit und damit zur Aufhebung der Abtei Tokwon.

In der Nacht von 9. auf den 10. Mai 1949 wurde das Kloster besetzt, alle Oberen von der Geheimpolizei verhaftet und zwei Tage später auch der gesamte Konvent zusammen mit 20 Tutzinger Missionsbenediktinerinnen. Etliche Ordensleute wurden bald nach der Verhaftung und entsprechenden Folterungen in Pyonyang hingerichtet, andere gerieten zunächst in Gefängnis-, dann in Lagerhaft – unter ihnen auch Bruder Gottlieb.

Im Lager Oksadok verbrachte Bruder Gottlieb die letzten Jahre seines Lebens gemeinsam mit etlichen Brüdern und Schwestern aus der Tutzinger Gemeinschaft. Aufgrund seiner handwerklichen Fähigkeiten konnte er über längere Zeit hinweg leichte Arbeiten bei schon angegriffenem Gesundheitszustand auf sich nehmen. Anfang April 1952 zog er sich jedoch bei Holzfällarbeiten in stürmischer Witterung eine Lungenentzündung zu, an der er am 6. April 1952 verstarb.

Die Lagerärztin, Schwester Dr. Diomedes Meffert OSB, notierte zu seinem Tod:

„Am 06. April schlief unser guter Bruder Gottlieb friedlich und ruhig ein. Seine stille, feine, bescheidene, anspruchslose Art hat mich immer tief beeindruckt. Er war ein Muster von Ordnung in all seinem Tun, ich glaube, dass der liebe Gott auch bei ihm alles in Ordnung fand und seinen treuen Diener belohnte er in Ewigkeit."

Der Seligsprechungsprozess für die „Märtyrer von Tokwon", Ordensleute um ihren Abt und Missionsbischof Bonifatius Sauer OSB, wurde am 28. Dezember 2009 eröffnet.

Besonderheit des Wirkens

Bruder Gottlieb Auer OSB war wohl kein Glaubenszeuge des Wortes, wohl aber der Tat und des Lebens. Durch sein Leben als Handwerker, Mönch und Missionar hat er dem christlichen Glauben in der geschichtlich überaus bewegten ersten Hälfte des 20. Jahrhunderts Gestalt verliehen. Bescheiden und still – wie er am Ende seines Lebens beschrieben wurde – war seine Existenz und dennoch stark in der Aussage: Einfachen Verhältnissen der heimatlichen Oberpfalz entstammend, wagt er den Aufbruch in eine neue Existenz als Missionsbenediktiner. Bewusst will er im Vertrauen auf Christus, Arbeit, Gebet und Missionsarbeit verbinden. Der Weg führt ihn ans „andere Ende der Welt". Dort empfängt ihn zunächst nicht die eigentliche missionarische Arbeit, sondern er ist mit den Unbilden des Ersten Weltkrieges und der Kriegsgefangenschaft konfrontiert. Nicht einmal zwanzig Jahre verbleiben ihm und seinen Mitbrüdern nach dem Ersten Weltkrieg, den Menschen in Korea durch Erziehung, Bildung, praktische Lebenshilfe und Glaubensverkündigung das Evangelium nahe zu bringen. Der Zweite Weltkrieg und der sich ausbreitende Kommunismus stellen vor neue, noch größere Hindernisse. Der Kommunismus erst in der russischen Herrschaft und dann in der bis heute die Welt in Atem haltenden kommunistischen Diktatur Nordkoreas ist es, der die Sendung Bruder Gottliebs und seiner Mitbrüder und Mitschwestern in sichtbarer Weise unterbricht und den meisten von ihnen das Leben kostet. Dabei sind die eigentlichen Umstände seines Todes auch unspektakulär: In schlechtem Gesundheitszustand, unterernährt und in Arbeit geschunden, kann er eine Infektion nicht überstehen. Diese anspruchslose Art, dieser stille Lebensweg beeindruckt.

Bedeutung für heute

Welche Früchte die Arbeit der Missionsbenediktiner in Nordkorea getragen hat, können wir wohl selbst heute nicht ermessen, da dieses Land sich dem Westen, erst recht dem Christentum, noch immer verschließt. Dennoch ist die Biographie des Bruder Gottlieb aus Lauterhofen ein Glaubenszeugnis, das Christen auch im 21. Jahrhundert noch berührt und motiviert. Zum einen,

Benediktinerabtei St. Ottilien um 1913

Abtei Tokwon

weil es eine Verfolgungssituation widerspiegelt, die heute noch andauert. Sicherlich haben Kommunismus und Sozialismus in weiten Teilen der Welt in den vergangenen Jahrzehnten an Schrecken und Einfluss deutlich verloren, nicht jedoch in Nordkorea. Dass wir von Christen dort wenig wissen, sollte die Wachheit und die Mitsorge verstärken.

Zum anderen, weil das Beispiel eines stillen Lebens in der Verbindung von Handwerk, geistlichem Leben und missionarischem Wirken für viele heute ein Vorbild sein kann. Nicht nur im Ordensleben kann dies verwirklicht werden, sondern in jeder Lebenssituation, in der Christinnen und Christen in ihren beruflichen und familiären Handlungsfeldern als Christen leben, sich selbst und einander im Glauben bestärken und durch ihr Leben Zeugnis geben. Nicht in jedem Fall durch Worte, aber durch ihr Leben in Arbeit und Gebet.

Literaturhinweis
MOLL, HELMUT (Hrsg.), Zeugen für Christus, Das deutsche Martyrologium des 20. Jahrhunderts, Band 2, Paderborn, 1999, S. 1191.

Weblink
DRIEVER OSB, P. WILLIBRORD, Die Märtyrer von Tokwon, in: www.missionsbenediktiner.de/seligsprechung (13.05.2009)

Autorenverzeichnis

Baumeister, Richard
Seminarrektor i.K.

Blum, Bertram, Dr. phil.
Leiter der Abteilung Weiterbildung

Braun, Emanuel, Dr. phil.
Leiter des Diözesanmuseums

Buckl, Barbara
Seminarrektorin i.K.,

Grund, Claudia, Dr. phil.
Referentin für Kunst und Denkmalwesen

Harrer, Willibald, Lic. theol.
Domkapitular

Härteis, Georg
Bischofsvikar

Hauk-Rakos, Maria
Gemeindereferentin in Dietfurt

Hausmann, Franz, Dr. theol.
Leiter der Abteilung Seelsorge

Heiler, Franz, Dr. phil.
Wissenschaftlicher Referent in der Handschriftenabteilung der Universitätsbibliothek Eichstätt-Ingolstadt und Archivar des Bischöflichen Seminars Eichstätt

Henke, Thomas, Dr. theol.
Leiter der Medienzentrale

Hentschel, Werner, Lic. theol.
Referent für Liturgie

Hintermayr, Leo, Dr. phil.
Referent für diözesangeschichtliche Aufgaben

Janson, Stefan, Dr. phil.
Redaktionsleiter radio K1

Killermann, Msgr. Stefan, Dr. utr. iur.
Domkapitular, Offizial

Kraus, Josef
Leiter der Telefonseelsorge

Kürzinger, Reinhard
Domvikar, Leiter der Diözesanstelle für Pilger- und Wallfahrtspastoral

Lengenfelder, Bruno, Dr. phil.
Leiter der Abteilung Diözesanarchiv

Löhlein, Bernhard
Redakteur radio K1

Ludden, Maria
Wissenschaftliche Mitarbeiterin im Diözesanarchiv

Neumann, Peter
Referent des Bischofs von Eichstätt

Nothaft, Peter
Oberstudiendirektor i. K., Leiter der Abteilung Diözesane Schulen

Oelsmann, Markus, Dr. theol.
Referent für pastorale Weiterentwicklung

Rott, Gerhard
Referent für Weltkirche

Schäble, Claudia
Seminarrektorin i.K.

Schimmöller, Klaus
Domdekan

Siegert, Gabriele
Leiterin der Ehe-, Familien- und Lebensberatungsstelle in Roth und Schwabach

Staudt, Norbert
Redakteur in der Pressestelle

Swientek, Martin
Pressereferent

Ulrich, Peter, Dr. theol.
Referent für Ehe und Familie

Wölfle, Christoph
Regens des Priesterseminars

Herausgeber

Bagorski, Barbara
Referentin für Frauenseelsorge

Brandl, Ludwig, Dr. theol.
Persönlicher Referent des Generalvikars

Dennemarck, Bernd, Dr. iur. can.
Bischofsvikar

Abbildungsnachweise

Altötting, Hildegard Pollety, S. 221

Bergen, Wiltrudis Wolframm, S. 86

Eichstätt, Bischöfliches Generalvikariat,
Diözesanarchiv, S. 16, 20, 24, 27, 29, 116, 118, 128

Eichstätt, Bischöfliches Ordinariat,
Medienzentrale (Aufnahmen Andreas Schneidt), S. 35, 41, 196

Eichstätt, Bischöfliches Seminar, S. 81

Eichstätt, Diözesanbauamt Eichstätt
(Aufnahme Christoph Stepan – architecture photography), S. 36

Eichstätt, Kirchenzeitung, S. 56, 60, 66, 67, 131, 135, 142, 144, 148, 189, 234
(Aufnahmen Klaus Kreitmeir), S. 54, 64, 71, 97, 134, 161, 231, 241, 242
(Aufnahmen Michael Heberling), S. 211, 214

Eichstätt, Richard Baumeister, S. 45

Eichstätt, Dr. Franz Heiler, S. 256, 259, 262

Eichstätt, Dr. Leo Hintermayr, S. 103, 109, 111, 113

Eichstätt, Msgr. Dr. Stefan Killermann, S. 164

Eichstätt, Christoph Wölfle, S. 91, 92

Gaimersheim, Josef Kraus, S. 84

Heidenheim, Evang.-Luth. Pfarramt, S. 59

Lenting, Georg Pfeilschifter, S. 122, 123

München, Erzabtei St. Ottilien, S. 278-280

München, Archiv des Franziskanerklosters St. Anna, S. 270, 273

München, Staatsbibliothek, S. 185

München, Stefan Hirsch, S. 169

Nürnberg, Evang.-Luth. Pfarramt St. Sebald, S. 119, 176

Nürnberg, Germanisches Nationalmuseum, S. 115, 138

Nürnberg, Stadtarchiv, Löffelholzarchiv, Porträtsammlung, S. 207

Plankstetten, Benediktinerabtei, S. 238

Rosenheim, P. Karl Kleiner, S. 266, 267, 268

Schwabach, St – Gundekar Werk Eichstätt
(Aufnahme Josef Lehner), S. 106

Tückelhausen, Dekan Klaus Oehrlein, S. 222

Veitshöchheim, Elmar Hahn, S. 220

Weißenburg i. Bay., Förderverein St. Gunthildis, S. 98